《资本论》研究丛书

主编 陈 征 李建平

Das Kapital

《资本论》与当代中国经济（第三版）

陈 征 李建平 李建建 郭铁民 主编

海峡出版发行集团 THE STRAITS PUBLISHING & DISTRIBUTING GROUP | 福建人民出版社 FUJIAN PEOPLE'S PUBLISHING HOUSE

图书在版编目（CIP）数据

《资本论》与当代中国经济/陈征等主编．—3版．—福州：福建人民出版社，2017.9

（《资本论》研究丛书/陈征，李建平主编）

ISBN 978-7-211-07764-9

Ⅰ.①资… Ⅱ.①陈… Ⅲ.①《资本论》—马克思著作研究 ②中国经济—研究 Ⅳ.①A811.23 ②F12

中国版本图书馆CIP数据核字（2017）第227353号

《资本论》与当代中国经济（第三版）

ZIBENLUN YU DANGDAI ZHONGGUO JINGJI

主　　编：陈　征　李建平　李建建　郭铁民

责任编辑：林俊杰　满　艺

特约编辑：韩腾飞

出版发行：海峡出版发行集团

福建人民出版社　　**电　　话**：0591-87533169(发行部)

网　　址：http://www.fjpph.com　　**电子邮箱**：fjpph7211@126.com

地　　址：福州市东水路76号　　**邮政编码**：350001

经　　销：福建新华发行（集团）有限责任公司

印　　刷：福州德安彩色印刷有限公司

开　　本：720毫米×1000毫米　1/16

印　　张：24.75

字　　数：360千字

版　　次：2017年9月第3版　　2017年9月第1次印刷

书　　号：ISBN 978-7-211-07764-9

定　　价：68.00元

本书如有印装质量问题，影响阅读，请直接向承印厂调换

总　　序

《资本论》是马克思倾其毕生心血写就的政治经济学鸿篇巨制。《资本论》第一卷德文版从1867年问世至今，已整整150周年，它的理论价值和实践意义，不仅没有随着时间的流逝而消退，而是愈发流光溢彩、历久弥新。

在人类历史上，还从来没有一本著作像《资本论》一样，从它诞生之日起就遭遇歌颂与攻击如此激烈的双重命运：工人阶级视之为“圣经”，资产阶级则把它看作洪水猛兽。究其原因，正在于它对资本主义经济运动规律和历史趋势的深刻揭示，从而对社会的发展和人类的命运产生了深刻而持久的影响。《资本论》运用唯物主义历史观和辩证方法，深入剖析“资本主义生产方式以及和它相适应的生产关系和交换关系”，深刻揭示资本主义产生、发展和灭亡的规律，科学阐明社会主义必然胜利的发展趋势和未来社会的基本特征。它是一把刺向资本主义制度的尖刀，是一支吹响社会主义胜利进军的号角。20世纪苏联、中国等社会主义国家的相继建立，亚非拉民族解放运动的蓬勃发展，充分证明了《资本论》对认识世界和改造世界的强大力量。20世纪80年代末90年代初苏联、东欧各个社会主义国家的政治经济体制发生根本性改变以后，世界社会主义发展遇到了空前挫折，所谓“历史终结于资本主义的自由民主制度”等西方资本主义思想甚嚣尘上，《资本论》也被认为是已经“过时”了。进入21世纪后，资本主义的内在矛盾和深刻弊端日趋严重，尤其是2008年的全球金融危机爆发，再次表明资本主义经济危机并非如西方主流经济学家所认为的那样，成为过去式，而是愈演愈烈。与之相反，中国特色社会主义建设则表现出强劲发展势头，风景这边独好，为世人所瞩目。以致提出“历史终结”论的弗朗西斯·福山在10年后也不得不发出这样的疑问：“我们是否已经仅在10年时间内就实现了从全球资本主义的胜利向危机的转变”？尤为具有讽刺意味的是，福山这篇文章的题目就叫《重回〈资本论〉》。今天，我们要深刻认识当代资本主义的本质，胜利推进中国特色社会主义现代化建设，就有必要认真学习和研究《资本论》，从中掌握马克思主义的立场、观点、方法。诚如西方一位知名学者所言，人类“不能没有马克思。没有马克思，没有对马克思的记忆，没有马克思的遗产，也就没有将来”。

针对有人鼓吹《资本论》过时的论调，习近平同志在哲学社会科学座谈会上的讲话中特别指出：“这个说法是武断的。远的不说，就从国际金融危机看，许多西方国家经济持续低迷、两极分化加剧、社会矛盾加深，说明资本主义固有的生产社会化和生产资料私人占有之间的矛盾依然存在，但表现形式、存在特点有所不同。国际金融危机发生后，不少西方学者也在重新研究马克思主义政治经济学，研究《资本论》，借以反思资本主义的弊端。”《资本论》不仅是一部伟大的政治经济学著作，而且是一座百科全书式的理论宝库，它蕴含着马克思在哲学、政治、法律、道德、宗教、美学、文学、历史、教育、科学技术等各个方面的宝贵思想。中国特色社会主义政治经济学的探索与构建离不开《资本论》这一经典著作，如同习近平同志所强调的，首先要解决真懂真信的问题，解决好为什么人的问题，并落实到怎么用上来。我们应该以《资本论》的基本原理和方法为指导，以正在做的事情为中心，从中国改革发展的实践中不断挖掘新材料，发现新问题，提出新观点，构建新理论，努力揭示中国社会发展、人类社会发展的大逻辑大趋势，把马克思所开创的伟大事业在21世纪不断推向前进。

为了纪念马克思《资本论》第一卷出版150周年，全面展现《资本论》的研究现状和成果，进一步推动《资本论》传播、研究、运用、创新和发展，为构建中国特色社会主义政治经济学大厦添砖加瓦，在福建人民出版社的积极倡议和大力支持下，福建师范大学全国中国特色社会主义政治经济学研究中心、经济学院组织出版《资本论》研究丛书。丛书由陈征、李建平担任总主编，共8种12册，包括：陈征著《〈资本论〉解说》（第四版）(全3册)，陈征著《论现代科学劳动：马克思劳动价值论的新发展》，陈征著《社会主义城市地租研究》（第二版)，李建平著《〈资本论〉第一卷辩证法探索》（第三版)，陈征、李建平、李建建、郭铁民主编《〈资本论〉与当代中国经济》(第三版)，李建平、黄茂兴、黄瑾主编《对〈资本论〉若干理论问题争论的看法》(上、下册)，李建平、黄茂兴、黄瑾主编《〈资本论〉与中国特色社会主义政治经济学》，李建平、黄茂兴、黄瑾主编《〈资本论〉永放光芒——纪念〈资本论〉第一卷出版150周年》(上、下册)。丛书前四种属个人专著，后四种则是集体研究成果的结晶。对于参与集体成果研究的作者和论文被我们选用的作者，在这里谨表深深的谢意！

由于本套丛书篇幅较大，而时间又很仓促，所以疏漏和错误之处在所难免，诚挚欢迎大家提出批评意见。

陈　征　李建平

2017年5月于福州

目　　录

绪　论

《资本论》与社会主义市场经济

要真正弄懂社会主义市场经济，必须认真学习《资本论》。习近平同志指出："《资本论》揭示的科学原理对发展社会主义市场经济具有重要的指导意义。""无论是私有制的市场经济，还是以公有制为主体的市场经济，只要市场经济是作为一种经济运行机制或经济管理体制在发挥作用，市场经济的一般性原理及其内在发展规律同样都是适用的。正是从这一意义上来说，马克思在《资本论》中所揭示的科学原理并未过时，越是发展社会主义市场经济，越是要求我们必须深刻地去学习和掌握《资本论》所阐述的这些科学的共性原理，并善于运用这些原理去指导社会主义市场经济的伟大实践"。①

一、《资本论》为市场经济提供了基础理论

第一，《资本论》中对有关商品的一般原理的分析，为商品经济和市场经济建立了必要的理论基础。

大家知道，《资本论》中并没有商品经济和市场经济这些词，马克思使用的是货币经济，但商品经济、市场经济的基本原理，都包括在《资本论》中。

商品是为了交换而生产的劳动产品。有商品生产必须有商品交换，

① 习近平：《关于社会主义市场经济的理论思考》，福建人民出版社 2003 年版，第 31、32—33 页。

而商品交换又必须通过市场。市场是商品交换的场所，没有商品就不可能有市场。所以市场经济、商品经济，都必须以商品的基本原理为基础。

任何一个国家，任何一个社会，要搞商品经济和市场经济，都不能离开这些有关商品的一般原理。只有弄懂上述一般原理，也才能进一步理解商品经济和市场经济。《资本论》是从商品分析开始研究资本主义经济的，商品是资本主义的经济细胞。《资本论》中既研究了简单商品的一般原理，也研究了资本主义商品的特殊性质。如果不懂得有关商品的理论，就不可能弄懂商品经济的有关原理，更不可能弄懂市场经济的有关原理，也就是，既不可能弄懂资本主义市场经济，也不可能弄懂社会主义市场经济。这是因为市场经济和商品经济一样，是一个中性概念，有资本主义条件下的市场经济，也有社会主义条件下的市场经济。《资本论》中对商品一般原理的分析，既适用于简单商品经济，也适用于资本主义市场经济和社会主义市场经济。当然，这是就市场经济的一般性而言。在不同社会条件下的市场经济也有其不同的特殊性。一般寓于特殊之中。通过对特殊的分析以发现一般，通过对一般的研究才能真正理解其特殊。《资本论》所分析的商品经济、市场经济原理，将其资本主义的特殊性质撇去，就会发现商品经济、市场经济的一般特征。市场经济一般特征，有如下几点：

1. 企业主体。在小生产情况下进入市场交换的主体是商品生产者个人，在社会化大生产条件下进入市场交换的主体则是资本主义企业或社会主义企业。企业为什么能成为市场主体？这是以商品的所有权理论为基础的。马克思指出，商品是使用价值和价值的统一。商品的使用价值是别人的使用价值，社会的使用价值，只有通过交换才能实现。商品价值是社会必要劳动时间在商品体内的凝结，也只有通过交换才能实现。但“商品不能自己到市场去，不能自己去交换”，“必须找寻它的监护人，商品占有者”，根据所有者的意志，“才能让渡自己的商品，占有别人的商品”。[①] 因此，作为市场主体的是商品所有者，也就是生产商品、占有商品、出卖商品或购买商品以作为生产资料的企业。或者说，企业有权在市场上把自己生产的商品卖出去，有权把自己所需要的商品买进来，

① 《资本论》第1卷，人民出版社2004年版，第103页。

企业是市场上进行商品买卖的主要角色。市场就是由各个作为商品所有者的企业进行买卖活动，实现商品形态的转换。如果没有企业在市场上买卖商品，也就不能成为市场，哪里谈得上什么市场经济呢？

2. 平等竞争。《资本论》所处的时代是自由资本主义时期，也就是以自由竞争为主的时代。在市场上，能否把商品卖出去，价值能否实现，是个关键问题。如果商品卖不出，个别劳动不能实现为社会劳动，原料和劳动都是白费，这对企业是个沉重打击。在市场上，商品生产者的企业，不仅力图把商品卖出去，而且力图多赚钱，这就产生了竞争。《资本论》第三卷对卖者与卖者之间的竞争，买者与买者之间的竞争，卖者与买者之间的竞争，联系供求情况作了详细的分析，对竞争的假象进行深刻的揭示，论证了市场是商品生产者平等竞争的场所，有市场必然有竞争。没有竞争也形成不了市场。这就深刻分析了市场经济中的竞争机制的实际内容和重要作用。

3. 通过供求和价格的变动进行调节。《资本论》指出：价值规律的表现形式，是通过供求、竞争、价格波动而表现出来的。如果供不应求，价格就会高于价值，该企业就会取得更多的收入，企业因此扩大该商品的生产，或增加投资创办新企业；反之，如果供过于求，商品卖不出去，价格就会降到价值以下，该企业就会因此减少收入，甚至亏本，由此而缩小生产，甚至转业停产。正是由于供求的不断变动，价格围绕价值上下波动，调节着各种商品产量的增加或减少，引导企业生产什么，不生产什么，多生产什么，少生产什么，这就调节着社会生产，调节着社会经济资源的合理配置，促进企业采用先进技术，不断提高劳动生产率，形成推动经济不断发展的动力机制。这种市场调节，是市场经济的主要内容。

4. 市场体系。作为市场经济，必须有统一的市场体系。《资本论》中不仅研究了商品市场，也研究了资本市场、劳动力市场、土地市场等生产要素市场，并为上述市场体系建立必要的理论基础。

5. 法制管理。从某种意义上说，市场经济也就是法制经济。市场经济的运用需要一定的法律、法规来管理和保证。如果没有必要的法律为依据，市场就会无章可循，陷入一片混乱，无法进行平等竞争，也就不可能正常而有序地运转。《资本论》中联系英国的经济史，对劳动法、工资法、工作日法、货币法等一系列问题，进行了具体的分析，从而证明法制管理在资本主义市场经济形成中的重要作用。

第二，《资本论》为市场体系提供了理论根据。

《资本论》中关于资本商品的理论，是建立资本（金融）市场的理论基础。马克思指出：在流通过程中，商品资本仅仅起商品的作用，货币资本仅仅起货币的作用，它之所以能成为商品资本与货币资本，只是由于它们是资本再生产的一个要素，和整个资本运动相联系。但货币一旦作为生息资本出现，就具独特的性质。既不是单纯地作为货币，也不是单纯地作为商品，而是作为资本商品，由货币资本所有者贷给职能资本家，这种独特性质的资本商品，具有特殊的使用价值，即因对它的使用，能够带来利润，职能资本家贷入资本商品，就是为了取得这种特殊价值的使用权，这就产生了资本的所有权和使用权的分离，正是由于资本所有权和使用权的分离，产生了借贷关系，这种贷出和贷入，就产生了资本市场、金融市场（包括证券市场，如股票市场、债券市场等等）。可见，把资本作为资本商品来经营，是资本市场（金融市场）的理论基础。

《资本论》中关于劳动力商品的理论，是建立劳动力市场的理论基础。马克思指出，资本家在市场上购买的是劳动力而不是劳动，劳动力是商品而劳动不是商品，劳动力有价值和使用价值，“劳动力的价值也是由生产从而再生产这种独特物品所必要的劳动时间决定的”①。“生产劳动力所必要的劳动时间，可归结为生产这些生活资料所必要的劳动时间，或者说，劳动力的价值，就是维持劳动力占有者所必要的生活资料的价值。”② 在市场上，是以劳动力价值为基础而进行买卖的。根据劳动力商品理论，马克思还进一步研究了劳动力价值和价格如何转化为劳动的价值和价格，转化为资本主义工资；供求变动对于劳动力价值实现的影响；劳动力价值规律的变动对剩余价值规律变动的影响；等等。劳动力市场主要是对劳动力进行买和卖，而劳动力价值、价格的理论，当然成为劳动力市场的理论基础。

---

① 《资本论》第1卷，人民出版社2004年版，第198页。
② 《资本论》第1卷，人民出版社2004年版，第199页。

《资本论》中关于土地商品化和地租、地价的理论，是建立房地产市场的理论基础。未开垦的土地本身不是商品，没有价值。但由于土地是农业生产的基本生产资料，又是工业和其他行业的载体以及人们生活居住的地方，成为生产和生活所必要的场所。在商品经济高度发达的资本主义社会里，土地商品化，土地可以作为商品自由买卖，在土地之上建筑的房屋，也可和土地一起进入房地产市场。房地产是生产过程一个重要因素，房地产市场也就成为市场体系的一个重要组成部分。但土地商品化可以买卖，必须具有价值。而价格无非是价值的货币表现。土地既无价值又如何反而有价格呢？马克思在《资本论》中指出，土地价格无非是资本化的地租。实际上，土地价格并不是购买土地的价格，而是对所提供的地租的购买价格，它是由地租量的大小和利息率的水平决定的。马克思从质和量两方面分析了级差地租、绝对地租、垄断地租，建立了科学的系统的地租理论，这就为土地价格的确定，又为房地产市场的经营和发展，提供了科学的理论根据。可见《资本论》中关于土地商品化和地租、地价理论，是建立房地产市场的理论基础。

第三，《资本论》中分析的商品运动规律，既是商品经济运动的规律，也是市场经济运动的规律。

商品按照社会必要劳动时间所决定的价值量来进行生产和交换，是价值规律的客观要求，它不仅决定着商品生产与商品交换，也决定着市场经济的进行。市场价格是由商品的市场价值决定的，由于供求和价格机制发生作用，又反过来影响商品的价值；但不管供求和价格如何变化，都要以价值为基础，由价值规律调节市场的销售活动。价值规律是商品经济的基本规律，也是市场经济的基本经济规律。它决定着商品生产和交换的主要方面和主要过程，也决定着市场经济运行的主要方面和主要过程。

供求规律也是商品经济的客观经济规律。供给是某种商品的生产者或售卖者投入市场或要投入市场的商品总量，需要是这种商品的消费者或购买者从市场取走或要取走的商品总量。供求关系是这两个总量的统一。供求规律是这两个总量对立统一运动的趋势，它表示商品的市场供给同有支付能力的需求之间的内在联系和趋于平衡的客观必然性。商品的供求关系，实质上是生产与消费关系在市场上的反映。如果供求平衡，表示生产与消费二者相适应，交换就会顺利进行，价值也能顺利实现，人们之间交换劳动的关系就会正常和协调。反之，如果供不应求，就会使得一部分需要得不到满足，如果供过于求，就会使一部分商品价格无法实现。价值规律必须通过供求的变动，使价格围绕价值上下波动才得以实现；而供求变动，又会引起价格的变动，导致价值规律作用的发挥。供求规律必须在市场上才能表现，所以它是市场经济运行的重要规律。

有商品生产和交换就必然要有竞争，竞争规律也是商品经济的规律。商品的买卖直接关系买者与卖者的经济利益。买者与卖者为了争取实现更多的利益就必须引起竞争。竞争不是单纯地孤立地存在的，它必须和供求、价格、价值规律的作用紧密结合在一起，表现着对市场经济的调节作用。有市场经济必然要有竞争。只有通过竞争的外部强制作用，才能把商品的内在属性表现出来。竞争还可推动技术进步，促使劳动生产率提高，促进社会生产力的发展。

可见，《资本论》中所研究的商品生产和商品交换的经济规律，实质上就是商品经济的规律。也完全适用于市场经济，也可以说是市场经济的规律。研究这些规律的内容、作用、表现形式、运动过程，是研究市场经济的极其重要的内容。

综上可见，《资本论》为研究市场经济提供了必要的理论基础和有关经济规律运动的知识，所以研究社会主义市场经济，可以从学习《资本论》开始。

二、运用《资本论》研究社会主义市场经济要注意的问题

研究社会主义市场经济要从学习《资本论》开始，但不等于说，学习《资本论》就能解决社会主义市场经济的所有问题。这是因为：《资本论》并不能包含资本主义市场经济中所有问题，当然更不能包含社会主义市场经济中的所有问题。

资本主义市场经济，可以分为两个阶段：自由资本主义时期的自由

市场经济，垄断资本主义时期的现代市场经济。《资本论》写作于自由资本主义时期，研究的是自由市场经济，即包含市场经济的一般原理，但不能包括现代市场经济的全部内容。

什么是市场经济？市场经济是什么时候产生的？学术界有不同意见，现仍在争论探讨。一种意见认为，有商品生产和商品交换，就有商品经济和市场经济，因而划分为古典市场经济、近代市场经济、现代市场经济。另一种意见认为，有市场并不等于就有市场经济，市场经济是商品经济发展到一定阶段的产物，也就是商品经济高度发展的产物，与自由资本主义时期和垄断资本主义时期相适应，区别为自由市场经济和现代市场经济。我们赞同后一种意见。有商品生产就有商品交换，就要有市场，有市场并不等于有市场经济。市场经济是商品经济发展到一定程度的产物，和社会化大生产密切联系着。具体说，它在封建社会时期萌芽，在资本主义社会初期才产生、形成的。其形成的主要标志是消费品、生产资料等商品，以及各生产要素都能在全国统一的市场范围内自由流动。这就是说：（1）不仅消费品和生产资料都要作为商品，在全国统一的市场内自由流动；（2）各生产要素也要进入全国统一的市场内自由流动，这就要有发达的市场体系，即有资本市场、劳动力市场、土地市场等等。这两个条件，在封建社会时期萌芽，资本主义初期才具备。所以，市场经济一开始就是资本主义的自由市场经济，马克思在《资本论》中研究的就是这种自由市场经济。

随着资本主义向前发展，生产日益社会化，逐渐出现了卡特尔、辛迪加、托拉斯、康采恩等垄断形式，到20世纪初，自由资本主义发展为垄断资本主义，资本主义产生了新的特征。特别是随着生产社会化的发展，资本主义矛盾加深，经济危机日益严重，垄断资本主义国家为了寻求解脱危机的办法，于是产生了凯恩斯主义。1936年凯恩斯出版了《就业、利息和货币通论》，对经济学和经济政策都产生了很大影响。凯恩斯主张，实行国家干预、宏观调控，由政府采取扩大公共开支、减税、货币扩张等政策，以解决总需求不足和失业问题。在20世纪30年代资本主义大萧条时期，凯恩斯的理论和政策确实是行之有效的。美国的罗斯福新政，实际上就是凯恩斯主义的一次重要试验。二战爆发为凯恩斯政策的彻底实施提供一个绝好的机会。战后，西方国家普遍把凯恩斯政策奉为国策。这时候，自由市场经济也就发展为现代市场经济。现代市场经济，除包含《资本论》中所论述的一般特征外，又增加了一个重要的新内容，即国家对经济的宏观调控。这是和国家垄断资本主义的国家作用密切联系着的。在国家垄断阶段，国家的经济作用大大加强。

随着垄断资本主义经济的进一步发展，20 世纪 70 年代出现了滞胀局面，凯恩斯主义失灵了，新经济自由主义思潮随之而生。货币主义、新古典宏观经济学、供给学派成为当时的三个主要学派。如美国的里根经济学，就是以供给学派作为理论基础的。尽管近几年来新经济自由主义改革浪潮要求纠正国家过度干预经济，但他们并不否认宏观调控职能的存在，仍然坚持凯恩斯的国家宏观调控的重要措施。国家对宏观经济的调节，是现代市场经济的一个重要内容。这在《资本论》是没有进行论述的问题，也是《资本论》中不可能研究的问题，因为自由资本主义实践不可能将此问题提到议事日程上。有人认为《资本论》中也曾研究过宏观调控，这是不切实际的。马克思当时确曾对资本主义经济进行过宏观分析，但不能因此认为就解决了宏观调控问题。宏观调控是垄断资本主义经济实践总结的产物，是适应社会化大生产进一步发展所采取的重要措施。

必须指出，不能把宏观管理和宏观调控混为一谈。宏观调控与政府对国民经济的管理（即宏观管理）不是一个层次的概念。宏观调控仅仅是宏观管理的一个重要方面。宏观管理不仅要应对经济的波动，而且要解决种种市场失灵问题（如竞争的缺陷、公共品生产的不充分、市场的不完善等）。收入分配也是宏观管理的一个重要内容。

也不能把宏观调控和计划混为一谈。过去的计划经济体制，一切通过计划，计划就是法律，用计划指挥一切。实行宏观调控，不是不要计划。计划、财政、金融是宏观调控的三根支柱。计划是宏观调控的一项重要内容。但计划仅仅是宏观调控的一个方面，这种计划调控，与计划经济时期的计划的作用、范围也有所不同。中国政府曾对经济过热问题加强宏观调控，从整顿金融入手，适时调整利率、管住信贷、控制货币投放、改革税收体制等，取得了良好效果，就是运用宏观调控的经济手段来解决问题的。

现代市场经济比自由市场经济多了政府对经济实行宏观调控这一条，

这对资本主义现代市场经济来说是重要的，对社会主义市场经济来说更是重要的。社会主义市场经济是社会主义条件下的市场经济。公有制企业是社会主义市场的主体，特别是生产社会化水平较高的大中型企业，更需要运用计划等手段进行调控。垄断资本主义国家实行宏观调控，是为垄断阶级谋利益。中国是社会主义国家，实行宏观调控，是为广大人民谋利益。宏观调控虽然是垄断资本主义经济实践的经济总结，建立在社会化大生产的基础上，但宏观调控只是一种手段，资本主义可以用，社会主义也可以用。资本主义利用它可以为资本主义市场经济服务，社会主义利用它可以为社会主义市场经济服务。

当代发达资本主义国家的市场经济，主要有三种典型模式：一种是英美的自由竞争的市场经济，或称个人资本主义；一种是日本的国家指导的市场经济（政府主导型），亦称公司资本主义；还有一种是德国的社会市场经济，又称莱茵式的互助资本主义。德国的社会市场经济，是一种由高度集中的经济体制转变为市场经济体制的成功模式，有很多值得借鉴的地方。中国实行的是社会主义条件下的市场经济，市场主体是公有制企业，进行宏观调控的是社会主义国家，当然不能照搬资本主义市场经济模式，而应该创建中国特色社会主义市场经济模式。当然这种模式，在《资本论》中是找不到的，用《资本论》来套也是不行的。这就是运用《资本论》的立场、观点、方法，面对中国社会经济的实际，研究新情况，总结新经验，解决新问题。这也是马克思的治学精神，马克思写作《资本论》就是这样进行的。

运用《资本论》研究社会主义市场经济要注意哪些问题呢？简单地说，就是要运用《资本论》的立场、观点、方法，研究新情况，总结新经验，解决新问题。

第一，要对《资本论》出版以来100多年世界上所有经济理论和经济发展情况都加以研究，从中汲取有价值的东西。

马克思写作《资本论》时，就深入研究重农学派、古典学派以及庸俗学派的著作，对古典学派进行批判地继承，成为马克思主义三大来源之一。我们现在也要以《资本论》为指导，从《资本论》的基本原理出发，研究和吸收100余年来东西方经济学中有价值的东西，去掉其错误与糟粕，然后结合总结社会主义市场经济建设的经验，从而创建系统完整的社会主义新理论，以丰富、发展马克思主义。马克思在写作《资本论》时就是在批判地继承古典学派的同时，运用唯物辩证法，以英国为典型，研究资本主义经济的实际，从而引起政治经济学的伟大革命，创建马克思主义。马克思主义既然是如此产生，也应如此发展。理论是要在互相学习、互相借鉴、互相研究、互相吸收中才能发展。马克思对历史上的优秀理论观点都加以吸收。作为马克思主义的后来人，也要学习马克思的治学态度，吸收100余年来东西方经济学中有价值的东西，用以创建新理论。

第二，要运用《资本论》的立场、观点、方法，面对中国社会主义建设的实际，着重研究现实经济生活中的问题。

《资本论》以英国为典型，研究资本主义自由市场经济，就是从英国的经济实际出发，进行解剖，分析其经济实质、经济关系和经济运动的规律。我们运用《资本论》研究社会主义市场经济，就要从中国社会主义经济建设的实际出发，探讨中国特色社会主义市场经济的特点、运行机制和运动规律，为改革开放、发展社会主义经济、实现战略目标服务；就要在《资本论》指导下，以中国为典型来研究中国特色社会主义市场经济。在研究过程中，现代资本主义市场经济的发展状况，一些社会主义国家实行计划经济的教训和向市场经济转轨的情况，都可以作为借鉴和参考，但必须建立在总结中国经济建设实践的丰富经验的基础上，从中国的实际出发，研究新情况，总结新经验，解决新问题，从而创建新理论，才能使马克思主义在新的历史条件下进一步向前推进和发展。

第三，要充分注意科学技术在经济发展中的作用。

马克思写作《资本论》时，很重视自然科学对经济的影响和作用。马克思早年很喜欢数学，特别是对微积分曾下了很大的功夫。恩格斯花了8年时间写作《自然辩证法》。马克思所处的时代正是自然科学发展的时期，牛顿、拉普拉斯以来的科学发展，当时的物理学、数学方面的成就，都对马克思主义的形成产生重要影响。在《资本论》第三卷第六篇“超额利润转化为地租”中，马克思根据土壤化学的发展，做了多次修改，直到最后还未定稿，生前还未发表。当前，世界正处在第二次科技革命的新时期，由于电子计算机的广泛应用，材料科学、生物工程等自然科学新领域的建立和发展，大大改变生产过程，促进社会生产力的迅速发展。科学技术对经济发展的作用，已经超出人们的想象。马克思主义政治经济学，从最抽象最本质的方面分析经济关系和经济活动，现在如要解释一个个具体经济活动，作出新的科学的论断，还有待于作新的探索。有人认为，“世界上目前还没有一种完备的理论能够具体描述、解释和预测现实的经济活动”，“现在世界上所有的理论在解释具体经济活动时都有很大的局限性”。[①] 例如，里昂惕夫的投入产出法曾获诺贝尔奖，但他在计算过程中，把技术的实际影响撇开，认为科学技术的不确定性太大。又如康德拉捷耶夫的长波理论，肯定了科技对社会经济的影响，但却认为这是一个很长的周期性影响。其实，科学技术的迅速发展，怎能不对近期的经济生活发生重大影响呢？马克思在《资本论》中研究扩大再生产公式时，曾假定是在有机构成不变的情况下进行；列宁则根据科学技术的发展，创造了有机构成提高情况下的扩大再生产公式，这也是把科学技术新发展引入经济生活而出现的成功范例。邓小平总结了数十年来科技和经济发展的新鲜经验，提出了“科学技术是第一生产力”的重要论断，是对马克思主义的重大发展。当前，特别重要的是如何把上述理论具体化，既从质上又从量上，具体描述、解释、预测现实经济活动，特别要注意科技发展对这些经济活动的具体作用，由此才能理解现代资本主义的一些经济现象，也才能总结社会主义市场经济实践的新经验，并概括提高到理论上来。

三、有关《资本论》与市场经济研究中的几个争论问题

（一）《资本论》中研究的是不是典型的资本主义市场经济

《资本论》研究的是自由资本主义时期的自由市场经济。自由市场经

① 《吴明瑜问答录》，《经济日报》1993 年 7 月 2 日第 7 版。

济是不是典型的资本主义市场经济呢？这首先要看典型的资本主义是什么?《资本论》以英国作为资本主义的典型，因为当时资本主义经济关系在英国已相当成熟和发展。但当时毕竟还是处于自由竞争阶段。随着生产力和生产关系向前发展，资本主义又发展到垄断阶段。马克思没有活到垄断阶段，但当时他已科学地预测到自由竞争向垄断发展的必然趋势。但他又无法预见到垄断是一个阶段，更无法分析垄断的新情况和新问题。现在的问题是：究竟是自由竞争阶段是典型的资本主义，还是垄断阶段是典型的资本主义呢？实践证明，自由竞争时期的资本主义在英国只存在了 100 年左右，就发展为垄断阶段；而垄断资本主义在主要国家占统治地位到现在也已近百年，而且还有生命力，不断向前发展。看来，典型的资本主义生产方式不应是自由竞争时期，而应是垄断时期。① 与此相适应，资本主义的自由市场经济发展为现代市场经济，应该说是进一步的成熟和完善；有国家宏观调控的市场经济，比起完全由“看不见的手”主宰的自由市场经济，更加适应生产社会化发展的崭新情况。是否可以认为：垄断资本主义是典型的资本主义生产方式，现代市场经济是典型的资本主义市场经济？

（二）《资本论》中对自由市场经济有没有“开展总体分析”

有人说：“马克思在《资本论》中虽然对商品经济的运行、资源的配置作过分析，但仅限于揭示资本主义生产方式的历史局限性的需要之内，因而不可能展开总体分析，告诉人们如何发展商品经济。”按照这种说法，《资本论》只揭示了资本主义生产方式的历史局限性，没有对商品经济、市场经济进行总体分析。我认为，这种说法是值得研究的。其一，任何一般性的东西都存在于特殊性之中，如果离开特定的社会存在，抽象地独立地研究商品经济或市场经济是根本不可能的。市场经济，或者在社会主义条件下，或者在资本主义条件下，如果离开社会条件，孤立地对市场经济进行总体分析，即在社会条件的运行总体之外再产生一个

---

① 原苏联瓦·梅德维杰夫即持此观点。

总体，则是根本不可能的。如果因此认为《资本论》对商品经济、市场经济的分析不完整、不全面，则是不切实际的要求。其二，《资本论》中对商品经济和市场经济，实质上都进行了总体分析。例如，《资本论》第二卷第三篇研究社会资本的再生产，不就是从宏观角度对商品交换和市场经济进行全社会范围的总体分析吗？再如《资本论》第三卷对社会资本再生产的总过程，不是也进行了全面分析吗？当然，《资本论》中没有对宏观调控进行具体论述，这是由特定的历史条件所决定的，这并不是否定全面分析的问题。任何一个理论家的理论，只可能继承前人的遗产，总结前人的经验，预测未来，却不能在理论中涵括未来发展中的一切。

（三）《资本论》中有关范畴、概念能否在社会主义市场经济中继续使用

马克思在《资本论》中也使用了古典学派的许多概念，如商品、价值、使用价值、货币、劳动生产率等等，这些概念都不是马克思创造出来的。任何一门科学理论，都是在前人研究成果的基础上发展起来的。研究社会主义市场经济，采用《资本论》中的有关范畴、概念，本是题中应有之义，原无足怪。但是有些概念，长期以来却在争论。例如，在社会主义市场体系中，究竟是劳务市场还是劳动力市场的问题。党的十四大以前普遍流行的说法是劳务市场。但马克思明确指出劳动力和劳动的区别，劳动力是商品，而劳动不是商品。如说劳务市场等于劳动市场，那在理论上是不够完善的。反之，如果承认劳动市场，则与马克思在《资本论》中所作分析相符合。但如说社会主义制度下劳动力是商品，也会出现一系列新问题，例如超过劳动力价值的新创造的价值部分是不是剩余价值问题。如要弄清上述区别，还必须研究一系列问题：公有制条件下的劳动力商品与私有制条件下的劳动力商品有什么区别？劳动力个人所有制形成的客观条件是什么？社会主义剩余劳动新创造价值如何区分？社会主义工资是不是劳动力价值或价格转化形态？等等。党的十四届三中全会《中共中央关于建立社会主义市场经济体制若干问题的决定》明确提出了社会主义劳动力市场的概念，应该说明，这一概念的使用已

经获得解决，但有关一系列理论问题还要进行深入研究。可见，对《资本论》中的个别概念，不能简单地生搬硬套到社会主义经济中来，即使运用到社会主义市场经济中，有的也应该结合实际，给予恰当的解释，以体现社会主义经济的特质。同时，根据建设社会主义市场经济新理论的需要，还要创造一些新的概念和范畴，以建立新的理论体系。

第一章

劳动价值论在社会主义市场经济中的运用和发展

一、马克思劳动价值论的基本内容

劳动创造商品价值，最初是由古典学派的创始人威廉·配第提出的，虽经亚当·斯密、大卫·李嘉图的修改、补充和发展，仍未建成科学的理论体系。科学的劳动价值论，是马克思在批判地继承古典学派的基础上建立起来的。马克思运用辩证唯物主义和历史唯物主义的观点和方法，批判了古典学派劳动价值论中的错误因素，继承和发展了其中合理和科学的成分，创立了科学劳动价值论的新的理论体系，为剩余价值论的建立奠定理论基础，从而引起政治经济学的革命性变革，创建了马克思的经济学说，成为马克思主义的重要组成部分。

马克思科学劳动价值论的基本内容，主要包含在《资本论》第一卷第一篇中，对这些基本内容如何概括理解，国内外学术界都有不同看法。我认为，要了解马克思劳动价值论的基本内容，必须研究马克思劳动价值论与古典学派劳动价值论的根本区别，也就是要研究马克思对古典学派劳动价值论除去批判地继承外，还有哪些创造和发展，完成了哪些革命性变革。《资本论》第一卷第一篇的内容，就是一般商品经济所包含的劳动价值论主要内容的很好的概括。只有在深入理解科学劳动价值论基本内容的基础上，才能运用劳动价值论研究现实经济生活中的一系列问题。

第一，商品的二因素是使用价值和价值（价值实体，价值量）。马克思是从商品分析开始的。从物品的一般有用性引申到商品的特殊有用性，即使用价值；从使用价值的社会性引申到不同使用价值的商品必须交换，即具有交换价值；从交换价值形式揭示出其掩藏的内容，即价值；进而从质和量两方面，研究价值实体和价值量，即研究价值本身。首先，马克思从商品的使用价值和价值的对立统一关系上来进行研究。古典学派虽然区分了商品的使用价值和交换价值，但往往把价值和交换价值混为一谈，没有把商品看成使用价值和价值的统一体。马克思从分析商品使用价值和交换价值出发，从交换价值引出价值，提出交换价值只是价值的表现形式，价值则是交换价值的实在内容。商品是使用价值和价值这两个因素的辩证统一，而价值又是商品经济的最根本的基础。从一方面看，使用价值和价值是互相依赖、互为条件的，使用价值是价值的物质承担者，没有使用价值的东西就不可能有价值，这就纠正了斯密认为没有使用价值的东西也可能有价值的谬误；但是，没有价值却有使用价值的东西也不能成为商品，由此，揭示了商品的社会属性，这就又纠正了古典学派把商品看成是自然属性的错误；可见，产品成为商品，必须是使用价值和价值的统一。从另一方面看，使用价值和价值又是相互矛盾的，商品的使用价值是社会的使用价值，必须让渡给别人，而价值只有通过交换才能实现，这样，在商品经济细胞内部就含着使用价值和价值的矛盾，商品内部的矛盾的进一步发展表现为商品的外部矛盾，即商品与商品之间的矛盾，然后再发展为商品和货币的矛盾；在资本主义社会里，货币转化为资本，劳动力成为商品，商品与货币的矛盾又发展为资本与劳动的矛盾，所以，商品内部矛盾孕育着资本主义一切矛盾，研究资本主义生产必须从商品分析开始，这是马克思运用唯物辩证法研究资本主义经济的一个重大创造。其次，关于价值实体的研究。古典学派虽然发现商品价值是劳动创造的，但却把价值当成是商品的自然属性，马克思着重从质的方面，揭示了价值的社会性质。马克思指出，商品价值是商品中人类抽象劳动的凝结，价值实体无非是抽象劳动的物化，是在物的外壳掩盖下的人和人的社会关系。这就从根本上对价值的社会属性作了正确的解释，纠正了古典学派把价值看成是商品自然属性的谬误。马克思分析的特点是，不从价值的概念出发，而从分析商品出发进而研究价值，对价值的分析是和对商品的分析密切联系在一起的，通过对商品的分析来揭示价值的实质，把劳动价值理论寓于商品之中，形成了科学的商品价值理论，这是马克思劳动价值论一个显著的特点，也是一个显著的优点。再次，对于价值量的研究。古典学派只把注意力集中在价值量的方面，但从来没有想到劳动量的差别是以质的同一性为前提的，虽然他们也曾指出价值量是以社会劳动时间来算，如斯密认为价值量由较好企业所耗费的劳动时间来计算，李嘉图认为商品交换价值是由那些在最不利的条件下进行生产的人所必需的较大量的劳动来决定，但由于他们没有对价值实体进行研究，对形成价值的劳动没有进行深入的分析，所以就不能说明为什么价值量的大小必须由社会必要劳动时间来决定。马克思在科学地研究价值的基础上，进一步阐明了斯密、李嘉图所不能阐明的关于价值量的决定问题。马克思指出：商品的价值实体是抽象的人类劳动，这是同一的人类劳动耗费，在商品世界中，社会的全部劳动力又是由个别存在的单个劳动力所组成，每个个别劳动力在生产商品时，都只能当作同一的平均的劳动力，因此，在商品生产时对劳动力的耗费，就不能只是个别劳动时间，而只能是社会平均的必要劳动时间。这就在分析价值实体的基础上，对价值量的决定作了科学的说明。现在我们再来看看《资本论》第一卷第一章第一节的标题“商品的两个因素：使用价值和价值（价值实体，价值量）”，就会有进一步的体会了。马克思加上了这个括弧，说明他解决了前人所没有解决的问题，也是他在批判地继承的基础上，进一步创造和发展的地方。

第二，体现在商品中的劳动二重性。古典学派不懂得创造商品价值的劳动是有二重性的，这就不可能从根本上弄清楚价值和劳动的一系列问题，当然也就不可能建立科学的劳动价值理论。马克思对劳动价值论的重大变革，最重要的问题是：发现了商品的二重性是由体现在商品中的劳动二重性决定的。马克思在写给恩格斯的信中说：“我的书最好的地方是：(1) 在第一章就着重指出了按不同情况表现为使用价值或交换价值的劳动二重性（这是对事实的全部理解的基础）”。[①] 马克思指出，生

① 《马克思恩格斯〈资本论〉书信集》，人民出版社 1976 年版，第 225 页。

产商品的劳动都可以从两方面看，一方面，劳动有各种不同的具体形式，因而就有着不同的目的、对象、方法、手段和结果，这就形成具体劳动；另一方面，劳动者在进行生产劳动时，都要消耗一定的劳动力，都要有人的体力和脑力的支出，如果撇开劳动的各种具体形式，在其中存在的共同的东西，就是一般的人类劳动，这就是抽象劳动。“一切劳动，一方面是人类劳动力在生理学意义上的耗费；就相同的或抽象的人类劳动这个属性来说，它形成商品价值。一切劳动，另一方面是人类劳动力在特殊的有一定目的的形式上的耗费；就具体的有用的劳动这个属性来说，它生产使用价值。”① 具体劳动创造商品的使用价值，抽象劳动形成商品价值。商品具有使用价值和价值的二重性，是由创造商品的劳动具有二重性所决定的。正是由于马克思区别了创造商品的劳动具有二重性，才能从质的方面分析了价值实体，揭示了价值的本质，指出价值不是通常意义上的社会劳动的表现，而是抽象的简单的社会劳动物化了的结果。这就揭示了，不是在任何情况下的劳动都能形成价值，只是在商品生产条件下，商品生产者的抽象劳动才形成价值。既然价值是抽象劳动形成的，因而商品和商品的交换，反映着价值和价值相交换，也就是劳动和劳动相交换，正是由于商品价值作为抽象劳动的社会表现，它才最明显地反映着商品生产社会所特有生产关系。可见，正是由于对劳动二重性的分析，马克思“第一个彻底研究了劳动所具有的创造价值的特性”②，“第一次确定了什么样的劳动形成价值，为什么形成价值以及怎样形成价值”③ 等问题。马克思既分析价值的质的规定性，又分析价值的量的规定性，把个人劳动归结为社会劳动，把个人劳动时间归结为社会劳动时间，从抽象劳动出发，引出社会必要劳动范畴，科学地阐明了确定商品价值量为什么必须依据社会必要劳动时间，以及社会必要劳动时间怎样才能确定等问题。正是由于揭示了劳动二重性，才能阐明商品生产过程中，具体劳动在创造使用价值的同时，还起着转移旧价值、保存旧价值的作用，只有抽象劳动才能创造新价值，这就解决了在商品生产过程中的新

① 《资本论》第1卷，人民出版社2004年版，第60页。
② 《马克思恩格斯全集》第22卷，人民出版社1965年版，第236页。
③ 《资本论》第2卷，人民出版社2004年版，第21页。

价值创造和旧价值转移的问题，从而解决了价值构成和价值形成等问题。马克思自己曾说："商品中包含的劳动的这种二重性，是首先由我批判地证明的。这一点是理解政治经济学的枢纽。"[①] 必须注意，马克思是密切联系着商品这一经济细胞来分析劳动二重性的，这种劳动二重性是包含在商品中的，决不能离开商品孤立地研究劳动二重性，这正是马克思的劳动价值论和古典学派不同的地方。为什么劳动二重性是理解政治经济学的枢纽？因为劳动二重性的发展，才揭示了商品的内在矛盾，揭示了使用价值和价值、价值和交换价值、价值实体和价值形式的关系，说明了价值实体、价值本质、价值量、价值形式等一系列问题，才形成了科学的正确的劳动价值理论。如果没有发现劳动二重性，就不可能有科学的劳动价值论，也就不可能有科学的剩余价值论，当然也就不可能运用科学的劳动价值论和剩余价值论来研究资本主义的一切经济现象，揭示资本主义经济运动规律，阐明资本主义生产关系中的一系列问题，也就不可能引起政治经济学的革命性变革，建立马克思的经济学说，这说明劳动二重性理论在马克思经济学说中处于枢纽地位。

第三，关于价值形式。古典学派从来没有分析商品的价值形式，把价值与交换价值相混同，把价值与价格相混同，他们讲价格时，实际上是讲价值，这就不可能揭示商品交换背后所掩盖着的人和人之间的关系。马克思研究价值形式，"做资产阶级经济学从来没有打算做的事情"[②]。首先，马克思指出了，产品转化为商品，商品不仅具有自然属性，还具有价值属性，即表现为二重性，既具有自然属性——使用价值形式，还具有社会属性——价值形式。价值形式和使用价值形式不同，不能由商品本身直接表现出来，而是通过商品与商品的交换，在商品交换的社会关系中才能表现出来。古典学派把商品只看成是自然物质，不研究其社会属性，当然也就不会研究价值的表现形式了。其次，马克思揭示了价值和价值形式的对立统一关系，而这正是价值形式理论的基本内容之一。所谓价值形式，也就是交换价值，价值实质是内容，交换价值是价值的

① 《资本论》第1卷，人民出版社2004年版，第54—55页。

② 《资本论》第1卷，人民出版社2004年版，第62页。

表现形式。但这种表现，不能通过商品自身直接表现出来，而是通过商品与商品的交换，一个商品的价值通过另一个商品的使用价值才能表现出来，所以，离开了商品交换，就无所谓交换价值，价值也无从表现，价值形式也就不存在了。马克思深刻分析了价值和价值形式之间的对立统一关系，既揭示了在交换价值中怎样隐藏着价值，又揭示了价值怎样通过交换价值才能表现出来的。再次，马克思分析了价值形式的两极，相对价值形式和等价形式，指出二者之间的对立统一的辩证关系。从一方面看，相对价值形式和等价形式是相互依赖、互为条件的，它们是同一价值形式或价值表现中“不可分离的两个要素”[①]。从另一方面看，相对价值形式和等价形式，又是互相排斥、互相对立的，同一商品在同一价值表现或价值关系中，不能同时表现为两种形式，即该商品如以相对价值形式出现，不可能同时表现为等价形式；反之，如果以等价形式出现，就不可能同时表现为相对价值形式。这种相对价值形式和等价形式的对立统一，正是商品内容使用价值和价值对立统一的反映。本来，商品内部是包含着使用价值和价值的矛盾，现在都表现为相对价值形式和等价形式的矛盾，这是因为，相对价值形式上的商品价值要通过等价形式上商品的使用价值来表现。这样，商品内部的矛盾运动，就表现为商品与商品之间的外部的矛盾运动了。马克思还进一步从质和量两方面研究了相对价值形式的内容和相对价值形式的量，揭示了等价形式的三个特点：使用价值成了它的对立面，即价值的表现形式；具体劳动成了它的对立面，即抽象劳动的表现形式；私人劳动成为它的对立面，即社会劳动的表现形式。马克思对价值形式两极所作的深刻分析，阐述了价值形式是怎样表现价值的，价值是怎样通过价值形式而表现出来的，这就进一步揭示了价值的本质，解剖价值的内容与形式，价值决定与价值表现的一切秘密，对于科学劳动价值理论的建立与形成，具有重大意义。最后，马克思对价值形式的发展作了历史性的分析，指出了如何从简单价值形式发展到货币形式，揭示了货币的起源与本质，揭示了货币谜一般的秘密。马克思指出：与劳动产品只是在偶然情况下才成为商品的物

① 《资本论》第1卷，人民出版社2004年版，第62页。

质直接交换相适应的简单价值形式，其基本特点是，一个商品的价值通过另一个商品的使用价值表现出来，这时处于等价形式的是个别等价物。随着交换的发展，出现了扩大价值形式，这时候，一个商品的价值可以通过许多等价形式作用的商品的使用价值而表现出来，这时处于等价形式的则是特殊等价物。随着交换的进一步发展，直接物物交换为间接物物交换所代替，出现了一般价值形式，一切商品的价值都可以同起一般等价物作用的商品相交换，这时处于等价形式的则是一般等价物。随着起一般等价物作用的商品固定在金银身上，出现了货币，一般价值形式又发展为货币形式。马克思所分析的价值形式的发展过程，实际上也是商品生产和商品交换发展的历史过程，表现为历史的发展和逻辑发展的一致性。马克思说："对资产阶级社会说来，劳动产品的商品形式，或者商品的价值形式，就是经济的细胞形式，在浅薄的人看来，分析这种形式好像是斤斤于一些琐事。这的确是琐事，但这是显微解剖学所要做的那种琐事。"① 对于这些琐事，2000 多年来人们在这方面的努力却毫无结果。只有马克思，通过这种显微镜下的抽象分析，才解决了商品"如何、因何、从何"变为货币的问题，科学地阐明了商品和货币的关系，使对价值本身的研究趋于完善。由此可见，马克思对价值形式的系列深刻分析，正是科学的劳动价值论和古典学派劳动价值论的重大区别之一，从而也就构成科学的劳动价值论的一个重要内容。

第四，关于商品拜物教。古典学派把商品仅仅看成是自然产品，看不到它的社会属性；把价值看成是"天然的社会属性"，是物本身所具有的属性；把创造价值的劳动看成是劳动的自然属性，认为在一切历史发展阶段所有劳动都能创造价值；因而把商品与商品的交换，仅仅看成是物与物的关系，看不到在这种物的外壳掩盖下所体现的人和人的关系。马克思通过对商品拜物教的分析，深刻揭示了商品的内在矛盾，进一步阐明了商品是一定历史条件下的产物，价值不是商品的自然属性，也不是纯粹抽象的概念，而是商品生产者所特有的社会关系。但是这种社会关系，在商品生产社会里，不能直接表现出来，而是通过商品和商品的

① 《资本论》第 1 卷，人民出版社 2004 年版，第 8 页。

交换，即物和物的关系而表现出来，所以这种关系，是在物的外壳掩盖下的关系。由于这种社会关系要通过物的关系而表现，这就使商品本身产生神秘性质。这种神秘性质，不是由商品的使用价值发生的，也不是由形成价值的抽象劳动的性质发生的，而是由商品形式本身发生的。第一，人类无差别的抽象劳动不能直接表现出来，要物化在商品中通过价值而表现，这一转换，就使商品本身神秘化了。第二，生产物质产品的劳动量是以时间来计算的，产品变成商品，劳动量就不能用时间直接计算，而是作为价值量来计算，价值量又只能通过商品交换才能表现出来，这一转换，又使商品本身神秘化了。第三，虽然任何社会里劳动者之间都要发生互相交换劳动的社会关系，但在商品生产的社会里，这种交换劳动的社会关系，却要通过物和物的交换而表现出来，这一转换，又使得商品这个物本身神秘化了。正是由于上述原因使商品本身产生神秘化，产生了商品拜物教。马克思揭示了商品拜物教的来源、性质和秘密，指出了“商品世界的这种拜物教性质”“是来源于生产商品的劳动所特有的社会性质”。劳动为什么要表现为价值？价值为什么要表现为交换价值？劳动时间为什么要表现为价值量？人和人的关系为什么要通过物和物的关系而表现？这都是一定社会历史条件下的产物。在生产资料私有制的商品经济社会里，只有通过商品交换，私人劳动才能转化为社会劳动，具体劳动才能还原为抽象劳动，这样，劳动产品就转化为商品形式，劳动相互之间的关系就表现为物和物之间关系的形式。可见，价值并不是物所固有的自然属性，而是人和人之间社会关系的表现。这就深刻揭示了价值的实质。古典学派不懂得这些问题，虽然他们能够发现劳动创造价值，但不能科学地说明为什么劳动能创造价值，在什么条件下劳动才能创造价值，所以就不能建立科学的劳动价值论。列宁指出：“凡是资产阶级经济学家看到物和物之间的关系（商品交换商品）的地方，马克思都揭示了人与人之间的关系。”① 这是马克思的科学的劳动价值论与古典学派劳动价值论的最根本的区别，也是马克思对劳动价值论的重大创造和发展，从而完成革命变革的根本所在，这就构成为科学劳动价值论的

---

① 《列宁选集》第2卷，人民出版社1995年版，第312页。

重要的基本的内容。

二、劳动价值论是市场经济理论的基石

马克思的科学的劳动价值论，是商品交换的客观的内在根据，是商品经济和市场经济理论的基石。

商品经济发展到一定程度就会产生市场经济。市场经济是商品经济高度发展的产物。有商品生产就必须有商品交换，要进行商品交换就必须有市场。在市场上进行商品交换时，就要按照生产商品时所耗费的人类社会抽象劳动凝结的价值量来进行。这就是说，根据上述商品的二因素、商品价值的质和量的分析，创造商品的劳动二重性的分析，对价值形式和价值本质的分析，归结到一点：由于商品交换是依据同质的抽象劳动所凝结的价值来进行，而决定价值量的是社会必要劳动时间，因此商品必须按照社会必要劳动时间所决定的价值量来生产，必须按照价值量相等的原则来进行交换，这就是价值规律。价值规律是商品经济的基本规律，只要有商品生产和商品交换，价值规律就会发生作用。价值规律也是市场经济的基本规律，商品交换必须通过市场进行，只要有市场存在，价值规律也必然发生作用。劳动价值论为商品交换和市场经济提供了理论根据，揭示了客观的经济运动规律。不管是自由资本主义时期的自由市场经济，还是垄断资本主义时期的现代市场经济，还是社会主义市场经济，都必须以科学的劳动价值论作为理论基础。

市场经济的要求首先是，在商品经济条件下如何通过市场实现资源的优化配置。在这里，首先要研究的是，各种生产要素，如劳动、生产资料、土地等，在一定的关系下，怎样实现按一定比例优化配置，满足简单再生产和扩大再生产的需求。在市场经济条件下，社会上究竟需要多少某种生产资料，即需求量，社会上已经生产了多少某种生产资料，即供给量，都是无法知道的。但这些生产资料，都是作为商品通过市场经济进行交换的，在交换时必须以所消耗的社会必要劳动时间所决定的价值量为根据。这不是个别生产者所消耗的个别劳动时间，而是由客观

所决定的社会必要劳动时间，形成社会价值，在商品经济充分发展达到市场经济条件下，社会价值转化为社会生产价格，因此，市场价格就会依据社会价值或社会生产价格而形成。如果某种生产资料（即某种商品）生产少了，供不应求，买者争购，就会形成卖方市场，卖者就感到奇货可居，竞相提高价格，使市场价格高于社会价值或社会生产价格之上，这时，生产该商品比较有利，就会扩大生产，增加供给量；反之，如果该商品供过于求，社会出现买方市场，市场价格就会低于社会价值或社会生产价格之下，说明该商品已生产过多，就要缩减生产或改变生产方向。由于价值规律发生作用，使市场价格围绕社会价值而上下波动，调节着生产资料在各生产部门和企业之间的分配，调节着供给和需求之间的平衡，对劳动和生产资料等经济资源实现合理配置，这正是价值规律所产生的基本的作用，也是市场经济最基本的客观要求。

市场经济的另一要求是，如何通过商品交换实现较好的经济效益。按照价值规律要求，商品价值量由社会必要劳动时间决定。如某个生产者的劳动生产率高于本部门的平均水平，他的个别劳动时间就会低于社会必要劳动时间，商品是按照社会必要劳动时间所决定的社会价值出卖的，于是这个商品生产者就会比别人获得更多的收入，实现较好的经济效益；反之，如果个别劳动时间高于社会必要劳动时间，该生产者就会处于十分不利的地位，只能取得较少收入，甚至亏本。在生产者追求收入最大化、利润最大化的市场经济条件下，个别劳动生产率的高低，个别劳动时间消耗的多少，个别价值相比于社会价值的高低，直接关系到生产者或经营者的实际收入，所以是衡量经济效益的决定因素。

市场经济的这一要求是，对生产者或企业起着优胜劣汰的鞭策作用，从而促进整个社会生产力的发展。由于商品生产者的生产条件不同，他们拥有的生产资料的数量和质量不同，生产技术、经营管理能力、劳动熟练程度也不一样，在价值规律作用下，生产条件好的企业就会取得较多收入，不断积累资本，不断采用先进技术改进生产条件，不断提高劳动生产率，不断扩大生产，促进生产迅速发展。反之，那些生产条件差、个别劳动时间高于社会必要劳动时间的生产者或企业，就会在竞争中处于不利地位，不断亏本，直至破产。这就从切身利益上，刺激那些生产经营的优秀者，鞭策那些落后者，奖勤罚懒，优胜劣汰。随着现代科学技术的迅猛发展，日新月异，在生产中采用最新先进技术，就会大量节约活劳动和物化劳动，大大提高劳动生产率，从而降低成本，降低单位商品个别价值量，使生产者或企业取得更大的收入。这就促使一些企业竞相采用先进技术，扩大经营规模，既促进了科学技术的发展，也促进了整个社会生产力的发展和提高。

必须注意，通过研究劳动价值理论所揭示的价值规律，在市场经济中所起的作用，是不以人们意志为转移的客观存在，但它不是孤立地发生调节作用，而是通过市场的供求规律、竞争规律、价格规律共同发生作用的综合结果。在商品市场上，商品生产者不断生产商品并出卖商品，形成市场上商品供给的一方；另一方面，存在着各种不同需要的商品购买者，形成市场上商品需求的一方。市场是商品供求关系的总和。供给和需求，买者和卖者的意志行为，构成活动的内容。供给是指一定时期投入市场或能提供到市场上来的商品总量，它不仅是能够满足社会需要的使用价值，而且是待实现的价值量。需求是指一定时期内有支付能力的社会需要，即社会购买力总量或买者可以从市场取走的商品总量。供求规律是指，商品的市场供给同有支付能力的需求之间所具有的内在联系和趋于平衡的客观必然性。但在市场上的商品交换的实际过程中，如从任何一定的场合看，供给和需求都是不平衡的。因为社会生产是技术关系形成的前提，生产的增长会给消费的增长提供必要的条件，而消费的增长却具有很大的伸缩性，两者之间在事实没有同步关系。所以马克思说："供求实际上从来不会一致；如果它们达到一致，那也只是偶然现象，所以在科学上等于零，可以看作没有发生过的事情。"如果把一时期作为一个整体来看，供给和需求则是平衡的，所以马克思又说，由于这两种作用持续不断地运动，"从一个或长或短的时期的整体来看，使供求总是互相一致"。[①] 所以在市场上，商品的供求，从平衡到不平衡，从不平衡到平衡，不断地运动着，供求规律就是在这种不断的运动中表现其作用。在这里的供和求，是对商品的供给和需求，供求规律的运动是紧

① 《资本论》第3卷，人民出版社2004年版，第211页。

紧围绕着商品交换来进行，商品交换又必须按照社会必要劳动时间所决定的价值量来进行，所以供求规律和价值规律密切相联系：一方面，价值规律必须通过供求规律才能表现其作用；另一方面，供求规律的作用也必须依赖于商品交换和价值规律的作用才能表现出来。

有商品交换就有市场竞争。竞争是商品生产者或需求之间进行实力较量和利益争夺的形式。商品价值的确定和价值的实现过程，也就是社会必要劳动时间的确定和市场价格的形成和实现过程，同时也是商品生产者和经营者以及购买者之间的竞争过程。价值规律作为商品经济的内在规律，必须通过竞争的外部强制力才得以贯彻。有人认为竞争是资本主义经济的特有范畴，社会主义经济只有竞赛没有竞争，这是不正确的。竞争是商品经济的一般特性，只要有商品经济存在，就必然有市场竞争。竞争与商品经济是同时存在着的，这关系商品生产者和经营者的物质利益问题。从同类商品竞争的内容看，主要是“价廉物美”的竞争，价廉是价值或价值方面的竞争，物美是使用价值方面的竞争。从不同种商品之间的竞争看，主要是生产什么商品能够取得更多利润的竞争。从市场竞争的形式看，有卖者与卖者之间的竞争，有买者与买者之间的竞争，以及买者与卖者之间的竞争。竞争的作用和后果，会因商品经济的性质不同而有所区别。一般说来，它的作用是：(1) 促进商品价值量的确定与实现；(2) 促进社会生产力的提高和科学技术的发展；(3) 同价值规律一起调节生产资料和社会劳动在各部门之间的分配。当然，在私有制条件下，竞争带有盲目的自发性，往往会对资源造成浪费，对生产带来破坏性结果。

总之，价值规律、供求规律、竞争规律，都必须通过商品交换的市场才能发生作用，它们既是商品经济运行的规律，也是市场经济运行的规律。市场调节是它们共同发生作用的综合结果。在这里，价值规律是商品经济的基本规律，对商品的生产与交换起着决定性的强制作用，供求规律与竞争规律是商品交换的外部运动的规律，必须通过价值规律的运动才能发生作用。如果离开商品交换，离开价值规律，离开市场，供求规律和竞争规律都无从谈起。在这里，价值的质和量是经济运动的中心，是运动的内在实体。围绕着价值和价值量的运动，才能发挥市场调节作用。可见，科学的劳动价值论，既是商品经济的理论基础，也是市场经济的理论基础。

马克思的科学的劳动价值论，是自由资本主义时期经济运行的经验总结，反映了自由市场经济的基本情况。至于市场经济的一般特征，如企业主体、平等竞争、市场体系、法制管理等等，都必须围绕着价值规律等发生作用而表现为市场调节的机能，人们把当时的情况概括地称为“看不见的手”，即价值规律等发生作用，自发地调节着市场经济的运行，实现着资源的优化配置。随着资本主义向前发展，到20世纪初，自由资本主义发展为垄断资本主义，特别是随着生产社会化，资本主义矛盾加深，经济危机日益严重，垄断资本主义国家为了寻求摆脱危机的办法，实行国家对经济的干预，进行宏观调控，这时候，自由市场经济也就发展为现代市场经济。现代市场经济，除包含《资本论》中所论述的自由市场经济的一般特征外，又增加一个重要的新内容，即国家对经济的宏观调控。这是和国家垄断资本主义的国家作用密切联系着的。在国家垄断阶段，国家的经济作用大大加强。这种国家对经济的宏观调控，人们称之为“看得见的手”，它与“看不见的手”同时发生作用，共同构成现代市场经济运行的基本特征。

现代市场经济比自由市场经济多了政府对经济实行宏观调控这一条，这对资本主义现代市场经济来说是重要的，对社会主义市场经济来说更是重要的。宏观调控虽然是垄断资本主义经济实践活动的总结，但那是建立在社会化大生产的基础上，是社会化大生产和市场经济相结合的产物。只要有社会化大生产的存在，宏观调控手段就是完全必要的。宏观调控是运用价值、价格、货币、利息、税收等经济杠杆，对国民经济进行间接调控，仍然是依据劳动价值论的基本原理，是在认识价值规律的基础上进一步的运用。作为宏观调控，只是一种手段，资本主义可以用，社会主义也可以用。垄断资本主义国家实行宏观调控，是为垄断资产阶级谋利益；社会主义国家实行宏观调控，是为广大人民谋利益。资本主义利用它可以为资本主义市场经济服务，社会主义利用它可以为社会主义市场经济服务。

社会主义市场经济是社会主义条件下的市场经济，既具有市场经济的一般特征（如企业主体、平等竞争、市场调节、市场体系、法律管理等），也要实行国家对经济的宏观调控。但由于中国是社会主义国家，公有制企业是市场的主体，按劳分配是分配领域中的主要实现形式，加上由社会主义国家所实行的宏观调控，这就构成社会主义市场经济的特殊性，也是与资本主义自由市场经济和现代市场经济有所不同的地方。但是，使“看不见的手”与“看得见的手”相结合，充分实现市场调节机制与宏观调控相结合，利用价值、价格、货币等价值形式大力发展商品经济和货币经济，以促进现代科学技术的进步和社会生产力的提高，这一切，都有赖于社会主义市场经济的进一步完善与发展，有赖于对价值规律等经济规律的认识与利用，有赖于科学的劳动价值论在社会主义市场经济中的运用和发展。总之，离开了科学的劳动价值论，商品交换就无法得到科学的说明，市场经济就失去科学的理论基础。由此可见，科学的劳动价值论，不仅是资本主义市场经济理论的基石，也是社会主义市场经济理论的基石。

三、劳动价值论在当代的运用和发展

（一）为什么劳动价值理论要发展

19 世纪中期，马克思批判地继承古典学派的劳动价值论，创建了科学的劳动价值论。始创于英国的近代第一次产业革命，从 19 世纪 40 年代开始向欧洲发展，迅速波及整个世界，这是形成马克思主义的历史条件，也是马克思创建科学的劳动价值论的客观条件。当时的科学技术已有一定程度的发展，所以马克思提出了“科学技术是生产力”“一般科学劳动对生产有重要作用”等著名论断。但由于当时还处在以蒸汽机为标志的资本主义工业化的初期阶段，科学技术在生产中的应用也属于早期阶段。随着科学技术的发展，导致了 20 世纪初开始的现代科学革命，量子论、相对论以及系统的分子结构理论都于此时诞生。20 世纪中期兴起的科学技术革命，最主要的是原子能、航天科技、电子计算机等科学革命。特别是70年代兴起至今仍方兴未艾的当代新科技革命，是以信息为先导、以新材料为基础、以新能源为动力、以海洋和空间科技为内涵与外延、以生命科技为跨世纪战略重点的全方位、多层次的伟大革命；更由于个人计算机的问世、互联网的出现，信息领域出现了重大的革命性转变，开始了一个新的信息时代，极大改变了人们的生产方式、生活方式、工作方式，由高科技所推动的现代生产力得到迅速发展。可以说，20世纪是现代科学技术的世纪，和19世纪中期马克思创建科学劳动价值论的情况有很大不同，劳动价值论在实际运用中必须有新的发展。

劳动价值论着重说明商品价值是由劳动创造的。创造商品价值的劳动是抽象劳动，是社会劳动，是活劳动。商品必须通过交换，交换必须经过市场，有商品才有商品经济，商品经济发展到一定程度产生市场经济。劳动价值论是关于商品的基本理论，也是商品经济和市场经济的理论。马克思的《资本论》是对自由资本主义时期自由市场经济经验的总结，揭示了资本主义自由市场经济的特点和规律，也揭示了市场经济的一般特点和一般规律，这些一般原理和规律，对于其他社会的市场经济都是适用的。中国现在是社会主义市场经济，即市场经济与社会主义制度相结合，当然与资本主义市场经济有许多不同的特点，但还要运用劳动价值论来说明社会主义市场经济实践中出现的新情况和新问题，用发展着的马克思主义指导中国社会主义新的实践。

总之，从以现代科技为特征的现代生产力的新发展和以社会主义市场经济为特征的社会主义经济体制的新发展这两方面来看，新的情况，新的实践，新的问题，新的经验，说明了劳动价值论在实际运用中必须有新的发展。如果丢掉科学劳动价值论，社会主义市场经济就缺乏科学的理论指导。如果教条式地把劳动价值论生搬硬套到现实经济生活中来，用本本去框实践，理论就会严重脱离实际，苍白无力，更谈不上坚持与时俱进的品质了。

（二）当代劳动的新特点

概而言之，当代劳动有如下新特点：

(1) 商品价值创造以体力劳动为主逐步转变为以脑力劳动为主。资本主义初期，脑力劳动创造的价值数量较小，而脑力劳动又往往依附于体力劳动进行生产活动，缺乏独立创造商品价值的具体形式。现在，随着电子计算机的出现，劳动条件和劳动状况出现了很大改变。特别是软件的产生，它已不再是人类体力劳动的物化，而是人类脑力劳动的物化，这就出现了脑力劳动独立创造商品的具体形式。正是由于软件的出现，人类对传统生产方式和生产过程才有了进行信息化、智能化、数字化、网络化影响和改造的可能；才能使现代科学技术知识以更快速度在全世界传播，这就使人类生产劳动由体力劳动为主逐步转变为以脑力劳动为主。在机械化初级阶段，体力劳动与脑力劳动的比例为 9∶1；在全自动化条件下，两者之比为 1∶9。目前，一些发达国家的劳动者行列中，高级科研人员和高级工程技术人员所占比重愈来愈大。早在 1977 年，美国脑力劳动者所占比例为 50.1%，脑力劳动者人数已超过体力劳动者。①

(2) 科学劳动对生产和经济生活起着越来越重要的作用。科学劳动是指掌握了科学技术知识的劳动者所从事的劳动。“科学劳动”一词最早是马克思提出的。他指出，随着大工业的发展，“直接劳动在量的方面降到微不足道的比例……同一般科学劳动相比，同自然科学在工艺上的应用相比……却变成一种从属的要素”。② 这就是说，随着大工业的发展，商品价值的创造主要取决于科学技术的进步及其在生产中的应用，即来自一般科学劳动，而来自直接劳动的部分则降低到微不足道的比例。科学劳动是掌握了科学技术知识的科学劳动者所进行的高级脑力劳动。随着科学技术的发展，才会由一般脑力劳动发展为科学劳动。特别是近十年来高科技和信息化高速发展，掌握了现代最新科学技术的劳动者所进行的是现代科学劳动。现代科学劳动是现代社会经济发展的动力，正起着越来越重要的决定作用。据统计，在发达国家科学技术对国民经济总产值增长速度的贡献，20 世纪初为 5%～20%；20 世纪中叶上升到 50%；80 年代上升到 60%～80%；科学进步对经济增长的贡献已明显超

---

① 宋健主编：《现代科学技术基础知识》，科学出版社、中共中央党校出版社 1994 年版，第 54、58 页。

② 《马克思恩格斯全集》第 31 卷，人民出版社 1998 年版，第 94—95 页。

过资本和劳力的作用。[①]

(3) 由精神劳动生产的精神产品得到广泛的发展和使用。马克思在《资本论》中主要研究物质资料的生产，对精神生产和精神产品很少涉及。这是由当时的历史任务所决定的。近百年来，随着现代科技的迅速发展，精神劳动创造的精神产品得到广泛的发展和应用。当前精神劳动和精神产品出现许多新情况、新特点，在量和质两方面与100多年前大不相同，必须进行深入研究。

(4) 管理劳动和服务劳动在社会经济生活中已居于十分重要的地位。在单个小手工业生产状态下，不需要专人管理。随着机器大生产的出现，统一指挥管理是社会化大生产的必要条件。随着生产的发展，生产规模和范围扩大，企业内部分工越来越细致，越来越需要科学的组织与管理。现代化大企业的管理者的管理劳动，已不是一般劳动，而是高级脑力劳动，是现代科学劳动。现代企业的管理者，不仅是具备该企业专业知识的专家，还更要具备信息时代所必须掌握的现代化信息手段，如熟练掌握外语、高等数学、计算机等；还要具备丰富的市场知识，通过深入研究市场情况确定企业经营的战略和策略；还要有较高的政治思想水平和政策水平，掌握领导艺术，团结全体职工，调动广大劳动者的积极性；特别是要善于实现科技创新、体制创新和理论创新，把企业推向前进。一个企业经营得好坏，管理者或领导人起着决定性作用，关系该企业的生存和发展。可见管理劳动已在社会经济生活中处于十分重要的地位并起着极其重要的作用。

(三) 创造商品价值的生产劳动的范围必须进一步扩大

马克思分析资本主义经济创造商品价值的劳动主要是物质产品生产的直接社会劳动。随着资本主义的发展，马克思也认为这样的范围已很不够，必须扩大。他指出：“随着劳动过程的协作性质本身的发展，生产

① 参见宋健主编：《现代科学技术基础知识》，科学出版社、中共中央党校出版社1994年版，第54、58页。

劳动和它的承担者即生产工人的概念也就必然扩大。为了从事生产劳动，现在不一定要亲自动手；只要成为总体工人的一个器官，完成他所属的某一种职能就够了。”①“许多工人共同生产同一个商品……这些或那些工人的劳动同生产对象之间直接存在的关系，自然是各种各样的。例如，前面提到过的那些工厂小工，同原料的加工毫无直接关系；监督直接进行原料加工的工人的那些监工，就更远一步；工程师又有另一种关系，他主要只是从事脑力劳动，如此等等。……所有这些劳动者合在一起，作为一个生产集体，是生产这种产品的活机器”。② 可见，马克思已把创造商品价值的劳动看成不只是在生产过程的直接劳动，还包括一些间接劳动，这些劳动构成一个集体，共同创造价值。在中国社会主义初级阶段，随着现代科学技术和社会主义市场经济的发展，创造商品价值的生产劳动的范围与资本主义相比必须进一步扩大。通过这些扩大了的商品价值相交换，体现公有制为主体、多种所有制经济共同发展的劳动者之间相互交换劳动的价值关系。其范围可包括以下四个方面：

在物质生产方面，除了包括工厂车间第一线工人们的劳动外，应包括工程师、技术人员从事科技工作的劳动；以及科研单位发明创造先进技术，设计、试制新产品的劳动；还要包括运输、包装等生产过程在流通领域继续的劳动。

在精神生产方面，精神劳动进行精神生产，生产出精神产品。精神产品可区分为有形产品和无形产品。像书籍、绘画、音像制品等是有形产品，具有价值和使用价值，这种精神生产劳动当然是创造价值的。至于无形产品，如音乐家唱歌、教师上课，其使用价值当场消费，其创造的价值无所凭依，所以有人认为他们只创造精神财富，不创造商品价值。其实，教师讲课把科学知识传授给学生，学生因此掌握了现代科学技术知识，这是学习费用，是形成劳动力价值三项费用中的一项。学生毕业后成为劳动者进入人才市场即劳动力市场，这种价值也就得到充分体现。马克思曾经指出，教师对学生进行教育，实际上是对学生进行服务，“购买这些服务，也就是

① 《资本论》第1卷，人民出版社2004年版，第582页。

② 《马克思恩格斯全集》第26卷第1册，人民出版社1972年版，第443—444页。

购买提供‘可以出卖的商品等等’，即提供劳动能力本身来代替自己的服务，这些服务应加入劳动能力的生产费用或再生产费用”。①

在管理劳动方面，公有制企业管理人员的管理、指挥劳动，是集体生产所必需的，这种劳动当然创造价值。私营企业的管理劳动中，作为指挥者的管理劳动是创造价值的；作为经营者是实现价值的，应根据其贡献取得报酬；作为资本所有者取得的利润收入是凭借资本所有权经营的结果，是合法的非劳动收入，应予以保障。

在服务劳动方面，一部分服务劳动属于精神劳动的范围，如教师劳动之类；至于第三产业的劳动是否创造价值应具体情况具体分析。如理发业，他们创造的是有形产品，有价值和使用价值。但有些行业则不创造价值。因此，第三产业人员是否创造价值，应据该行业的实际情况进行分析研究。

总之，在现代科学技术高度发展和社会主义市场经济条件下，创造商品价值的生产劳动的范围不断扩大。

（四）现代科学劳动是发展劳动价值论的重要范畴和核心理论内容

众所周知，劳动价值论是古典学派最早提出来的，马克思批判地继承并创建了科学的劳动价值论，关键在于提出了劳动二重性这一重要原理，建立了科学劳动价值论的新的理论体系。劳动价值理论的新发展，必须在运用原有理论的基础上，创建新的理论范畴和新的理论体系，给整个理论带来新的变化，用以说明一系列新的实际问题。从实践的发展方面需要说明的劳动创造价值的外延的扩大，仅仅就事论事是不够的，还需要创建新的本质性的范畴，从理论体系上给予系统的深刻的说明，像马克思发现劳动二重性那样，使之成为“对事实的全部理解的基础”，成为发展劳动价值论的枢纽点。我们认为，现代科学劳动是发展劳动价值论的重要范畴和核心理论内容，可以说明高科技和社会主义市场经济

① 《马克思恩格斯全集》第33卷，人民出版社2004年版，第153页。

条件下劳动价值论新的本质和一系列现实问题。[①]

如前所述，随着近百年来现代科学技术的迅速发展，一般科学劳动发展为现代科学劳动。所谓一般科学劳动指掌握了一般科学技术知识的劳动者所进行的劳动，是高级的复杂的脑力劳动。而现代科学劳动是掌握了现代有关最新科学和多学科前沿理论，以及最新先进技术的劳动者所进行的劳动，是高级或超高级的脑力劳动、高级或超高级的复杂劳动。掌握了现代科学技术的劳动者具有现代科学劳动力，现代科学劳动力同样具有价值和使用价值。现代科学劳动力的价值包括一般劳动力价值决定的三个要素，即维持劳动者自身生存所必需的生活资料的价值，养活劳动者家属所必需的生活资料的价值，劳动者接受教育和训练的费用。为了掌握现代科学技术，必须接受高层次教育和进行科学研究，支出大量的学习费用和科研费用，因而这部分的价值量会大大增加。不仅如此，科学知识是长期积累起来的，它本身有价值。科学本身不能直接创造价值，必须通过科学劳动才能创造价值。现代科学劳动创造出的新价值中既要用一部分补偿已消耗的现代科学劳动力的价值（由于学习费用增加，现代科学劳动力价值比一般劳动力价值大得多），在创造新价值的同时，还要把所使用的科学知识中包含的旧价值和生产资料的旧价值一起逐步转移到新产品中去，因而转移的旧价值的量也将大大增加。这是就现代科学劳动力的价值方面而言。就其使用价值方面而言，现代科学劳动力的使用即现代科学劳动，由于它能充分利用自然力并进入生产过程，大大提高了劳动生产力，生产更多的使用价值，这是高级或超高级的复杂劳动，是简单劳动的大量倍加，因而在同一时间内能创造出大量的新价值。可见，现代科学劳动提供了更多的商品价值量和使用价值量，大大改变了已有商品的价值量和量的各种部分构成，大大增加社会的物质财富，引起了劳动和价值之间的新变化和新发展。简言之，现代科学劳动对商品价值的创造呈现出以下新特点：

1. 现代科学劳动在新价值创造、旧价值转移以及劳动力价值构成等

---

① 参阅教育部邓小平理论研究中心：《现代科学劳动是发展劳动价值论的重要范畴和核心理论内容》(执笔人陈征)，《高校理论战线》2002 年第 11 期。

内涵方面，都体现着高科技时代科学技术高度发展的特点，反映了时代精神。

2. 现代科学技术涉及社会经济生活的各个领域，既包含物质生产领域，也包含精神生产等非物质生产领域；既适用于第一、第二产业部门，也适用于第三产业部门；既适用于有形产品，也适用于无形产品；只要有商品生产，劳动者掌握现代科学技术进行劳动，现代科学劳动在价值创造的外延方面可以相应地扩大，渗透到每个商品价值的形成之中。如果说，只要有创造商品价值的劳动，其劳动都具有二重性，现在也可以说，只要有创造商品价值的劳动，都可以由掌握现代科学技术的劳动者来进行。现代科学劳动可以运用于创造商品价值的每个角落。

3. 在新价值创造与旧价值转移方面。随着现代科技的发展，有机构成不断提高，单位商品价值量下降。在单位商品价值量中，新创造的价值量减少了，转移来的旧价值增多了。以物质产品为例，由于现代科学劳动之故，在一定时间内可生产更多的商品，创造出更多的新价值，既体现为单位商品的使用价值量大大增加，又体现为该商品的价值总量增加。现代科学劳动是高级复杂劳动，在一定时间内可以创造出更多的价值量，但这些价值量凝结在大量的使用价值即商品中，因而单位商品中新创造的价值量比以前相对地下降了；另一方面，由于现代科学劳动在一定时间内创造出更多的商品，既转移了大量的生产资料的旧价值，又转移了大量包含于科学知识中的旧价值，二者相加，转移来的旧价值大大增加了，这就使单位商品价值量下降的同时，转移来的旧价值相对增加了。这就是劳动生产率提高同单位商品价值量成反比，即劳动生产率提高，单位商品价值量下降。如从生产该商品的生产部门来看，由于现代科学劳动之故，使生产出的该商品总量大大增加，该商品的价值量也大大增加，这就是劳动生产率提高同该商品使用价值总量和该商品价值总量成正比，即劳动生产率越高，该商品总量（使用价值量）就越多，该商品价值总量也越多。这说明随着现代科学技术的发展，劳动生产率提高，商品的使用价值和价值的总量都大大增加，这也是近半个世纪以来国内生产总值不断增加和人民消费资料总量不断扩大的基本原因；这正说明了，随着现代科技发展，生产力迅速提高、国民经济迅速增长、人民生活水平迅速提高的根本原因所在。

4. 现代科学劳动的实际表现为各种具体形式，反映着现代劳动和生产发展的新趋势。现代科学劳动的实质必须通过各种不同的具体劳动形式表现出来：掌握了现代科技的科技工作者进行的是现代科技劳动；掌握了现代科技的经营工作者进行的是现代管理劳动；掌握了现代科技的教育工作者和文艺工作者进行的是现代精神劳动；掌握了现代科技的服务工作者进行的是现代服务劳动等等。这些劳动的不同的具体形式都反映着掌握现代科技这一实质性内容。它既可以说明物质生产领域，也可以说明非物质生产领域的价值创造问题。它们之间是本质和现象关系，通过本质研究现象，从而创建一个新的高科技时代的劳动价值的理论体系，用以说明劳动价值的新发展，应是发展劳动价值论的关键所在。

5. 按照现代科学劳动的原理，可以更好地说明按劳分配和按贡献分配相结合的分配制度。现代科学劳动同样具有劳动二重性；它既是抽象劳动，是高级或超高级复杂劳动，在一定时间内可以创造出大量的新价值，根据按劳分配原则，对他们付给较高的报酬是完全合理的、应该的。现代科学劳动同样表现为各种具体劳动，由于它可以将自然力引入生产过程，大大提高劳动生产率，可以在一定时间内生产出大量的使用价值，使物质财富大量增加，更好地满足人们的各种需要，促进了社会生产力的发展，这是对社会的贡献，通过现代科学劳动的各种具体形式创造的物质财富越多，对社会的贡献就越大。对作出较大贡献的劳动者给予一定的贡献报酬也是完全合理的、应该的。总之，现代科学劳动是在充分发达的高科技和社会主义市场经济条件下发展劳动价值论的本质范畴和核心内容，可以用来分析和说明一系列新情况、新问题，建立新的科学理论体系，这才能真正实现科学劳动价值理论的新发展。

（五）树立社会主义新型的劳动观

党的十六大报告提出："必须尊重劳动、尊重知识、尊重人才、尊重创造，这要作为党和国家的一项重大方针在全社会认真贯彻。"这就要树立社会主义新型的劳动观。这是在邓小平提出的"尊重知识、尊重人才"

基础上的重大理论创新和政策创新。党的十八大报告再次强调了“四个尊重”的重大方针。

“四个尊重”的核心是“尊重劳动”。当今世界、经济、政治、文化的发展越来越极大地依赖于知识、人才和创新的力量。科学知识是十分重要的，如果不通过现代科学劳动，知识就形不成力量。创造是十分重要的，只有通过劳动才能把理论和实际结合起来，不断总结实践经验，实现重大创造。人才更是十分重要的，但人才必须在创新劳动的实践中才能顺利成长，通过现代科学劳动才能充分发挥人才的力量。离开劳动，知识、人才、创造都无从谈起。只有通过劳动，包括现代科学劳动，才能充分发挥知识、人才和创造性的力量，创造先进生产力和先进文化，创造出大量的物质财富，提高人民的物质文化生活水平。可见，尊重劳动是“四个尊重”的中心环节。

尊重和保护一切有益于人民和社会的劳动，树立新型的社会主义劳动观，是一项重大的方针，必须在全社会认真贯彻。“不论是体力劳动还是脑力劳动，不论是简单劳动和复杂劳动，一切为我国社会主义现代化建设作出贡献的劳动，都是光荣的，都应该得到承认和尊重。”社会主义初级阶段基本经济制度要求，不同所有制经济在社会主义市场经济中共同发展，就需要不同所有制经济中一切劳动者都贡献自己的聪明才智。因此，不论是国有企业职工还是私营企业职工，不论是外资企业职工还是个体劳动者，他们进行的劳动都是建设中国特色社会主义的一部分，他们都是中国特色社会主义的建设者，他们的劳动，必须承认，必须尊重，必须鼓励和支持，一切合法的劳动收入和合法的非劳动收入都应该得到保护，这样才能调动一切积极因素，团结一致，努力从事社会主义现代化建设，营造鼓励人们干事业、支持人们干成事业的社会氛围，放手让一切劳动、知识、技术、管理和资本的活力竞相迸发，让一切创造财富的源泉充分涌流，以造福于人民。

第 二 章
货币理论在社会主义市场经济中的运用

一、马克思的货币理论

马克思的货币理论是在批判资产阶级货币理论的基础上建立起来的。在马克思以前，资产阶级经济学中主要流行着以下三种货币理论：“货币金属论”“货币名目论”“货币数量论”。和重商主义相联系的“货币金属论”，把货币的社会属性强加于金银身上，认为黄金和白银是唯一的货币财富，“金银天然是货币”。他们歪曲了货币的本质。作为“货币金属论”的反对者，“货币名目论”则走向了另一个极端，他们完全割裂了金银和货币的关系，认为货币本身没有价值，仅仅是一种符号；货币的购买力是国家强力规定的。“货币数量论”则认为，一国商品价格的高低决定于流通中的货币数量；流通中的货币数量增加，商品价格就上涨，货币价值就降低，反之亦然。这样一来，他们实际上就否认了商品、货币本身所具有的内在价值。

早期资产阶级经济学货币理论错误的根本原因在于不懂货币的起源和本质。古典经济学虽在经济理论上贡献卓著，但在货币问题方面也未能最终解开货币之谜，没有建立科学的货币理论。斯密高举反“货币数量论”的旗帜，区分了信用货币和纸币，提出货币是商品交换的产物，但最终滑入“货币金属论”的泥坑。李嘉图的货币理论是充满矛盾的，他先从劳动价值论出发，正确地认为货币作为一种商品，其价值是由劳动时间决定的，一国流通中的货币量由货币本身的价值和商品的交换价值总额决定；后来却又离开了正确的道路，接受了“货币数量论”的观点。

马克思批判了资产阶级的货币理论，继承了古典学派货币理论的正确方面，在劳动价值论的基础上，创立了科学的、“第一个详尽无遗的货币理论”[①]。因此，只有在正确理解马克思劳动价值论的基础上，才能正确理解和掌握马克思的货币理论。马克思货币理论的突出特点可概括为：从价值形式的发展说明货币的起源，从货币的起源来阐明货币的本质，从货币的本质说明货币的职能。通过以上分析，马克思解决了“商品怎样、为什么、通过什么成为货币”这样一个资产阶级经济学家从未提出和解决的重大问题，从而为分析资本主义生产过程，为剩余价值理论的建立打下了坚实的理论基础。

在《资本论》中，马克思货币理论的主要内容如下。

（一）货币的起源

货币是怎样产生的？它所具有的能和所有商品交换的谜一般性质是怎么来的？资产阶级经济学家从未研究过。马克思第一个从价值形式的发展过程来研究货币的起源，“探讨商品价值关系中包含的价值表现，怎样从最简单的最不显眼的样子一直发展到炫目的货币形式”[②]，从而解开了货币之谜。从一定意义上说，货币之谜就是商品的价值表现之谜。商品价值是人类抽象劳动的凝结，但它不能直接地孤立地通过自身表现出来，必须通过商品与商品的交换才能表现出来。在简单价值形式中，商品价值的性质得到了最初步的表现。以“20 码麻布＝1 件上衣”的价值关系为例，作为个别等价物的上衣以其自身的使用价值表现麻布的价值，用生产上衣的具体劳动表现生产麻布的抽象劳动，生产上衣的私人劳动成为直接社会形式的劳动。在这里，商品内部价值和使用价值的对立表现为商品和商品间的外部对立。二者的矛盾又不断推动着价值形式的发

---

① 《资本论》第 2 卷，人民出版社 2004 年版，第 22 页。

② 《资本论》第 1 卷，人民出版社 2004 年版，第 62 页。

展。随着价值形式从简单价值形式发展到扩大价值形式、一般价值形式及最后的货币形式，处于等价形式上的商品也逐步由个别等价物发展到特殊等价物、一般等价物，最后发展到由金银来固定充当一般等价物。通过对价值形式及其发展的研究，货币的真正来源被最终揭示出来：货币无非是商品价值表现的完成形式。不仅如此，马克思还从商品交换发展的历史，分析了商品交换的发展过程就是货币的形成过程，货币是商品交换中使用价值和价值矛盾运动的结果。货币产生后，商品作为使用价值的代表出现，货币作为价值的代表出现。至此，马克思通过对价值形式和商品交换历史过程的研究，从逻辑和历史的角度，彻底揭开了货币起源之谜，完成了资产阶级经济学家从来没打算做的事情。

（二）货币的本质

货币是一般等价物，反映着商品生产者之间的交换关系，体现着一定的社会生产关系。马克思从对货币起源的分析中，揭示出货币的本质。自从金银固定充当一般等价物后，“货币商品的使用价值二重化了”。一方面，货币具有任何商品所具有的使用价值的属性，如金可以镶牙，可以用作奢侈品的原料等等；另一方面，货币商品又具有特殊的社会职能，取得了“形式上的使用价值”[①]，即作为一般等价物和其他商品直接发生关系。这种形式上的使用价值和其他商品的使用价值完全不一样。其他商品的使用价值是商品的自然属性，是在交换以后的消费过程中实现的；金银则不同，它们充作一般等价物，具有特殊的社会职能和社会的使用价值，这一属性是在交换过程中实现的。在商品交换中，货币用自己的使用价值来表现其他一切商品的价值，生产货币的具体劳动成了抽象劳动的表现形式，生产货币的私人劳动形成了直接社会形式的劳动。货币成了价值、抽象劳动、社会劳动的一般体现物。货币和其他商品的交换反映了商品生产者之间互相交换劳动的关系。

总之，货币本质表示的是货币的社会属性，体现着一定的社会关系。

---

① 《资本论》第1卷，人民出版社2004年版，第109页。

然而，长期以来，围绕货币的本质却产生了许许多多的错误，以至于“受恋爱愚弄的人，甚至还没有因钻研货币本质而受愚弄的人多”[①]。“货币名目论”把金银的价值和货币本身的存在混为一谈，不懂得货币也是商品，是作为一般等价物而起作用的特殊商品，而误认为金银的价值是想象的。“货币金属论”又把货币看成是金银的自然属性，错误地认为金银天然就是货币。只有马克思第一次从货币起源正确揭示了货币的本质，从而为批判形形色色的货币理论提供了强大的思想武器。

（三）货币的职能

所谓货币的职能，实际上就是指货币在流通中所起的社会作用。马克思对货币职能的认识是与对货币本质的认识紧密联系起来的。一方面，货币职能是从货币的本质发生的。货币的本质表现在货币的职能中。作为一般等价物，货币的本质决定了它在商品流通中起着五种不同作用：价值尺度、流通手段、贮藏手段、支付手段和世界货币。不理解货币的本质就不能正确而全面地理解货币的职能。另一方面，货币职能的产生又和商品流通的发展互为因果、密切联系。其一，货币是在商品交换中产生的。随着商品交换的发展，货币职能也在扩大和发展。价值尺度和流通手段的职能，是从货币出现以后就有的；贮藏手段和支付手段，是在商品生产和商品流通有了一定程度的发展以后才产生的；至于世界货币，则是世界范围内出现商品流通、产生对外贸易以后的事。所以，货币职能的发展反映着商品流通的不同历史发展阶段。其二，货币产生后，作为交换的媒介，解决了交换的困难，促进了商品交换进一步向广度、深度的发展；而货币的这种媒介作用又是商品流通不可缺少的重要条件。因此，研究货币的职能必须同对商品流通的考察结合起来。

在货币的五项职能中，价值尺度是最早产生、最基本的职能，货币的其他职能是以这个职能作为基础的。流通手段是货币的另一基本职能。而贮藏手段、支付手段、世界货币的职能则是随着商品经济发展到较高

---

① 《马克思恩格斯全集》第13卷，人民出版社1962年版，第54页。

阶段后才逐步产生和发展起来的。它们是派生的职能，不能将其与货币的两种基本职能并列看待。

在论述货币职能时，马克思还阐述了货币流通规律。货币流通量决定于三个因素：商品价值水平、流通的商品量和货币流通速度。前两个因素共同决定了商品价值总额，因此，货币流通量规律可以表述为：商品价值总额除以同名货币的流通次数。用公式表示，即：

$$\frac{\text{商品价值总额}}{\text{同名货币的流通次数}}=\text{执行流通手段职能的货币量}$$

在这里，货币的流通次数就是货币的流通速度。为了批判“货币数量论”，马克思又对货币流通量规律作了另一种表述：“已知商品价值总额和商品形态变化的平均速度，流通货币量或货币材料量决定于货币本身的价值。”① 这就是说，货币的价值是决定货币流通量的重要因素之一，不是货币流通量决定货币价值，而是货币价值决定货币流通量。马克思还阐述了纸币流通规律：“这一规律简单说来就是：纸币的发行限于它象征地代表的金（或银）的实际流通的数量。”②

马克思的货币流通规律说明了作为特殊商品的货币与其他商品一样，不仅其价值量由生产它的社会必要劳动时间决定，而且它的供给量也是由社会对它的需求及由此产生的它与其他商品间的相对价格决定的。当商品流通范围和规模扩大时，要求有更多的贵金属不断地被生产出来。而当贵金属生产受到自然力的约束时，货币就通过货币蓄水池的作用自动向经济供给。在这里，货币供给通过货币贮藏的蓄水池效应取决于货币需求，取决于社会经济活动本身。货币供给是内在地决定于商品流通过程中的。进一步地，以此种性质的货币作为基础的信用货币同样也是内生性的。这是建立在劳动价值理论基础之上的货币理论的必然逻辑推演，也是马克思货币理论与货币数量论的根本区别所在。货币数量论者认为货币供给是外在地由金矿的开采决定的。对此，马克思指出：“有一种错觉，认为情况恰恰相反，即商品价格决定于流通手段量，而流通手段量又决定于一个国家现有的货币材料量，这种错觉在它的最初的代表

① 《资本论》第1卷，人民出版社2004年版，第145—146页。

② 《资本论》第1卷，人民出版社2004年版，第150页。

者那里是建立在下面这个荒谬的假设上的：在进入流通过程中，商品没有价格，货币也没有价值，然后在这个过程内，商品堆的一个可除部分同金属堆的一个可除部分相交换。”[①]

（四）信用货币

在《资本论》第一卷建立的科学货币理论基础上，在第三卷中马克思具体分析了资本主义条件下货币经济的运行，阐明了信用货币理论，从而进一步丰富和完成了科学的货币理论体系。

1. 信用货币的产生及其性质。所谓信用货币是代替金属货币充当支付手段和流通手段的信用证券。包括期票、汇票（统称票据）、银行券、支票等，而以银行券作为主要的基本形式。信用货币是从货币作为支付手段的职能中产生的。例如，商品出卖者甲在售卖商品时，不是立即取得现金，而是只得到一张由乙开出的三个月后付款的期票。在期票到期之前，甲在它背后签字（称作背书），以表示承担债务，用它向资本家丙购买商品。丙用同样办法把它作为支付手段向丁购买商品。期票到期后，乙把现款偿还给最后的票据持有人，同时收回期票。在这些交易中，期票代替货币在流通，体现着债权人和债务人之间的信用关系。可见，“信用货币是直接从货币作为支付手段的职能中产生的，由出售商品得到的债券本身又因债权的转移而流通”[②]。信用货币具有双重性质：一方面，体现了债权人和债务人的信用关系；另一方面，又是以信用为基础的货币符号，能够在市场上代替货币充当流通手段和支付手段。信用货币本身并没有价值，它之所以能在流通中代替货币，是因为以信用作为基础能够兑取现实的货币。在高度发达的信用经济中，由于商业信用是银行信用的基础，商品票据也形成真正的信用货币如银行券等的基础。

2. 信用货币的流通量。关于信用货币的流通量，马克思是从两个方面进行分析的。一方面，信用货币流通量是由交易上的需要决定的。由

① 《资本论》第1卷，人民出版社2004年版，第146页。
② 《资本论》第1卷，人民出版社2004年版，第163页。

于信用货币是从货币的支付手段职能中产生的并代替货币充当流通手段和支付手段，不论是银行券还是汇票的流通量都必须以货币流通量规律的原理作为基础。在银行券能够自由兑换黄金的情况下，流通中所需的银行券总量，是由流通中所需要的货币量来进行调节的。马克思指出"银行券的流通也受这个规律的支配"①，这就是说，流通中银行券的数量，也要受待销售的商品价格总额和货币的流通速度所调节。在流通速度不变的情况下，如果待销售的商品价格总额增加了，商业票据总额和向银行要求贴现的商业票据的数量就会增加，因而银行券的发行量也会相应地增加；反之，如果待销售的商品价格总额减少了，银行券的发行量也会相应地减少。但是由于银行券能够兑现黄金，所以在流通中的银行券不会过剩。如果银行券一旦过剩，这多余的部分就会向银行兑换黄金，从而返回银行，脱离流通领域。总之，流通中的银行券和流通中的货币起着同样的作用，所以它要受流通中所需要的货币数量的调节。在《资本论》中，马克思研究的是可以自由兑换黄金的银行券。在资本主义的发展中，随着各国中央银行的建立并垄断货币发行后，各国政府普遍利用银行券的发行来筹集财政收入，国家债券在银行券的发行保证中所占比重越来越大，从而使银行券完全失去兑换黄金的可能。因此，各国中央银行先后停止银行券兑换黄金的制度，实行了由政府发行、强制流通的纸币本位制，这时的银行券虽然仍是通过信用渠道发行出去的，但实际上已纸币化了。恩格斯在《资本论》第三卷的一段增补中，根据当时俄国的情况，指出："不能兑现的银行券，只有在它实际上得到国家信用支持的地方……才会成为一般的流通手段。因此，这种银行券受不能兑现的国家纸币的规律的支配"②。另一方面，信用货币是资本主义商业信用和银行发展的结果，其流通量的决定又不同于金属货币流通量的决定。就以银行券为例，银行券是为了对商业票据进行贴现而发行的，以商业货币即商业票据的流通作为基础。因此，这种"真正的信用货币不是以货币流通（不管是金属货币还是国家纸币）为基础，而是以票据流通为基础"③。

---

① 《资本论》第3卷，人民出版社2004年版，第591页。
② 《资本论》第3卷，人民出版社2004年版，第593页。
③ 《资本论》第3卷，人民出版社2004年版，第451页。

由于“银行券的发行不是完全按照金属流通的规律来调节的”①，因此，不能简单地将信用货币的流通量和货币流通量规律混为一谈。

3. 信用货币的作用。信用货币产生后，资本主义的货币运行因此发生了重大变化。首先，信用货币产生后，流通中的货币构成发生了变化。流通中的货币量现在已不再仅仅由金属货币和纸币构成了，它“是指一个国家内一切现有的、流通的银行券和包括贵金属条块在内的一切硬币的总和”②。而且，信用货币不断排挤着金属货币，从而占据了大规模的领域，而金银铸币则主要被挤到小额贸易的领域之内。其次，信用货币的流通大大节省了货币的流通费用。在使用金属货币的情况下，货币本身就是价格昂贵的流通费用。这是因为生产金属货币要花费较多的劳动。同时，金属货币的重量在流通中又会因自然磨损而减轻。使用信用货币会从三个方面得到节约。(1) 相当大的一部分商品买卖通过商品票据的相互抵消得到实现，完全用不着货币来支付。(2) 加快了货币流通速度。这是因为，一方面，银行提供的技术性业务，如转账、划拨、清算等，在商品流转保持不变时，可以使货币的需要量减少；另一方面，信用制度又会加速商品形态变化的速度，从而加速货币的流通速度。这样一来，货币流通速度加快了，流通中所需的货币量减少了，从而货币的流通费用也减少了。(3) 随着信用制度的发展，金币为纸币所代替，用于生产金属货币的昂贵的流通费用也减少了。最后，信用货币对经济产生了特殊作用，表现在两个方面。一方面，信用货币供应量的增减直接影响到货币的运行。随着信用制度的发展，信用货币在越来越大的范围内取代了金属货币，并在一般商品流通中“作为货币执行职能”。另一方面，信用货币的产生使国家利用货币来调节经济成为可能。在纯粹金属货币流通的条件下，货币供给量是由黄金的贮藏来自发调节的。货币贮藏像水库一样，如果流通中的货币量不足，贮藏的货币就投放进去；如果流通中的货币量过多，有些货币就贮藏起来，使流通中的货币不致过多。“因此，流通中的货币永远不会溢出它的流通的渠道。”③ 而这一切皆是货币

---

① 《资本论》第3卷，人民出版社2004年版，第521页。
② 《资本论》第3卷，人民出版社2004年版，第565页。
③ 《资本论》第1卷，人民出版社2004年版，第158页。

自行完成的。但在信用制度下，情况则发生了根本性的变化。由于作为法定支付手段的银行券是国家中央银行发行的，这就意味着中央银行有可能通过对银行券的调节来影响货币和经济运行。

二、电子货币等货币形式新发展所带来的挑战

当今世界，随着计算机技术和网络信息化的发展，货币形式也在不断演变，电子货币就是适应计算机网络信息技术而出现的新型货币。普遍使用电子货币进行现金结算已成为货币流通的一种最新形式。与传统货币相比，电子货币具有支付便利，流通速度快，不受地域、时间限制的优势。作为货币的最新派生形式的电子货币正在越来越大的范围上取代传统货币。伴随着全球范围的信息技术和电子商务的蓬勃发展，金融和贸易电子化的程度不断加深，电子货币逐渐获得更为广泛的应用。按照目前理论界普遍接受的巴塞尔银行监管委员会的定义：电子货币是指在零售支付机制中，通过销售终端、不同的电子设备之间以及在公开网络（如 Internet）上执行支付的“储值”和预付支出机制。电子货币的形式有多种多样，从其表现形式以及所代表的发行机构信用来看，电子货币可分为基于传统银行信用的电子货币（如信用卡、借记卡、电子支票等）、代表非银行机构的特定发行商信用的电子货币（如公交、电信、厂商等发行的 IC 卡等）、虚拟货币等三种。近年来，中国非银行机构所发行的电子货币发展迅猛。截至 2014 年底，央行已为 269 家发放第三方支付牌照及支付业务许可证。以支付宝为代表的电子货币支付平台已在很大程度上满足了公众小额交易量的支付需求。

电子货币的产生发展从理论和实践两方面对我们提出了极大的挑战。电子货币为什么会产生？它具有哪些特点？怎样应对电子货币提出的新挑战？因而，运用马克思的货币理论回答这些新问题就成了当务之急。

1. 电子货币的产生是货币形式发展规律作用的必然结果。在经济学说史上，马克思第一次真正科学而系统地揭示了货币的产生和发展的规律。他从内在于商品内部的矛盾及其发展出发，阐述了随着商品交换范

围的不断扩大，这些矛盾如何先是表现为商品和商品之间的矛盾，继而表现为商品和货币的矛盾，从而使得价值形式从简单价值形式上升为扩大的价值形式，继而发展为一般价值形式，以及固定由贵金属充当一般等价物的货币形式。马克思认为，贵金属是货币的完成形态，以贵金属充当一般等价物的货币具有五大职能，它在执行流通手段职能时又产生了一些派生形式。这些派生形式随着商品交换的发展而发展。马克思详细分析了货币的派生形式是怎样沿着实物货币——金属货币——铸币——纸币的路径而不断演变的。他深刻指出："既然货币流通本身使铸币的实际含量同名义含量分离，使铸币的金属存在同它的职能存在分离，那么在货币流通中就隐藏着一种可能性：可以用其他材料做的记号或用象征来代替金属货币执行铸币的职能。"[①] 于是，就出现了银记号和铜记号，一直到纸记号。这些记号都是象征性的货币，"而用一种象征性的货币来代表另一种象征性的货币是一个永无止境的过程"[②]。电子货币正是在电脑信息技术普及化的条件下，为适应商品交换的需要而产生和发展起来的新的象征性货币，是一种"电子记号"。它的出现符合马克思所分析的货币发展的一般规律。可以预料的是，随着各方面条件的变化，还有可能出现新的货币形式。从实物货币、金属货币、纸币到电子货币，是基于交换技术不断发展，为适应商品交换和流通的需要，提高货币流通效率，从而降低商品交易费用的货币制度安排的变迁过程。

2. 作为一种新的货币形式，电子货币凸显出以下特点。从形式上看表现为几个特点。[③] 其一，它是一种具有复杂载体的货币形式。贵金属货币的载体是金或银，纸币和信用货币的载体是纸张，而电子货币的载体却不是某种单纯物质，而是现代化的复杂而又成套的电子设备（如信用卡、数据库、结算中心和销售终端机等）共同构成的。其二，电子货币是纸币和信用货币的综合体现。它既代表着纸币，又代表着信用货币；既代表着现金交易关系，又体现信用关系。其三，电子货币不是真实的货币，本身没有价值。它是价值符号的符号，是货币的电子符号。从内

① 《资本论》第1卷，人民出版社2004年版，第148页。

② 《马克思恩格斯全集》第13卷，人民出版社1962年版，第103页。

③ 参见高荣贵：《马克思的货币理论与电子货币》，《当代经济研究》1994年第2期。

容上看又表现为如下几点[①]。其一，与传统通货是由各国中央银行或特定机构垄断发行不同，电子货币更多的是商业银行等金融机构，甚至可能是成立特别发行公司的非银行机构来发行的，主要以各个发行者自身的信誉和资产规模作为担保。其二，电子货币具有高效性、快捷性、低成本等特点，它逐步打破了地域甚至国界的限制。借助于四通八达的网络，人们可以相距万里之遥进行交易支付，也可在瞬间进行资金划拨，流通迅捷又方便。

总之，作为一种最新和最先进的货币形式，电子货币起着其他货币形式所起不到的独特作用。它为商品交换向广度和深度的进一步发展提供了极为便利的条件。

电子货币的上述特点是否证明马克思对货币的分析已经过时呢？对此，学界有不同的看法。有人认为，信用货币本身已经不是商品，电子货币更谈不上是商品了，因此，马克思关于货币的定义有局限性。要全面回答这个问题，必须把货币和货币的派生形式分开。如前所述，电子货币和铸币、纸币、信用货币一样，都是货币的派生形式，是用来替代金属货币执行其职能的“象征性”记号。但是，这种记号永远不可能取代金属货币。真正起着货币职能作用的仍然是这些价值符号背后的货币商品。例如卖方之所以在商品交易中接受电子货币，是因为买方事前已经在电子货币中存入了代表一定金属货币的纸币，或者是买方事后必须存入相应的纸币。此时，电子货币代表着一定量的货币，或者说是作为一定量货币的符号在执行职能。正如马克思所说，随着商品交换范围和交换技术的变化，货币记号的变换是“一个永无止境的过程”。但是，不论它怎样变，贵金属作为一般等价物的特殊商品的地位始终没有变，货币的“记号”始终不可能变成货币商品本身。在这问题上，马克思的态度始终是很鲜明的。因此，只要把货币及其派生形式区分开来，上述质疑就不攻自破了。

3. 充分认识电子货币产生对社会经济生活所产生的巨大影响。电子货币的产生不仅对电子商务的发展意义重大，而且对现有的货币体系，

---

① 居加妹：《电子货币对货币理论和货币政策的影响》，见《科技广场》2005年第9期。

对中央银行货币发行权、独立性、货币政策有效性，以及传统监管机制以及消费者权益保护等问题都提出了新的挑战，也使中央银行在宏观调控与金融监管中面临许多新的风险。例如，由于人们越来越多地采用电子货币进行结算，大大减少了手持现金的数量，提高了货币流通速度，从而减少了对传统货币的需求。更重要的问题在于，电子货币的产生使货币的内涵发生了一定的改变，货币的发行主体不仅有中央银行，还有一般的金融机构，以及厂商等非金融机构。这就使得存款货币的创造不再局限于商业银行，各类非银行金融机构也都具有了货币创造功能。电子货币的使用还使货币乘数扩大，并且不断变化，货币的供应量变得难以测定。在这种情况下，中央银行货币政策的中介目标、货币政策工具和传导机制等受到直接影响，从而不可避免地影响中央银行对宏观经济运行的调控，影响中央银行货币政策的有效性。

对此问题，国内外学者已有诸多研究。早在 1996 年，国际清算银行(BIS) 就指出，货币电子化会对货币政策有效性造成影响[①]。2001 年该银行的研究报告进一步表明，电子货币的广泛使用会影响中央银行基准利率与主要市场利率之间的联系。多恩（1996）的研究发现，电子货币对货币流通速度的影响是复杂的，不只是呈现单边的上升或下降趋势，这会降低中央银行控制基础货币的能力[②]。亚历山大（1998）探讨了电子货币对货币需求、货币流通速度、准备金需求、银行货币控制权，以及货币政策传导机制的影响，指出电子货币将使货币最终成为经济运行的内生变量[③]。弗里德曼（2000）认为，货币电子化会影响货币乘数，增加中央银行控制货币供给量的难度[④]。波尔克（2002）的研究发现，电子货币对货币政策的影响主要表现为电子货币对基础货币和货币乘数的影响[⑤]。

---

① BIS，“Implications for CentralBanks of the Development of Digital Money,” *Workingpaper*，1996.

② Jamsa Dorn，“The Future of Money in the Information Age,” *Cate Instiute*，1996.

③ Aleksander Berentsen，“Monetary Policy Implications of Digital Money,” *Kyklos*，1998，51 (1)：89—117.

④ Friedman，“Monetary Policy Implementation：Past，Present and Future—Will the Advent of Electronic Money Lead to the Demise of Central Banking,” *International Finance*，2000，3 (2)：211—227.

⑤ Berk J. M，“Central banking and financial innovation. A survey of the modern literature,” *Banca Nazionale Quarterly Review*，2002，(222)：263—297.

沙利文（2002）认为，货币电子化会削弱中央银行对货币供给的控制力，使得货币流通速度加快，铸币税收入减少，货币乘数发生变化等[①]。陈雨露、边卫红（2002）指出，电子货币的流通会使中央银行面临丧失货币发行权的风险、损失铸币税收入的风险，以及货币政策失效的风险，同时电子货币本身也存在着信誉风险、流动风险和信用风险，因此中央银行必须加强对电子货币的监管[②]。周光友（2007）通过构建计量模型进行实证检验，发现电子货币对现金的替代作用非常明显，使得现金漏损率呈现下降趋势，进而放大了货币乘数[③]。谢平、刘海二（2013）研究了现代信息通信技术发展和移动支付普及情况下电子货币的表现形式、网络规模效应，以及对货币政策的影响，认为在交易成本无限趋近于零时，电子货币有可能完全替代现金，并且电子货币的发展会降低中央银行的货币控制能力[④]。王亮等（2014）的实证检验显示，电子货币对 M_0 的替代程度较高，这提高了货币流通速度；电子货币对 M_1 的替代程度较低，这又降低了货币流通速度；整体看，中国的货币电子化仍处于使货币流通速度下降的阶段[⑤]。以上学者均认为，货币电子化会影响央行货币政策的有效性。不过，近年来也有学者提出不同看法。例如，印文、平通过建立计量模型，对中国 1995—2013 年的相关数据样本进行实证检验，认为在国内货币电子化程度不断提高的背景下，货币电子化明显改进了货币政策的有效性，但这种改进作用具有即时效应和滞后效应[⑥]。

综上所述，应对电子货币运用带来的一系列新问题，揭示电子货币条件下存款创造的规律性，不断改善中央银行的宏观调控政策，提高货

---

① Sullivan，Susan M，"Electronic Money and Its Impact on Central Banking and Monetary Policy，" *Hamilton University Working Paper*，2002.

② 陈雨露、边卫红：《电子货币发展与中央银行面临的风险分析》，见《国际金融研究》2002 年第 1 期，第 53—58 页。

③ 周光友：《电子货币发展、货币乘数变动与货币政策有效性》，见《经济科学》2007 年第 1 期，第 34—43 页。

④ 谢平、刘海二：《ICT、移动支付与电子货币》，见《金融研究》2013 年第 10 期，第 1—14 页。

⑤ 王亮、纪明明、张茜：《电子货币、货币流通速度和货币政策有效性》，见《金融理论与实践》2014 年第 5 期，第 70—74 页。

⑥ 印文、裴平：《中国的货币电子化与货币政策的有效性》，见《经济学家》2015 年第3 期。

币政策的有效性已成为摆在有关部门以及理论界面前的重要课题。

三、稳定通货和货币供给的内生性

（一）通货膨胀、通货紧缩及其原因分析

通货膨胀和通货紧缩是当前世界政府在驾驭本国经济发展航船中避犹不及的两大暗礁。社会主义制度条件下是否存在通货膨胀或通货紧缩？对这个问题，改革前中国理论界基本是否定的。其基本推论是，通货不稳定是资本主义私有制的特有产物，是资本主义基本矛盾的表现。社会主义公有制的建立已经消除了通货不稳定产生的条件。其实，作为纸币流通条件下的特有现象之一，通货不稳定和商品、货币一样，不是资本主义的特有范畴，而是市场经济运行中存在的客观现象。改革开放前，尽管中国实行的是非自由价格制度，即由国家运用行政手段制订计划价格，但通货膨胀依然存在，只不过是以宏观短缺和商品限量、凭证供应为特征的隐性形式表现出来。如 1968 年，在价格基本不变的情况下，货币流通量由 591.6 亿元上升到 627.4 亿元，上升 6.05%，通胀率为 10.75%。改革开放后，随着经济货币化进程的加快，通货不稳定的问题不仅已经显性化，而且成为长期困扰中国经济生活的一个重大问题。回首 30 多年改革开放走过的历程，人们一般认为，1997 年之前，通货膨胀成为困扰我国宏观经济运行的主要问题；1997 年之后，特别是亚洲金融危机产生后，通货紧缩则成为在一段时间以内中国经济发展中挥之不去的阴影；2003 年以后，我们又步入了新一轮的经济高涨。综观 30 多年改革开放以来的历史，潮起潮落的经济风云变幻中，稳定通货一直是我国社会经济生活中面临的重大问题。

那么，如何认识通货不稳定产生的原因？应采取怎样的政策措施予以科学应对？这就要求我们运用马克思的货币理论，结合中国改革开放的实际，给予科学的解答。

在《资本论》中，关于通货稳定问题，马克思主要是在分析货币流通规律时涉及。他的思想为我们认识通货膨胀的原因作了原则性提示。

从质上看，商品流通是货币流通的基础，货币流通是由商品流通引起的货币运动形式。货币流通只有在商品流通的基础上才能得到说明，也就是说，货币理论是建立在商品理论、劳动价值理论基础之上的。在《资本论》中，马克思关于货币职能的分析，就是在“货币或商品流通”的标题下进行的。而且，马克思是在首先分析了商品形态变化后才分析货币流通的。他说：“商品流通直接赋予货币的运动形式，就是货币不断地离开起点，就是货币从一个商品占有者手里转到另一个商品占有者手里。”[①] “货币流通不过是商品形态变化的表现，或者说，不过是社会的物质变换所借以实现的形式变换的表现。”[②] 因此，我们不能离开商品流通来谈货币流通，离开商品流通来分析通货不稳定。从本质上弄清货币流通和商品流通的关系是我们研究通货不稳定的基础。

从量上看，由于货币流通是由商品流通引起的，因而流通中所需要的货币量首先是由商品的价格总额决定的。马克思说：“商品世界的流通过程所需要的流通手段量，已经由商品的价格总额决定了。事实上，货币不过是把已经在商品价格总额中观念地表现出来的金额实在地表现出来。”[③] 其次，流通中的货币量还由货币的流通速度决定。货币流通速度与货币流通量成反比。在金银充当货币的条件下，由于金银凝结着人类劳动，本身具有价值，可以自发执行贮藏手段的职能，调节着流通中的货币量，所以一般不会发生流通中货币量过多即通货膨胀的现象。但在纸币流通的条件下，情况发生了变化。由于纸币是国家权力强制发行的，它本身没有价值，因而无法自发调节流通中的货币量。在纸币可兑换的条件下，国家必须要按照纸币流通规律确定其发行数量；在纸币不可兑换的条件下，货币的发行数量就更是至关重要的了。如果国家过量发行纸币，就会使纸币流通量超过实现商品价值所需要的金属货币量，也就是发生了通货膨胀。对此情况，马克思分析道：“如果纸币超过了自己的

---

① 《资本论》第1卷，人民出版社2004年版，第137页。

② 《马克思恩格斯全集》第13卷，人民出版社1962年版，第126、136—137页。

③ 《资本论》第1卷，人民出版社2004年版，第139页。

限度，即超过了能够流通的同名的金币量，那么，撇开有信用扫地的危险不说，它在商品世界仍然只是代表由商品世界的内在规律所决定的那个金量，即它所能代表的那个金量。”① 例如，“同一价值，原来用 1 镑的价格来表现，现在要用 2 镑的价格来表现了”②。总之，所谓通货膨胀就是反映纸币发行量超过商品流通中的实际需要量所引起的货币贬值、物价上涨的现象。

通货紧缩是与通货膨胀相对应的另一种经济现象。通货紧缩通常是和经济衰退、生产过剩联系在一起的。巴塞尔国际清算银行提出的标准是：一国消费品价格连续两年下降可被视为通货紧缩。通货紧缩对社会经济运行同样会产生严重危害，其发生的原因则更为复杂。马克思虽未使用“通货紧缩”这个名词，但他在对资本主义生产过剩危机的分析中已经对类似现象做过分析。改革开放以来，中国经济运行中通货紧缩的影子时不时出现，其中尤以 1997 年亚洲金融危机之后的经济表现最为明显。不论是通货膨胀还是通货紧缩，都是社会总供给和总需求严重不平衡的结果，都是社会经济生活中的非良性货币现象。纵观改革开放以来的发展历程，不难发现，这些货币现象的背后有着深厚的体制基础。

改革开放以来，在旧体制下长期存在的价格抑制型通胀开始显性化。经济在加快发展的过程中，逐步呈现出周期性运行的状态。20 世纪 70 年代末以来已历经了数次周期：从 1978－1982 年是第一个周期，而后又先后经历 1983－1986 年、1987－1991 年、1992－2002 年，2003—2010 年的五个周期，以及进入“十二五”规划的经济发展的新常态阶段。认真观察这几轮经济周期，可以发现如下特点：

第一，不论通胀的直接触发原因是什么，其源头都是由于货币供应量大大超过流通中的货币实际需要量。1982 年以来，中国货币流通量增长速度常常明显地超过国民生产总值增长速度，而且多数年份的超额幅度均在 10 个百分点以上。按照西方各国的经验，货币流通量增长率以国民生产总值增长率的 1.5 倍为宜。其中的 1 倍，是为了继续维持正常的

---

① 《资本论》第 1 卷，人民出版社 2004 年版，第 150 页。

② 《资本论》第 1 卷，人民出版社 2004 年版，第 150 页。

经济增长，其中的0.5倍是为了满足物价上升、财政增支及先支后放的临时需要。若按此经验数据计算，当国民生产总值增长率为12%～13%时，货币供应量增长率应控制在20%左右，即：13%×1.5倍=19.5%。以此作为参照，中国货币供应量增长率1984年为49.5%、1988年为46.7%、1992年为36.4%、1993年为35.3%，均大大高于20%，从而引发了当年或下一年物价水平的大幅度攀升和通货膨胀高峰的到来。中国的经济运行验证了货币超经济发行和通货膨胀之间存在的正相关关系。以第二个经济周期为例，1984年全年银行贷款总额增加1176亿元，比年初计划超出178%，超过了上年38.8%。1984年的货币流通量比上年增长49.2%，大大超过了当年社会商品零售总额增长17.8%的幅度。在货币超量供给的冲击下，中国出现了改革开放以来的第二个经济急速扩张时期。

第二，通货膨胀常常伴随着通货紧缩。转轨时期的通货紧缩与经济过热时期盲目生产、重复建设，累积形成的不合理经济结构所造成的供给结构和需求结构的不相适应有着密切的联系。在经济高涨时期，市场机制的调节促使厂商加大对市场畅销行业的投资，而地方政府之间的竞争则在很大程度上放大了这种投资。为在和其他地区的竞争中脱颖而出，地方政府竞相采用优惠、减免税费等各种方式吸引外来资本，刺激投资，鼓励上新的、大的项目，甚至采用政府担保等方式，施压于银行向企业发放贷款。地方政府的上述动作在很大程度上助长了重复投资和盲目生产，加大了经济过热和结构的畸形化，从而为后来出现的经济紧缩埋下了隐患。这些现象在改革开放以来的历次经济周期都重复出现过。正如一些专家在对2004年出现的经济过热问题所分析的，若任其发展下去，局部性的问题可能变成全局性的问题，部分行业的过热可能演变成整个经济的大起大落。因此，治理通货膨胀要着眼在于防止未来可能产生的通货紧缩，防止经济陷入恶性振荡。

第三，改革开放以来的经济周期波动与转轨时期的金融体制投资体制密切相关。在向市场经济体制转变的过程中，缺乏预算约束的各经济主体（如国有企业、银行、地方政府及行业部门等），为了实现中央提出的经济快速增长的目标及追求自身利益的需要，不断加大投资力度，导致投资需求不断膨胀。投资需求膨胀通过中国特有的货币供给体制，不断地“倒逼”中央银行被动地增加基础货币的投放量，从而造成货币供应计划屡屡被突破、货币大量超经济发行、通胀不断发生的结果。在这里，货币的超经济发行是通货膨胀的直接原因，其背后却是长期存在的投资体制、金融体制的弊病，与信贷资金的供给与使用中的软约束机制密切联系。以 2004 年的经济过热为例，正如有学者所分析的，2004 年第一季度经济加速增长中出现了五个“过”：一是部分行业投资的急速上升致使整个固定资产的投资过猛；二是由此导致煤电油运供求关系过紧；三是投资猛增又带动货币投放过多；四是在经济快速增长中耕地大量减少、粮食产量下降幅度过大；五是以上原因导致的食品和生产资料价格上涨过快。另有学者认为，造成这次经济过热的力量主要来自几方面：第一，国有企业和地方政府的投资占主导地位；第二，地方政府出于政绩和财政利益考虑，用转嫁负担的办法，把一部分公共成本转移到老百姓身上，刺激了一些行业的过多投资和过快发展；第三，2004 年下半年投资增加了一大块，各个地方预期中央政府会加强控制，都赶在“关门”之前再上一块，从而导致 2005 年第一季度新开工项目加速增长[①]。而以国有银行为主的软预算的金融体系则为上述过热投资提供了信贷支持。在现有银行体制下，不仅国有企业和地方政府的投资靠国有银行的资金支持，许多民营企业的投资也都通过地方政府向商业银行施压借钱进行投资。因此，有人说，经济过热是政府过热，是各地方政府追求“政绩”的直接结果。也正是从这个意义上，不少人认为，中国的通货膨胀是“体制性通货膨胀”。近年来，随着体制改革的进展，情况虽然有所好转，但体制与通货膨胀之间的关系仍然值得高度关注。

（二）通货膨胀的治理

通货膨胀的治理属于货币政策的范畴，而关于货币供给政策的制定，国内外学术界有着两种不同思路：一是货币供给的内生性；二是货币供

---

① 张曙光、周景彤：《当前经济过热是政府过热》，见《学习月刊》2004 年第 7 期。

给的外生性。前者认为，一国货币供给的变动不是由货币当局决定的，而是由经济体系中的实质变量以及微观主体经济行为等因素决定的，即所谓内生变量。根据这一思路，试图由一国的货币发行当局通过供给型货币调控模式来调节货币供应并由此调节宏观经济的政策将是无效的。货币政策的中间目标只能是利息率，央行只能通过调节利率而影响总需求和货币需求，进而影响货币供给。后者则持相反的观点，认为货币供给是由外在于经济过程、商品流通过程的其他因素决定的，即是由货币当局即货币政策决定的变量。既然如此，以货币供给量为调控目标的供给型货币政策模式将是有效的。货币发行当局就可以通过调整货币供应量来使之适应货币需求，从而调控宏观经济运行。对货币供给性质的认识决定着一国货币政策的中间目标以及货币政策模式的选择。货币主义、后凯恩斯主流经济学等流派围绕着上述问题展开了长期的争论。近年来，中国学界越来越多的人认识到，货币供给的内生理论更切合中国的实际。

在《资本论》中，马克思没有系统地研究货币政策，但他的货币理论包含着深刻的政策思想。

其一，以劳动价值论作为基础的马克思货币供给的政策思想是内生性的。马克思从劳动价值理论出发，提出金属货币乃至纸币的供给内生地决定于由生产和流通所决定的对货币的需求。在他的货币流通公式中，商品价格总额和货币流通次数决定货币的需求量。货币需求量与商品的价格总额成正比。流通中商品价格总额越高，货币需求量就越大。货币需求量是由商品的价格总额和货币流通速度决定的。从一定意义上说，货币需求量和货币供应量之间的关系就是货币供应量和商品流转额之间的关系，是流通中的货币需求量决定了货币的供给量而不是相反。按照马克思的思路，在贵金属货币流通条件下，待实现的商品价格总额取决于商品的价值和黄金的价值，而价值决定于生产过程，所以商品是带着价格进入流通中的，商品价格形成于其自身价值与黄金价值相比较的过程中，而与黄金的数量无关①。由此可见，马克思的货币的供给理论是内

① 周诚君：《货币供给的内生性与货币政策研究——马克思货币理论的分析与启示》，见《当代经济研究》2001年第4期。

生性的。

内生性货币政策思想的正确性在中国的经济实践中不断得到印证。改革开放以来，随着经济和金融市场化的不断演进，货币供给也表现出越来越强的内生性特点。研究表明，中国货币供给的内生性的突出表现是“货币供给的倒逼机制”，即货币供给被动地适应货币需求，使中央银行很难按照其意志实施各项给定的货币调节方案。在“货币倒逼机制”的生成中，起决定作用的是如下三个利益主体：企业、地方政府和商业银行。国有企业为了自身维持和发展，要求银行不断追加贷款。地方政府为了实现保持一方安定、保证税源和促进地方经济发展等目标，屡屡向银行施压，致使商业银行违反贷款的效益性原则向国企发放贷款。不仅如此，地方政府还要求商业银行向它所支持的民营企业发放贷款。在重重压力之下，商业银行不得不转而向中央银行寻求资金来源，从而形成了“适应性内生货币供给”，导致信贷失控。除此之外，外汇占款形成的内生性、电子货币供给的内生性、体制外灰色金融的存在等问题也从不同方面决定了中国货币供给的内生性特征。

基于内生性的货币供给逻辑，马克思实际上提出了治理通货膨胀的基本思路：以社会的货币需求量为依据，严格把好货币供应量的关口，避免货币的“超经济发行”，以从根本上防止通胀的产生。根据这一思路，结合转轨时期的特点，探索基于内生性货币供给思想的通货膨胀治理的新对策，就成了当务之急。

其二，国家权力在控制通货膨胀中具有决定性的作用。货币是商品交换的必然产物，其作用的发挥离不开国家权力。如货币价格标准的确定、铸造硬币以及货币的贮藏手段、支付手段和世界货币等职能均离不开国家和政府的权力。在纸币取代金属货币流通特别是纸币不能兑换黄金的现代经济中，国家对货币的调控作用就更大了。这是因为，“纸币的象征是靠强制流通得到”是社会公认的，而国家又是实施“这种强制行为”的主体。在现代经济中，国家既是货币发行的源头，又是控制通胀的“闸门”，对于抑制通货膨胀是极其重要的。

与马克思所处的时代相比，现代国家在经济社会生活中充当着越来越重要的角色。以国家信用作为基础的中央银行通过运用有关的货币工具和手段调控着经济运行。饱受通货膨胀困扰的主要西方国家经过长期的发展和实践，形成了较为完备的货币调控体系和货币政策思想。自20世纪70年代开始，美、法、英、意、德等西方发达国家广泛采用坚持严格控制货币供应量的政策，对于解决本国的“滞胀”问题产生了积极作用。进入90年代，西方国家的货币政策开始转向以控制通货膨胀为唯一目标的新阶段，在货币政策手段上，主要是采用利率、汇率等“价格型”单一的调控。货币政策对国民经济的影响力加大了。中国改革开放以来出现的历次通货膨胀，也都是通过充分发挥国家权威，实施宏观调控得以控制的。在经济体制转轨过程中，由于与市场经济体制相适应的金融体制、企业体制、经济管理体制尚在建立之中，中央政府对经济的宏观调控，除了采用相应的金融货币手段之外，还需辅以必要的行政手段。

四、市场经济条件下的中央银行和货币调控工具

随着社会主义市场经济体制的建立和经济货币化、信用化的深化，中央政府对经济的宏观调控逐步由直接金融向间接金融转变。一个适应市场经济体制的不断完善的宏观货币调控体系正在建立。马克思在分析银行资本和信用货币时，从他所处的那个时代出发，提出了一些货币政策等方面的思想。现在看起来，这些思想对商品经济条件下的货币政策及其调控已有所提示。这就要求我们撇开资本主义生产关系，结合社会主义市场经济的具体情况，在实践中不断发展马克思的货币政策理论。

（一）中央银行的地位作用

在资本主义发展过程中，为了适应信用制度发展需要，保持金融稳定乃至于经济稳定，政府加强了信用管理。这样，作为“银行的银行”的中央银行应运而生。在英国，作为中央银行的英格兰银行是由商业银行演变而来的。1844年《比尔条例》发布后，英格兰银行依此条例，通过向其他商业银行参股等途径，逐渐垄断了银行券的发行权。随后，又

将商业银行的准备金也集中到英格兰银行。英格兰银行的资金力量得以不断壮大，就可以在商业银行发生支付危机的时候给予贷款支持，并且在经济繁荣时为商业银行提供贴现。这样一来，英格兰银行就逐渐演变成为中央银行，成为整个“信用制度的枢纽”。马克思谈道，英格兰银行的地位确立后，“作为一个受国家保护并赋有国家特权的公共机关”，就具有了“半国家机关的地位”。它凭借着强大的资金力量和政府赋有的特权，对宏观金融进行调控。市场经济条件下，中央银行是代表政府管理金融机构的特殊机构，在一国国民经济活动和宏观货币调控体系中处于“枢纽”地位，具有不可替代的作用。

然而，在传统体制下，中国并没有真正意义上的中央银行。当时全国只有人民银行一家银行，人民银行不但负责对工商企业贷款，而且负责全国的信贷平衡，是“大一统”银行。这种高度集中的金融管理体制是与高度集中的计划经济体制相适应的。在改革开放前，由于国家对生产、流通、分配、消费均采用指令性计划调节，而指令性计划又大多是用实物指标来表现，货币、信贷从属于指令性计划，银行成为经济计划部门的附属工具，其作用被限制在狭小的领域中。改革开放后，原有的金融管理体制再也不能适应市场经济发展的需要了。1983 年 9 月，国务院决定将原人民银行内部的对工商企业的存款、贷款、汇兑业务分离出来，独立成立中国工商银行，而中国人民银行则专门行使中央银行的职能。这样，中国人民银行作为国家宏观经济管理的主要部门就开始出现在国民经济管理体系中，担负着管理货币，控制社会总需求，并进而影响宏观经济运行的职能。历经 30 多年的改革发展，人民银行作为中央银行在国民经济活动和宏观货币调控体系中的“枢纽”地位逐渐得以确立，其作用得到了充分的发挥。

（二）中央银行对货币供应量的调节及其影响

由于中央银行的“枢纽”地位，中央银行就能通过变动货币供应量来影响社会经济运行。在《资本论》第三卷中，马克思研究的重点是信用货币，因此他主要是从央行对信用货币的调节这个角度来阐述的。具体说来，中央银行变动货币供应量对社会经济的运行的重大影响有两方面。第一，对货币运行的影响。马克思指出，在资本主义制度下，“货币危机——与现实危机相独立的货币危机，或作为现实危机尖锐化表现的货币危机——就是不可避免的”。可是“只要一个银行的信用没有动摇，这个银行在这样的情况下通过增加信用货币就会缓和恐慌，但通过收缩信用货币就会加剧恐慌”[①]。因此，马克思认为，如果在经济危机时期增加银行券的发行，不要对发行银行券作严格的金属保证的限制，则可以在一定程度上使货币恐慌得到缓和。第二，对经济周期的影响。中央银行对货币供应量的调节必然通过相应的机理影响经济运行的周期。恩格斯在《资本论》第三卷的一段增补中，分析了英国当时的情况，指出：1847年英国经济危机时，英格兰银行为了缓和信贷紧张，把库存的银行券投到流通中去，“货币紧迫的情况立即得到了决定性的缓和”，“并在50年代先是导致了前所未有的工业繁荣，然后又引起了1857年的崩溃”。[②]

马克思恩格斯分析的虽然是资本主义英国发生的情况，但其中的基本原理仍然适用于中国。在市场经济不断发展的条件下，中央银行调节货币供应量所产生的重大社会经济意义已经被实践所证明。

（三）中央银行调节货币供应量的工具

19世纪中叶开始，在一些资本主义国家如英国、法国、瑞典等，以中央银行为核心的发达的信用制度已经建立。英格兰银行已开始有意识地运用一些货币金融工具来调节货币供应量。在《资本论》中，马克思对此作了详细考察，并形成了类似于当代中央银行货币政策工具的思想。

1. 关于中央银行准备金的意义和作用。

在发达的资本主义信用制度下，信用集中于银行，一切货币资本的借贷都经过银行的中介，而中央银行则成了银行的银行。中央银行发行银行券，对商业银行的汇票进行再贴现，为商业银行提供最后贷款支持，

① 《资本论》第3卷，人民出版社2004年版，第585页。
② 《资本论》第3卷，人民出版社2004年版，第460页。

以及办理金融票据清算等。中央银行的上述活动都是建立在自己的金属准备的基础上的。这个金属准备同流通中的货币比较起来为数很小，同整个社会生产的商品价值相比，更是微不足道。然而，它对整个制度而言却具有极其重要的意义。这是因为，中央银行的准备金事实上是由私人银行存在中央银行的准备金构成的，中央银行准备金的减少会直接引起“其他那些把准备金存于英格兰银行、事实上和英格兰银行储备的是同一笔准备金的银行，也同样必须紧缩它们的货币信贷”[①]。马克思在《资本论》中多处描述了1864年英国因大量进口农产品，使得英格兰银行的金属储备外流，引起商业银行货币紧缩，从而造成严重的货币危机的过程。可见，中央银行的金属准备的增减，会通过发达的以中央银行为核心的银行体系影响货币和经济的运行。因此，马克思指出：“中央银行是信用制度的枢纽。而金属准备又是银行的枢纽。”[②]

在马克思所处的时代，金属货币还未完全退出流通，国家发行的信用货币、纸币等可以随时兑换黄金。银行准备金的用途有作为国际支付的准备金、作为金属流通的准备金、作为支付存款和兑换银行券的准备金。银行准备金主要是保持银行清偿能力的手段。在现代经济下，纸币完全取代了金属货币，纸币也不再能直接兑换黄金了。以上第二、第三项准备金的职能已经丧失了。但是，银行准备金的职能又得到了新的发展，被赋予了新的意义。人们充分利用银行准备金和国内货币流通之间的密切关系，通过调节商业银行的准备金率来调节货币流通量。存款准备金已经成为中央银行实行金融宏观调控的重要杠杆。1913年美国联邦储备法第一次以法律形式规定商业银行必须向中央银行交存一定比例的存款准备金。但按照当时的规定，中央银行不能随便变动存款准备金率。20世纪30年代大危机的爆发，使美国中央银行和金融管理当局认识到，利用存款准备金率这一强有力的经济手段，可以抑制盲目的经济扩张和信用膨胀。于是，1935年，美国立法授权联邦储备银行可根据经济、金融的实际情况随时调整存款准备金率。随后，各西方国家纷纷效法美国，

---

① 《资本论》第3卷，人民出版社2004年版，第459—460页。

② 《资本论》第3卷，人民出版社2004年版，第648页。

把调整准备金率作为政府宏观货币政策的主要工具之一。不过，存款准备金率变化所带来的影响往往比较剧烈，不到非常时刻，西方中央银行一般较少使用。

1984年以前，中国没有中央银行建制，中国人民银行执行着类似国外中央银行和商业银行的双重职能，也就无须建立存款准备金制度。1984年以后，随着以人行为领导、专业银行为主体、其他金融机构并存的金融体系的形成，存款准备金制度也随之建立。1984年，中国人民银行规定专业银行的存款准备金率是：企业存款20%，储蓄存款40%，农村存款25%，平均28.3%左右。1985年，针对当时存款准备金率偏高的情况，为促进国有商业银行资金自求平衡，中央银行改变了按存款种类核定存款准备金率的做法，一律调整为10%。1987年，中央银行为适当集中资金，支持重点企业和项目的资金需要，又将存款准备金率从10%调至12%；1988年9月中国进一步上调存款准备金率至13%，对于抑制当时经济过热、物价上涨过快和货币投放过多的状况起到了积极作用；1989年中央银行对金融机构备付金率作了具体规定，要求备付金率保持在5%至7%；1998年中国人民银行将各金融机构在中国人民银行的准备金存款和备付金存款两个账户合并，称为“准备金存款”账户，法定存款准备金率从13%下调至8%，商业银行一次增加的可用资金，主要用于认购特别国债，补充资本金。随后，根据经济运行的变化，央行分别在1999年将法定准备金率从8%下调至6%，又在2003年调高至7%。2004年4月25日，根据当时金融机构贷款进度较快、部分银行扩张倾向明显、经济过热的情况，为防止货币信贷总量过快增长，中央银行决定实行差别存款准备金制度。将金融机构使用的准备金率与其资本充足率资产质量状况等指标挂钩，对资本充足率低于一定水平的金融机构存款准备金率提高0.5个百分点，执行7.5%的存款准备金率。其他金融机构仍执行7%的存款准备金率。央行对存款准备金率的历次调整，对于保持宏观经济的平稳运行起到了重要作用。

2. 关于利息率的变动对货币供应量的调节作用。

首先，马克思揭示了市场利息率的变动与货币供求之间有着密切的联系。其一，货币需求与利息率成正比。马克思说，当谷物昂贵、棉价上涨、生产过剩时，“正是对货币资本的需求提高了利息率，即货币资本的价值”[①]。其二，利息率与货币供给成反比。马克思谈道，“如果英格兰银行在货币紧迫时期，如俗话所说，把螺丝拧紧，也就是把已经高于平均数的利息率再提高”，就会造成货币供给不足，从而使得“一切为向外国出口而进行的购买都会停止”。[②] 由此可见，利息率与货币供求密切相关。在物价平衡的情况下，提高利息率就是收缩银根，降低利息率就是放松银根。马克思对利息率和货币供求关系的研究告诉我们，必须充分利用这种关系，通过调节利息率来影响货币供求。

其次，中央银行具有确定市场利息率的权力。马克思谈到了当时英国的情况，在营业正常进行的时候，英格兰银行不能用提高贴现率的办法来防止金从它的金属贮藏中适度流出，因为对支付手段的需要将从私人银行、股份银行和汇票经纪人那里得到满足。但正如银行家格林的证词所描述的：“在国内货币非常紧迫的时候，英格兰银行会控制利息率。”“在货币异常紧迫的时候……私人银行或经纪人的贴现业务比较受到限制，这种业务就会落在英格兰银行身上，于是它就有了确定市场利息率的权力。”[③] 可见，“英格兰银行的权力，在它对市场利息率的调节上显示出来”[④]。以上分析表明，马克思通过对当时资本主义货币金融运行情况的分析，已经注意到利息率变动对货币供求的直接影响，以及中央银行在调节市场利息率中的特殊地位等问题。后来资本主义市场经济发展的情况表明，在充分利用利息率和货币供求之间关系的基础上，中央银行对利息率的调节对于保持社会经济的平稳运行具有非常重要的意义。在利率市场化的条件下，提高利率就是实施紧缩性的货币政策，中央银行可以充分利用利率水平和货币供应量之间的内在联系进行宏观货币调控。而央行常用的再贴现政策就是央行通过制定和调整再贴现率来干预和影响市场利率，影响投资成本，从而调节市场供应量的一种金融手段。在货币供给内生的条件下，利率既是中央银行可以控制的外生变量，又是

① 《资本论》第3卷，人民出版社2004年版，第475页。
② 《资本论》第3卷，人民出版社2004年版，第616页。
③ 《资本论》第3卷，人民出版社2004年版，第616页。
④ 《资本论》第3卷，人民出版社2004年版，第615页。

决定赤字支出水平、从而通货膨胀和其他经济变量的关键。所以利率调节应该成为货币政策的最主要手段。

进入20世纪90年代，西方发达国家的货币政策目标由以控制货币供应量为主转变为抑制通货膨胀，利率、汇率等“价格型”调控手段在央行货币政策调控中所起的作用益发显得重要。如英国货币当局直接的行动对象主要是短期利率，包括英格兰银行的贴现率以及银行间市场利率。而公开市场业务、政府债券的发行、英格兰银行最低贷款利率的限制等，都是为了使短期利率达到适意的水平。美联储也认为，自己的主要任务就是通过调整利率，使年经济增长率基本稳定在2.5%左右，以免除通货膨胀之忧。自从1993年7月美联储把调整短期利率取代货币量作为货币政策调控的主要手段以来，美国中央银行一直把盯住利率作为货币政策的主要手段，美联储所采取的利率政策调控对美国经济长达10多年的稳定高速增长是功不可没的。随着全球经济金融一体化的推进，各国中央银行货币政策实施面临着越来越复杂的社会经济环境。各国央行根据自身存在的问题，在传统的公开市场业务、贴现窗口及法定准备金率三大货币政策工具基础上，均对货币政策进行了适应性调整，从而在一定程度上提高了货币政策的有效性和主动性。

第三章

资本理论在社会主义市场经济中的应用

一、马克思资本理论的基本内容

马克思的资本理论不同于前人的资本理论，它是唯一正确、完整、科学的资本理论，是资本理论上的深刻革命，它在资本认识史上作出了巨大贡献。马克思在《资本论》中所创立的资本理论在他的整个经济理论中占有十分突出的地位。他在阐述自己的经济学说的中心——剩余价值学说时，总是和自己的资本理论不可分割地联系在一起。而正是由于剩余价值学说的创立，马克思深刻地揭示了资本的本质和资本主义剥削的实质，揭示了资本主义生产方式的内在矛盾、运动规律和历史的暂时性，完成了政治经济学的革命变革，创立了以剩余价值理论为红线的无产阶级政治经济学的完整的科学体系。

马克思的资本理论的内容是多方面的。关于资本的论述贯穿于《资本论》全书。他不仅重点地探讨了资本主义生产方式中资本的本质，揭示了资本家剥削工人剩余价值的来源，而且系统地阐述了资本的构成、形式和类别，科学地分析了资本与货币、资本与利润、个别资本与社会资本的关系，从而形成了全面、科学、系统的资本理论体系。

下面，我们就马克思《资本论》中与发展中国社会主义市场经济相关的若干资本的原理进行简要的阐述和探讨。

（一）关于资本的本质

什么是资本及其本质？这是一个十分重要的内容。马克思说：“准确地阐明资本概念是必要的，因为它是现代经济学的基本概念，正如资本本身——它的抽象反映就是它的概念——是资产阶级社会的基础一样。”[①]资本最早是用来表示贷款的本金，而与利息相对称，其含义指生息金额。这种用法在希腊文字中已经显示出来。后来又为中古的拉丁语所确认。在近代，资本一词被资产阶级经济学家广泛使用，并对其含义作了各种各样的解释。他们看不到资本存在的社会关系，看不到资本形成的历史条件，他们不是从运动中去把握资本，而只把资本看作是一种静止物。马克思对资本的认识与他们截然相反，他从物的形式中看到社会关系，把资本放在历史中进行考察，从运动中把握资本。在1847年的《雇佣劳动与资本》中，马克思第一次对资本的本质作了深刻的阐述，给资本下了经典定义，批判了资产阶级经济学家历来所宣扬的资本是生产资料、是“蓄积劳动”的观点，指出资本的本质不是物，而是人与人之间的关系，是社会生产关系。在《资本论》第一卷中，马克思这样分析：表面看来，资本总是表现为货币、生产资料、商品等一定的物。这些物质资料确实是资本的存在形态，但这些物本身并不就是资本，不能反映资本的实质，资本的总公式表明，资本是带来剩余价值的价值，它反映着资本主义的生产关系。这就是说，资本首先表现为一定量的价值，不管是货币、商品，还是生产资料，都是代表一定量的价值而存在。这一定量的价值本身，以不同的方式存在着，时而表现为货币的形式，时而表现为商品的形式，并且“不断地从一种形式转化为另一种形式”[②]，但作为主体的价值在运动中永不消失，不断保存下来，成为运动中心。但是，仅仅是有价值的东西，并不能成为资本，资本必须不断地运动。但如果像货币那样在商品交换中起媒介作用，像使用价值那样起着满足人们某

---

① 《马克思恩格斯全集》第46卷上册，人民出版社1979年版，第295页。

② 《资本论》第1卷，人民出版社2004年版，第180页。

种需要的作用的，也不是资本。这些有价值的东西要成为资本，必须在运动中起着“自行增殖”的作用，即起着剥削雇佣工人所创造的剩余价值的作用。马克思说：“生产资料和生活资料，作为直接生产者的财产，不是资本。它们只有在同时还充当剥削和统治工人的手段的条件下，才成为资本。”① 那么，为什么运动中的价值会成为剥削剩余价值的手段呢？马克思明确指出，这和一定社会的生产关系分不开。在简单商品流通中，价值只表现着商品生产者之间的互相交换劳动的关系；只有在资本主义制度下，劳动力成为商品，表现为运动过程实体的价值才起着剥削剩余价值手段的作用。资本与剩余价值是密切联系在一起的，资本所表现的是资本家剥削工人所创造的剩余价值的关系，如果离开了这样的社会关系，就不会有资本。所以，马克思说：“资本不是一种物，而是一种以物为中介的人和人之间的社会关系。”② “黑人就是黑人，只有在一定的关系下，他才成为奴隶。纺纱机是纺棉花的机器。只有在一定的关系下，它才成为资本。脱离了这种关系，它也就不是资本了……资本是一种社会生产关系。它是一种历史的生产关系。”③ 由此可见，资本是一种历史范畴，它以劳动力商品的存在为决定性条件，其本质是对剥削雇佣劳动的资本主义经济关系的反映。

（二）关于资本的运动

马克思资本理论的一个显著特点是提示了资本的运动性，资本只有在不断的运动中，才能存在。如果离开价值增殖的运动，资本也就失去灵魂。在《资本论》第一卷第四章《货币转化为资本》中，马克思为了阐述资本的本质，着重对资本的流通过程作了分析，从而得出了资本的生命在于运动这一科学论断。

马克思分析指出，不管是从历史上看，还是从现实生活中看，资本都首先表现为一定数量的货币。从历史上看，资本最初是以货币形式，

---

① 《资本论》第1卷，人民出版社2004年版，第878页。
② 《资本论》第1卷，人民出版社2004年版，第877—878页。
③ 《资本论》第1卷，人民出版社2004年版，第878页。

作为货币财产，作为商人资本和高利贷资本，与土地所有权相对应。从现实生活看，第一个新资本，最初也是以货币形式出现在市场上，所以，货币是商品流通的必然产物，又是资本的最初表现形式。那么，作为货币的货币和作为资本的货币有哪些呢？这就需要分析两种不同的流通，即简单商品流通和资本流通。

简单商品流通的公式是：W(商品)—G(货币)—W(商品)，即由商品转化为货币，货币再转化为商品，为买而卖。货币在商品交换中只起着媒介的作用，它是作为货币的货币，不是资本。

资本流通的公式是：G(货币)—W(商品)—G(货币)，即由货币转化为商品，再从商品转化为货币，为卖而买。在这一形式中的货币，就是作资本发生作用。

显然，这两种流通形式有很大的区别：一是在买和卖的顺序上相反；二是流通的起点和终点各不相同；三是流通过程中媒介也各不相同。但是，单就这种形式上的区别，还不足以认识什么是资本。重要的是通过分析形式上的区别，可以暴露出隐藏在形式后面的内容上的区别。首先，交换的目的不同。在商品流通中，开始是一种商品，终结是另一种商品，交换的目的是为了使用价值，满足消费需要。相反，在资本流通中，是从货币开始，又以货币告终，货币所有者购买商品，不仅是为了取回他所垫支的货币。“因此，这一循环的动机和决定目的是交换价值自身”[①]，即为了取得更多的交换价值，取得更多的货币。其次，交换的两极是两个不同使用价值的商品相互交换，是不同物质的交换。资本流通则不同，其交换的两极都是货币，它们在质上是相同的，只是量上发生差异，表现为“最后，从流通中取出的货币，多于起初投入的货币”[②]。也就是说，运动终点的货币量大于起点的货币量。所以资本流通（G—W—G）的完整形式应该是：G—W—G′，“其中 G′=G+ΔG，即等于原预付货币额加上一个增殖额”。马克思把这个增殖或超过原价值的余额叫作剩余价值，“正是这种运动使价值转化为资本”[③]。所以，资本是带来剩余价值的价

① 《资本论》第 1 卷，人民出版社 2004 年版，第 175 页。

② 《资本论》第 1 卷，人民出版社 2004 年版，第 176 页。

③ 《资本论》第 1 卷，人民出版社 2004 年版，第 176 页。

值。再次，运动的限度不同。商品流通是为买而卖，目的是取得某种使用价值，满足一定的需要，因此商品流通是有限度的；相反，资本流通是为卖而买，目的是为了取得价值的增殖，这种运动是没有止境的。“因为只是在这个不断更新的运动中才有价值的增殖”①，这就是说，只有不断的运动，才有价值的不断增殖。运动一停止，货币就立刻失去增殖能力，丧失资本的本性了。因此，资本家为了不断地增殖价值、不断地取得剩余价值，就要把资本不断地投入到反复更新的运动中，“因此，资本的运动是没有限度的”②，作为资本人格化的资本家也就“不是取得一次利润，而只是谋取利润的无休止的运动”③。由上述分析可见，资本流通的最根本特点，就是货币在运动中发生了增殖，正是这种增殖，使货币转化为资本。而价值增殖的关键就在于资本的运动性。

（三）关于资本的构成

马克思在资本理论上的一个杰出贡献是对生产资料的科学划分，即把资本划分为不变资本和可变资本。这种划分是前无古人的，斯密、李嘉图等古典经济学家虽然也有类似马克思关于固定资本和流动资本的划分，但他们划分的原则并不是按照资本的流通方式即按资本的周转方式来进行划分的，因而是非科学的。

马克思第一次明确提出和使用“不变资本”和“可变资本”的概念是《政治经济学批判》。他说：可以把“资本划分为不变部分——劳动之前早就存在的部分，即原料和劳动工具——和可变部分，即可以同活的劳动能力相交换的生活资料”④。

在《资本论》中，马克思关于资本构成的学说得到了最系统、最全面的阐述。他将“不变资本和可变资本”列为专门一章（第六章）加以研究。在这一章中，马克思根据创造商品的劳动二重性学说，分析资本

① 《资本论》第1卷，人民出版社2004年版，第178页。
② 《资本论》第1卷，人民出版社2004年版，第178页。
③ 《资本论》第1卷，人民出版社2004年版，第179页。
④ 《马克思恩格斯全集》第46卷上册，人民出版社1979年版，第451页。

的不同构成部分在剩余价值形成过程和价值增殖过程中的不同作用。他指出：资本家在进行生产和经营活动时，预付出货币资本，购买生产资料和劳动力，这两种不同形式的资本，在价值生产过程中起着不同的作用。以生产资料形式存在的那部分资本，在生产过程中借助于工人的具体劳动，把原有价值转移到新的劳动产品中去，不会变动它原有的价值量，所以叫作不变资本部分，或简称“不变资本（c）”，它是剩余价值生产中的必要条件。以劳动力形式存在的那部分资本，在生产过程中，不仅会生产出自身的等价，还能够创造出比劳动力价值更大的新价值，使原有的价值量发生变化。“这部分资本从不变量不断变为可变量”[①]，所以叫作可变资本部分，或简称“可变资本（v）”，它是剩余价值的唯一源泉。由此可见，在资本主义生产过程中，资本是由两部分构成的：从劳动过程看，从物质形态看，表现为生产资料和劳动力，即生产的客观因素和主观因素；从价值增殖过程看，则表现为不变资本和可变资本。把生产过程中的资本区分为不变资本和可变资本，是马克思在资本理论上的又一极其重要的创见，不仅对提示剩余价值的来源认识资本主义剥削实质有重要意义，而且还在此基础上提出关于资本的有机构成学说。这就为以后的一系列理论，如资本积累理论与再生产理论、平均利润理论与生产价格理论、地租理论等奠定了必要的理论基础。

马克思在资本构成划分上的另一重大贡献是真正科学地区分了固定资本与流动资本，为正确阐明资本的周转及其速度，以及这种速度对剩余价值生产和流通的影响，奠定了理论基础。因为这一问题将在本书第七章《资本周转理论在社会主义市场经济中的运用》作专门论述，为避免重复，这里不再赘述。

（四）关于资本的生产

从形式上看，资本总公式（G—W—G′）和商品经济的规律是对立的。正如马克思说的“货币羽化为资本的流通形式，是和前面阐明的所

---

① 《资本论》第1卷，人民出版社2004年版，第243页。

有关于商品、价值、货币和流通本身的性质的规律相矛盾的”[①]。因为在商品流通中商品的价值是既定的，商品按它的价值进行交换，只发生形式上的交换，并不包含价值量的改变。但资本在流通中发生了价值增殖，这同价值规律是矛盾的。这个矛盾说明，在流通领域中，无论是等价交换或不等价交换，都不能产生剩余价值。但是剩余价值的产生又不能离开流通领域。如果离开了流通领域，货币所有者把货币储藏起来，不同其他商品所有者发生关系，也不能产生剩余价值。这就产生了矛盾：用价值规律不能说明剩余价值的产生，而资本流通却一定要带来剩余价值。

为了解决这个矛盾，就必须研究剩余价值是怎样产生的。在研究时，既不能违背价值规律的要求，又要揭示剩余价值的真正来源；既要说明剩余价值规律不能在流通中产生，还要说明剩余价值的产生必须以流通为条件，不能完全离开流通过程。这个问题，在马克思以前的经济学家都没能解决。由于马克思创立了劳动力商品的理论，才解开了这个谜。在《资本论》中，马克思指出：剩余价值的产生是不会发生在资本流通中的货币（G）上的，因为货币只是作为实现它购买商品的价值的手段；也不能发生在商品的出卖上，它就必定发生在所购买的商品上。由于商品交换是等价交换，它也不会发生在这种商品的价值上，而只能发生在这种商品的使用价值上，而且是一种被使用时能够创造出比自身价值更大的价值的特殊商品。这种特殊的商品就是劳动力。

在任何社会，劳动力都是生产的基本要素，但它并不都是商品。劳动力要成为商品，必须具备两个基本条件：一是劳动者在法律上有人身自由，可以在市场上自由出卖自己的劳动力；二是劳动者丧失了生产资料，不得不把自己的劳动力当作商品来卖。和其他商品一样，劳动力作为商品也具有使用价值和价值。“劳动力的价值也是由生产从而再生产这种独特物品所必要的劳动时间决定的”[②]，主要有三个因素：维持工人自己所需要的生活资料的价值；工人养活其家属所需要的生活资料的价值；工人的教育训练费用。总之，劳动力的价值，是由生产、发展、维持和

① 《资本论》第1卷，人民出版社2004年版，第182页。

② 《资本论》第1卷，人民出版社2004年版，第198页。

延续劳动力所必需的生活资料的价值来决定的。

劳动力商品之最大特点在于它的使用价值的特殊性。一般商品在使用和消费时也随之消失，而“劳动力这种特殊商品具有独特的使用价值，它能提供劳动，从而能创造价值”①。这种劳动能力，在生产过程中，不仅能够创造新价值，而且能够创造比它自身价值更多的价值，即剩余价值。资本家所购买的，正是劳动者的这种特殊的劳动能力，至此，上述的矛盾得到了解决：资本家在购买生产资料和劳动力，或者出卖商品时，都是按照等价交换的原则进行的。只是在生产过程中由于劳动力具有特殊的作用价值，劳动者在劳动过程中，既能创造一部分新价值作为劳动力价值的补偿，又创造一部分新价值作为剩余价值，被资本家无偿占有。因此，正由于劳动力成为商品，创造出剩余价值，货币也才真正转化为资本，才会有资本主义的生产过程。

就资本家榨取剩余价值的方法而言，主要有两种基本方式，即绝对剩余价值生产和相对剩余价值生产。其基本原理可以简要概括为：在资本主义生产过程中，资本家“把工作日延长，使之超过工人只生产自己劳动力价值的等价物的那个点，并由资本占有这部分剩余劳动，这就是绝对剩余价值的生产”②。但由于绝对剩余价值生产受到劳动力的生理界限、道德界限以及工人为缩短工作日而斗争诸因素的限制，资本家就设法在工作的长度不变的条件下，用缩短必要劳动时间、相应地增加剩余劳动时间的办法，来进行剩余价值的生产，即相对剩余价值的生产。那么，怎样才能缩短必要劳动时间呢？因为必要劳动时间是用来再生产劳动力价值所需要的时间，要缩短必要劳动时间，就必须降低劳动力的价值，即降低维持工人及其家属所需要的生活资料的价值。而要降低这些生活资料的价值就必须提高生产这些生活资料的劳动生产率，以及为这些部门提供生产资料的劳动生产率。只有劳动生产率提高了，生活资料的价值才会降低，劳动力价值才会因之降低，必要劳动时间才能缩短，剩余劳动时间才能相应延长。这就是说，相对剩余价值的生产是整个社

---

① 《资本论》第1卷，人民出版社2004年版，第675页。

② 《资本论》第1卷，人民出版社2004年版，第583页。

会劳动生产率普遍提高的结果。资本主义生产经历了简单协作、分工的工场手工业、机器大工业三个发展阶段。这三个阶段，既是生产力不断发展、劳动生产率不断提高的过程，又是资本家不断加强剥削、相对剩余价值不断扩大的过程。

二、正确认识社会主义市场经济中的资本范畴

马克思曾经不断地否定和批判了资本：资本原始积累的“历史是用血和火的文字载入人类编年史”①；“资本来到世间，从头到脚，每个毛孔都滴着血和肮脏的东西”②；“资本的垄断成了与这种垄断一起并在这种垄断之下繁盛起来的生产方式的桎梏。”③ 由于长期革命运动的需要，马克思这些关于资本的否定性论断被不断重复和强调，并由此得出结论：社会主义生产方式必然与资本主义生产方式完全对立、水火不容。由于这种带有片面性的重复和强调，也使马克思的资本否定理论实际上被置于不适当的地位。社会主义国家的每一次改革愿望和发展资本的尝试，所遇到的最强烈的否定观念就是来自这种被片面化了的马克思的资本否定理论。但是，在当今世界，发展资本则完全是发展经济和发展社会的必由途径。尤其在中国社会主义初级阶段，资本的存在和发展仍然具有巨大的历史空间，推动资本的充分发展是构建社会主义市场经济的必然要求。

（一）马克思对资本范畴的肯定

马克思认为，在世界历史的进程中，资本的发展是不可阻挡、不可逾越的，资本是世界性和普遍性的历史力量，资本的“伟大的文明作用”，在于“摧毁一切阻碍发展生产力、扩大需要、使生产多样化、利用

① 《资本论》第1卷，人民出版社2004年版，第822页。
② 《马克思恩格斯选集》第3卷，人民出版社1995年版，第266页。
③ 《马克思恩格斯选集》第2卷，人民出版社1995年版，第269页。

和交换自然力量和精神力量的限制”[①]。资本的这种追求普遍性的力量是任何势力所不能阻挡的。相反，它将冲破一切对它的限制力量，实现它的普遍性。虽然资本追求自身普遍性的力量无疑并非是无限制的，但是，资本的这种限制不是来自资本以外，反而是来自资本自身。只有资本本身而不是其他力量才能成为它的历史性的限制。马克思进一步指出：“资本不可遏止地追求的普遍性，在资本本身的性质上遇到了界限，这些界限在资本发展到一定阶段时，会使人们认识到资本本身就是这种趋势的最大限制，因而驱使人们利用资本本身来消灭资本。”[②]

从马克思完整的资本理论出发，我们得出的结论是，人们只能通过资本本身的充分发展来消灭资本，而不能离开资本的发展来人为地取消资本。只有充分利用资本所创造的历史财富，包括物质、文化以及制度方面的文明财富才可能最终消灭资本。

那么，资本的历史运动应当达到什么样的历史水平才可能成为资本消灭自身的历史极限呢？马克思指出，资本将“创造出社会成员对自然界和社会联系本身的普遍占有”。资本的全部历史容量的实现就是要建立两个方面的关系体系，即一方面创造出人类与自然界的关系体系，另一方面创造出人类与社会自身的全面的关系体系。对于自然界和自然科学来说，资本“就要探索整个自然界……要从一切方面去探索地球，以便发现新的有用的物体和原有物体的新的使用属性……因此，要把自然科学发展到它的顶点”[③]。对于人来说，资本将“培养社会的人的一切属性，并且把他作为具有尽可能丰富的属性和联系的人，因而具有尽可能广泛需要的人生产出来……（因为要多方面享受，他就必须有享受的能力，因此他必须是具有高度文明的人）”[④]。迄今为止的社会历史实践表明，资本发展的历史容量或极限不仅在马克思所在的历史时代没有实现，在当今发达的资本主义国家也还没有实现，甚至在未来相当长的历史进程中，也不可能实现。所以，我们从马克思的完整的资本理论出发，就可

① 《马克思恩格斯全集》第46卷上册，人民出版社1979年版，第393页。
② 《马克思恩格斯全集》第46卷上册，人民出版社1979年版，第393—394页。
③ 《马克思恩格斯全集》第46卷上册，人民出版社1979年版，第392页。
④ 《马克思恩格斯全集》第46卷上册，人民出版社1979年版，第392页。

以深刻理解，二战之后资本主义世界为什么在科学技术推动下能实现物质与文化、经济与社会全方位的飞速发展。当代世界发展所形成的全球主义、消费主义、享乐主义、女权主义和性解放运动到核能技术、纳米技术、生物工程、超音速飞机、高速铁路、自动化工厂、高清晰度电视、互联网等，无不是资本发展的历史容量内的内容。

众所周知，迄今为止的社会主义运动都是在落后国家进行的，基本不具备充分发达的资本所容纳的社会文明这一历史前提。这种性质的社会主义理应在新的历史条件下为资本的充分发展创造出巨大的历史空间。但是，在相当长时间内，我们不懂得必须在这些落后的社会主义国家发展资本的必要性与必然性，反而遏制这种发展。然而，只要资本还没有达到它的历史极限，那么它就是“生产的，也就是说，是发展社会生产力的重要的关系。只有当资本本身成了这种生产力本身发展的限制时，资本才不再是这样的关系”[①]；只要资本还没有达到它的历史极限，那么，将是“资本摧毁对它的一切限制”。从最深层的历史原因来说，苏联失败的根本原因在于它坚持遏制资本的发展，从而没有真正占有资本的发展所带来的现代文明成果。社会主义建设的经验教训告诉我们，发展资本这种历史力量，从而占有资本发展所带来的现代文明成果，是多么的重要。

在如何认识资本的历史性质和地位问题上，相当长时期以来存在着对马克思主义的错误的和教条式的理解。通过对马克思的资本理论的全面理解，我们有理由认为，在当代中国，发展社会主义必须发展资本。因为在资本仍然是社会生产力发展的根本的社会关系和历史力量时，推动资本的高度发展就是推动社会生产力的高度发展。在这个意义上，发展资本也是社会主义建设事业一个必不可少的组成部分。发展中国特色社会主义，科学地认识到中国社会在世界历史进程中所处的位置，形成了中国社会推动资本发展从而占有资本所带来的文明的特殊的方法和途径，把发展资本作为社会主义建设和改革的一部分，从而使得中国社会的社会生产力得到前所未有的发展，使人民大众的根本利益得到前所未有的满足和实现。

---

① 《马克思恩格斯全集》第46卷上册，人民出版社1979年版，第287页。

（二）正确理解资本范畴的本质内涵和基本属性

资本是经济学中一个重要的经济范畴，这个范畴不仅在经济理论史上含义从生，并且在中国经济理论界也有不同的见解。如果不能准确把握这个理论范畴的本质内涵及其基本属性，将不利于我们建立和完善社会主义市场经济体系。

1. 资本范畴的本质内涵。马克思把资本视为带来剩余价值的价值，突出表明了资本的根本属性——价值增殖功能，这是对资本范畴最深刻的认识。但马克思对资本范畴的理解又主要是从生产关系而不是从生产力角度去考察资本主义社会的资本，因此，并不能完全适合包括社会主义市场经济在内的商品经济社会一般或共性的资本范畴。社会主义经济的实践已经发展了马克思主义经典作家们的商品经济理论，所以，适用于市场经济一般的资本一般范畴也应该得到发展。

资本范畴如何界定才能更合理和全面？我们同意许崇正教授关于资本范畴含义的理解。他将资本范畴的内涵概括为七个方面。(1) 资本是商品经济社会客观存在的经济范畴。资本是商品化、货币化的生产要素，非商品经济条件下的生产要素不是商品化、货币化的价值物，因而不表现为资本。资本范畴及资本运动，如同商品、货币、价值等商品经济社会的经济范畴及其运动一样，仅仅体现为商品经济中的一般关系，而不是某一特定的社会经济关系和社会经济制度的反映。(2) 资本是一个货币价值体。虽然货币及其他金融资产和厂房、机器设备、存货等资本品是资本的具体的载体或物质承担者，但这些载体或物质承担者本身并不构成资本本体。经济学意义上的资本是研究内在于这些载体或物质承担者中的价值及其运动。(3) 资本的本质属性是一种带来价值增殖的价值。它不但要求资本化的生产要素保存和补偿原有的预付价值，并且更重要的是带来价值增殖。价值增殖性是资本的根本属性，资本的基本经济功能就是价值增殖。(4) 资本是一种预付价值，是活劳动物化的价值。马克思沿用斯密的话说“资本是积累起来的劳动”，因此，资本的价值是预付的物化劳动价值或现实的市场价值额，它不同于资本的“资本化价值”。(5) 货币只有投入生产过程才是资本，不投入生产过程的货币不能叫资本。资本是财富中用于生产的部分。(6) 资本是一种预期价值，收入的价值，是生产出来的获利手段。(7) 资本也包含无形的财富，如知识及其创造发明、专利。[①] 将上述七个方面的内容加以概括，可以从商品经济一般运行特征及共性规律和现代经济学的现实意义的角度，将资本范畴完整的定义为：资本是商品经济社会再生产过程中所有者积累起来以取得价值增殖的预付价值，它不仅包括有形的预付价值，也包括无形的预付价值。

2. 资本范畴的基本属性。资本按照自己的本性为自己开展道路，就是市场经济按照市场规律运行。资本的发展与市场经济的成熟度是基本吻合的，因为发达的商品生产就是资本的生产，机器大工业和包括劳动力在内的生产要素市场化是市场经济成熟的重要标志，也是资本生存和发展的重要条件。为此，我们在再认识资本范畴的基础上，有必要进一步认识马克思资本理论中关于资本运动一般规律性的东西，即资本的基本属性。

除了资本的根本属性——价值增殖功能外，马克思还强调了其他几个“资本所共有的规定，或者说是使任何一定量的价值成为资本的那种规定”[②]，即资本一般的共同属性。(1) 流动性，即资本要求不断处于运动状态。这是资本增殖的必要条件。资本的价值增殖只能在运动中实现，资本只有运动，才能生出“金蛋”。资本一旦停止运动，价值规律就将中断。因此，马克思说：“从资本对外部的关系来看，流动资本同固定资本相比表现为资本的适当形式。”[③] 尽管资本不排斥固定资本形式，而且具有提高资本有机构成的趋势，但它的本性要求资本加速折旧，加快周转，不断流动。(2) 竞争性，即资本需要不断处于竞争状态。这是资本运动内在规律的外在表现。马克思指出：“包含在资本本性里面的东西，只有通过竞争才作为外在的必然性现实地暴露出来。”[④] 竞争是资本运动的外

① 许崇正：《关于资本范畴的重新认识》，见《安徽大学学报》1998 年第 5 期，第 14—18 页。
② 《马克思恩格斯全集》第 46 卷上册，人民出版社 1979 年版，第 444 页。
③ 《马克思恩格斯全集》第 46 卷下册，人民出版社 1980 年版，第 229 页。
④ 《马克思恩格斯全集》第 46 卷下册，人民出版社 1980 年版，第 160 页。

驱力，也是资本运功内在规律的外在反映。只有竞争，才能进行资本比较，使资本流向能获取最大剩余价值的行业，实现其无止境地追求剩余价值的欲望。(3) 扩张性，即资本始终处于不断扩张的状态。资本的运动是没有止境的，它力求不断发展壮大自己。一方面，它力求规模不断扩大，财富无限膨胀，从而使自己支配的劳动越来越多，获利越来越大；另一方面，资本力求不断扩大市场，使资本关系伸向世界的每一角落。资本越发展，“构成资本空间流通道路的市场越扩大，资本同时也就越是力求在空间上更加扩大市场”[①]。可见，扩张是资本的本性所在。(4) 科学性，即资本力求不断处于先进状态，调动一切科学的力量来武装自己，为自己服务。马克思说：“固定资本在生产过程内部作为机器来同劳动相对立的时候，而整个生产过程不是从属于工人的直接技巧，而是表现为科学在工艺上的应用的时候，只有到这个时候，资本才获得了充分的发展，或者说，资本才造成了与自己相适应的生产方式。”[②] 资本的习性是赋予生产以科学的性质，因为科学技术在生产中的应用，扩大了物化劳动支配劳动的范围和力度，从而使资本权力进一步增大，从而增强了企业的市场竞争力。

3. 资本范畴与社会主义市场经济的兼容性。长期以来，中国的政治经济学教科书大都认为资本是资本主义特有的经济范畴，因而对“资本”一词避犹不及，更不敢使用这一范畴具体研究实际经济问题，以“资金”一词代替了资本范畴。“资本”范畴缺位的直接后果是给社会主义经济理论带来很大的混乱，也为经济体制的深化改革增添了理论障碍。党的十四届三中全会通过的《关于建立社会主义市场经济体制若干问题的决定》，以求实的精神突破了长期以来的理论禁锢，在阐述社会主义现代企业制度和市场体系时，第一次在党的文献上正式采用了“资本”一词，从而终结了资本“姓资还是姓社”的长期理论争论，确立了社会主义市场经济中资本范畴存在的合理性。

社会主义市场经济中之所以存在资本，主要是因为：第一，商品经

---

① 《马克思恩格斯全集》第 46 卷下册，人民出版社 1980 年版，第 160 页。

② 《马克思恩格斯全集》第 46 卷下册，人民出版社 1980 年版，第 211 页。

济（包括市场经济）是资本产生和存在的前提条件，社会主义初级阶段的经济是市场经济，当然也具备资本存在的前提条件。虽然马克思曾经说过“有了商品流通和货币流通，决不是就具备了资本存在的历史条件”[①]。也就是讲商品经济不是资本产生和存在的唯一条件，自然存在商品流通和货币流通，也只是社会主义市场经济中存在资本的一个重要条件。第二，社会主义市场经济中劳动力也是商品，具有货币转化为资本的必要条件。由于社会主义市场经济中，劳动者拥有人身自由，虽然不是“一无所有”，但公有的生产资料所有权并不量化到个人，劳动者不能凭借公有的生产资料的所有权取得个人收入，主要只能依靠劳动谋生，所以劳动力也是商品，也需要通过市场买卖，实现合理流动、优化配置。第三，历史事实表明，资本并不是在资本主义阶段才产生，也不是资本主义社会特有的经济范畴。早在奴隶社会、封建社会的简单商品经济中，原始形态的资本就已经出现了。马克思指出：“生息资本或高利贷资本(我们可以把古老形式的生息资本叫作高利贷资本)，和它的孪生兄弟商人资本一样，是资本的洪水期前的形式，它在资本主义生产方式以前很早已经产生，并且出现在极不相同的社会经济形态中。”[②] 由此可见，不能认为资本只能带来由雇佣工人剩余劳动创造被资本家无偿占有的剩余价值的价值、只能是剥削雇佣工人的手段，且必然体现资本家剥削工人的关系。实际上，在不同的社会条件下，资本可以反映不同的经济关系。资本是能够增殖的价值或带来收益的价值，这才是资本最一般、最本质的特征，反映了各种不同社会形态中资本的共同本质。这一本质特征当然也存在于社会主义市场经济形态中。

由此可见，资本作为一个经济范畴，既有其特定含义，又有其一般规定性。作为共性，它是由市场经济所产生的，不会因社会经济制度的不同而改变。既然社会主义初级阶段的经济仍然是市场经济，资本范畴的存在和使用在我们的现实经济生活中不仅无法回避，而且应当积极加以利用和发展。

---

① 《资本论》第 1 卷，人民出版社 2004 年版，第 198 页。

② 《资本论》第 3 卷，人民出版社 2004 年版，第 671 页。

三、社会主义市场经济条件下国有资本的功能定位

自1978年改革开放以来，随着中国经济的快速增长和经济体制改革的深化，目前业已形成了以国有经济占支配地位、多种经济成分交叉并存的格局，在经济领域取得了举世瞩目的骄人成绩，形成了“以公有制为基础的市场经济”理论。新形势下坚持和完善以公有制为主体、多种所有制经济共同发展的基本经济制度，发挥国有经济主导作用，增强国有经济活力、控制力、影响力，具有重要深远意义。2013年党的十八届三中全会要求，到2020年，要在重要领域和关键环节改革上取得决定性成果。在这些“重要领域”和“关键环节”中，就包括国有资本管理体制的改革。在市场化取向的改革中，中国的国有资本基本功能如何定位？国有资本区域性与行业性布局如何优化？国有资本的微观载体——国有企业治理机制如何完善？以马克思的资本理论为指导，立足于中国国有经济发展的现状，就能够有效地解决这些长期以来学界一直颇有争议性的课题。

（一）党的十八届三中全会开启了国有企业深化改革的新阶段

2013年，党的十八届三中全会通过了《中共中央关于全面深化改革若干重大问题的决定》（以下简称《决定》），第一次明确提出了“紧紧围绕使市场在资源配置中起决定性作用深化经济体制改革”的改革思路。这将对国有企业的改革和发展产生至关重要和十分深远的影响，从某种程度上讲，《决定》不仅赋予了国企改革的新的内涵和要求，而且可以说开启了国有企业全面深化改革的新阶段。

1. 重新确立国有企业的非竞争性定位。《决定》强调市场“起决定性作用”的规定，就是倡导市场的公平性和公正性，强调没有特殊的利益

主体存在，也不允许这样的主体存在。国有企业作为国家的资产，其作用将更加突出地体现在市场非竞争领域，为社会主义市场经济体制的健康发展发挥作用和影响，例如在公共基础设施建设、基础性产业发展、社会保障等方面发挥作用，最终突出的不仅是保值增值，而更重要的是对社会主义市场经济的调控、引导和保障。

2. 更加重视发挥国有企业的社会效益。从国外以及中国实践来看，市场经济的逐利性必将使市场在宏观层次上造成体系的缺陷，阻碍市场体系的完整性和健全性。而《决定》关于“使市场在资源配置中起决定性作用”的表述，意味着过去由政府主导经济的模式将逐渐淡化、退出，而由服务、监管和调控取而代之。在这样的条件下，国有企业的社会效益功能就必须得到强化。通过国有企业的“填平补足”，以弥补市场机制的失灵和缺陷，使社会主义市场经济体制更加健全和完善。

3. 着力于推动国有企业从资产形态向资本形态转变，提高国有资本配置效率。《决定》突出强调市场“起决定性作用”，更新过去把公有制形式与国有企业等同、国有资本就是国有企业实体的观念，更加重视国有资本的非实物形态，等于为国有企业松了绑、解了困，有效地消除了国有企业改革的制度约束和责任约束，使国有企业的改革和发展不再纠结和止步于内部改革。换句话说，《决定》突出强调市场“起决定性作用”，实际上打开了国有企业改革发展的广阔空间，为推动国有企业从呆板的资产形态向灵活的资本形态转变、提高国有资本配置效率创造了条件。

综上所述，《决定》关于“使市场在资源配置中起决定性作用”的改革思路，对国有企业改革提出了新要求，指明了国有企业改革的两个方向。概括地说，相当于将国有资本体制改革分两个层次：一是国有资本配置体制改革，要点是使国有资本配置优化，结合结构调整进行，产生更高的配置效率；二是国有企业管理体制改革，要点是改革后的国有企业一律要按股份制企业模式运行，使企业效率提高，使国有资本保值升值。两个不同层次的体制及其改革，不可混为一谈。在现阶段谈到中国国有资本体制改革时，必须将这两个层次的改革同时进行，而且着重点应当放在国有资本配置体制的改革方面。

（二）国有资产与国有资本概念辨析

实现国有资产的保值增值，是国企改革的目标定位。然而企业在运营过程中对这一目标的理解和操作，却存在着模糊和矛盾。

首先，从通行的概念看，资产指企业控制的可以用货币计量的经济资源，实质上是企业的获利能力或产生经济利益的能力。按照马克思的经济理论，这个名称显然是不确切的。当货币或资源具备获利能力或产生经济利益的能力时，它就不再是资产，而是资本了。经济学发展的历史告诉我们，这个区别虽然简单，但却有着重要的意义。再联系到所有权，资产是不直接以所有权为前提的。也就是说，资产不体现企业的所有权。[①] 因而，准确地说，国有资产的概念应是“国有资本”。

其次，资产指标在企业活动中存有诸多缺陷，如内容不完整，它只涵盖企业的硬资源，而对企业更为重要的软资源则不包括或不能计量；再如，计量不真实，资产以货币计量时，并不考虑市场和币值的变化，常常导致账面价值与真实价值不符；还有，资产中包含虚资产，致使以资产数量界定出的企业规模与企业的实际竞争力严重背离；此外，资产的分类有不合理之处，不能如实地反映企业实际。这些局限，难以指望用一个概念全部消除，但以资本范畴置换资产概念将给出解决一系列问题的基础和前提。

就这两个概念的内涵来看，党的十八届三中全会《决定》中多次提到“国有资产”和“国有资本”，这两个概念在表述上只有一字之差，但却具有不同的含义。从企业的层面看，资产（或称财产）是企业拥有或者控制的能以货币来计量的经济资源，包括各种以实物或货币形态存在的财产和债权。资本是投入企业生产经营过程，通过不断周转实现保值增值的经济资源，包括债务资本和权益资本。在企业的资产负债表上，资产项目出现在表的左侧，资本项目出现在表的右侧，资产＝负债（债务资本）＋所有者权益（权益资本）。

---

① 李心合、赵华：《财务报表阅读与分析》，立信会计出版社 2001 年版。

明晰了资产和资本的概念后，保值增值的问题就可以具体分析了。“保值”仍在资产的层面，是国有资本按货币计量和标示的静态形式不遭受损失，如不做细的区分，还可表述为“国有资产的保值”。这是国家所有者所持的底线。维持住底线，靠的是完备的制度和严肃的法律。“增值”则不再是资产而是资本的层面了。当国有资本的体制安排结束后，增值将顺利地成为其本质和本能，这就是国有资本的经营、扩张和成长。实现增值目标，靠的是前述制度和法律基础上的企业治理。因此，国企改革最终目标更清晰明确的表述，应该是“国有资产保值的基础上实现国有资本的增值”，或直接概括为“国有资本的增值和发展”。明晰这一目标概念，将极有助于深化并完善国企改革的理论和认识，对改革完成后国企的发展也将起到重要的指向作用。

（三）深化改革阶段国有企业功能的重新定位

经过 30 多年的不懈努力，中国国有企业总体上已经同市场经济相融合，并发挥了它在国家经济社会发展中的主导作用，不断增强着它的活力、控制力和影响力，成为推进国家现代化、保障人民共同利益的重要力量。在这一过程中，国有企业的功能也在悄然发生变化。在新的发展阶段，必须按照党的十八届三中全会《决定》的要求，深入探讨国有企业的功能定位，准确界定不同国有企业的功能，以保证国有企业的改革沿着正确的方向不断深化。

1. 国有企业的两大基本功能及其相互关系。

作为市场经济中一种特殊的企业，国有企业既有资本的一般属性，又有国有的特殊属性。基于此双重属性，国企承担的多重功能或目标使命都可以归结为国有资本保值增值方面的经济功能与保值增值以外的社会功能。“经济功能”是指所有涉及国有企业或国企出资人利益方面的功能内容，主要包括国有资本保值增值功能、增加财政收入功能、国民经济主导功能。“社会功能”主要包括弥补市场失灵功能、承担社会责任的功能、政府宏观调控功能、国家安全与战略发展功能、共同富裕功能等。中国国有企业两大基本功能涵盖的具体内容既在很多方面与市场经济制度的一般国企有共同点，又承担了与社会主义制度相适应的个性要求。公有制为主体、多种所有制经济共同发展的基本经济制度，决定了中国国有企业独有的功能：其一是国民经济中的主导地位；其二是实现社会主义共同富裕的本质要求。正确认识与把握中国国有企业功能的共性与个性要求，既关乎国有企业发展前景，又关系国有企业在国民经济中的主导地位，更关乎社会主义基本经济制度的坚持。这是在中国国企功能定位议题上必须坚持、毫不动摇的出发点和归宿。

基于国有属性和资本属性，国有企业的经济功能与社会功能目标是在理论上一致的。但在现实中，国有企业两大基本功能是盘根错节、交织在一起的，两大基本功能之间既有统一性，又有矛盾性。一方面，就两者统一性而言，是指国有企业应该同时实现保值增值的经济功能和保值增值以外的社会功能。具体而言，国有企业实现国有资本保值增值的经济功能，与国企承担政府所有者所赋予保值增值以外的弥补市场失灵、承担宏观调控政策工具以及国家战略发展载体等方面的社会功能，不是截然对立、矛盾的，或者一对一的替代关系，而是内在统一的、相互促进的共生关系。这是因为，投资于国有企业的资本毕竟不同于一般的财政支出，它需要在经营过程中不断保值和增值，在社会再生产体系中不断循环周转，这样才能在市场经济中得到生存发展，才能有效地完成其承担的社会职能，实现社会的目标。从这个意义上说，国有企业追求经济利润与实现社会目标是并行不悖的。另一方面，就两者矛盾性而言，是指国有企业同时具备经济功能与社会功能，可能会导致的功能冲突。单纯强调任何一方，都会影响到国家经济和社会稳定。相比较普通市场主体，国有企业的本质是国家作为企业所有权的主体，它的国有属性从根本上决定了国有企业的经营发展尽管要考虑盈利性的目标要求，但只能放在第二位，其主体功能定位必须让位于社会功能。换言之，国有企业不应该仅仅局囿于实现微观的、局部的、短期的经济功能，还应该从宏观、全局和长远角度出发，实现保值增值以外的社会功能。正是因为兼顾经济与社会双重目标，国有企业才具有其独特的优势。从国企实践来看，其因承担社会功能而导致的经营业绩亏损，通常由各国财政预算出资给予政策性补偿。客观公允地讲，国有企业相对更具有追求经济效益的天然驱动，如果没有法律规章限制或相关制度的事先约定，容易忽视履行保值增值以外的社会功能，甚至以承担社会功能为幌子改弦易辙去追逐盈利性的经营目标，或以承担保值增值的经济功能来卸责应尽的社会功能。这在既涉及竞争性领域，又承担政策性任务的国有企业上体现得最为明显。基于此，要实现国有企业功能合理定位，不仅仅国企及其出资人代表是首要推动者与动力源，政府作为社会管理者所发挥的作用同样至关重要。

2. 不同类型国有企业的功能定位。

就中国的具体国情来看，目前涉及国有资产和国有资本的企业，根据法律形态可分为两类：一类是依据《中华人民共和国全民所有制工业企业法》(以下简称《企业法》) 成立的全民所有制企业，另一类是依据《中华人民共和国公司法》(以下简称《公司法》) 成立的公司制国有企业 (国有独资公司、国有资本控股或参股公司)。

(1) 国有独资企业的功能定位。根据《企业法》规定，全民所有制工业企业是依法自主经营、自负盈亏、独立核算的社会主义商品生产和经营单位。企业的财产属于全民所有，国家依照所有权和经营权分离的原则授予企业经营管理。企业对国家授予其经营管理的财产享有占有、使用和依法处分的权利。企业依法取得法人资格，以国家授予其经营管理的财产承担民事责任。这一类国有企业也可称之为“国有独资企业”。国有独资企业承担的功能要体现出资人的意图。国有企业的出资人是国家，功能定位自然要符合国家的战略目标，才能体现出其价值所在。追逐利润、实现资产保值增值，是国有企业作为企业的一般属性，也是其实现国家战略目标的物质基础，但不能本末倒置地将这作为国有企业发展的首要目标。正如党的十八届三中全会《决定》中所说：国有企业属于全民所有，是推进国家现代化、保障人民共同利益的重要力量。因此，国有企业的功能定位应该是更好的实现国家战略目标，具体内容包括：关系国家安全的核心技术与产品的研制，体现国家国际竞争力的先进技术与产品的研制，石油等稀缺战略资源的开发与储备，电网、通讯网、铁路网等自然垄断领域的建设和运营，国家出资公司中国有资本的管理和运作等。

(2) 公司制国有企业的功能定位。根据《公司法》规定，公司是企业法人，有独立的法人财产，享有法人财产权。这是我国第一次以法律形式明确公司制企业具有法人财产权，即企业对其资产拥有所有权。在公司制国有企业中，公司资本归股东所有，不归公司所有，这实现了企业法人财产权与出资人所有权的分离。因此，国家投入公司制国有企业中形成的资本，归国家所有，属于国有资本，在法律上被称为“企业国有资产”。这一类国有企业在实践中一般是指国有控股公司和国有参股公司。在国有控股公司和国有参股公司中，其出资人既有国有股东，也包括非国有股东。因此国家出资公司的功能定位应该是各股东方意见和利益互相博弈的结果。一般而言，国有股东关注公司的发展能否更好地实现国家目标，而非国有股东更加关注公司的经营业绩和股东的投资回报率。当国家目标是以经营业绩指标为导向时，国有股东和非国有股东之间的意见容易达成一致。当国家目标是以政治或社会目标为导向，而且国家对公司承担的政策性业务没有进行经济补偿时，国有股东和非国有股东之间容易出现矛盾，甚至影响公司的生产经营。因此，为了协调好不同股东间的利益、实现企业的稳健经营，国家出资公司的功能定位应该是追求经济效益，实现资产保值增值，提高国有资本的投资收益。在此基础上经公司股东会或董事会同意，可以承担一定的政治和社会责任。

四、国有资本配置结构的战略性调整和优化

20 世纪 90 年代以来，针对中国国有经济战线太长、国有资本分布太散的问题，国家提出从战略上调整国有经济布局。经过 10 多年的发展，国有资本向关系国家安全、国民经济命脉的重要行业和关键领域集中的程度在增强，但布局过宽过散的问题依然存在，一般性领域的国企竞争力在持续弱化，公共服务和产业引领等政策功能也没有有效发挥。党的十八届三中全会已明确了国有资本战略布局调整方向，要求国有资本“更多投向关系国家安全、国民经济命脉的重要行业和关键领域，重点提供公共服务、发展重要前瞻性战略性产业、保护生态环境、支持科技进

步、保障国家安全”。这个方向不仅是国有资本增量投资的方向，也是存量调整的方向。为此，国有资本应尽快从那些成熟的、产能过剩产业逐步退出，转而投向公共服务领域，投向能引领未来的战略性领域，措施上要借鉴过去的一些经验和教训，明确不同类型的国企及国有资本实现不同的功能。

（一）中国国有资本现行配置结构的主要特征

1. 通过改制退出和资产重组，国有资本布局结构趋向合理，但仍然存在总体规划缺乏和体制障碍。一方面，对于关系国家安全和国民经济命脉的重要行业和关键领域的范围，目前尚没有明确的目录与标准，各方对这一问题的认识不尽一致，导致实际操作难度较大。另一方面，国有资产管理条块分割格局仍然没有根本改观。目前，在经营性国有资产中，既有国资委监管的 100 多家大型企业集团，也有由财政部履行出资人代表职责的企业，还有由中央有关部门直接管理的近万家企业。在纵向上，国有企业又分为中央、省、地、县四级，分别由同级国资委或其他部门履行出资人代表职责。这一管理格局，使得国有资产无法统一管理，难以有效流动，也无法从全局高度对国有经济布局结构进行总体规划。

2. 通过增量投资调整，国有资本不断向基础行业、重化工业和社会服务业集中，但布局仍过于分散。21 世纪以来，按照党的十五届四中全会确定的国有经济需要控制的四个领域，国有资本不断向基础行业、重化工业和社会服务业集中。尽管过半国有资本布局于基础行业和重化工业，但仍有 40%以上的国有资本处于一般生产加工业和商贸服务业。国民经济行业或多或少有国企存在，工业领域如皮革制品、纺织服装、家具制造等一般加工业，仍有占行业规模以上企业数量 1%左右的国企。一些行业的国资规模不大，但国企数量众多，如商贸餐饮业，2014 年全国仍有 2.44 万家国企，占全部国企的 15.2%，而从业人员和资产仅占 6.0%和 5.4%。

3. 国有资本在一些重要行业中的比重大幅下降，在具有垄断地位的行业中仍保持着极高控制力。在2006年国务院国资委确定的国有经济要保持较强控制力的钢铁、有色、装备制造、建筑、化工等重要行业中，国有资本的比重已大幅下降，如钢铁行业，1999年国企收入占行业规模以上企业收入的比重为76.2%，2014年下降到31.3%。在煤炭开采、石油天然气开采、烟草制品、石油加工、供电供水等工业领域及电信、民航、铁路、港口等服务业，国有资本仍保持着极高的控制力，如石油天然气开采领域，1999年国企占行业收入比重为99.8%，2014年仍高达87.3%。国有资本在上述领域保持极高比重主要基于行政垄断。目前，电信、民航、石油、电力及部分市政公用事业改革虽已启动，但只是实现了政企分离，形成或初步形成国企之间的相对竞争，初步建立了行业监管的框架，在放宽市场准入、允许更多国有与非国有企业参与竞争等方面，改革仍不到位，非国有资本难以进入。

4. 国企总体效益有所改善，但与其他企业间的差距在扩大，尤其是一般性行业的国企竞争力持续弱化。纵向比较，国有工业企业业绩指标有较大幅度改善，以利润总额测算的净资产收益率由2000年的7.4%，提高到2014年的10.3%。横向与其他企业比较，2000—2014年，外资和私营工业企业分别由11.6%和11.4%，提高到18.9%和23.6%，均远高于国企。这一特征与国有资本大量布局在重资产行业有关，但同时也表明国企与其他企业间的效率差距在扩大，尤其在食品制造、纺织服装、家具制造等一般性行业，甚至钢铁、煤炭等重要行业，国企经济效益和竞争力持续弱化。以食品制造和钢铁业为例，1999年规模以上食品制造业企业中，国企总资产收益率接近行业平均水平，2006年下降到平均水平的一半，2014年又下降到仅有三分之一。钢铁行业也是如此，2014年规模以上国有钢铁企业总资产贡献率为3.2%，私营钢铁企业则高达14.3%。

5. 国有资本未能有效发挥公共服务、整合调整产业和引领产业发展等政策功能的作用。首先，国有资本更多地向竞争性领域集中，公益性领域有增长，但较为缓慢。2003—2007年，公益性领域的国有资本增长较快，但2008年之后，基本与总量增长同步，所占比重稳定在13%左右。这表明国有资本在提供公共服务方面，并没有国家和社会所希望的那样好，至少从资本投入增量来看，这一功能并未有效发挥。其次，国有企业在大部分行业中并没有发挥促进产业整合、改善产业组织结构的功能，过多集中于产能严重过剩行业。截至2014年底，在国家发改委认定为产能严重过剩行业的上市公司中，国有资本比重高达90%。这说明国有资本不仅大量布局在产能严重过剩行业，而且还缺乏退出、整合的机制与功能。第三，国有资本没有明显发挥引领新兴产业发展的功能。得益于举国体制、需求垄断等因素，国有资本在航空航天、高铁、核电等少数领域发挥了引领作用，但在其他大多数新兴领域，国有资本规模小、企业数量少、技术力量弱。以创业板上市公司为例，2014年末我国创业板上市企业总资产共计5660亿元，国企创业板上市公司的总资产约190亿元，占比仅有3.19%。创业板企业是我国最活跃的高科技企业群体，这表明国有资本在战略性新兴领域的布局非常少，未充分发挥产业引领功能。

（二）积极推进国有资本配置结构调整、优化的思路和对策

推进国有资本布局战略性调整，是深化国有企业改革的重要任务。“十三五”规划建议提出：“健全国有资本合理流动机制，推进国有资本布局战略性调整，引导国有资本更多投向关系国家安全、国民经济命脉的重要行业和关键领域，坚定不移把国有企业做强做优做大，更好服务于国家战略目标”。这就意味着，继“九五”末期围绕国有企业脱困目标推进国有资本战略性调整后，“十三五”时期将围绕更好服务于国家战略目标实施新一轮的国有资本布局战略性调整。在经济发展新常态下，要落实国家产业政策和重点产业布局调整总体要求，优化国有资本重点投资方向和领域，引导国有资本向关系国家安全、国民经济命脉和国计民生的重要行业和关键领域、重点基础设施集中，向前瞻性、战略性产业集中。紧紧围绕服务国家战略，健全国有资本合理流动机制，以市场为导向，以企业为主体，重组整合一批、创新发展一批、清理退出一批国有企业，优化国有资本布局结构，增强国有经济整体功能和效率。

1. 经济新常态下国有资本配置结构调整的总体思路。

中国经济发展的“新常态”主要体现为三大基本特征：经济增速从高速转为中高速、经济结构优化和经济增长动力转化。这些特征表明经济新常态是中国一个新的经济发展阶段。这个新阶段一方面对国有企业提出了新挑战，国有企业要生存和发展必须迎接挑战、适应新的环境变化——“适应新常态”；另一方面，新的经济发展阶段国家将赋予国有企业新使命，进而也给国有企业提出了新要求——“引领新常态”。基于这一认识，“十三五”时期国有资本布局结构战略性调整的目标，应该重“质”轻“量”，不再过于看重国有资本占整个国民经济的具体比例高低的“数量目标”，而应更加看重优化国有资本布局、促进国有资本更好地实现其功能定位和使命要求的“质量目标”。在这一总体目标引领下，“十三五”时期中国国有资本配置结构战略性调整的总体思路是：要通过国有资本布局战略性调整，使新常态下的国有经济功能定位更加明确，更好地服务于国家战略和民生目标，在创新型国家建设、“一带一路”倡议“中国制造 2025”等国家战略中发挥关键作用；使行业布局更为合理，使国有资本绝大部分集中于提供公共服务、发展重要前瞻性战略性产业、保护生态环境、支持科技进步、保障国家安全等真正关系国家安全、国民经济命脉的关键领域以及公益性行业的优势企业中，进一步增强国有企业在这些领域的控制力和影响力。这要求将以前分布于产能过剩的重化工领域的国有资本，调整到与“中国制造 2025”相关的高端、新兴制造业，与国家“一带一路”建设相关的产业，与完善中心城市服务功能相关的产业等领域中。

2. 积极推进国有资本结构优化配置的对策建议。

党的十八届三中全会已明确了国有资本战略布局调整方向，要求国有资本“更多投向关系国家安全、国民经济命脉的重要行业和关键领域，重点提供公共服务、发展重要前瞻性战略性产业、保护生态环境、支持科技进步、保障国家安全”，这个方向不仅是国有资本增量投资的方向，也是存量调整的方向。为此，国有资本应尽快从那些成熟的、产能过剩产业逐步退出，转而投向公共服务领域，投向能引领未来的战略性领域，措施上要借鉴过去的一些经验和教训，明确不同类型的国企及国有资本实现不同的功能。

(1) 推动国有资产统一监管，制定国有经济布局结构调整总体规划。统计数据显示，截至2013年底，全国国有企业（金融企业除外）资产总额约118万亿元，营业收入约48万亿元，其中，国资委系统监管企业资产总额达到84万亿元，超过全国经营性资产的70%。要积极推动经营性国有资产由国资监管机构统一监管，逐步建立国资监管机构、国有资本投资及运营公司、实体企业三层级的监管体系。实行统一监管后，由国资监管机构统一制定国家所有权政策法规，并根据经济社会发展规划和产业政策，研究制定国有资本布局结构调整总体规划，明确国有资本战略布局和结构调整目标以及国有资本重点投资领域和方向，确定分行业、分领域国有资本布局和控制程度。同时，建立健全国有资本有序进退的机制，确保国有资本投资运营服务于国家战略目标。

(2) 通过加大国有企业并购重组力度，推进新一轮国有资本战略性调整。企业并购重组，是实施国有资本布局战略性调整的重要手段。自国资委2003年成立以来，通过并购重组已经将196家中央企业减少到现在的不到100家，国有资本配置结构得以优化。“十三五”时期还应该通过并购重组推进新一轮国有资本战略性调整。但是，通过企业并购重组调整国有资本布局，并不是简单地进行同行业公司的合并，需要协同考虑有利于解决自然垄断性行业的垄断问题、有利于建立以“管资本”为主的国有资本管理体制、有利于形成兼有规模经济和竞争效率的市场结构、有利于化解产能过剩问题等各方面要求。基于这样的考虑，“十三五”时期应该从以下几个方面推进国有企业并购重组：一是选择市场竞争程度相对高、产业集中度较低、产能过剩问题突出的行业，进行企业并购重组，从而减少企业数量，扩大企业规模，突破地方或部门势力造成的市场割据局面，促进形成全国统一市场，有效提高产业集中度、优化产能配置和促进过剩产能消化。二是在具有自然垄断性的领域（如电信行业、石化行业、铁路运输业等），区分自然垄断的网络环节和可竞争的非网络环节性质，根据行业特点整体规划、分步实施，通过企业重组、可竞争性业务的分拆和强化产业管制等“多管齐下”的政策手段，推动可竞争性市场结构构建和公平竞争制度建设，使垄断性行业国有经济成为社会主义市场经济体制更具活力的组成部分。

(3) 探索组建国有资本投资运营公司，加快存量国有资本的调整与优化。根据国有企业改革和企业实际，适时组建若干国有资本运营公司，将相关国有企业股权划入，由国有资本运营公司持有国有股权并开展专业化的资本运作，实现国有资本进退和保障增值。将一批不属重要行业和关键领域且规模较小、实力较弱、行业影响力和带动力有限的国有企业划入资本运营公司，对其中不具竞争优势的企业逐步退出；利用股权投资基金等方式，配合其他优势企业或投资公司，在重要行业和关键领域开展投资；对于上市后存续资产或其他不良资产，也可由资本运营公司通过完全市场化的方式进行有效处置，实现国有资本有序退出，进一步优化国有经济布局。需要指出，要使新组建的国有资本运营公司真正实现预期功能，必须做到：首先，国资监管机构要放权，让国有资本投资运营公司成为真正的市场化出资人；其次，要规范国有资本投资运营公司对出资企业的管理，国有资本投资运营公司不直接从事任何生产经营活动，不干预出资企业的日常经营活动，仅以出资额为限对出资企业行使出资人权利；再次，实体国企要改革到位，国有资本投资运营公司所持国有股份必须可流动、可变现，没有特殊的历史包袱和社会负担。

(4) 明晰国有资本需控制的领域，采取多元化控制模式。中国目前对“关系国家安全、国民经济命脉的重要行业和关键领域”“保障民生、服务社会、提供公共产品和服务”等的描述都比较笼统、模糊，使得大部分国企都不清楚自己到底是否处于这些领域，在实际操作中各方也很难明确国有资本是该控股还是参股，影响企业决策。因此，对“关系国家安全、国民经济命脉的重要行业和关键领域”，最好有比较透明和清晰的产业目录，在此基础上确定国有独资、绝对控股或相对控股。对国家明确需要控制的领域，也可以实现国家特殊规制或特殊管理股。特殊规制可以体现在进出口制度、行业规制、企业章程等各个方面，如军工企业可以采取派驻军代表的制度，对军工产品出口也可以制定特定的出口制度。特殊管理股或“黄金股”可以使政府对特定事项行使否决权，防止恶意收购和接管，确保企业发展不偏离利于国家整体利益和战略的方向。特殊管理股可通过立法、公司章程等方式实行。

第四章

工资理论在社会主义市场经济中的运用

一、马克思工资理论的基本内容

马克思在1868年1月8日给恩格斯的信中指出，对工资的科学研究是《资本论》第一卷三个崭新的因素之一，他说："工资第一次被描写为隐藏在它后面的一种关系的不合理的表现形式，这一点通过工资的两种形式即计时工资和计件工资得到了确切的说明。"[①] 马克思之所以把工资理论作为崭新的因素之一，是因为若没有一个科学的工资理论，剩余价值理论就失去了理论基础。剩余价值理论不仅要揭露资本家是如何剥削工人的，而且还要阐明工资形式是怎样掩盖剥削的。大家知道，马克思的剩余价值理论是建立在劳动力和劳动相区别、劳动力价值和劳动创造的价值相区别的基础上的。但是马克思在分析剩余价值理论时，是把第一个区别作为科学的前提肯定下来的。而这个理论前提与资本主义表面现象以及人们的传统观念又相矛盾。工资理论必须解决这个矛盾，才能为剩余价值理论进一步奠定坚实的不可动摇的基础。

马克思在批判地继承资产阶级古典政治经济学的基础上建立自己的科学工资理论。亚当·斯密从分析劳动工资开始具体论述三个阶级和三种收入理论。斯密的工资理论是二元的，或者说他有两种工资理论。他的第一种工资理论是：工资是劳动的自然报酬或劳动产品的一部分。这

① 《马克思恩格斯〈资本论〉书信集》，人民出版社1976年版，第250页。

种工资理论包含有合理成分。它表明工资是劳动创造的成果，是劳动的收入，看到了工资的真正来源。斯密的第二种工资理论是：工资是劳动的价格。这种工资理论是从他的三种收入构成价值的原理出发的。在这里，他还把劳动和劳动力等同起来，把工人得到的工资看成是工人全部劳动的报酬。第二种工资理论同第一种工资理论相矛盾。大卫·李嘉图认为，政治经济学的主要问题是分配问题。他在研究分配问题时，首先研究工资。他的工资理论包括三个方面的内容。一是继承了斯密关于“劳动是商品”的提法，提出了劳动的自然价格与市场价格，有正确的方面，马克思给予了肯定的评价。二是提出了“工资规律”，但“工资规律”是根本不存在的。三是提出了“相对工资”理论，这是他对工资理论的重大贡献。马克思认为这是“李嘉图的科学功绩”。马克思在批判地继承古典学派的基础上，创立科学的工资理论。马克思的工资理论就劳动力价值、劳动力价格和剩余价值的相互关系进行了分析，阐述了工资运动的规律。马克思的工资理论揭露了工资的本质，分析了劳动力价值如何转化为劳动价值的原因，指出了工资形式的发展，又如何掩盖资本家对工人的剥削关系，使剩余价值理论建立在更牢固的基础上。这里仅就《资本论》第一卷第六篇，对马克思的工资理论原理作以下概述。

（一）资本主义工资的实质

工资是劳动力价值或价格的转化形式。但是，在资产阶级社会，工资表面上表现为劳动的价格。这个范畴同劳动力价值或价格这一科学范畴相矛盾，只有解决这个矛盾，才能使剩余价值理论的科学基石建立在牢固的基础上。因此马克思详细地论证了劳动不是商品，劳动力是商品，工人出卖给资本家的是劳动力，而不是劳动。为什么劳动不是商品，没有价值呢？马克思指出，如果说劳动有价值，就会与劳动价值学说相矛盾。因为如果说劳动有价值，劳动的价值由劳动来决定，这是无谓的同义反复，如果说劳动有价值，就会与商品交换原理相矛盾。商品交换的一般原理告诉人们，如果劳动是商品，那么它在出卖之前就要独立存在，并归出卖者所有，可是工人在市场上和资本家进行交易时存在的是劳动力，而劳动是劳动者进入劳动过程后才存在，这时，劳动已不属于工人，而属于资本家了，从而工人也无权再行出卖其劳动了，所以劳动不可能当作商品在市场上出卖。如果说劳动是商品，就会与资本主义制度发生矛盾，这就是说，把劳动当作商品，必然出现两种结果：一是按等价交换原则，资本家要付给工人全部劳动报酬，这样资本家就不可能榨取剩余价值，从而资本主义生产就难以存在了；二是若工资与劳动不是按等价交换的原则进行，那就意味着价值规律遭到破坏。根据以上分析，马克思得出一个结论："劳动是价值的实体和内在尺度，但是它本身没有价值。"① 劳动不是商品。所以，在资本主义制度下，工资的实质是劳动力的价值或价格。马克思说："工资不是它表面上呈现的那种东西，不是劳动的价值或价格，而只是劳动力的价值或价格的隐蔽形式。"②

那么，劳动力的价值或价格是怎样表现为工资的呢？我们知道，劳动力是个特殊商品，劳动力的使用价值是劳动，而且劳动力这个特殊商品是按照一定时间出卖的。人们从表面现象看，误以为工资是劳动价值或价格。工资之所以以一种假象呈现在人们的面前，有其必然性。第一，从现象上看，资本和劳动的交换，最初完全和其他商品的买卖一样，买者付出一定量货币，卖者付出与货币不同的商品。人们看到交换物质不同，而看不见物的形式下掩盖的社会关系。第二，资本和劳动交换，货币充当支付手段，是在工人提供劳动之后才支付的。人们看到的是各种各样的劳动生产出各种各样的物品，而看不见有用劳动创造的价值，并且能创造出比劳动力自身价值更大的价值的属性。第三，从工人和资本家自身来看，工人按一定时间出卖他的劳动力，在工人看来，工资量的任何变化都表现为他出卖的一定的劳动小时的价值或价格的变化；在资本家方面，他总是希望用尽可能少的货币购买到尽可能多的劳动，并认为这是他剥削的源泉。第四，由于工资随工作日长度的变化而变化，也会由于劳动者能力的不同而造成工资量的差别，这致使人们把工资看作是对劳动本身的支付。

---

① 《资本论》第 1 卷，人民出版社 2004 年版，第 615 页。

② 《马克思恩格斯选集》第 3 卷，人民出版社 1995 年版，第 310 页。

劳动力价值或价格采取了工资的形式，人们就不容易认识工资本质，资本主义的剥削关系就被掩盖起来了。马克思通过区别劳动力和劳动这两个范畴，不仅揭示出剩余价值的真正源泉，而且同时也揭示出资本主义工资的实质，这是马克思的伟大贡献之一。马克思科学的工资理论的确立，不仅突破了庸俗经济学家的种种谬论，更重要的是使剩余价值理论牢牢树立起来。

（二）工资的形式

马克思在揭露了工资的本质以后，进一步分析了资本主义工资的形式，这是为了揭露工资形式如何掩盖工资的实质。资本主义国家工资的具体形式是多种多样的，但主要形式只有计时工资和计件工资两种。马克思首先研究计时工资，因为计时工资是劳动力价值或价格的直接转化形式，研究了计时工资，就便于进一步分析计件工资的特点。

所谓计时工资，是按照劳动时间的长短来支付的工资。马克思指出："直接表现劳动力的日价值、周价值等等的转化形式，就是计时工资的形式。"① 计时工资是资本家剥削工人剩余价值的一种形式，但它又掩盖了这种剥削关系。为了把被掩盖的剥削关系揭示出来，必须把工资总额与劳动价格区别开来。为了说明计时工资对工人剥削的真实情况，马克思批判地借用了"劳动价格"这个概念。马克思所讲的劳动价格是工人出卖劳动力一小时的价格，它表现为一小时劳动的报酬，其计算公式是：

$$劳动价格=\frac{劳动力日价值(或日工资)}{工作日小时数}$$

从以上公式可看出，工资的变化，主要取决于三个因素：工作日长度、"劳动价格"和劳动力的价值。"一般的规律就是：如果日劳动、周劳动等等的量已定，那么日工资或周工资就决定于劳动价格，而劳动价格本身或者是随着劳动力的价值而变化，或者是随着劳动力的价格与其价值的偏离而变化。反之，如果劳动价格已定，那么日工资或周工资就

① 《资本论》第1卷，人民出版社2004年版，第623页。

决定于日劳动或周劳动的量。”① 这就是说，如果工作日长度不变，工人的日工资或周工资的大小就决定于劳动价格，而劳动价格又是由劳动力的价值或价格决定的。如果劳动价格不变，日工资或周工资的大小就取决于工作日的长度。这就是计时工资的一般规律。对工人来说，这个规律所起的作用，会引起两个方面的结果：一方面，由于劳动价格降低，工人为了维持最低生活水平，就必须延长工作日，增加劳动量，“劳动价格的低廉在这里起了刺激劳动时间延长的作用”②；另一方面，由于劳动时间延长，增加了劳动供给，又使劳动价格降低，正如马克思指出的：“劳动时间的延长反过来又会引起劳动价格的下降，从而引起日工资或周工资的下降。”③

所谓计件工资，是按照工人所生产的产品数量而支付的工资。计件工资是计时工资的转化形式。马克思指出：“计件工资无非是计时工资的转化形式，正如计时工资是劳动力的价值或价格的转化形式一样。”④ 为什么这么说？首先，在同一行业中，甚至在同一企业中，计件工资和计时工资同时并存，都是以劳动力价值作为计算基础的，这说明两种工资形式并没有本质的区别。其次，计件工资是在计时工资的基础上发展起来的，即计件工资是以计时工资为基础换算出来的。再次，不论是计时工资，还是计件工资，都是以劳动时间进行计算。但是，计件工资的形式不同于计时工资的形式，它具有自己的特点。这更进一步掩盖了资本主义的剥削实质，更便于资本家利用它来加强对工人的剥削。第一，计件工资是资本家克扣工资和欺诈的最丰富的源泉。按照产品数量付给工资，似乎工人出卖的是劳动而不是劳动力，产品数量多，工资也多，好像全部劳动都得到了报酬。第二，计件工资给资本家提供了一个十分确定的计算劳动强度的尺度，计件工资是按一定的强度，计算在一定时间内完成产品定额。如果工人完不成这个定额，就得不到应有的计件工资。在这种情况下，用不着资本家监督，就可以保证工人在平均的劳动强度

① 《资本论》第1卷，人民出版社2004年版，第625—626页。
② 《资本论》第1卷，人民出版社2004年版，第629页。
③ 《资本论》第1卷，人民出版社2004年版，第630页。
④ 《资本论》第1卷，人民出版社2004年版，第633页。

下进行操作。第三，计件工资为资本主义家庭劳动和形成层层剥削和压迫的制度奠定了基础。第四，计件工资是提高劳动强度、延长工作日的手段。第五，计件工资又是资本家降低工资水平的手段。从以上所述可以看出，“计件工资是最适合资本主义生产方式的工资形式”①。资本主义计件工资的规律是：“计件工资的下降是与同一时间内所生产的产品件数的增加成比例的，从而，是与耗费在同一件产品上的劳动时间的减少成比例的。”② 这就告诉人们，随着劳动生产率的提高，一定时间内生产的物品增多了，每件物品所代表的劳动时间就减少了，因此每件产品的工资单价也就降低了。就是说，劳动生产率越高，计件工资就越低。

（三）工资的国民差异

在资本主义各国之间工资水平也是不相同的，形成工资的国民差异。马克思在《资本论》中从不同国度的空间所产生的工资水平的差异，进一步说明不同时期的工资水平的差异。从而论证资本主义制度下工资量的发展趋势。

工资是由劳动力价值和价格的规律决定的，这一规律发生作用的结果，产生了国民工资的差异。这是因为：劳动力价值的最终决定，不仅要考虑生理因素，还要考虑社会和道德因素；在不同时期、不同国家里，由于自然条件不一样，生产力发展水平不同，经济文化水平不同，构成劳动力价值的物质要素的范围和数量也不一样；劳动生产率的水平的高低不同，商品的国内价值和国际价值也不同，这就造成各国工资水平的不同。一般说来，发达资本主义国家的经济、文化发展水平较高，传统生活水平较高，工人的劳动熟练程度和劳动强度较高。那么，怎样比较不同国家的国民工资的差异呢？马克思说：“即使作最肤浅的比较，首先要求把不同国家同一行业的平均日工资化为长度相等的工作日。在对日工资作了这样换算以后，还必须把计时工资换算为计件工资，因为只有

---

① 《资本论》第1卷，人民出版社2004年版，第640页。

② 《资本论》第1卷，人民出版社2004年版，第641—642页。

计件工资才是计算劳动生产率和劳动内涵量的尺度。”① 这就是说，首先把各国同一职业的日工资照同样的工作日来还原，然后再把各自不同的计时工资额按同一工作日各自所生产的不同的产品量去平均，即把计时工资还原为计件工资。有些人往往只从货币数量上来比较，这是不正确的。

在分析工资的国民差异时，正确理解价值规律的国际应用是一个关键。在世界市场上，价值不是以一定国度内的劳动的平均单位作为计算的尺度，而是以世界劳动的平均单位作为计算的尺度。这种“世界劳动的平均单位”，形成国际价值。所以说，国际价值就是在世界的平均技术水平条件下，在各国劳动者的平均劳动强度下，生产某种商品时所需要的世界社会必要劳动时间。由于各国的劳动强度不同，有的国家高些，有的国家低些。因此，“强度较大的国民劳动比强度较小的国民劳动，会在同一时间内生产出更多的价值，从而表现为更多的货币”②。

资本主义生产方式越发达，劳动生产率和劳动的国民强度就越高。劳动生产率高于平均的国际水准的国家，在同一劳动时间内能生产较多的商品，从而生产较多的国际价值。“所以，货币的相对价值在资本主义生产方式较发达的国家里，比在资本主义生产方式不太发达的国家里要小。”③ 由此可以得出结论，名义工资在资本主义发达的国家比不发达的国家高，但实际工资不是这样。

在研究较发达的资本主义国家工资和剥削程度的关系时，有一种情况值得我们注意。这就是资本主义越发达，劳动生产率越提高，劳动强度也在提高，工人为要补偿劳动力的过度消耗，需要消费较多的生活资料，因此，虽然发达国家名义工资比不发达国家高，但其实际工资还会低于劳动力价值，对工人的生活造成困难，从而使劳动力再生产受到严重影响。换一句话说，资本主义发达国家，名义工资较高，但相对的劳动价格较低，工人受剥削更重。

---

① 《资本论》第1卷，人民出版社2004年版，第644—645页。
② 《资本论》第1卷，人民出版社2004年版，第645页。
③ 《资本论》第1卷，人民出版社2004年版，第645页。

二、马克思把工资问题放在生产过程来研究的重大意义

工资本身是个分配问题。但是，马克思却把它放在《资本论》第一卷第六篇，作为生产过程的一个重要问题来研究，是有其深刻意义的。

对于这个问题已有文章作出了回答。[①] 他们认为，工资虽然是个分配问题，但它首先在生产形式上，是作为可变资本出现的，而可变资本是剩余价值生产的不可缺少的要素。因此，研究工资问题，是研究剩余价值生产问题的继续。马克思在研究了剩余价值生产之后，进而研究了资本主义工资的实质和形式，揭露了工资怎样掩盖了资本主义剥削的本质，并被资本家用来作为进一步掩盖剥削剩余价值的工具。在资本主义社会的表面上，工资取得了劳动的价值或价格的虚幻外观，好像工人的劳动得到了全部报酬，从而抹杀了必要劳动和剩余劳动的区别，掩盖了资本增殖的秘密，掩盖了剩余价值的起源，总之掩盖了资本主义剥削的本质。剩余价值理论的前提条件是劳动力成为商品，而劳动力成为商品是首先建立在区分劳动和劳动力基础之上的。马克思指出，工资是劳动力价值或价格的转化形式，工资作为劳动的价值或价格，不过是劳动力价值或价格的不合理的表现形式。这就在劳动价值理论的基础上说明剩余价值的生产，为科学的工资理论奠定了基础，同时，工资理论又成为剩余价值理论的补充和完成。显而易见，上面的论述角度，是从马克思的工资理论与剩余价值理论的关系着眼的，把马克思的工资理论作为剩余价值理论的重要组成部分。这种理解是正确的，具有一定的学术意义。马克思的剩余价值理论阐明了资本家如何剥削雇佣工人，榨取剩余价值。而工资理论则进一步说明了这种剥削关系如何采取隐蔽的形式，从而揭露了掩盖资本主义剥削实质的假象。

我们认为，马克思的工资理论，除了在揭露资本主义剥削实质的假

① 李世华主编：《〈资本论〉200题》，人民出版社1991年版，第87页。

象上具有重要意义外，还揭示了工资机制是整个市场经济运行的基础之一和重要保证。这其中，生产过程中，工资机制对微观经济运行主体——企业的经营机制起动力作用。工资不仅直接和企业动力机制之一的工人经济利益相联系，也和企业另一动力机制的企业利益相联系，形成企业劳动力要素稳定输入、合理配置有效使用的调节机制和克服短期行为、保证企业发展的自我约束机制①。这说明，工资不仅与工人的利益紧密相连，而且与企业的利益休戚相关，在微观层次体现按效率分配。

从工资与工人的利益关系来看，众所周知，工资收入多少，对工人的生活水平和劳动力的再生产起着至关重要的影响，这就是我们通常所说的关系到工人的切身利益。但是工人工资收入的多寡并不完全取决于工人自身的主观意志，还“包含着一个历史的和道德的要素”②。那么，如何才能使工资在微观层次体现工人的利益，调动工人的积极性和创造性呢？这已经有一个客观标准。这就是马克思在《哥达纲领批判》中所说的，要“和他所提供的劳动量相当”，即“他以一种形式给予社会的劳动量，又以另一种形式领回来”。③ 当然这不是不折不扣的劳动所得，而是在做了各项扣除之后。这就十分明确地告诉我们：人们的劳动报酬要与他所提供的劳动量相一致；劳动差别有多大，劳动报酬就应有多大。工资差别要反映劳动差别，这既体现了工人的切身利益，又有利于发挥劳动者的主观能动性，有利于发挥劳动智慧和力量。

从工资与企业的利益关系来看，企业作为独立的商品生产者和经营者必须讲究经济效益。企业利润是反映企业经济效益的一个重要指标，而影响企业利润有多方面的因素，其中最主要的是企业生产经营情况和企业劳动管理水平。企业生产经营情况包括产、供、销等环节，它们的运作如何直接关系到企业利润的大小与实现问题。企业劳动管理水平包括企业如何合理制定劳动定员定额、科学地组织劳动分工与协作方面的水平。企业劳动管理水平的高低，直接关系到企业成本费用的高低以及

① 文魁：《新格局与新秩序中的分配——按劳分配为主体的多种分配方式并存》，陕西人民出版社 1991 年版，第 269 页。

② 《资本论》第 1 卷，人民出版社 2004 年版，第 199 页。

③ 《马克思恩格斯选集》第 3 卷，人民出版社 1995 年版，第 304 页。

利润的大小。

当然，如果单独地、孤立地看企业利润的大小，无论如何无法准确地反映企业经济效益状况。要从企业的投入产出来衡量企业利润，因为企业利润的增加可以通过追加投入的费用、扩大生产规模等途径来取得。在这种情况下，企业利润的增加，不一定反映经济效益的提高，只有通过对追加后的总费用和总收入进行对比评价，才能确定是否提高了经济效益。而要使企业利润较为准确地反映投入与产出的关系，可采用具有对比性质的指标，这其中，工资利润率就是一个常用的指标。工资利润率，是企业一定时期内所实现的利润与企业工资支出之比，它反映每百元支出（即活劳动消耗）所得到的利润额，其公式为：工资利润率＝年利润率/年工资支出×100%。以上，可见，工资与企业利益也是紧密联系在一起的。

三、工资的职能和作用

（一）工 资 的 职 能

在政治经济学教科书中，一般的只笼统地讲述工资的职能和作用，比如，指出工资问题是一个涉及生产和生活的极其重要而又复杂的问题。它不仅直接关系到生产的发展、职工的生活以及职工同国家、企业的关系，而且还影响到职工内部的关系，影响到工人、农民、知识分子之间，以及干部和群众之间的关系。这个问题处理得当，使各方面的利益得到正确结合，就有利于加强劳动人民内部的团结，调动人民群众的社会主义积极性，实现国民经济在高效益基础上的高速度发展。[①]

在研究《资本论》的一些著作中，如《普照之光的经济理论——

① 《政治经济学》（南方本），四川人民出版社 1979 年版，第 318 页。《政治经济学》（第二版），高等教育出版社 1994 年版，第 446 页。

〈资本论〉第一卷与社会主义商品生产》，指出了计件工资的经济杠杆职能，包括：有利于实现对产品质量的有效控制；提供了一个十分确定的计算劳动者强度的尺度；有利于管理费用的节约；有利于效率的提高；有利于拉开工人的收入差距，克服平均主义。[①]

理论界对工资职能的看法不一致，众说纷纭，有不少差异。一种观点认为，“工资是保障劳动者生活的”；“又把这种保障生活和社会主义优越性联系起来，提出工资具有保障功能，并且是最根本、最重要的功能”。另一种观点认为，“严格地说，社会主义工资没有保障功能”；“不能把工资和社会保障混淆，不能把工资变成‘福利’，变成‘保险’”，“工资的本质职能是激励职能，激励人们多做工，多做贡献，多出效益”；“和工资的激励功能相提并论的是工资的调节职能。效益高，工资高，效益低，工资低，劳动力必然流向效益高的岗位和行业，流出效益低的岗位和行业，客观上达到社会劳动力的合理配置。工资成为市场经济体制配置劳动力资源的有力手段”。[②] 简言之，以上这种观点认为工资的职能是激励职能和调节职能。第三种观点则认为，“对基本工资职能的探讨，可以从微观和宏观两个角度进行分析。在我国现阶段条件下，基本工资职能，从微观角度看，它具有补偿职能和刺激职能；从宏观角度看，它具有调节职能和控制职能”[③]。

我们赞同第三种观点，分析工资的职能应从微观和宏观两个方面进行，这才能全面地认识工资职能。第一种观点，仅仅从微观的角度来看待工资的职能，更主要的是忽略了工资的激励职能。如上所述，马克思在工资理论中，特别是对计件工资的分析，明确地说明工资的激励职能。而且，第一种看法是不准确的，带有浓厚的计划经济体制的色彩。从现象上看，通过工资收入，可以获得保障劳动者及其家属的生活资料，保证其生活水平。但透过现象，深入到本质，就可发现工资是用以维持劳动力的再生产的。对此，马克思已经说得很清楚。在资本主义条件下，

① 李基固等主编：《普照之光的经济理论——〈资本论〉第一卷与社会主义商品生产》，浙江大学出版社 1992 年版，第 233—234 页。

② 练岑等：《工资经济效益和效益工资》，中国劳动出版社 1993 年版，第 17—19 页。

③ 齐兰：《我国现阶段基本工资问题研究》，中国财政经济出版社 1993 年版，第 121 页。

劳动力成为商品，并且是一种特殊的商品，劳动力价值的决定也具有其特殊性，主要包括三个因素，即维持劳动者本身所需要的生活资料的价值，劳动者养活其家属所需要的生活资料的价值，劳动者训练和学习时所支出的教育费用。所以“劳动力价值可以归结为一定量的生活资料的价值”。而工资则是劳动力价值或价格的转化形式。之所以会把工资的职能理解为保障职能，与以往我们实行的高度集中的计划经济体制是有关系的，也就是高度集中的经济体制决定了必然实行高度集中的分配格局。中央党政机关独揽了分配大权，从制定方针政策、规定工资标准，到安排职工的升级、晋级，直至增资的比例、时间、方法、步骤都做了统一规定，实行的是平均主义。企业和职工失去了分配的主动权，只是被动地按中央每一次规定的十分详尽的调资范围、标准、额度“对号入座”，确实是为了保障职工的生活，却失去了工资的激励作用。

第二种观点，提出了工资的激励职能和调节职能，其实是从微观和宏观分析了工资的职能，这是正确的，但不够全面，而第三种观点，不仅从微观和宏观两个角度分析，而且比较准确全面地研究工资的职能。他们认为，在微观方面，工资具有补偿职能和刺激职能。应当说“补偿职能”的提法是十分准确，完全符合马克思主义的原意，并且提出这个问题是十分重要的。工资作为补偿职能，是指对在正常条件下劳动者的现实劳动消耗给予的物质补偿，这是劳动力再生产的最基本的条件。这种补偿不是泛指一般意义上的补偿，而是具有一定的含义的。一是这种补偿是对正常条件下的劳动者的平均劳动耗费给予的补偿，而不是对特殊条件下，诸如环境恶劣、条件艰苦、劳动者的额外劳动耗费给予的补偿。前者属于平均补偿性质的，后者属于特殊补偿性质的。二是这种补偿是对正在劳动岗位上工作的劳动者（在职工）现在劳动耗费的补偿，而不是对已离开劳动岗位或不在劳动岗位工作的劳动者（即退休或失业人员）过去劳动耗费或可能的劳动耗费给予的补偿。前者属于经济补偿的性质，后者属于社会保障的性质。① 弄清楚工资补偿职能有利于克服收入分配领域中分配秩序的混乱。关于“刺激职能”的问题，我们认为第

① 齐兰：《我国现阶段基本工资问题研究》，中国财政经济出版社 1993 年版，第 122 页。

二种观点的提法，定为“激励职能”更好些，至于这方面的内容，有关的著作和论文已经讲得不少了，就不多赘述。在宏观层次，工资具有调节职能和控制职能。具体说明工资具有调节职能和控制职能是十分必要的，也具有重要的意义。应当说两者是有区别的，但一般地说，人们往往只注意到工资作为国家宏观调控手段之一，具有调节职能。持第三种观点的人认为，工资的调节职能，是指基本工资所具有的协调平衡的功能。这种调节是指国家对劳动者的基本劳动量与基本报酬量之间，劳动者的基本供给与基本需求之间的协调平衡，而不是指国家对整个社会范围内社会各类人员之间的收入状况与社会财富分配状况之间、各类人员的总劳动供给与劳动总需求之间的协调与平衡。这是工资的调节功能与个人收入的调节功能的不同之处。前者属于特殊范畴的调节，后者属于社会范畴的调节。工资的控制职能，是指国家对全社会工资总水平、工资关系的确定和变动的统制与管理，属于总体控制的范围。[①] 弄清楚工资在宏观层次的两种不同职能，正确处理两者的关系，对加强国民经济的宏观调控，是十分重要的，比如，在经济发展处于非常状态下，如通货膨胀严重、消费基金失控等。这时工资的控制职能则可显示特殊重要意义。而在经济处于一种常态条件下，则工资的调节功能就应居主导地位，有利于经济的发展。

（二）工 资 的 作 用

与上述工资在宏观层次和微观层次的职能相对应，工资在宏观经济和微观经济发展中均可以发挥其积极的作用。

第一，工资的补偿职能，决定了工资具有保证劳动力价值得以实现的作用，从而能保证劳动力的生产和再生产能够顺利、持续进行。

第二，工资的激励职能，决定了工资具有实现按劳分配的作用。大家知道，按劳分配作为社会主义社会个人消费品的分配原则，其最根本的要求是等量劳动获得等量报酬。而工资的激励职能正是对劳动者的一

① 齐兰：《我国现阶段基本工资问题研究》，中国财政经济出版社1993年版，第124—125页。

定劳动贡献给予相应的报酬，能够调动劳动者的主动性和创造性，激发劳动者不断增加劳动投入的热情，促进劳动效率的提高和劳动者素质的提高，推动整个社会生产力的发展。

第三，工资的调节职能，决定了工资具有合理配置劳动力资源的作用。经济社会要可持续发展，首先要求合理配置资源。而劳动力资源是各种资源中最宝贵、最重要的资源。工资具有对劳动供给与需求协调与平衡的职能，在现实经济生活中直接表现为经济杠杆的作用。它可以引导全社会劳动力的合理流动，可以调整劳动力资源的供需关系，使劳动力资源得到比较合理的配置。

第四，工资的控制职能，决定了工资具有实现有效的宏观管理作用。工资的控制职能是对工资成本或工资基金的统制与管理，这样，国家在一定时期、一定范围内通过对工资收入分配进行控制，可以达到对全社会个人收入分配的有效管理。在社会主义市场经济条件下，对工资的宏观控制是必要的，也是可能的。

总之，当前中国实行的是以按劳分配为主体、多种分配方式并存的分配制度，而工资形式又是主体分配形式中的主要形式，因此，工资状况合理，工资的职能和作用充分发挥，对按劳分配原则的实现，对分配体系的完善和建立，进而对所有制结构的优化，最终对社会生产力的发展都具有极其重要的意义。

四、正确理解“工资水平”的含义，提高工资经济效益

（一）工资水平的含义

在《资本论》中，马克思科学地论述了劳动力是商品，工资是劳动力价值或价格的转化形式，但在现象上却表现为劳动价格。马克思强调，工资水平高低要和劳动相比，和劳动成果相比。马克思明确地指出，从

日工资、周工资来看，发达国家比不发达国家高，但从相对劳动价格，即同剩余价值和产品价值相比较的劳动价格，不发达国家比发达国家高。[①] 马克思在《资本论》中，以英格兰、普鲁士和俄国为例，对纺织行业工人工资水平进行比较。大陆工人尽管工资比较低，甚至比英格兰低50%，劳动时间也长得多，普鲁士工人从早晨5点半干到晚8点，共14.5小时，但同产品价格相比较，普鲁士、俄国劳动价格还是比英格兰贵。当时每一工人平均看管纱锭数，俄国28个，普鲁士37个，英国74个。这些事实证明，劳动生产率越低，劳动强度越低，工资在产品中所占的比重就越大；反之，就越小。所以说，应当从劳动生产率，从劳动成果去理解工资水平的含义。

但是我们常常可以听到或见到一种说法，工资水平被定义为，一定时期和一定范围内职工平均工资的高低程度。[②] 在工作行话中，工资水平简称为人均工资，或职工的平均工资。

这种见解，比较的基础是人，强调的是人的工资量，其结果，不仅容易产生一种不正确的攀比心理，而更主要的是不利于企业经济效益的提高。你的工资比我多，你那个单位比我这个单位工资水平高，你那个地区比我这个地区工资水平高，外国比我国工资高，比来比去，结果是心理很不平衡，甚至会产生消极或不满情绪。

工资的本质是一种经济关系，但表现为工和资的关系，不是每人多少工资，而是每工多少工资。工就是做工，即劳动。所以，工资水平是劳动量和工资量的对比关系。国际劳工组织给工资水平界定的概念是，每个就业者每个劳动小时获得的平均货币收益。它强调的是每个劳动小时的工资量。

正确理解工资水平的含义是很重要的。因为对工资水平的含义理解不一样，对工资水平高低的判断也就不一样。例如，甲日工资10元，乙日工资6元，从通常的对工资水平含义理解看，显而易见，甲高于乙。但是，如果进一步对比，就不一样了。甲劳动8小时，小时劳动工资为

① 《资本论》第1卷，人民出版社2004年版，第646页。

② 康士勇编著：《工资收入理论与管理实务》，中国劳动出版社1993年版，第120页。

1.25元；乙劳动4小时，小时劳动工资为1.5元。这样，就会得出完全相反的结论，日工资6元者的工资水平高于日工资10元者。如果再进一步比较，甲劳动8小时生产10件产品，乙劳动4小时生产4件产品。这样，甲生产一件产品得工资1元，乙生产一件产品得工资1.5元。结果是：日工资10元者工资水平低，日工资6元者工资水平高。

上面的例子，所进行的对比，仅仅从产量方面看。在现实生活中，还要考虑产品质量、物资、能源消耗等方面因素，也就是要从经济效益方面来判断。但是如果假定这些因素基本上是相同的，那么从收入看，某个人的工资水平可能是低的，但若从工资带来的劳动看，从工资带来的劳动成果看，工资水平却是高的。所以，理解工资的含义一定要与经济效益联系起来，有人称之为工资经济效益。

（二）提高工资经济效益

一般地说，人们都把工资看作分配方式，是人们谋取收入的一种形式。从经济整体看，工资属于国民收入。工资和剩余价值是国民收入（净产值）的组成部分。对工资的收入属性，人们并没有异议。

但是，我们还要进一步看到，工资具有二重性。人们一面以工资形式取得收入，另一面则以工资形式支付。收入和支付是同一过程的两个方面。工资支付也就是工资投入。在生产过程中，工资投入是资本投入的重要组成部分，是投入活劳动这种生产要素的货币表现。所以，经济学的基本原理，都把工资作为产品成本的重要组成部分，这就是生产资料转移的价值和工资构成产品的成本。

简而言之，同是工资，加剩余价值就组成国民收入，表现为劳动者的收入；同是工资，加物耗价值组成产品成本，表示生产要素的投入。

毫无疑问，工资既然是成本，是投入，也就有个产出问题，有个投入效益问题。工资属于国民收入也源于国民收入。投入工资不创造国民收入（净产值），工资就成为无源之水，无本之木。工资投入要求经济效益。工资经济效益是指支付一定量工资生产出多少产品，创造和实现多少价值，它反映投入工资和带来经济效益的关系。当然，在一些领域，比如教育、文艺、医疗、党务等，投入工资产生效益，并不产生经济效益，但不能说没有效益。所以，我们这里所讲的工资经济效益是指生产领域的工资效益。

马克思说："如果我们把工资归结为它的一般基础"，则工资是"工人本人劳动产品中加入工人个人消费的部分"。[①] 工人获得工资必须把产品生产出来。通常我们把国民经济平衡归结为生产和消费的平衡。工资代表一定量的生活资料，劳动者消费生活资料也必须生产出生活资料，否则坐吃山空，社会就无法进一步发展。所以，工资经济效益是人类社会发展的最基本的保证之一。

工资经济效益是贯彻按劳分配的根本要求。工资是按劳分配的主体形式。按劳分配，最基本的要求是投入劳动才能参与分配，并且"劳"必须是有效的劳动。所以，劳动者获得收入必须参加劳动，做出贡献。按劳分配要求工资、劳动、效益三位一体，即工资水平提高，劳动增加，效益增长，形成良性循环。酬劳不符，工资与效益背离是违反按劳分配原则的。

在市场经济条件下，支付工资就是投放货币，就增加消费需求。如果投入的工资产生好的效益，也就是通过劳动生产出更多更好的商品投入到市场，这就会增加社会供给，从而满足增加的消费需求。因此，讲究工资的经济效益，增加工资的经济效益，才能真正实现工资水平增长，商品供求平衡，市场稳定。反之，工资增长，效益下降，导致物价上涨，市场混乱。

马克思指出："比较一下同一个国家的不同产品或不同国家的各种商品，我可以指出，除了一些与其说是本质上的不如说是表面上的例外，平均说来，高价的劳动生产低价的商品，而低价的劳动生产高价的商品。"[②] 这就是说，劳动价格低，即低工资，但相应的效益差，劳动成果少，单位产品中的劳动成本可能是高的，这种劳动并不廉价。反之，劳动价格高，高工资，但相应的效益高，劳动成果多，单位产品中的劳动

---

① 《资本论》第3卷，人民出版社2004年版，第991页。

② 《马克思恩格斯选集》第2卷，人民出版社1995年版，第64页。

成本可能是低的，这种劳动并不昂贵。总之，工资经济效益不仅是个理论问题，而且是个现实问题。对全体劳动者来说，工资经济效益下降，等于提高单位产品中的劳动成本，则最终是实际工资水平下降；对企业来说，工资经济效益下降，则企业可能亏本；对国家来说，工资经济效益下降，则可能造成国穷民穷。所以，讲求工资经济效益，努力提高工资经济效益具有重要的现实意义。

工资经济效益既可以从质的方面定性说明，也可以从量的方面进行计算。

工资经济效益可以用总产值或标准产量和投入工资相比。其计算公式为：[①]

$$V'=\frac{W}{V}$$

式中：V′表示工资经济效益，V 表示工资，W 表示总产值或标准产量。

这个公式的右边，分子、分母同除以劳动者平均人数，工资经济效益可换算为劳动生产率除以平均工资。其公式变为：

$$V'=\frac{e}{\overline{V}}$$

式中：e 表示劳动生产率，$\overline{V}$表示平均工资。

上述公式说明支出工资有了产出，但并没能表示产出的物耗。为进一步表明工资经济效益，可以用产出减去物化劳动消耗，即用净产值同投入工资相比。其公式为：

$$N=W-C,\ V'=\frac{W-C}{V}=\frac{N}{V}$$

式中：N 表示净产值或国民收入，C 表示物质消耗或物质成本。

这是工资经济效益的基本公式。

上述公式说明了投入工资创造多少新价值，没有说明这些价值的分配关系。为此，其公式可以进一步演算，即可用税利和投入工资相比。

---

① 练岑等：《工资经济效益和效益工资》，中国劳动出版社 1993 年版，第 21 页。

其公式为：

$$V' = \frac{P}{V}$$

式中：P 表示税利指标。

其中税利可分解为税和利，又可区分为实现利润、上缴税利等。采取何种指标可视需要而定。

需要说明的是，对工资经济效益的计量，可以从不同角度进行，并加以比较，从而得出有关的结论，比如工资销售率增长、工资利税率增长，但工资产值率没有相应增长。这就可以得出一个看法，工资经济效益的上述增长，可能是因价格的变动而引起的。工资产值率上升，但工资净产值率下降，这说明可能是物质成本上升引起的。又如工资净产值率上升，但资金利税率下降，这可能是投资增加了，但产值却没有相应增加。

从上述工资效益质和量的两个方面的规定，可以得出这样一个认识，提高工资的经济效益，关键在于做到以下几个方面：要按效益投入工资；要从劳动者个体、劳动者集体和社会劳动整体等方面增加工资带来的劳动量；增加劳动产出量；健全工资效益的动力机制。

五、必须实行最低工资制

马克思在《雇佣劳动与资本》一文中提出了最低工资这个概念。他说："简单劳动力的生产费用就是维持工人生存和延续工人后代的费用。这种维持生存和延续后代的费用的价格就是工资。这样决定的工资就叫做最低工资额。"[①] 简单地说，资本主义最低工资就是简单劳动力的价格。更具体一点说，最低工资是指简单劳动力的生产费用；而简单劳动力生产费用包括工人生存和延续工人后代的费用；这种费用又表现为工人生存和延续后代所需要的生活资料的价格；这种由工人生存和延续后代所

① 《马克思恩格斯选集》第 1 卷，人民出版社 1995 年版，第 343 页。

需要的生活资料的价格决定的工资就是最低工资。

马克思在《资本论》中，在论述确定资本主义劳动力价值时，又再次明确指出有一个“最低限度或最小限度”，有“一个历史的和道德的要素”，并且在不同国度和不同的时期是不同的。[①] 这说明在资本主义制度存在最低工资制。

资本主义国家实行最低工资制的目的，是为了缓和劳资矛盾，保证社会再生产的正常顺利进行，促进社会的稳定，最终维护资本主义制度的统治。所以，资本主义发达国家针对不同时期社会经济状况，以法律的形式规定最低工资标准，从宏观上干预工资形式。例如，美国在 1932 年制定的《合理劳动标准法》，明确规定最低工资为每小时 25 美分；到 1956 年，最低工资提高到每小时 1 美元；从 1981 年 1 月起，最低工资提高到每小时 3.25 美元；1991—1996 年为每小时 4.25 美元；1996 年国会通过立法又提高为每小时 4.75 美元；1997 年 10 月 1 日又增至每小时 5.15 美元。2016 年美国最低工资标准，联邦基本工资每小时 7.25 美元。但是，各州并不一样。比如，纽约州为每小时 9 美元。

那么，最低工资标准是如何确定的呢？如上所述，最低工资就是工人维持生存和延续后代费用的价格，但它不是固定不变的标准。在经济分析中，应视为一个常量。大家知道，在资本主义条件下，资本的本质，决定了工人的就业、消费要服从于资本运动和扩张的需要。所以从资本家的角度来看，他们总是希望工资越低越好，因为在剩余价值一定的情况下，工资低，就意味着利润高，资本家常常有压低工资的冲动。但是从劳动力再生产来看，劳动力的价值有个最低限，也就是工人必须能够活下去并再生产劳动力，这不仅是社会道德起码的要求，也是资本本身的需要。可见，最低工资这个常量的确定取决于多方面的因素。首先，取决于在当时生产力水平、生产技术条件下，劳动者维持生存和延续后代所必需的生活费用，这是个最基本的依据；其次，取决于劳资双方在各种制定最低工资会上，经过反复的谈判，讨价还价所达成的妥协并做出的决定；再次，取决于经济发展阶段和经济发展的需要。一般地说，

① 《资本论》第 1 卷，人民出版社 2004 年版，第 201、199 页。

当经济发展处于低水平、萧条或危机阶段，经济发展缓慢或控制经济发展速度和规模，最低工资标准可能就低或下降；反之，当经济发展处于高水平、高涨阶段，经济发展快或扩大经济规模，加快发展速度，最低工资标准可能就比较高或提高。还有，取决于政府控制、干预经济的能力，特别是宏观调控能力和法制建设的情况。

发达的资本主义国家所实行的最低工资制，可概括为四种基本形式。(1) 国家制定统一限额的最低工资标准，所有行业工人均执行，例如加拿大、日本、西班牙、荷兰、葡萄牙等国。(2) 在不同行业中规定不同的最低工资标准，例如法国、比利时。(3) 只在不同部门中实行最低工资限额，但不同的产业其限额不同，例如英国、爱尔兰。(4) 只对极少数工人实行最低限额的保护，例如奥地利、挪威、瑞士等国。发展中国家实行最低工资制的做法。一是广泛采用范围广泛的最低工资制。比如在拉美国家中，已实施了对所有行业的工人，包括农业工人的最低工资制。二是简化最低工资标准。比如墨西哥先开始实施的最低工资标准达60～70个，后来就大大减少了。三是把最低工资作为决定工资制度发展的重要手段。比如通过提高或降低最低工资标准来控制工资水平的变化，并且把工人的基本生活需要作为制定最低工资标准的依据。在最近这些年，对调整工资标准，发展中国家都持谨慎的态度，并且大多数国家倾向于采取安全网式的最低工资制度，以保证工人的基本生活需要，又不至于造成别的负面影响。

中国是社会主义国家，也是发展中国家，要建立和完善适应社会主义市场经济发展需要的劳动工资制度，必须实行最低工资制。

首先，实行最低工资制是马克思工资理论的重要内容之一。马克思在批判资产阶级庸俗经济学家巴师夏所谓“工资固定性”的谬论的同时，认为在工资波动、时而降低的条件下，“在某种平均状况下，工资实现一个相当的平均量，即巴师夏如此憎恶的整个阶级的工资最低额，并且劳动会保持某种平均连续性，例如工资甚至在利润下降或者暂时完全消失的情况下可以继续支付”[①]。这说明，马克思认为工资应有一个最低限额，

① 《马克思恩格斯全集》第30卷，人民出版社1995年版，第17页。

这既是劳动力再生产的最基本的条件，又是保持社会生产连续性的条件。如果我们舍去该理论分析针对的资本主义性质，其原理同样也适用于社会主义社会。显而易见，社会主义生产过程，同样要求保证劳动力的再生产和保持社会生产连续性的条件。

其次，是建立和健全社会主义市场经济体制，改革劳动制度，进一步健全和完善劳动力市场的需要，推动实现更高质量就业的需要。从我国的国情来看，劳动力充裕是经济发展的优势，但同时也存在着巨大的就业压力。现在劳动力资源发生了变化，宏观层面的人口拐点已经出现。这就要求我们要把开发利用和合理配置人力资源作为发展劳动力市场的出发点。既要发展多种就业形式，运用经济手段调节就业结构，形成用人单位和劳动者双向选择，更要高度重视人力资源的配置效率，形成合理高效流动的就业机制。实施最低工资制，有利于形成这种就业机制。因为只要存在着市场经济，客观上都有一个简单劳动力的生产和再生产所必需的生产费用问题。实施最低工资制，简单劳动力的生产和再生产费用就可以得到保障，从而可以促进劳动力的合理流动，搞活劳动力市场。

再次，实行最低工资制，是社会主义经济发展的需要。通过确定适度的最低工资，有利于正确处理积累与消费的关系，保证生产发展所必需的资金；有利于劳动者之间保持必要的工资差别，以鼓励劳动者努力学习科学技术、文化知识，发挥更大的聪明才智和劳动积极性；有利于保护中外合资企业、民办集体企业、个体私营企业劳动者的合法权益，以保持和提高中国的就业水平和就业质量。

1994 年《中华人民共和国劳动法》颁布，明确规定实行最低工资制。但是，中国属于发展中国家，又是一个大国，各地区生产力发展不平衡，生活水平和物价水平有比较大的差异，不可能制定并实施一个统一的最低工资标准制度。可以在统一的最低工资法律规定下，由各地政府依据本地的实际情况分别制定各自的最低工资标准。早在 1992 年，在《劳动法》颁布之前，深圳、珠海两市已由地方政府颁布实行企业最低工资标准。

2003 年 12 月 30 日，国家劳动和社会保障部公布了《最低工资规定》，2004 年 3 月 1 日起施行。最低工资标准一般采取月最低工资标准和小时最低工资标准的形式。月最低工资标准适用于全日制就业劳动者，小时最低工资标准适用于非全日制就业劳动者。最低工资标准每两年至少调整一次。目前，全国 31 个省（区、市）都建立了最低工资保障制度，并且不同时期最低工资标准也不断提升，但不同省区最低工资标准不一样。2016 年 12 月 13 日，人社部劳动关系司公布了全国 31 个省、自治区、直辖市以及广东省深圳市共 32 个统计单位的月最低工资和小时最低工资标准。其中，月最低工资标准超过 2000 元的只有上海和深圳两市，分别为 2190 元和 2030 元。从小时最低工资看，北京市自 2016 年 9 月 1 日起将小时最低工资标准上调至 21 元，为全国最高。海南省最低，为 12.6 元。

根据国内外实施最低工资制的实践经验，我们认为，中国在确定最低工资时，应主要考虑以下几个因素。(1) 职工本人及其家属所必需的生活费用。这主要包含三个方面：一是职工本人生存必需的生活费用；二是维持家属生存必需的生活费用；三是职工必需的教育和训练费用。这三个方面的具体数额要根据对本地区的调查和测算加以确定。这是确定最低工资的基础。(2) 历史上已形成的工资水平。(3) 本地区的社会就业状况和劳动生产率。(4) 经济发展水平。

实施最低工资制，要严格执行劳动法以及劳动和社会保障部制定的《最低工资规定》规定的最低工资标准和制度，要明确责任，规范企业的行为，加强监督管理。

第五章

积累理论在社会主义市场经济中的运用

一、马克思积累理论的基本内容

马克思积累理论主要是研究资本的积累过程。马克思指出："我们以前考察了剩余价值怎样从资本产生，现在我们考察资本怎样从剩余价值产生。把剩余价值当作资本使用，或者说，把剩余价值再转化为资本，叫作做资本积累。"① 所以，资本积累过程就是剩余价值转化为资本的过程。马克思运用抽象法进行研究，把积累只看作资本主义生产过程的一个要素，暂时舍去了其他与积累有关的因素，以便于从资本主义的生产过程考察积累的本质。

在马克思研究资本积累之前，资产阶级古典政治经济学家已经对资本积累问题作过研究。马克思的积累理论吸收资产阶级古典政治经济学中有关资本积累的科学观点，批判了其错误的观点。马克思的资本积累理论是在批判地继承资产阶级古典政治经济学派积累理论的基础上建立起来的。

亚当·斯密的经济理论以分工为出发点，因此，他的积累理论也是从分工中引申出来的。斯密对资本积累的原因、来源和用途，分别进行了研究。斯密一方面认为是分工决定预先积累，另一方面又认为资本的积累是分工的先决条件。这个看法是自相矛盾的，是不科学的。关于积

① 《资本论》第1卷，人民出版社2004年版，第668页。

累的来源，他认为是勤劳和节俭。这种观点，体现了当时新兴资产阶级的要求，掩盖了资本积累的真正源泉。对资本积累的用途，斯密提出了资本积累由生产工人消费，而不由非生产工人消费的观点。这种观点有科学的成分，但也包含有严重的错误。马克思把这个观点称为一种含糊的观点。斯密认为，随着资本积累的不断进行，利润率有下降的趋势；但又把利润率和利润量相混同，并把利润率下降的原因归结为工资提高的结果。这个观点既有正确的一面，又有严重错误的一面。

李嘉图继承和发展了斯密的积累理论。李嘉图同样错误地坚持积累资本是由“生产性劳动者，而不是由非生产性劳动者消费”的观点。李嘉图提出了增加积累的方法。虽然他也认为节约支出是资本积累的一个重要手段，但他又不同于斯密，不是要资本家限制自己的享乐和减少个人消费，而是要提高劳动生产率和降低商品的价格。他还认为，减少税收是增加积累、减少开支的一个重要方面。李嘉图修正了资本积累对劳动需求成正比的观点，他提出“用机器来代替人类劳动，对于劳动阶级往往是极为有害的”，“使人口过剩，从而使劳动者生活状况恶化”。马克思说，这“证明了他的诚实，这使他和庸俗经济学家有了本质的区别”。

马克思的资本积累理论揭示了资本主义基本矛盾如何发生、发展和激化，并必然导致资本主义的灭亡。所以，马克思关于资本积累的理论阐述了资本主义一定要灭亡、社会主义一定要胜利这个不以人们的意志为转移的规律。对此，列宁给予很高的评价。他指出：“马克思对**资本积累**的分析是极其重要和新颖的。”[①] 下面，我们就《资本论》第一卷马克思的资本积累理论的基本内容给以归纳。

（一）资本积累的实质是剩余价值资本化

把剩余价值转化为资本，就是资本积累。资本家对剩余价值的无限追逐是进行资本积累的内在动力，竞争是资本积累的外在强制力量。资本主义再生产，从生产规模上可以分为简单再生产和扩大再生产。而资

① 《列宁选集》第 2 卷，人民出版社 1995 年版，第 432 页。

本主义生产的本质特征是扩大再生产。但是由于简单再生产是扩大再生产的基础、前提和出发点，研究资本积累即资本主义扩大再生产必须从简单生产开始。马克思正是从分析简单再生产开始阐述他的资本积累理论的。

马克思通过对简单再生产的分析来阐明资本主义的再生产过程，不仅是物质资料的再生产、资本价值的再生产，而且是资本主义生产关系的再生产。具体表现在：

第一，如果从再生产的全过程考察可以发现，工人不仅创造了包括养活自己的、维持劳动力再生产的价值，而且还包括养活资本家的剩余价值。所以，在资本主义社会，不是资本家养活工人，恰恰相反，是工人养活了自己，又养活了资本家。

第二，如果从再生产的全过程考察可以发现，工人不仅创造了可变资本，而且创造了全部资本，资本积累是由剩余价值转化而来的。

第三，如果从再生产的全过程考察还可以发现，资本主义再生产是资本主义生产关系的再生产，因为它不断再生产着资本家和雇佣工人的关系。

马克思在对资本主义简单再生产进行分析的基础上，进而研究了资本主义扩大再生产，揭露出资本主义生产的一些新的特点。马克思通过对扩大再生产的研究，进一步表明：一是资本家积累的资本在它的起点上就是剩余价值的资本化，是工人血汗的凝固，没有资本家自身“劳动”的一个原子；二是通过扩大再生产不仅物质生产规模扩大了，而且资本主义生产关系亦在扩大的规模上再生产出来了，资本的剥削范围扩大了，资本剥削程度加深了，资产阶级与无产阶级的矛盾进一步发展和加剧了。

不过，由剩余价值转化为资本，由积累资本到生产规模扩大的实现，必须具备一定的条件：首先，年产品必须在使用价值上补充上一年消费掉的不变资本和可变资本的物质成分；其次，年剩余劳动的一部分，必须用来生产追加的生产资料和生活资料，因而在剩余产品中包含了一个新的资本的物质组成部分；再次，要扩大再生产，还必须有追加的劳动力。而这种追加的劳动力，资本主义制度本身已经把他们生产出来了。

总之，资本生产剩余价值，剩余价值再生产资本，循环往复，这就是资本积累的过程。

商品生产所有权规律转化为资本主义占有规律，是马克思资本积累理论的重要内容。马克思通过对这一“转化”的论述，把资本积累的源泉、积累的过程、积累的后果全面地揭示出来。

所谓商品生产所有权规律，指的是等价交换的规律。具体地说，就是商品生产者是生产资料的所有者，又以自己的劳动为基础，并占有自己的劳动产品。商品生产者之间是平等的交换关系，通行的是等价交换原则。所谓资本主义占有规律，就是资本家无偿占有雇佣工人创造的剩余价值或劳动产品的规律。那么，商品生产所有权规律是如何转化为资本主义占有规律的？其关键在于劳动力成为商品。在资本主义生产关系下，资本家购买劳动力，工人出卖劳动力。在市场上，从形式上看，都以承认商品生产所有权为前提，双方都是按照等价原则进行交换的，完全符合商品生产和交换的规律。而当我们深入考察资本再生产时，就可以发现，所谓的等价交换只是属于流通过程的一种表面现象，其实质则是资本家用无偿占有工人创造的剩余产品或物化劳动去交换工人更大量的活劳动。这是因为：一方面，资本家用来购买工人劳动力的那部分可变资本，是从工人身上榨取的剩余价值的一部分；另一方面，用来购买劳动力的这部分资本，不仅要由工人的劳动所创造的价值补偿，而且还要相应地创造剩余价值。马克思指出，“现在，所有权对于资本家来说，表现为占有别人无酬劳动或它的产品的权利，而对于工人来说，则表现为不能占有自己的产品”①。

资本主义占有规律的特点，表现为所有权和劳动的分离。马克思指出，商品生产所有权规律转变为资本主义占有规律，不仅不违反商品经济的规律，而恰恰是由于对价值规律运用的结果。商品生产的高速发展，必然在一定条件下使劳动力成为商品，使商品生产转变为资本主义生产。商品生产所有权规律转变为资本主义占有规律，是劳动力作为商品买卖的必然结果。马克思说：“商品生产按自己本身内在的规律越是发展成为

① 《资本论》第1卷，人民出版社2004年版，第674页。

资本主义生产，商品生产的所有权规律也就越是转变为资本主义的占有规律。”①

（二）决定资本积累量的几个因素

马克思指出：“几种同剩余价值分为资本和收入的比例无关但决定积累量的情况：劳动力的剥削程度；劳动生产力；所使用的资本和所消费的资本之间差额的扩大；预付资本的量。”② 假设剩余价值分为资本和收入的比例已定，积累的资本量显然取决于剩余价值的绝对量。所以，影响剩余价值量的一切因素都影响资本积累量。

1. 劳动力的剥削程度。劳动力的剥削程度表现在剩余价值率上。加强对劳动力的剥削程度，马克思着重分析了两种情况：一是把工资压低到劳动力的价值以下，在一定限度内，这实际上是把工人必要消费基金转化为资本的积累基金；二是增加劳动力的支出，即延长劳动时间或提高劳动强度，这样，在没有相应增加不变资本的支出的情况下，也可以增加积累的实体。

2. 社会劳动生产率水平。社会劳动生产率水平的提高，同一可变资本价值可以推动更多的劳动；同样，同一不变资本价值可以体现在更多的生产资料上，因而同一资本所推动的生产资料的量也扩大了。所以，在追加资本价值不变的情况下，积累量可以增加。马克思还从科学和技术进步的情况出发，进一步论证了劳动生产率提高会如何扩大资本积累的规模。不过，劳动生产率提高，生产力发展，科学技术进步，也会使现有资本贬值，但资本家会通过加强剥削的方法，把损失转嫁到工人身上。

3. 所使用资本和所消费资本之间差额的扩大。由于资本总额增加了，用于劳动资料部分的资本必然相应地增大，特别是在劳动生产率提高、科学技术发展的情况下，用于劳动资料上的资本将会增大。这就使所使

① 《资本论》第1卷，人民出版社2004年版，第677—678页。

② 《资本论》第1卷，人民出版社2004年版，第691页。

用的资本和所消费资本之间的差额比例增大。这种差额增大会成为决定积累规模的因素是因为：一方面，劳动资料的价值虽然部分地、逐步地转移到产品中去，但其整体依旧在生产中发挥作用，无代价地为资本家服务；另一方面，资本家可以把转移的价值部分继续积累起来，作为更新基金，并继续用于扩大再生产。正是由于固定资本部分依然发挥原有的作用，而转移的价值部分又被继续用于扩大再生产，这样，一个资本的价值发挥两个资本价值的作用了，这就会使积累规模增大，使再生产扩大。

4. 预付资本的量。在剥削程度已定、剩余价值率已定的情况下，使用工人人数越多，剩余价值量就越大，用于资本积累的部分也就会随之扩大。而要增加使用的工人人数，就要增加预付资本的量，使其中用于可变资本的部分也相应地增大，从而增加使用的工人人数。因此，预付资本量就成为决定积累的一个因素。

（三）资本主义积累的一般规律是两极积累

资本主义的基本矛盾决定积累的一般规律就是财富的积累和贫困的积累的对立运动，从而说明了资本积累对工人命运的影响。

1. 马克思首先论证了在资本有机构成不变的情况下，资本的增大对工人阶级命运所产生的影响。

为了说明这个问题，马克思建立了资本有机构成理论。马克思说："我把由资本技术构成决定并且反映技术构成变化的资本价值构成，叫做资本的有机构成。"[①] 这个理论不仅为分析资本主义积累的历史趋势和工人阶级的贫困提供了深刻的理论根据，而且为理解资本主义社会的经济现象、经济范畴，如平均利润与生产价格、资本周转速度以及地租等，奠定了必要的理论基础。

在资本主义扩大再生产的情况下，假设资本有机构成不变，同时其他条件也不变，对劳动力的需求显然按资本增长的比例而增长，资本增

---

① 《资本论》第1卷，人民出版社2004年版，第707页。

长得越快，对劳动力的需求增长得也越快。在特殊情况下，例如新的市场、新投资范围或社会新的需求，如果扩大再生产可以取得更多的剩余价值，资本家就会增加积累的资本，突然扩大生产，因而对工人的需要会突然增加。这样，引起劳动力暂时供应不足，而工资上涨。工资上涨对工人有利，但是丝毫也不会改变资本主义雇佣工人的从属关系和对他们的剥削，即资本家与工人阶级的地位是不会变的。马克思论证了资本积累和工资提高的因果关系。资本积累的客观要求规定了工资变动的界限，工资提高的界限是以不侵犯资本主义制度为基础，并保证资本的扩大再生产。积累运动和工资运动的联系是：积累是自变量，工资是因变量，是积累决定了工资的变动，而不是相反。

2. 马克思论证了在资本有机构成提高、可变资本相对减少的情况下，资本的增大对工人阶级命运所产生的影响。

随着资本主义生产的发展，劳动生产力也在提高，从而引起资本有机构成的提高，资本积累就从量的增长发展到质的变化。马克思指出，社会劳动生产率的发展成为积累的最强有力的杠杆。资本积累和劳动生产率的提高相互推动，引起资本有机构成的提高。资本有机构成的提高，要以个别资本的增大为前提，而个别资本总额的增大，又是通过资本积聚和资本集中来实现的。马克思说明，资本家拿出一部分剩余价值作为资本，投入生产，使资本总额增大，就叫作资本积累。资本积聚是资本积累的直接结果，它使得社会资本总额增大。资本积聚的过程，直接表现的是资本主义生产关系及资本统治的加强。但是资本积聚是通过剩余价值资本化逐渐增大资本总额，它的增长受到社会财富的绝对增长的限制，因而它的增长是比较缓慢的。马克思指出，由若干分散的资本通过合并或联合而形成的一个较大的资本，叫作资本集中。它不会使社会资本总额增大，只有已经积聚的、积累的资本才有可能集中。资本集中不受社会财富增长的限制，不取决于社会资本的实际增长量，因而可以使个别资本在短时期内迅速增大。在资本主义社会，竞争和信用是资本集中的两个最强有力的杠杆。资本积聚和集中都是个别资本增大的形式，它们是互为补充、相互促进和相互制约的，有着密切的联系。资本的积累促进资本的集中，资本集中反过来又加速了资本积聚。马克思说明，资本集中大大地增进了资本积累的规模和速度。资本集中在加强和加速积累作用的同时，又扩大和加速资本技术构成的变革，即减少可变资本部分来增加它的不变资本部分，从而相对减少对劳动的需求。

3. 马克思论证资本主义的扩大再生产，同时也是相对过剩人口或产业后备军的日益扩大的生产。

随着资本积累的增进，资本有机构成会发生变化，不变资本部分所占比重越来越大，可变资本部分所占比重越来越小，从而对劳动力的需求越来越相对减少。同时，劳动力的供给却在绝对增长，由此必然产生相对过剩人口，即超过资本增殖的平均需要，因而是过剩的或追加的工人人口。马克思指出："工人人口本身在生产出资本积累的同时，也以日益扩大的规模生产出使他们自身成为相对过剩人口的手段。这就是资本主义生产方式所特有的人口规律"①。相对过剩人口是资本积累的必然产物，又反过来成为资本积累的杠杆，甚至成为资本主义生产方式存在的一个条件。

马克思进一步论证了随着资本积累的进行。相对过剩人口的增长会比可变资本的相对减少更加迅速，产业后备军会以累进的规模扩大地再生产出来。他说："相对过剩人口的生产或工人的游离，比生产过程随着积累的增进而加速的技术变革，比与此相适应的资本可变部分比不变部分的相对减少，更为迅速。"②

资产阶级经济学家不懂得相对过剩人口是资本积累发展的产物，工资变动受相对过剩人口所调节，而制造出所谓"工资铁律"和被机器排斥的工人会得到补偿的理论。马克思对此进行了深刻的批判。"工资铁律"是虚构的，是错误的。

马克思在论证了相对过剩人口的实质及其存在的必然性后，又具体地分析了相对过剩人口存在的具体形式：流动的形式、潜在的形式和停滞的形式。

4. 马克思揭示了资本主义积累的一般规律。

---

① 《资本论》第1卷，人民出版社2004年版，第727—728页。

② 《资本论》第1卷，人民出版社2004年版，第732—733页。

通过对资本积累过程的分析，马克思揭示了资本主义积累的一般规律。这个规律告诉人们，资本越是积累，职能资本越大，社会劳动生产率越高，产业后备军就越多；和就业人口相比，产业后备军越大，经常性失业人口也就越多；失业人口越多，工人就越贫困。资本主义积累的一般规律表明，随着资本主义积累的不断进行，必然产生两极积累：社会财富在资产阶级一方积累；失业、贫困在无产阶级一方积累。

（四）资本主义积累的历史趋势是资本主义制度必然灭亡

马克思首先提出，资本的原始积累，即资本的历史起源，是直接生产者的被剥夺，生产者与劳动资料相分离的历史过程，也就是以个体劳动为基础的私有制的解体过程。所谓原始积累是一部征服、奴役、劫掠、杀戮等等暴力的历史。马克思充分地揭示了资本原始积累的秘密。

马克思研究了雇佣工人产生的过程，也就是对整个剥夺农民的过程进行分析。在《资本论》中马克思以英国材料为例，具体说明了资产阶级怎样剥夺农民。他指出："掠夺教会地产，欺骗性地出让国有土地，盗窃公有地，用剥夺方法、用残暴的恐怖手段把封建财产和克兰财产转化为现代私有财产——这就是原始积累的各种田园诗式的方法。"[①] 接着马克思又论述了新兴资产阶级如何利用国家法律迫使被剥夺了土地的农民成为资本的剥削对象。

马克思研究了资产阶级产生的过程。这包括资本主义租地农场主的产生，即农业资本家的形成，农业革命对工业革命的反作用，工业资本国内市场的形成，工业资本家的产生。工业资本主要是通过暴力进行原始积累的。

马克思以英国为例，揭露了它是怎样通过殖民制度、国债制度、现代税收制度和保护关税制度，以及对童工的残酷剥削和贩卖黑奴等原始积累方法，建立起资本主义生产关系。马克思用历史事实论证了"资本

---

① 《资本论》第1卷，人民出版社2004年版，第842页。

来到世间，从头到脚，每个毛孔都滴着血和肮脏的东西”[①]。这就是资本原始积累的秘密。

资本主义生产方式占统治地位以后，随着社会生产力的迅速发展，生产社会化的进一步提高，资本主义基本矛盾的激化，要求对私有者进一步剥夺。这一剥夺对象是资本家本身。对资本家的剥夺，开始时是大资本剥夺小资本，消灭小资本家。其结果是生产的进一步社会化，是资本的进一步积累和集中，生产的社会化和资本主义私人占有的矛盾进一步加剧，无产阶级和资产阶级之间的矛盾达到再也无法相容的地步，于是无产阶级对资产阶级的剥夺开始了。马克思说：“资本的垄断成了与这种垄断一起并在这种垄断之下繁盛起来的生产方式的桎梏。生产资料的集中和劳动的社会化，达到了同它们的资本主义外壳不能相容的地步。这个外壳就要炸毁了。资本主义私有制的丧钟就要响了。剥夺者就要被剥夺了。”[②]

资本主义私有制是对小生产者的私有制的第一个否定。由于资本主义生产内在矛盾的发展，又造成对自身的否定。社会主义公有制要替代资本主义私有制，这是否定之否定。这就是马克思在《资本论》中所论证的资本主义产生和灭亡的辩证法。

二、积累、积累率、积累效果

人们在谈到积累的概念时，认为是指把物质生产部门所创造的一部分纯收入用来扩大再生产，发展非生产性的基本建设和建立物资后备。积累是扩大再生产的源泉，是社会发展的必要条件。积累是不同社会形态所固有的，但在不同的社会制度下，它的本质、形态和后果都是不相同的。[③] 所以，在讨论资本积累时，都认为资本积累就是剩余价值的资本化，或者说是剩余价值转化为资本。其实，在《资本论》的积累理论中，

---

① 《资本论》第 1 卷，人民出版社 2004 年版，第 871 页。

② 《资本论》第 1 卷，人民出版社 2004 年版，第 874 页。

③ 许涤新主编：《政治经济学辞典》(上)，人民出版社 1980 年版，第 99 页。

马克思对资本积累提出过两个定义：一个是“把剩余价值当作资本使用，或者说，把剩余价值再转化为资本，叫做资本积累”；一个是“积累就是资本以不断扩大的规模进行的再生产”。[①] 在讨论资本积累时，大多数人只注意到或者只引用第一个定义，而忽略了后一个定义。这两个定义既有明显的区别，又是紧密联系在一起的，对积累的界定应当把两个定义综合起来考虑。具体地说，前一个定义谈到的是积累的行为和过程，而后一个定义所说的是积累的结果。行为和结果是相互联系、相互制约的，没有积累的行为也就没有可能实现规模扩大的再生产的结果。先有积累的行为，才有可能产生积累的结果。但是，单有积累的行为，并不一定产生实现规模扩大的再生产的结果，或者说，并不一定达到预想的结果，它还受制约于一定的条件。所以，在讨论积累时，要从两个定义的规定去界定。

我们认为，探讨积累的概念，绝不是一个纯理论问题，对现实具有重要指导意义。积累由一部分国民收入作为资本投入再生产到实现规模扩大的再生产，要经过购买阶段和生产阶段，也就是购买生产要素以及将生产要素投入生产过程的阶段。在这个过程中，有许多因素可以影响扩大再生产的规模，并导致同积累量的差额。所以，我们在谈积累时，不仅要注意到国民收入中的一部分作为资本来使用的过程，而且要考虑购买和生产阶段会直接影响积累的效果。

在购买阶段和生产阶段中，可能影响扩大再生产规模和积累量差额的因素主要有：一是新投入的积累资金的购买力。由于生产要素价格的变动、货币价值的变动，导致积累资金价值变动，并最终影响一定量的积累所能实现的扩大再生产的规模。二是时间因素，也就是由积累资金的投资到形成一定规模的扩大再生产的时间界限。如果超过一定的时限就可能导致这样的一种后果，虽形成一定的资产，但在尚未投入使用或刚刚投入生产时间不长就已贬值或部分贬值或损耗。三是科学技术进步因素。马克思说：“科学和技术使执行职能的资本具有一种不以它的一定

---

① 《资本论》第1卷，人民出版社2004年版，第668、671页。

量为转移的扩张能力。”[①] 这就是说，积累资金投入再生产要与技术进步的速度相适应，否则就会使积累资金贬值，在缩小规模上执行职能。

所以，无论是从理论，还是从实践来分析，积累有两个含义：一个是直接以投入的资金量计算的积累，被称为账面积累；另一个是真实的积累，真正反映最终的资产存量（在实物量和价值量）上的增加，被称为真实积累。以 Z 代表真实积累，以 G 代表账面积累，当 Z=G 时，积累的资金真正起到了积累的作用；当 Z>G，则说明积累的资金具有一种扩张能力，在扩大的规模上执行职能；当 Z<G 时，则说明一部分积累的资金价值在投入再生产过程中贬值或浪费了，没能起到积累应有的全部作用。[②] 因此，在现实经济生活中，必须十分重视账面积累同真实积累的区别，关心资金的真实积累。真实积累强调从实际资产存量的增长来把握积累量，体现对积累的效率要求。

长期以来，在研究积累时，包括所有的政治经济学教科书都提出积累率的问题，并就如何确定一个比较合理的积累率进行了许多探讨，其出发点是清楚的，即确定合理的积累率。合理积累就是对有限的国民经济资源实行比较合理的分配，既做到国民经济持续、稳定增长，又保证人民消费水平不断提高。

在中国的经济统计中，一般采用国民收入积累的概念（即净积累）。国民收入积累包括社会总产值中的 V、m 部分，国民收入积累率计算公式是：

$$积累率=\frac{积累额}{国民收入}$$

有人对这种计算公式提出异议，认为是有缺陷的。[③] 这主要在于没有反映出 c 中的折旧积累。在现实经济生活中，常年的折旧基金的一部分被用来补偿已到使用年限的固定资产，另一部分则被用于扩大再生产，这部分被用于扩大再生产的 c 在统计中称为折旧积累。折旧积累在中国目前的信贷、财政计划是有平衡反映的，但在积累率的统计中则没有被

① 《资本论》第 1 卷，人民出版社 2004 年版，第 699 页。

② 洪银兴等：《发展资金论》，人民出版社 1992 年版，第 22 页。

③ 赵晓雷：《中国工业化思想及发展战略研究》，上海社会科学院出版社 1995 年版，第 244 页。

反映。我们认为，这种看法是正确的。

但也有另一种倾向，特别是在一些宏观理论中，提出总储蓄率，试图以总储蓄率代替积累率概念。总储蓄率是以西方国民经济核算体系(SNA)的统计口径计算的。总储蓄包括社会总产值的v、m以及c中的折旧基金。总储蓄率的计算公式是：

$$总储蓄率=\frac{总储蓄额}{国民生产总值}$$①

按总储蓄率来计算，也有严重的不足之处，因为c中的折旧基金中必须有一部分用于补偿到期报废的固定资产，并不形成积累。还有，总储蓄额中，有一部分活期储蓄，也不一定用于扩大再生产，进行积累。所以，这是一种被夸大了的积累概念。

让我们来看一下实际例子，下面的两组统计数字，颇有意思。有人运用上述两个公式，对同一个时期的积累率和总储蓄率分别进行统计，其结果是积累额和总储蓄额的差别不大，但积累率和总储蓄率的出入则较大，积累率明显高于总储蓄率（如下表）。

1979—1989年国民生产总值、总储蓄额和总储蓄率

年份	国民生产总值（亿元）	总储蓄额（亿元）	总储蓄率（%）
1979	4364	1213	27.80
1980	4969	1298	26.10
1981	5369	1283	23.90
1982	5863	1413	24.0
1983	6561	1638	24.9
1984	7953	2161	27.1
1985	9848	2659	27.0
1986	11215	3005	26.7
1987	13138	3712	28.2
1988	16382	4622	28.2
1989	18979	5653	29.6

① 联合国经济和社会事务部统计处编：《国民经济核算体系》，中国财政经济出版社1982年版，第78页。

1979—1989年国民收入使用额、积累额和积累率

年份	国民收入使用额（亿元）	积累额（亿元）	积累率（%）
1979	3356	1161	34.6
1980	3969	1106	31.5
1981	3905	1165	28.3
1982	4290	1236	28.8
1983	4779	1421	29.7
1984	5701	1796	31.5
1985	7507	2628	35.0
1986	8492	2944	34.7
1988	9638	3298	34.2
1989	12099	4128	34.1

（以上资料来自赵晓雷：《中国工业化思想及发展战略研究》，上海社会科学院出版社1995年版，第243页）

从上述的图表不难看出，由于计算口径不同，从而引起积累率的不同，这只具有统计意义。因为这没能解决如何提高积累的问题。真正提高积累水平，关键在于正确处理积累和消费的比例关系。积累率无论如何统计，它总是与消费率相对而对言的，积累率的提高就意味着消费率的下降。那么，如何确定比较合理的积累率？

有人提出，积累率或储蓄规模的极限是公众可以接受的“社会贴现率”。如果超出了这一极限，公众的正常消费需求得不到满足，或公众的现时消费水平趋于下降，就会抑制劳动者的生产积极性，并会诱发社会动乱，最终影响经济的增长。“社会贴现率”指社会对不同时期的净收益和消费所赋予的不同重要性。公众可以接受的社会贴现率指公众为了国家经济的发展和未来更多的收入及消费所愿意做出最大的现时的消费牺牲。[①] 这是从高度理论抽象，从质的规定对确定合理的积累率所提出的一种看法。

① 赵晓雷：《中国工业化思想及发展战略研究》，上海社会科学院出版社1995年版，第246页。

有人则认为25%的积累率是最优的[①]。这是以量的规定对确定合理的积累率所提出的又一种看法。

我们认为，确定一个比较合理的积累率，需要作深入的定性和定量分析，并且不是静态地固定在一个水平上，而是动态的。从定性分析来看，确定比较合理的积累率，主要遵循和坚持如下原则。(1) 保持积累基金和消费基金的适度增长。所谓适度增长的基本要求是，积累基金能保证进行扩大再生产，消费基金能保证劳动者物质文化生活水平得到不断提高。积累基金的低限额应该是使生产在原有规模的基础上有所扩大，高限额则不能把所有增加的国民收入都用于积累，以致影响劳动者的物质文化生活水平的提高，消费基金的低限额是要使劳动者的消费水平比上一个生产周期有所提高，高限额则不能把新增加的国民收入全用于消费，影响必要的扩大再生产。(2) 积累基金和消费基金比例要同国民收入的实物构成相适应。国民收入实物构成对积累基金和消费基金的制约不仅表现在总量方面，同时还表现在产业和产品结构方面，即使在总量相一致的情况下，仍然会出现结构不一致。这表明积累基金和消费基金比例关系以及各产业、产品结构比例，只能从动态把握，在正确处理积累与消费比例关系的同时，要自觉地调整产业、产品之间的投资方向，以促进产业、产品结构同积累、消费比例相适应。(3) 注意安排好积累基金和消费基金内部各自的比例关系。积累基金内部的比例关系，主要是指生产性积累基金、非生产性积累基金和社会后备或保险基金之间的关系。消费基金内部的比例关系是指社会消费基金和个人消费基金的关系，在分配消费基金时，既要注意满足社会需要，又要注意满足个人需要。从定量分析来看，确定合理的积累率要注意几个条件。(1) 国民收入增长幅度对积累率的制约。人均国民收入总值增加，积累率可相应的提高，反之不宜提高。(2) 剩余产品率及储蓄率对积累率的制约，在这两者比率提高的情况下，积累率可适当提高，反之不宜提高。(3) 在经济多元主体的情况下，存在着多元的积累投资渠道，应统筹中央、地方、企业的固定资产的投资总量，妥善处理各部门、各层次的投资比例，从

---

① 洪银兴等：《发展资金论》，人民出版社1992年版，第28页。

总体上控制积累率的增加。(4) 注意研究积累的社会经济效益。积累资金的增加意味着生产规模的扩大和速度的增快，但是积累率的提高同积累效益的提高并不是一回事，也不一定都成正比例。

如上所述，要注意研究积累的社会经济效益问题，也就是积累效果问题。有人提出：国民收入增长率＝积累率×积累效果，其中，积累效果$=\frac{\text{国民收入增长额}}{\text{积累额}}$[①]；并认为在积累效果不变的情况下，积累率越高，则国民收入增长速度也就越快。这种观点忽视了国民收入不仅取决于积累率，还取决于积累效果。如果积累效果不佳，高积累也只能是事倍而功半。如果忽视积累效果，盲目提高积累率，不仅无益于国民经济持续增长，而且会引起经济运行紊乱，降低国民收入的增长速度。例如，据统计，积累率："一五"时期为24.20%，"二五"时期为30.8%，1963—1965年为22.7%，"三五"时期为26.3%，"四五"时期为33%，"五五"时期为33.2%，"六五"时期为31.3%，"七五"时期为33.9%，1991年为32.8%，1992年为34.4%，1993年为38.7%。[②] 国民收入年平均增长率："一五"时期为8.9%，"二五"时期为－3.1%，1963—1965年为14.7%，"三五"时期为8.3%，"四五"时期为5.5%，"五五"时期为6.10%，"六五"时期为10%，"七五"时期为7.6%。每百元积累增加国民收入："一五"时期为32元，"二五"时期为1元，1963—1965年为57元，"三五"时期为26元，"四五"时期为16元，"五五"时期为24元，"六五"时期为41元，"七五"时期为37元。[③] 从上述可以看出，在"四五""五五""七五"三个时期，积累率均在33%左右，差别不大，但其积累效果却不一样。"七五"期间，国民收入年平均增长速度为7.6%，每百元积累增加国民收入达37元。"六五"期间积累率是31.3%，但国民收入年平均增长率为10%，每百元积累增加国民收入高达41元，比"五五"时期高了1.5倍。

① 许经勇主编：《政治经济学》(社会主义部分)，厦门大学出版社1996年版，第188页。

② 《1994年中国统计年鉴》，中国统计出版社1995年版。1994年后的统计年鉴把"积累率和消费率"换成了"投资率和消费率"。

③ 许经勇主编：《政治经济学》(社会主义部分)，厦门大学出版社1996年版，第188页。

总而言之，对积累率不能只谈高低，应当与经济增长速度和积累效果联系起来考察。当国民收入既定时，积累率取决于积累效果；当积累效果已定时，积累率取决于国民收入增长速度。这也说明，那种想走高积累、高投入推动经济增长的路子，要有一定的前提条件，即积累效果好，否则难以走通。

三、资本积累与经济增长

马克思是以资本积累为前提来阐明社会总资本扩大再生产的理论和模式的。资本积累是资本增殖、资本扩大的源泉。资本积累是生产发展和社会进步的基础。对此恩格斯曾明确说明："人类社会脱离动物野蛮阶段以后的一切发展，都是从家庭劳动创造出的产品除了维持自身生活的需要尚有剩余的时候开始的，都是从一部分劳动可以不再用于单纯消费资料的生产，而是用于生产资料的生产的时候开始的。劳动产品超出维持劳动的费用而形成剩余，以及社会生产基金和后备基金靠这种剩余而形成和积累，过去和现在都是一切社会的、政治的和智力的发展的基础。"①

关于资本积累是推动经济增长的主要因素的观点，在古典政治经济学中就有具体的分析。斯密在《国民财富的性质和原因的研究》一书中具体说明了资本积累和经济增长之间的关系。他指出："增加一国土地和劳动的年产物价值，只有两个办法，一为增加生产性劳动者的数目，一为增加受雇劳动者的生产力。很明显，要增加生产性劳动者数目，必先增加资本，增加维持生产性劳动者的基金。要增加同数受雇劳动者的生产力，唯有增加那便利劳动、缩减劳动的机械和工具，或者把它们改良。……无论怎样都有增加资本的必要。要改良机器，少不了增加资本；要改良工作分配，亦少不了增加资本。"② 这就是说，经济增长要通过不断

① 《马克思恩格斯选集》第 3 卷，人民出版社 1995 年版，第 537—538 页。

② 亚当·斯密：《国民财富的性质和原因的研究》（上卷），商务印书馆 1972 年版，第 315—316 页。

增加资本积累才能实现。李嘉图也认为经济增长是由资本积累决定的。比如，他从劳动价值论出发，论证自由贸易有利于提高利润率，有利于资本积累，促进资本主义生产的发展。李嘉图认为，要发展生产力，就必须有高额利润。因为利润高，积累才多，资本家才有更多的资本购买最新的机器设备，扩大企业规模，促进生产发展，从而增加社会财富。他还认为，地租与利润是对立的，地租的增加有损于资本积累。关于赋税，李嘉图提出："如果没有赋税，资本的这种增加还会更多得多。凡属赋税都有减少积累能力的趋势。"[①] 李嘉图竭力主张在"纯收入"中减少地租和赋税所占的份额，增加利润的份额，最后达到扩大积累，增加生产即增加财富的目的。

在20世纪五六十年代，哈罗德—多马模型最先提出了"资本基本主义"，即将资本积累看作是经济增长的唯一因素，并作了系统的理论阐述。哈罗德模型将经济增长的有关要素概括为三个变量：经济增长率 δ；资本—产出比率 K；储蓄—收入比率 C 即储蓄率 S_1。并提出了两个假定前提：一是消费倾向和储蓄倾向不变；二是生产技术和资本—产出比率不变。由于 K 为常数，因此经济增长率主要取决于储蓄率，也就是说，在资本系数既定的前提下，资本积累是经济增长的唯一因素。一些西方经济学家根据哈罗德模型对发展中国家贫困问题作系统考察，认为经济增长停滞、人均收入水平低下是发展中国家贫困的原因。而经济增长停滞、收入水平低下的根源在于缺乏资本和投资。所以，资本稀缺是发展中国家经济增长的主要约束。发展中国家要摆脱贫困，实现经济增长和工业化，必须大量积累资本，大幅度提高积累率。据此，有人提出"平衡增长"学说，并设计出平衡发展的"大推进"式的一体化工业模式，试图通过大规模的全面的投资来实现工业化。后来刘易斯的二元经济发展模式、罗斯托的"经济成长阶段论"等都强调资本积累和生产性投资增加对经济增长的决定意义。

我们认为，从理论上进行探索和说明资本积累是决定经济增长的一个极为重要的因素，是很有必要，具有重要意义的。在这方面，西方经

① 大卫·李嘉图：《政治经济学及赋税原理》，商务印书馆1972年版，第128页。

济学中提出的一些理论和探讨对我们有启迪意义，某些方面我们可以借鉴。但是，更重要的是具体问题具体分析，从自己的国情出发，如果将积累率和投资率看作是经济增长的唯一的重要因素，那么在理论上和实践上都是有害的。

首先，对一个国家来说，全社会的积累能力或资本供给能力在一定时期内是既定的。经济增长要根据具体的国情国力，规划相应的建设规模和经济增长速度。如果不顾这一客观实际而片面追求高速度，就必然引起经济混乱，达不到高速增长的目的。从中国的实践来看，传统经济发展战略是将经济增长主要建立在积累率提高的基础上，长期维持较高的积累率。中华人民共和国成立后的积累率一般都在 30%以上，投资率也基本上接近 20%，均高出罗斯托的经济“起飞”所要求的 10%～20%的水平，使经济得以发展。据统计，1949—1980 年，中国工农业总产值由 466 亿元增加到 6619 亿元，按可比价格计算（以下同）增长 15.1 倍，平均每年增长 9.4%。农业总产值由 326 亿元增加到 1627 亿元，增长 2.8 倍，平均每年增长 4.4%。工业总产值由 140 亿元增加到 4992 亿元，增长 45.2 倍，平均每年增长 13.2%。国民收入由 358 亿元增加到 3630 亿元，增长 7.8 倍，平均每年增长 7.3%。财政收入由 1950 年的 65.2 亿元增加到 1066.1 亿元，增长 15.4 倍，平均每年增长 9.8%。1949 年全国工业固定资产约有 128 亿元，1980 年全国国营企业拥有固定资产 5000 多亿元，其中工业固定资产 3700 亿元。1952 年全国平均每人的消费水平 76 元，1979 年为 197 元，剔除物价因素，实际增长 85%。[①] 事实说明，中华人民共和国成立后，由于长期保持较高的积累率，国民经济取得巨大成绩。但是，作进一步分析，不难发现，我国经济的增长并不理想，最主要的表现是经济结构失衡、经济增长大起大落、稳定程度极低，并没能获得真正的较高的增长速度，经济一直没能“起飞”。比如，由于片面强调发展工业，忽视农业的发展，“三五”“四五”计划期间，农、轻、重比例关系一直趋于恶化，1975 年，三者的产值比例为 30.1∶30.8∶39.1。同 1965 年相比，农业的比重下降 7.2 个百分点，轻工业的比重下

① 《1981 年中国经济年鉴》，经济管理杂志社 1982 年版，Ⅳ—3 页。

降了 1.5 百分点，重工业的比重提高了 8.7 个百分点。1978 年，粮食净进口 139.1 亿斤，棉花净进口 950.6 万担，动植物油净进口 5.81 亿斤。[①]又如，从 1953 年到 1978 年，中国社会总产值每年递增 7.9%，最高增长年份是 32.6%（1958 年），高于平均增长速度 24.7 个百分点；最低年份是−33.5%（1961 年），低于平均增长速度 41.4 个百分点。

其次，要特别强调的是，资本积累对经济增长的推动作用要以经济效益为前提。在哈罗德—多马模型中，是把资本系数作为既定的，即一定的资本投入所推动的产出的比率是一定的，也就是说，投资经济效益是既定的。在西方经济学的理论中，经济效益一般不成为一个问题，可以假设为既定。但是对中国的经济实绩、投资效益及经济活动的效益，就不能假设为既定，相反，众所周知，经济效益问题一直困扰着中国的经济发展，经济效益低下是中国在较高的积累率条件下没有取得真正较高的经济增长率的关键原因。据统计，从 1981 年到 2000 年，中国基本建设新增固定资产交付使用率平均在 80%左右，而国有经济固定资产交付使用率平均在 70%左右。其中历年基本建设固定资产交付使用率，“一五”时期高达 83.6%，“二五”时期为 71.5%，1963—1965 年为 87.2%，“三五”时期为历史最低期为 59.4%，“四五”时期为 61.4%，改革开放以后的“五五”时期为 74.6%，“六五”时期为 73.8%，“七五”时期为 75.4%，“八五”时期为 75.4%，“九五”时期为 74.3%，“十五”时期为 62.2%，“十一五”时期为 62%，“十二五”时期头四年为 62.6%。从上述数据中可以看出，中国固定资产交付使用率至“九五”时期平均在 70%～80%，但“十五”时期以来开始下降，并且在 70%以下。改革开放以来固定资产交付使用率比“一五”时期低 10%以上，历史各时期固定资产交付使用率最高最低相差（“一五”时期和“三五”时期）高达 24.2%。这说明主观管理的因素可以影响固定资产交付使用率至少在 10%以上，甚至可达到 20%。试想一想，如果中国每年能提高固定资产交付使用率 10%，就可以使几千亿元资金尽快发挥效益甚至节省下来。

---

① 《当代中国的计划工作》办公室编：《中华人民共和国国民经济和社会发展计划大事辑要 1949—1985》，红旗出版社 1987 年版，第 319 页。

特别值得一提的是2010年中国固定资产交付使用率为56.7%，比历史上最高时期低30.5%。如果固定资产交付使用率维持在“一五”水平，则可多形成固定资产5000亿～6000亿元，这是多么巨大的一笔财富！这说明这一时期，中国固定资产投资效益并不理想，并没有“与时俱进”，投资管理中还存在着许多问题值得探讨。[①]

20世纪70年代末80年代初，中国经济社会发展指导思想发生了根本性转变。这就是根据30年社会主义建设的实践经验，根据中国的基本国情和客观经济规律出发制定经济发展战略，要求中国的经济逐步达到协调发展，稳定增长，实现良性循环，走出一条投资比较少，积累适宜，经济效益比较好，人民可以得到更多实惠，社会主义制度的优越性能够比较充分地发挥的新的经济发展路子。1981年11月，五届全国人大四次会议的政府工作报告，第一次明确地提出应以提高经济效益为中心。党的十二大以后，都强调在提高经济效益的前提下追求经济的协调发展和稳定增长，而提高经济效益要建立在科技进步和科学管理的基础上。换句话说，在科技进步和科学管理的基础上提高经济效益，是中国经济发展的唯一道路。20世纪80年代，中国经济发展战略设计是符合经济增长的客观规律的，也是适应中国经济发展的特点和要求的，并且在实践中取得了一定的成效。有人运用柯布—道格拉斯生产函数，代入实际经济数据测算了各要素对中国经济增长的贡献率。其结果是：改革开放和改革以前相比，综合要素生产率的增长率显著加快。改革前的25年间，综合要素生产率提高的贡献年均仅为0.01个百分点，经济增长主要靠劳动和资本投入的增加；改革开放以后的1979到1998年间，综合要素生产率提高的贡献率年平均达到3.6个百分点。[②] 1996—2015年，中国劳动生产率年平均增速为8.5%，大大高于同期世界平均水平。这说明改革开放以来，提高了技术进步对经济增长的贡献。

进入20世纪90年代，中国继续把提高经济效益作为经济建设面临的重大课题。因为以经济效益为中心已经讲了多年，在不少方面也有进

① 和宏明：《论我国当前固定资产投资效益》，见《东岳论丛》2003年第6期。

② 胡鞍钢：《经济增长要靠全要素生产率提高》，见《领导决策信息》2002年第3期。

步，但总的来说经济效益的状况还没有根本扭转。生产消耗高，产品质量偏低，企业亏损严重，依然普遍存在。效益差是我国经济生活中诸多困难的症结所在。整个 90 年代，我们面临人口众多、建设任务繁重、资金短缺、基本工业和基础设施落后、人均资源相对不足的矛盾，高消耗资源的粗放经营是没有出路的，必须在提高经济效益上下功夫，走集约化经营之路。因此，中共中央关于“九五”计划和 2010 年远景目标的建议提出了实现“两个根本性的转变”，即经济体制从传统的计划经济体制向社会主义市场经济体制转变，经济增长方式从粗放型向集约型转变，促进国民经济持续快速健康发展和社会全面进步。

10 多年过去了，中国在“两个根本性的转变”上，取得了很大的成效，特别是经济体制改革不断深化。但是经济增长方式的转变，相对滞后。因此，“十三五”规划纲要十分强调，必须加快转变经济增长方式。现在重新提出和讨论这个问题，有其必要性、紧迫性，有新的意义。要使国民经济增长方式得到根本转变，除了一些基本要求和原则必须坚持以外，还要有新的思路和举措。过去在讨论经济增长方式的转变时，是在传统的“资源—产品—废弃物”这样一个发展模式中讨论的，所以不可能根本解决问题。现在我们重新讨论这个问题，已经有了一个基本的共识，是立足于新的发展模式，这就是“产品—资源—废弃物—再生资源”的循环发展。这个新的发展模式，对经济增长方式有新的要求。

从经济增长方式的中心环节来看，一个是提高自主创新能力，这是关键。要“实施创新驱动发展战略。把发展基点放在创新上，以科技创新为核心”[①]。强化科技创新引领作用；推动战略前沿领域创新突破，优化创新组织体系，提升创新基础能力，打造区域创新高地；构建激励创新的体制机制。另一个是要大力提倡节约生产、清洁生产、安全生产，这是当前经济社会发展的紧迫任务，也是个重难点。因为高消耗已经使经济快速增长难以为继，高投入支撑经济快速增长也举步维艰，高排放和不安全已危及人民群众生活质量乃至生命安全，影响社会稳定。

---

① 《中华人民共和国国民经济和社会发展第十三个五年规划纲要》，见《光明日报》2016 年 3 月 18 日。

从经济增长的拉动力来看，要更多地发挥消费拉动经济增长的作用，加快经济增长方式由主要依靠投资拉动向依靠消费与投资双轮驱动、内需与外需共同拉动转变。众所周知，最近几年中国的投资率持续上升，一直在高位上运转，从而拉动经济较快增长，这有其客观的原因。保持较高的投资率是中国保持较快经济增长的客观要求，但是如果是长期依靠高投资率来拉动经济增长会产生系列的负面影响。当然投资率过低也不行，也会影响经济的发展。在适当调整投资率的情况下，要依靠增加消费来推动经济的增长。最近这几年，消费率偏低，并且是一种下降的趋势。因此，要调整投资和消费的关系，逐步提高消费在国内生产总值中的比重。把增加居民消费特别是农民消费作为扩大消费需求的重点，不断拓宽消费领域和改善消费环境，维护消费权益。同时，中国外贸进出口持续快速发展，外贸进出口总额已居世界第一位，这对拉动中国经济增长起了重要的作用。但是我们也要清醒地看到目前中国的对外经贸发展中；贸易对外依存度太高，并且是一种上升的态势，加大了对外贸易风险。相比之下，内需显得不足，这不利于经济平稳可持续发展。扩大内需是中国经济发展的长期战略方针和基本立足点，可见内需与外需共同发展的重要意义。

从经济增长的承载力来看，要积极推动节约型的增长模式和消费方式，使经济增长由主要依靠增加消耗转向主要依靠提高资源利用效率支撑。中国经济社会发展面临严峻的资源约束形势，如何克服资源约束已经成为推进农业现代化、优化现代产业体系、促进可持续发展的当务之急，“十三五”规划纲要要求，树立节约集约循环利用的资源观，推行资源利用方式根本转变，加强全程节约管理，大幅度提高资源利用综合效益。① 这是个非常重要的导向。为此，要全面推动能源节约，强化土地节约集约利用，全面推进节水型社会建设，加强矿产资源节约和管理，大力发展循环经济，倡导勤俭节约的生活方式，建立健全资源高效利用机制。这是建设资源节约型、环境友好型社会和实现可持续发展的重要途径。

---

① 《中华人民共和国国民经济和社会发展第十三个五年规划纲要》，见《光明日报》2016 年 3 月 18 日。

四、资本有机构成提高与企业技术进步

马克思在资本积累理论中建立了资本有机构成理论。马克思对资本有机构成理论的研究主要从两个方面进行。首先从物质技术方面作了考察。马克思指出，要进行生产，资本必须存在于生产资料和劳动力两种形式上，这两者之间的比例，总的来说，取决于生产技术发展水平。这种由技术水平决定的生产资料和劳动力之间的比例，叫作资本的技术构成。接着，马克思又从价值方面即生产关系方面进行考察。他指出，一定数量资本中，不变资本和可变资本之间的比例，就是资本的价值构成。资本的技术构成和资本的价值构成是密切联系、相互制约的。资本的技术构成是价值构成的基础，技术构成的变化通常会引起价值构成的变化，而价值构成的变化则通常反映着技术构成的变化。这种由资本技术构成决定并反映技术构成变化的资本价值构成，就叫作资本的有机构成。马克思的资本有机构成学说，在马克思主义经济理论体系中占有重要地位，有着重大的意义。马克思的资本有机构成学说，如果舍掉其对于揭示资本主义发生、发展和灭亡规律起决定性作用的一面，那么对于研究社会主义企业资本有机构成的提高和技术进步，具有重要的指导作用。

马克思的资本有机构成学说表明，资本有机构成的提高是生产力发展的结果。众所周知，生产力的发展与技术进步和劳动生产率的提高是紧密相关的。这也就是说，技术进步和劳动生产率的提高从而引起资本有机构成的提高。随着人类社会的发展，科学技术在不断进步，劳动生产率日益提高，所以资本有机构成有愈益提高的趋势。资本有机构成提高，虽然会对平均利润产生影响，即引起平均利润率下降。但同时资本有机构成提高，又会引起资本积累的扩大，并使利润量增加。从这个意义来说，我们要发展社会主义市场经济，提高企业经济效益，增加企业的利润，必须不断推进企业的技术进步，提高其资本有机构成。

如何推进企业技术进步？我们认为，应当把对中国目前的企业技术改造作为重点。对现有企业进行技术改造是保证工业技术水平不断进步、

现代化水平不断提高的一项长期战略任务。[①]

对企业进行技术改造蕴含十分丰富的内容。第一，产品的更新与改造，含新产品开发与老产品改造两个方面。企业技术改造的出发点和目标亦是产品的更新与改造。换句话说，技术改造的根本目的就是在企业技术进步的前提下，通过对老设备、旧工艺进行革新，或者采用和推广新技术、新设备、新工艺，生产出质优价廉、适销对路的产品，打入市场，占领市场，提高经济效益和社会效益。第二，机器设备等生产工具的更新改造。这又可分为两部分：主要为扩大生产能力而实施的更新改造；主要为提高产品质量、性能和节约劳动消耗和物资消耗而实施的更新改造。众所周知，机器设备等生产工具是劳动资料中起主要作用的因素，它的发展水平从物质方面代表社会生产力发展水平。随着科学技术的进步和社会生产力的发展，要对机器设备等生产工具不断进行更新与改造。第三，生产工艺和操作方法的改革，主要包括工艺配方的改革，工艺流程及操作技术和方法的改革，生产作业线的改造、改进和调整等。生产工艺和操作方法是生产过程中使劳动工具与劳动对象科学结合的一种方法。它是科学技术发展的必然结果，也是广大劳动者聪明才智与经验的结晶。生产工艺和操作方法受制于劳动资料和劳动对象，但又会对劳动资料与劳动对象的革新产生反作用，使同一生产过程的效果迥然不同，经济效益明显差异。第四，劳动对象的变革。它一般分为自然物与经过劳动加工的原料两大类。随着社会生产力的发展，特别是新材料科学的发展，劳动对象（主要是原材料与能源）的变革与应用，对社会生产产生越来越大的影响，起到越来越大的作用。因此，世界上许多国家纷纷提出新的战略，采取有力的措施，开发与应用新材料、新能源，使新型材料、新的能源不断涌现，层出不穷。许多性质更加优良、功能更加齐全、价格更加便宜的新型材料将逐步替代传统材料，被广泛应用于对传统产业的改造，以及各个新兴工业部门。

在社会主义市场经济条件下，根据中国目前企业技术进步的现状，

---

① 参阅卫兴华：《推进企业的技术改造》，见卫兴华等编：《全民所有制企业的活力与发展》，四川人民出版社 1992 年版，第 93 页。

为推进企业技术进步，要进一步解决以下几个问题。

第一，在思想观念上，在认识上要更深刻地理解和体会到：推进企业技术进步，形成企业技术进步机制事关“经济增长方式的根本性转变”，或者说是“经济增长方式的根本性转变”的一个极为重要方面内容。改革开放以来，实行经济体制改革，建立社会主义市场经济体制，实现“体制转轨”，并形成三个机制，即新的企业经营机制、技术进步机制和经济运行机制。换句话说，技术进步机制是实现经济增长方式转变的三个新机制之一。这是个显而易见、已经谈论得很多的道理。随着世界科技革命的发展，以及世界经济技术的一体化进程，以技术革命、技术创新为主要内容的技术进步已成为各国经济发展的首要因素。这是因为技术进步在效率和质量两个方面改善了各国经济发展状况：一是提高了国民经济总体投入产出的效率，使经济增长速度高于要素投入增长速度；二是提高了国民经济总体的增长质量，使产业技术构成和经济结构得到强化和优化。

第二，推进企业技术进步，要进一步深化改革，抓住关键。这就是要使企业真正成为推动技术进步的主体，形成有利于企业自主创新的技术进步机制。对此问题，早在“九五”时期，国家经贸委制定的推进企业技术进步的主要目标有明确的规定。这就是：基本建立起与社会主义市场经济体制和集约型经济增长方式相适应的企业技术进步机制。主要标志是：(1) 企业逐步成为技术改造、技术开发、科技投入和产业化的主体，奠定推动企业技术进步的微观基础；(2) 企业技术进步工作要逐步实现“三个转变”；(3) 技术市场基本形成并规范运行；(4) “产学研”联合、科技与经济结合机制基本形成；(5) 质量工作有了新的进步。[①] 我们认为，上述目标要求至今仍有现实意义。国家经贸委的这些规定关键之处在于奠定企业技术进步的微观基础，或者说，企业要真正成为推动技术进步的主体。这尚未真正完全实现。

第三，形成企业自主创新的技术进步机制，要解决难点，这就是解

① 《经济研究参考》1996 年 14 期，第 43 页。

决企业技术进步的资金障碍。这是个长期以来没有得到解决的问题。根据国务院发展研究中心和国家统计局的联合问卷调查，所得出的结论是："资金缺乏"是阻碍企业技术创新活动的最重要因素。[①] 企业的技术进步要靠投入。据统计，美国的大企业每年用于科研开发的费用占销售总额的比重在5%～6%；日本的大企业科研经费一般占销售总额的5%左右；而中国2015年中央国有资本支持技术进步支出19.96亿元，占当年经营收入1613亿元的1.237%。2016年中央国有资本经营收入预算数为1400亿元，支持技术进步支出为12亿元，占比为0.857%。[②] 20多年来，资金不足依然是制约企业特别是中小企业技术进步的一大瓶颈。事实已经证明，对技术进步进行了投入，经济就可能实现高速增长，经济增长的速度加快了，就有更大的力量来进行技术进步投入，从而进入了良性循环的轨道，获得了技术进步与经济发展一举两得之效果；反之亦然。当前中国企业投入技术进步的资金严重不足，要较大幅度地提高技术进步的投资比重。同时，创新科技进步平台，解决企业融资难的问题。国家及各省、市、区已经在这方面作出探索和努力。国家"十三五"规划纲要提出，到2020年，全社会研发经费投入强度达到2.5%。

第四，形成企业自主创新的技术进步机制，基础是促进科技成果商品化、产业化，建立健全企业技术进步体系。目前，我国科技成果转化率偏低，不仅远远低于发达国家，也低于一些发展中国家，很大一部分智慧成果被打入冷宫，大量的科技成果闲置无人应用。目前，我国高等学校和科研机构的科研成果普遍存在着转化率较低的状况，只有10%～30%的科技成果应用于生产，大批有实用价值，可以形成规模经济的科技成果仍游离产业化、市场化过程之外。其中，作为高科技研究开发主力军的高等学校虽然每年有数万科研成果通过验收，其中有30%以上的成果被鉴定为"国际首创""国际领先""填补国内空白"。遗憾的是，这些成果只有极少一部转化为实际生产力，大部分成果只能"沉睡"在实

① 《经济研究参考》1996年第79、80期。

② 《中央国有资本2015年经营收入》，人民网2016年7月15日。

验室和书斋中。高校科研成果推广步履维艰。而在各类不同学校中，地域分布最广、数量最多的地方高等师范院校，成果的转化率更低。其原因不仅是企业吸收科技成果的内在需求和动力不足，科技转化的中介环节不畅，科技企业投资机制不完善等，更主要的是不少院校的成果质量差、应用性不足以及相关的自身问题。因此，我们可采取以下适当的对策。(1) 要对高校的科研分类指导，创新科研组织方式，对不同类型的以至不同区域的高校，有不同的要求和激励。各类高校都要积极参与国家、区域创新体系建设，为经济社会发展提供技术支撑和政策建议。加大产学研结合的力度，支持科研人员面向企业开展技术开发、技术服务、技术咨询和技术培训。同时，简政放权，鼓励科技成果转移转化，建立健全科技成果转移转化工作机制。(2) 中国科技产业化、商品化在发展过程中，存在着布点多、规模小、管理弱、盲目重复建设现象，这在一定程度上限制了科技成果在生产中的广泛应用，制约了企业技术开发能力的增长。所以，要大力推进科技成果商品化、产业化，加速建立和健全企业技术进步体系。主要的做法包括：放活技术市场主体，放开技术市场要素，拓宽技术市场范围，扩大技术市场功能，调动和鼓励科研院所、高等院校、大中型企业及其他企业和农村技术经济等市场主体进入市场，开展各种形式的贸易活动；综合运用经济的、法律的和必要的行政手段，加速培育和发展技术市场；加强技术市场基础条件建设，促进各类技术贸易机构、技术交易所和中介服务组织的现代化。

第五，把技术进步与技术创新结合起来。技术创新是技术进步的根源。技术创新不仅对经济发展，而且对社会发展具有多重的价值。这包括创新的人、财、物投入，带来综合要素生产率的提高，从而创造更大更强的经济实力，即经济价值；创新推动现有技术的演变，带来技术系统的进化，从而提供更新更高的技术手段，即技术价值；创新改善资源环境的状况，带来可持续发展的空间，从而构造更好更美的生态环境，即环境价值；创新促进社会追求卓越，带来精神文明的提高，从而树立更佳更善的社会风尚，即精神价值。所以，通过创新所带来的技术进步，绝不仅仅是经济问题，也关系到社会进步问题，其贡献是多方面的，我们应当从全社会的广视角来认识。要把建立技术创新体系作为建立社会主义市场经济体制的一个重要目标，特别是把建立健全技术创新体系作为搞好大中型企业的关键环节。为此，在强化企业技术创新主体地位，加快建设国家创新体系的实践中，要在中国推行创新政策。比如，要研究运用什么的财政资助政策来鼓励创新，这是各国普遍采用的政策；要研究如何运用产业管制来克服市场的不足并与竞争相匹配来推进经济增长；等等。

第 六 章

资本循环理论在社会主义市场经济中的运用

一、马克思的资本循环理论

资本的生命在于通过不断地运动带来剩余价值，使自身的价值日益增大。资本在运动中必须通过三个阶段，分别采取三种形式：从购买生产资料和劳动力的阶段开始，进入生产剩余价值的阶段，再到售卖商品实现剩余价值的阶段。与此相适应，资本在运动的三个阶段上要分别采取货币资本、生产资本和商品资本三种形式，先从货币资本形式转化为生产资本形式，再转化为商品资本形式，然后又重新回到货币资本形式。资本总是依次经过这三个阶段，依次变换形式再回复到原来的形式，这种周而复始的资本运动就构成资本的循环。

马克思在《资本论》中所阐述的资本循环理论，主要包括以下内容。

（一）资本在循环中的形式变化

资本首先是以货币形式出现，它的运动表现为用货币带来更多的货币，因此资本循环首先是货币资本的循环。货币资本循环是产业资本循环的一般形态。产业资本的循环表现为三个阶段。

1. 购买阶段。在这一阶段上，资本家用一定量货币购买生产资料和劳动力，完成由货币到商品的转化。在这里资本首先是采取了货币资本的形式。货币资本的职能就是购买生产资料和劳动力，为剩余价值生产准备条件。这一阶段用公式表示就是：$G—W<\begin{matrix}A\\Pm\end{matrix}$。其中 A 代表劳动力，Pm 代表生产资料。

购买阶段从形式上看，是由货币转化为商品，这是一般商品流通过程。为什么这种流通过程会构成资本循环的第一阶段呢？“使一般商品流通的这个行为同时成为单个资本的独立循环中一个职能上确定的阶段的，首先不是行为的形式，而是它的物质内容，是那些和货币换位的商品的特殊使用性质。”① 这里说的“物质内容”主要指劳动力商品。由于资本家购买了劳动力商品，正是劳动力商品的特殊使用性质，使商品货币的买卖关系产生了资本主义性质，使一般商品流通成为资本流通，从而形成资本循环的第一阶段。

资本家用货币购买的商品不仅要有生产资料和劳动力这种质的区别，即劳动者的技能要与生产资料的技术特点相适应，而且在量上要保持一定的比例。“这种量的关系一开始就是由一定数量的工人所要耗费的超额劳动即剩余劳动旧量决定的。”② 如果比例不适应，就会出现停工待料或使生产资料得不到充分利用。

$G—W<\begin{matrix}A\\Pm\end{matrix}$作为资本循环的第一阶段，是资本价值由货币资本到生产资本的转化。货币资本表现为资本的预付形式。

2. 生产阶段。资本家用货币购买了生产资料和劳动力，资本价值就取得了一种物质形式，这种形式的资本叫作生产资本（P）。这种形式的资本价值不能继续流通，必须转入生产领域。因为资本家购买生产资料和劳动力的目的，是为了生产剩余价值。因此，必须把买来的生产要素用于生产消费。这样，资本循环就进入生产阶段。购买阶段是生产阶段的先导，生产阶段是购买阶段发展的结果。

要使劳动力与生产资料以生产资本的形式相结合，必须以商品生产和商品流通的高度发展为前提。资本主义商品生产越发展，就越使旧的生产形式不断破坏和解体，将其包罗在资本主义商品生产的体系之中。

---

① 《资本论》第 2 卷，人民出版社 2004 年版，第 32 页。

② 《资本论》第 2 卷，人民出版社 2004 年版，第 33 页。

在任何一种社会生产中，劳动者和生产资料总是生产的要素。但在二者分离的情况下，只是可能性上的生产要素。只有二者结合起来，才能成为现实的生产要素。而“实现这种结合的特殊方式和方法，使社会结构区分为各个不同的经济时期”[①]。就资本主义生产而言，处在分离状态的生产资料和劳动力，是通过资本家把它们作为商品购买以后，作为生产资本的不同要素结合起来的。这种结合过程就成为资本的一种职能。因此，生产资本的职能，就是把买来的生产要素用于生产消费，生产出一个包含剩余价值的新的商品（W′）。简单地说，就是生产剩余价值。通过生产过程，资本价值就由生产资本的形式转化为商品资本的形式。

3. 售卖阶段。生产资本发挥职能的结果，是生产出包含着剩余价值的商品，即商品资本（W′）。现在，资本家必须作为卖者回到市场，把生产出来的新商品卖出去，换成货币，即从商品资本转化为货币资本，这是资本运动的第三阶段。这个阶段用公式表示即：W′—G′。

出售商品换回货币，这本来是一般的商品流通过程，但它同时又成为资本循环的一个特定阶段，完成从商品资本到货币资本的转化。这是由生产的资本主义性质决定的，因为在这个流通开始之前，在生产过程创造出的新商品中，已经包含剩余价值，具备了资本的性质。因此，商品资本的职能就是卖出商品，使资本价值由商品的形式转化为货币的形式，实现预付资本的价值和剩余价值。

实现 W′—G′的转化对资本主义再生产的正常进行有着重要的意义。“由于卖的速度不同，同一个资本价值就会以极不相同的程度作为产品形成要素和价值形成要素起作用，再生产的规模也会以极不相同的程度扩大或者缩小。”[②] 在这里，流通过程推动了新的潜能，它们影响资本的作用程度，影响资本的扩张和收缩，而和资本的价值无关。

在 W′—G′的转化中，商品价值从而剩余价值能否实现，以及在多大程度上实现，取决于商品出售的数量。只有当生产的商品全部卖掉，剩余价值才能全部实现，商品资本才算充分发挥了它的职能。

---

① 《资本论》第 2 卷，人民出版社 2004 年版，第 44 页。

② 《资本论》第 2 卷，人民出版社 2004 年版，第 48 页。

以上三个阶段构成了资本运动的总过程。这个总过程可以用公式表示如下：G—W…P…W′—G′。它的详细形式是：$G—W<\begin{matrix}A\\Pm\end{matrix}$…P…W′(W+w)—G′(G+g)。马克思指出："在总循环过程中采取而又抛弃这些形式并在每一个形式中执行相应职能的资本，就是产业资本。"① 这就是说，货币资本、生产资本和商品资本只是产业资本在运动中所采取的不同职能形式。产业资本的运动必然要依次采取这三种职能形式，顺序通过购买、生产、售卖三个阶段，使资本价值增殖，最后又回到原来的形式。这三种职能形式、三个阶段的统一，也就是产业资本的循环过程。产业资本的循环，一方面要求资本不停顿地从一个阶段转入另一个阶段，保持循环的连续性；另一方面又要求资本在各个循环阶段中在一定的时间内固定下来，完成各种资本形式相应的职能。只有在完成一定的职能之后，才能过渡到下一个阶段，转化为另一种资本形式。

（二）实现资本循环的条件

1. 产业资本循环的三种形式。资本只有在不断运动中才能实现价值增殖，因此，产业资本的运动表现为一个周而复始的循环过程。这个运动过程表现为：

G—W…P…W′—G′.G—W…P…W′—G′.G—W…P…等等。

这个不断反复的循环过程表明，在产业资本运动中，不仅货币资本在完成自己的循环，而且其他两种职能形式也在完成各自的循环。因而，在产业资本循环中实际上包含着三种循环形式：

（1）货币资本循环：G—W…P…W′—G′；

（2）生产资本循环：P…W′—G′—W…P；

（3）商品资本循环：W′—G′—W…P…W′。

2. 三种循环形式的共同点。如果把货币资本循环、生产资本循环、商品资本循环作为一个整体考察，我们就会发现：从形式上看：（1）这三个循环的前提都表现为过程的结果，同时，又表现为过程本身所产生

---

① 《资本论》第2卷，人民出版社2004年版，第63页。

的前提。例如G…G′，G是前提，G′是过程的结果，而G′在重新循环则又表现为前提。(2) 循环的每一个因素都表现为出发点、经过点和复归点。例如商品资本的循环，这里的W′—W—W′，既是出发点，又是经过点和复归点。(3) 循环的总过程表现为生产过程和流通过程的统一。如在货币资本循环中，生产过程是流通过程的媒介；而在生产资本循环中，流通过程则成为生产过程的媒介。

从内容上看，“所有这三个循环都有一个共同点：价值增殖是决定目的，是动机”①。这个共同点，表示出产业资本运动的实质。

以上表明，产业资本循环中的每一个形式和阶段都不是孤立的，而是互相紧密联系着的。这三种循环的区别只是形式上的区别，它们事实上是同时并存的。因而必须从各种形式、各个阶段的互相交错、转化中全面把握资本的循环。

3. 产业资本的现实循环是三个循环的统一。产业资本的循环，既能以货币为起点作为货币资本循环来考察，也能以生产资本或商品资本为起点，当作生产资本循环或商品资本循环来考察，但这三种形式的循环都是处于产业资本的循环之中，三种循环形式的划分是由考察者的主观意志所决定的。

实际上，“任何一个单个产业资本都是同时处在所有这三种循环中，这三种循环，三种资本形态的这些再生产形式，是连续地并列进行的”②。在一部分货币资本购买生产资料和劳动力、转化为生产资本的同时，就会有一部分产品经过生产过程而生产出来、由生产资本转化为商品资本，还会有一部分商品通过市场销售、由商品资本转化为货币资本。如果不是这样，就会造成生产过程或流通过程的中断，资本循环就不能连续进行。资本主义社会化大生产要求生产必须连续进行，连续性是资本主义生产的特征。“因此，产业资本连续进行的现实循环，不仅是流通过程和生产过程的统一，而且是它的所有三个循环的统一。”③

4. 产业资本连续循环的条件。要保持产业资本的连续性运动，实现

① 《资本论》第2卷，人民出版社2004年版，第116页。

② 《资本论》第2卷，人民出版社2004年版，第117页。

③ 《资本论》第2卷，人民出版社2004年版，第119页。

三个循环的统一，必须具备两个条件。第一，同一个产业资本按照一定的比例分割为三个部分，使它们分别采取货币资本、生产资本、商品资本这三种职能形式，并使它们同时并存在资本运动的各个阶段上执行相应的职能，这就是资本的并存性。第二，产业资本分割开的各个部分都必须依次通过循环的各个阶段，并相应改变自己的形式，完成各自的特殊循环，这就是产业资本运动的继起性。只有这样才能做到，当一部分资本作为货币资本在市场上转化为各种生产要素的同时，就有另一部分资本已经作为生产资本进入生产过程，还有一部分资本作为商品资本从生产过程中出来进入市场，并逐步转化为货币资本。

在这里，并列性和继起性是互相依存、互为因果的。一方面，资本各部分的并列存在是资本每一部分相继进行的必要条件。只有把资本划分成三部分，并列在三种职能形式上，才会有每一部分的相继运行。另一方面，“决定生产连续性的并列存在之所以可能，只是由于资本的各部分依次经过各个不同阶段的运动。并列存在本身只是相继进行的结果”①。这就是说，资本各部分之所以能并列存在，是因为资本每一部分都连续不断地通过循环的各个阶段，只要任何一个阶段发生停滞，就会使并列存在陷于混乱。

可见，产业资本的现实运动是三种循环的统一，三种循环是资本运动连续性借以表现的不同形式，没有这三种特殊循环形式，就不会有资本的总循环。而并存性和继起性是实现三种循环统一、保证资本运动连续性的条件。只有资本各个部分在空间上同时并存于各种职能形式上，资本的每一部分在时间上又相互继起通过循环的各个阶段，不断完成各自的循环，产业资本才能实现三个循环的统一，资本主义生产过程才能连续不断地进行。不仅个别资本运动如此，社会总资本的运动也是如此。

（三）资本循环所经历的时间

产业资本循环是生产过程和流通过程的统一，因而资本循环一次既

① 《资本论》第2卷，人民出版社2004年版，第119—120页。

包括生产时间也包括流通时间。“所以，资本完成它的循环的全部时间，等于生产时间和流通时间之和。”①

1. 生产时间。生产时间是指生产资本留在生产领域里的时间。根据生产资料和劳动力结合与否，可以把生产时间分为劳动时间和非劳动时间。

在劳动时间内，劳动不仅创造价值，而且创造剩余价值。在非劳动时间内，由于劳动停止了，因而不能创造价值和剩余价值。“显然，生产时间和劳动时间越吻合，在一定期间内一定生产资本的生产效率就越高，它的价值增殖就越大。因此，资本主义生产的趋势，是尽可能缩短生产时间超过劳动时间的部分。”②

2. 流通时间。流通时间是指资本在流通领域停留的时间。资本的流通领域是由 G—W 和 W′—G′两个流通过程构成的。资本的流通时间也可分为由货币转化为商品的时间和由商品转化为货币的时间，即购买时间和售卖时间。

流通时间和生产时间是互相排斥的。资本停留在流通时间内，生产过程就会中断，从而不生产商品，也不生产剩余价值。因此，“流通时间的延长和缩短，对于生产时间的缩短和延长，或者说，对于一定量资本作为生产资本执行职能的规模的缩小或扩大，起了一种消极限制的作用。”③ 流通时间越接近于零，一定量资本所生产的剩余价值量就越大。

流通时间的长短取决于购买时间和售卖时间的长短。商品转化为货币的时间，即售卖时间通常占流通时间较大的部分。因为 W—G 是资本形态变化的最困难部分，花费的时间也较多。由货币转化为商品的购买时间的长短，根据生产资料的供给状况决定。

（四）资本在流通领域的费用

资本循环经过流通过程不仅要占用一定的时间，而且要花费各种费

---

① 《资本论》第 2 卷，人民出版社 2004 年版，第 138 页。

② 《资本论》第 2 卷，人民出版社 2004 年版，第 141 页。

③ 《资本论》第 2 卷，人民出版社 2004 年版，第 142 页。

用。资本循环在流通过程所消耗的费用，称为流通费用。

从流通费用的性质和在价值增殖过程中的作用来看，基本上可以分成两大类：一类是纯粹流通费用，它是非生产性费用，不创造价值和剩余价值，只能由剩余价值来补偿；另一类是保管费用和运输费用，它是生产过程在流通中继续进行而产生的费用，在必要的限度内，是创造价值和剩余价值的。

1. 纯粹流通费用。纯粹流通费用是由单纯的价值形式的变化，也就是由商品转化为货币和由货币转化为商品的过程中产生的费用，主要是由买卖时间的费用和簿记费用构成的。(1) 买卖时间的费用。资本由商品到货币和由货币到商品的形态变化，也就是商品的买卖行为必须花费一定的时间和费用，例如商业中使用的雇佣劳动者的工资，各种商业的广告费、办公费、旅差费、邮电费等等。这种时间和费用是资本再生产过程不可少的。在商品买卖上所花费的各种劳动，虽然是必要的，但并不创造价值和剩余价值，因而不能加入商品的价值。无论从事商品买卖的是直接商品生产者，还是产业资本家的代理人，或者是商业资本家及其雇佣的商业劳动者，这种费用的非生产性质都不会改变。(2) 簿记费用。簿记就是生产经营活动中的记账、算账，它是企业管理的重要手段。资本家通过以货币为主要计量单位的簿记，连续而又系统地对企业的经济活动进行核算和分析，从而控制整个企业生产过程和流通过程。"簿记对资本主义生产，比对手工业和农民的分散生产更为必要，对公有生产，比对资本主义生产更为必要。"[①] 簿记工作要花费一定的费用，包括簿记人员的工资和写字台、纸张、墨水等办公费用。这种簿记费用，同买卖时间的费用一样，也是一种非生产的纯粹流通费用。

簿记费用和买卖时间的费用，虽然都是纯粹流通费用，但还是有一定区别的。买卖时间的费用是商品经济社会所特有的，而簿记费用都是各种社会生产都存在的。生产越是社会化，簿记工作就越是必要。

2. 保管费用。凡是用于保管储备品的一切费用，都属于保管费用。保管费用和纯粹流通费用不同，纯粹流通费用是由价值形式变换而产生

① 《资本论》第2卷，人民出版社2004年版，第152页。

的，保管费用则是由商品使用价值运动而产生的。保管费用是生产过程在流通中的继续而花费的费用，因而它属于生产性费用，但它的生产性质被流通的形式所掩盖，表现为流通费用。它既能起保存使用价值从而保存价值的作用，同时又能起创造价值和剩余价值的作用。但是，保管费用只能保存商品的使用价值，而不能增加商品的使用价值，由保管而引起的活劳动和物化劳动的消耗是社会物质财富的扣除。因此，保管费用“对社会来说，属于生产上的非生产费用，对单个资本家来说，则可以成为发财致富的源泉”①。

在任何社会里，为了生产和再生产的正常进行，都要有生产资料和生活资料的储备，因而也都有储备费用。储备有三种形式：一是生产资料的形式，在资本主义社会采取生产资本的形式；二是个人消费基金的形式，这是为了满足个人需要的消费品储备；三是商品储备的形式，它的资本形式即商品资本的形式。其中，生产和消费储备是一切社会都需要的，是一般的储备；商品储备是商品经济社会的特殊形式。随着社会经济的发展，这三种储备形式都是在不断增加的，但在不同的历史发展过程中，相对地说，某一形式多一些，另一形式则少一些。随着资本主义经济的发展，相对地说，生产资本的储备会减少，而商品储备会增加。这种商品储备的增加，在很大程度上是由于生产储备和消费品储备越来越转化为商品储备的结果。

商品储备需要支出一定费用。这种费用数量的多少，是由商品的性质和数量决定的。储备越是集中，这些费用相对地就越少。

那么，一定量的商品储备究竟需要支付多少保管费用？这些费用在多大程度上加入商品的价值？并不是所有的保管费用都能够加入商品价值的，它只有在社会必要的限度内，才加入商品的价值中去的。也就是说，只有那种为保证商品流通正常进行的商品储备的保管费用，才能加入商品的价值。如果是为了投机或者由于商品滞销而形成的商品储备，这是不正常储备，由此引起的保管费就不能加入商品的价值。

在通常情况下，保证商品正常流通的商品储备量由以下因素确定：

① 《资本论》第2卷，人民出版社2004年版，第154页。

商品的储备量必须满足一定时期内对它的需求量；储备量要大于平均出售量或平均需求量，否则会出现供不应求的现象；储备不断消耗，所以要不断更新，才能保证再生产的连续进行。在同种商品得到补充之前，商品储备必须够用。一旦商品储备的量确定了，在这个范围内支出的保管费用，就会加入商品价值中去。

3. 运输费用。“商品在空间上的流通，即实际的移动，就是商品的运输。”① 商品的使用价值只有在商品的消费中才能实现，而商品的最终消费往往必须经过地域上的转移。因此，要使商品的使用价值得以实现，“物品的位置变化成为必要，从而使运输业的追加生产过程成为必要”。② 运输业一方面形成一个独立的生产部门，另一方面又表现为生产过程在流通过程内的继续。

运输和商品流通往往是结合在一起的，但并不是完全结合、不可分割的。有的商品流通并不需要运输（如房地产流通）。有的进行运输，但不是商品流通。产品运输是一切社会再生产过程所不可缺少的。

商品运输上支出的一切费用，就是运输费用。它包括两个方面：一是由运输工具价值的转移，一是由运输劳动新创造的价值，这个新创造的价值，不仅补偿运输工人的工资，还为资本家提供剩余价值。

运输是生产过程在流通领域的继续，因而运输费用是生产性的，它能加入商品价值，并能创造剩余价值。

商品运输能够加到商品中去的价值量的一般规律是：“在其他条件不变的情况下，由运输追加到商品中去的绝对价值量，和运输业的生产力成反比，和运输的距离成正比。”“在其他条件不变的情况下，由运输费用追加到商品价格中去的相对价值部分，和商品的体积和重量成正比。”“运输费用追加到一个物品中去的相对价值部分和该物品的价值成反比。”③

在资本主义制度下，一方面，交通运输工具的发展和运输规模不断扩大，使单个商品的运输费用减少；另一方面，商品量的增加和市场距

① 《资本论》第2卷，人民出版社2004年版，第170页。
② 《资本论》第2卷，人民出版社2004年版，第168页。
③ 《资本论》第2卷，人民出版社2004年版，第168—169页。

离的扩大，花在运输上的社会劳动增加，运输费用在绝对量上有增加的趋势。

二、运用资本循环理论深化国有企业改革

国有企业是社会主义经济的重要组成部分，是实现经济平衡、健康发展的重要保证。深化国有企业的改革和发展，是中国实现社会主义市场经济目标及保证“十三五”规划顺利完成的关键。党的十八大报告明确指出，要毫不动摇巩固和发展公有制经济，推行公有制多种实现形式，深化国有企业改革，完善各类国有资产管理体制，推动国有资本更多投向关系国家安全和国民经济命脉的重要行业和关键领域，不断增强国有经济活力、控制力、影响力。“十三五”规划纲要明确提出，坚持公有制为主体、多种所有制经济共同发展。毫不动摇巩固和发展公有制经济，毫不动摇鼓励、支持、引导非公有制经济发展。依法监管各种所有制经济。

如何认识和管理国有企业是一个理论和实践难题，而马克思的资本循环理论，对深化国有企业改革、转换国有企业经营机制、优化国有资本结构、提高经营管理水平有着重要的指导意义。

（一）确立资本经营观念，推进混合所有制改革，优化国有资本结构，提高国有企业的控制力与竞争力

中国的国有企业，特别是大中型企业，经过几十年的发展和积累，已经拥有了雄厚的资产、先进的科技、较高的管理水平和大批优秀人才。国有及国有控股工业企业总资产已由1998年的7.5万亿元上升到2016年130.56万亿元。[①] 2016年全国国资监管系统企业累计实现营业收入43.6

① 《2016年1—10月全国国有及国有控股企业经济运行情况》，见财政部网站2016年11月25日。

万亿元，实现增加值 10.4 万亿元，实现利润总额 2.3 万亿元，上缴利税总额 3.3 万亿元，其中央企实现营业收入 23.4 万亿元，上缴税费总额 2.1 万亿元，实现利润总额 12326.7 亿元。① 国有大中型企业所具有的实力，决定了它在国民经济中的主导地位，是中国社会主义经济的命脉和支柱。

中国国有经济布局和结构调整亦取得明显进展：一是国有经济的战线已经明显收缩。国有及国有控股工业企业的总产值占全部工业总产值的比重，已经由 2000 年的 47.3%下降到 2015 年的 7.55%。② 二是国有资本进一步向基础性领域和大型企业集中。根据党的十六大确定的我国国有资产管理改革的方针任务，2003 年上半年，国务院下属的国资委成立，监管着 189 家中央企业。这 189 家中央企业主要是关系国家经济安全的基础性行业，其他企业根据“抓大放小”的方针实行有序退出，至此国有经济布局和结构调整、国有企业改革取得重要进展。为了适应市场经济要求，“十一五”“十二五”时期在继续完善国有资本有进有退、合理流动机制的同时，一方面，加快了国有大型企业股份制的改革，健全国有资产管理和监督机制，健全公司法人治理制度。公司制股份制改革成效显著，全国国有企业改制面超过 80%，中央企业改制面超过 90%，股权多元化比例达 67.7%。③ 2016 年，中储粮与中储棉、中粮与中纺、宝钢与武钢等 5 对 10 家中央企业完成重组，国资委监管企业户数减少到 102 家。另一方面，把深化垄断行业改革作为重点，放宽了市场准入，电信、石化、电力、民航等大的国有公司通过改组、分立，已经初步形成了市场竞争的局面。④ 而且 2007 年 8 月 31 日的第十届全国人大常委会第二十九次会议表决通过了《中华人民共和国反垄断法》，这意味着中国对垄断行业的改革进入了重要阶段。

然而，我们也必须看到，目前国有企业的经济效益依然不够理想，

---

① 刘坤、方曲韵：《国有企业如何打好组合拳》，见《光明日报》2017 年 3 月 6 日第 10 版。

② 根据 2015 年中华人民共和国统计年鉴整理。

③ 《国企改革稳步推进成效显著》，见《经济日报》2016 年 08 月 04 日。

④ 国家统计局统计司：《“十五”时期我国经济取得的成就》，见国家统计局网站 2006 年 3 月 3 日。

国有资产的流失相当严重，突出表现在表面上总资产不断增加，但总债务上升很快，净资产相对或绝对减少，出现企业空壳化现象。据统计，1980年国有企业资产负债率仅为18.7%，1990年则为58.4%，1991年为60.5%，1992年为61.5%，1993年为71.7%。从1994年对12.4万个国有企业清产核算资料看，国有企业负债率上升至75.1%。2016年国有企业实际的资产负债率仍停留在66.2%的高水平上。[①] 从1998年后，国有及国有控股工业企业的资产负债率，虽有所下降，但并不明显。造成国有企业亏损、负债增加的原因是多方面的，既有投资体制方面的原因，也有企业经营管理上的原因。但总的看来，都与我们对国有资产的认识，以及对国有资产的管理使用有极大关系。为此，加强国有企业的资本管理，推进混合所有制改革是深化国企改革重要内容。中共中央、国务院2015年通过的《关于深化国有企业改革的指导意见》指出，主业处于充分竞争行业和领域的商业类国有企业，原则上都要实行公司制股份制改革，积极引入其他国有资本或各类非国有资本实现股权多元化，国有资本可以绝对控股、相对控股，也可以参股。

在《资本论》中，马克思对资本范畴作了多方面的分析，既分析了资本的本质，也分析了资本的特征。对于资本的本质，马克思指出："资本不是物，而是一定的、社会的、属于一定历史社会形态的生产关系，后者体现在一个物上，并赋予这个物以独特的社会性质。"[②] 另一方面，马克思又从价值运动来分析资本的特征。他指出："资本作为自行增殖的价值，不仅包含着阶级关系，包含着建立在劳动作为雇佣劳动而存在的基础上的一定的社会性质。它是一种运动，是一个经过各个不同阶段的循环过程，这个过程本身又包含循环过程的三种不同的形式。因此，它只能理解为运动，而不能理解为静止物。"[③] "在这里，价值经过不同的形式，不同的运动，在其中它保存自己，同时使自己增殖，增大。"[④] 这就

① 《2016年1—10月全国国有及国有控股企业经济运行情况》，见财政部网站2016年11月25日。

② 《资本论》第3卷，人民出版社2004年版，第922页。

③ 《资本论》第2卷，人民出版社2004年版，第121—122页。

④ 《资本论》第2卷，人民出版社2004年版，第122页。

是说，资本不仅是一种社会关系，而且是一种价值运动。资本价值在运动中分别采取货币资本、生产资本和商品资本三种职能形式，依次通过购买阶段、生产阶段和销售阶段，完成资本的循环，最终实现价值增殖的目的。

资本作为一种价值运动，具有两个最重要的特征：一是资本的增殖性。资本运动的结果，不仅要保存自身原有的价值，而且要增大价值。实现价值增殖是资本内在的本质要求。因而资本经营的主要目标就是追求最高的投资回报率。二是资本的运动性。资本的生命在于运动。只有在不断的运动中才能保存和扩大资本价值，停止了运动，资本就无法增殖，正如马克思所指出，资本增殖既不能在流通中产生，又不能离开流通。

长期以来，人们总是把资本范畴作为资本主义生产关系来看待，认为资本只有在资本主义经济制度下存在。实际上，如果我们舍弃资本范畴所包含的资本家对雇佣工人的剥削关系，把资本作为一种价值运动来看待，它在市场经济中也是普遍存在的。它可以存在于资本主义市场经济，也可以存在于社会主义市场经济。

马克思指出，资本具有资本一般和资本特殊两种属性，在不同经济制度下，资本所反映的生产关系是不同的，但作为价值运动又具有相同的特征，即在运动中实现价值增殖。在以私有制为基础的资本主义市场经济中，价值增大的结果是少数资本家发财致富。而在以公有制为基础的社会主义市场经济条件下，价值增大的结果是增强国家的经济实力，为实现全体人民的共同富裕奠定物质基础。

市场经济下的资源配置方式是一种高效率的配置方式，它要求各种生产要素，包括资金、劳动力、土地、技术等都必须进入市场，通过市场机制实现优化组合，以便人尽其才，物尽其用。不仅如此，它还要求企业把各种生产要素当作资本，即当作能够而且必须增殖的价值来使用和管理，以便给各个投资者带来最大的经济利益。

目前，中国的国有企业活力不足，效益低下，负债率高，国有资产流失严重。造成这种状况的一个重要原因就在于国有企业的经营管理者缺少资本经营的思想，没有把投入企业的各种生产要素看作资本来使用和管理。从投资体制来看，一方面没有建立必要的企业资本金制度，相当一部分国有企业资本金不足，长期依靠银行贷款，实行过度的负债经营。企业缺少一种可以长期占用无须还本的稳定的经营资金，从一投产就陷入被迫还债的状况，只要不能切切实实地补充资本金，就无法摆脱永无休止的债务紧张。另一方面，由于没有真正建立投资风险约束机制，政府投资主体缺乏有效的监督、约束机制，造成部门、地方和企业的投资冲动，忽视投资效益，缺乏投资责任。一些投资主体超越资金、物质供给的可能，盲目上项目、铺摊子，导致投资规模膨胀、投资结构不合理、投资效益低下。从国有企业经营管理者来看，许多企业领导者只有资产经营的思想，缺乏资本经营的思想，在企业经营管理中只是追求产值和资产的增加，忽视了资本增殖的数量和时间，造成投资回报率低，甚至出现资不抵债。所以深化国有企业改革，尤其是积极推进混合所有制改革，对提高国有企业的经营管理能力促进资本循环，实现资本保值与增殖，提高社会主义国家为民谋福祉的能力有重要意义。

在资本金制度下，国有企业作为国有资本的营运者必然要注重资本经营。在生产经营过程中，必然要把投入经营活动的每一种生产要素视为要求增殖的价值，必然要重视投入资本的效益，企业经营的主要目标就是实现价值的最大增殖。这就促使企业在经营管理过程中，根据市场状况变动的需要，自觉调整资本要素之间的比例和布局，优化投资结构，降低投资风险，注意保持企业资本循环的连续进行，加快资本周转，提高资本价值的增殖能力。股份制改革是国有企业的重要方向，通过股份制改革可以把债务转变为股份，企业的经营成本大幅下降，而且可以为企业引进战略合作者，融入更多经营资金，提高企业的抗风险能力。

现代企业制度是中国国企改革的基本制度。为了适应改革的需要，真正实现中国经济发展方式的根本转变，国家提出必须按照现代企业制度建立严格的投资决策责任制，强化投资风险约束机制，完善投资体制，建立起真正有效的资本金制度。资本金制度是适应市场经济要求的企业管理制度。国家对不同行业规定不同的资本金率，所有建设项目都必须确保应有的资本金，即按项目投资的一定比例投入企业的自有资金，使企业资金来源统一规范为企业自有资金和对外筹措资金两部分，保证企业有足够的资本投入。中国所进行的公司制改革，可以从最低限度保证企业发展所需的资本金。按《中华人民共和国公司法》规定，成立各种类型的公司，都有最低注册资本的要求，以满足企业经营需要。为了解决国有企业过度负债问题，“九五”期间国家安排了一笔资金，用于鼓励企业兼并，冲销破产企业债务，把相当一部分“拨改贷”形成的债务通过“债转股”转为国家资本金，降低了企业资产负债率。资本金制度从法规上解决了企业活力、企业积累、企业生存和发展的根本问题。它有利于明确投资主体，加强投资风险约束，规范投资资金来源；有利于推动国有企业结构调整，优化资本结构，提高资本质量，提高投资回报率。为此，“十一五”规划明确指出，要坚持社会主义市场经济的改革方向，完善现代企业和现代产权制度，把相当一部分“拨改贷”形成的债务通过股份制改造转为国家资本金，降低企业资产负债率。通过现代企业制度的管理约束强化风险约束机制，改变国有企业的预算软约束为硬约束。“十一五”规划指出，要加快国有大型企业的股份制改造，完善公司治理结构。股份制改革可以改企业债权为股权，给企业发展以喘息的机会，降低企业资产负债率，保证企业的存续发展。“十三五”规划纲要进一步提出，加快国有企业公司制股份制改革，完善现代企业制度、公司法人治理结构。建立国有企业职业经理人制度，完善差异化薪酬制度和创新激励。支持国有资本、集体资本、非公有资本等交叉持股、相互融合。可以说股份制改革是保证企业规范管理、实现权能的基础。而中国在股份制改革中要稳妥推动国有企业发展混合所有制经济，提高国有资本的质量与控制力。

（二）推进国有企业的改组、改造、兼并，实现资本正常流动重组，通过制度创新深挖资产的生产能力

按照马克思的资本理论，资本在其进入生产领域后才能创造价值，才能增殖。目前中国还有一部分国有资产由于缺乏资金、技术不能进入生产领域而成为闲置资产，国家又有多种限制阻碍了国有资产的有序流动，从而不能实现保值、增殖。因此必须通过国有企业的改组、改造、

兼并，提高企业资产的流动组合，深挖资产的生产能力，以存量促增量，以增量提升激活存量，是盘活国有资产的核心内容。

1. 进行彻底的公司制改革，对国有企业进行战略性改组。现代企业制度是社会主义市场经济制度的基础。为了建立完善的社会主义市场经济体制，我们必须按照现代企业制度的要求，并应用马克思的资本循环理论推进国有企业改革，用深化改革、制度创新的办法解决企业发展中深层次的问题，把国有企业真正建成适应社会主义市场经济需要的法人主体和市场竞争主体，切实承担对国有资产保值和增殖的责任。

因此，中国国有企业的改革方向就是按照现代企业制度的要求，实现国有企业公司制改造。从组织形态方面，应将国有独资企业比重降至最低，改组和设立股份有限公司和有限责任公司，实现产权多元化。同时，应采取多种方式，科学设计企业资本结构和股权结构。设计股权结构并不是要有意压低或减少国有资本，恰恰相反，应该通过审计、资产评估等手段，科学核实和估算国有资本，防止国有资产的流失。

推进国有企业战略性改组，就要更积极地实行“抓大放小”的方针，国有经济主要集中在关系国民经济命脉的重要行业和关键领域，掌握成百上千的大型企业和企业集团，就能左右国民经济大局，主导国民经济的发展。对于数以千计的没有市场前景、没有资源或者没有竞争力的大企业，数以万计的一般中小企业，则要按照“三个有利于”的原则，通过破产、兼并、资产重组等逐步退出市场，或者通过多种形式放开、搞活、转制。为此，要抓紧建立国有企业的退出机制，主要解决好国企遗留的两大问题，一是债务清理，二是职工安置。相应地，一是要适当增加银行呆账准备金，二是要建立健全社会保障体系。①

为此在新时期要制定相应的法律法规，建立中央政府和地方政府分别代表国家履行出资人职责，享有所有者权益，权利、义务和责任相统一，管资产和管人、管事相结合的国有资产管理体制。以管资本为主加强国有资产监管，提高资本回报，防止国有资产流失。改组组建国有资

① 王岐山：《坚持和完善我国社会主义初级阶段的基本经济制度》，见《十六大报告辅导读本》，人民出版社 2002 年版。

本投资、运营公司，提高国有资本配置和运行效率，形成国有资本流动重组、布局调整的有效平台。坚持政企分开，实行所有权和经营权分离，使企业自主经营、自负盈亏，实现国有资产保值增殖，进一步探索公有制特别是国有制的多种有效实现形式，大力推进企业的体制、技术和管理创新。股份制经济是公有制经济的有效实现形式，可以提高国有经济的经营效率。公司制改革为规范法人治理结构提供了保障。公司法人治理结构是公司制的核心。通过公司制改革，可以对国有资产进行评估、核算、定价，从而实现在市场中的流动与交易，在交易中实现增殖。

2. 科学合理地处置国有企业的闲置资产，加速资本流动，提高资源的配置效率。根据资本的内在要求，在企业资本经营过程中必然会出现资本的流动和重组。国有资产不管存量还是增量都要按照市场要求的方向进行流动。特别是国有资产存量，由于传统经济体制的弊端造成现有国有资产存量结构很不合理，只有对这部分国有资产进行大的调整，才能适应社会主义市场经济发展的需要。应当区别而有针对性地进行改革，按照“十三五”规划要求，商业类国有企业以增强国有经济活力、放大国有资本功能、实现国有资产保值增殖为主要目标，依法独立自主开展生产经营活动，实现优胜劣汰、有序进退。公益类国有企业以保障民生、服务社会、提供公共产品和服务为主要目标，引入市场机制，加强成本控制、产品服务质量、运营效率和保障能力考核。按照市场需求和产业政策的要求，通过国有资产存量的流动和重组，引导国有资产向高效益的部门和产业转移，才能更有效地实现国有资产的保值、增殖。

目前国有闲置资产主要是以企业停缓建项目的资产，停产破产企业的资产，更新改造后被替换下来的资产，库存闲置的备品备件及物资，报废资产中尚有使用价值的部分资产，闲置的房产、地产等方面组成。这些闲置资产并未发挥生产作用，而国有资产的流动又有很多的限制。中国最大的存量就是国有资产，国有资产多数还没有盘活，70%的国有资产是不能交易的，而不可交易的资产就不是资本。资本要求是可交易的，所以一定要从资本盈利能力的角度来理解资本的价值，要推动资本流动的过程，要推动国有资产的制度化，加快国有资源整合，在国资板块层面合并同类项，面向社会公开出售国有资产，大集团内部进一步促使企业主副分离，进行跨国并购和合资重组。所以国企改革的关键是健全国有资本合理流动机制，推进国有资本布局战略性调整，引导国有资本更多投向关系国家安全、国民经济命脉的重要行业和关键领域。[①]

有一种观点认为，国有资产的流动等同于国有资产的流失，看到一些企业因债务负担过重而要出让资产，就惊慌失措，横加指责，以为自己是在捍卫国家利益。实际上，在市场经济条件下，国有资产不是实物形态的，而是用价值衡量的资本形态的资产。国家对国有资产的所有是对资本的所有，国有资产的保值增殖是指属于国家的所有者权益是否保值、增殖。按照马克思的资本循环理论，企业的资本要通过循环和周转才能保值和增殖。资本的循环要采取货币资本，生产资本和商品资本三种形态，三者之间的循环和周转是资本形态的变化而不是资本的流失。企业所要关注的是在资本的循环中保持资本价值和增殖，避免资本的贬值和流失，而不是要限制资本的流动。

正因为上述原因，以前对国有资产限制较多，国有资产只能报废，不能进入流通市场，中国现行的国有资产退出办法，主要侧重于以资产的到期报废和报损实现退出，资产的使用寿命没有与所生产产品的生命周期有机结合，造成产品已退出市场，而生产设备却受现行管理影响，不能按市场变化而及时退出。随着经济结构的战略性调整力度加大、科学技术的快速发展、新产品开发周期的缩短、市场竞争的加剧，随着中国加入世界贸易组织（WTO）后的市场国际化和区域分工的逐步形成，以及环保、节能等法规的强制落实，尤其是《节能减排“十二五”规划》提出 2015 年全国万元国内生产总值能耗下降到 0.869 吨标准煤（按 2005 年价格计算），比 2010 年的 1.034 吨标准煤下降 16%（比 2005 年的 1.276 吨标准煤下降 32%）。通过改革，中国能耗水平明显下降，“十二五”累计完成节能降耗 19.71%。

① 《中华人民共和国国民经济和社会发展第十三个五年规划纲要》，《人民日报》2016 年 3 月 18 日。

国有闲置资产和库存商品的问题是中国经济运行中长期存在的现象。这就需要国家能够按市场规律，以产品生命周期作为考核生产设备退出期的主要依据，制定国有资产有序退出的管理办法，以鼓励闲置资产和连续一定时期内的低效劣绩资产，在退出原企业的正常经营后，尽快实现交易并寻找到新的适用企业。完善国有资产新增和退出的有序机制，满足经济建设中各层面企业的不同需求，使国有资产在不断调整中始终保持最佳的构成和技术的先进性。对部分闲置资产，可采用拍卖的方式实现交易。利用拍卖方式进行交易，主要是利用拍卖程序中的前期公告影响和拍卖活动中的信息传播渠道，解决目前闲置资产交易中受严重影响的信息发布覆盖面窄小的问题，并利用拍卖方式，激励买卖双方的行为，从而丰富拍卖活动的内容。当国有资产的退出机制健全后，一可以使这部分暂时闲置资产进入生产领域，为国家创造财富；二可以为国家获得新的资金；三可以增加税收。

因而盘活国有资产存量的一个重要途径，就是要使现有国有资产合理流动，以资本为纽带，联结和带动一批企业的改组和发展，搞活整个国有经济。同时需要注意的是，必须通过清产核资来搞好国有资产的界定和评估，明晰产权关系，加强管理，防止国有资产的流失。中央提出的公司制改革是国有企业改革的最终目标，因为公司制改革，完善企业法人治理结构，可以赋予企业资产独立性，提高其流动性，强化资产硬性约束，提高资本运营效率。

三、重视劳动力和生产资料的流动，提高资源配置效益，实现经济发展方式的根本转变

马克思在分析货币资本循环时指出，从货币资本循环第一阶段的内容来看，是实现由 G 到 W 的转化，这里的 W 不是一般的商品，而是用于生产的、在质上具有特殊使用性质的生产要素，即生产资料 Pm 和劳动力 A。$G—W<^{A}_{Pm}$ 不仅表示一种质的关系，“它还表示一种量的关系，

即用在劳动力 A 上面的货币部分和用在生产资料 Pm 上面的货币部分的量的关系”[①]。这种量的比例关系受资本的技术构成制约。为了使资本得到合理充分运用，使物化劳动能完全吸收活劳动，不至于发生停工待料或生产资料积压的现象，“要购买的生产资料的数量和规模，必须足以使这个劳动量得到充分的利用”[②]。“换句话说，生产资料的数量，必须足以吸收劳动量，足以通过这个劳动量转化为产品。”[③] 这种生产资料和劳动力的比例，直接关系到资本所能吸收的剩余劳动量，因而也是资本家所密切关心的问题。为此，在中国的经济建设中要注意提高劳动力和生产资料的质和量，并实现最佳配置。在分析货币资本循环的第二阶段，即劳动力和生产资料相结合的生产过程时，马克思又指出；“不论生产的社会的形式如何，劳动者和生产资料始终是生产的因素。但是，二者在彼此分离的情况下只在可能性上是生产因素。凡要进行生产，它们就必须结合起来。实行这种结合的特殊方式和方法，使社会结构区分为各个不同的经济时期。”[④] 马克思的上述论述表明，劳动者同生产资料的结合是一个极其重要的社会经济问题。它不仅直接关系到单个企业资本循环的速度和资本的增殖程度，而且是区分社会结构的不同经济时期的决定因素。从马克思所阐述的思想来看，劳动力和生产资料的结合包括社会结合和技术结合两层含义。前者属于生产关系的范畴，后者属于生产力的范畴。从不同角度研究劳动力和生产资料的结合，对于分析社会生产关系的变化和提高企业经济效益有重要的现实意义。

考察劳动力和生产资料的社会结合，就是要考察劳动力和生产资料结合的社会方式。在不同的社会经济制度中，这种结合的方式是各不相同的。它与生产资料所有制有联系，但又是两个不同的范畴。在中国传统的政治经济学研究中，往往只注重对生产资料所有制的研究，忽视了对劳动力与生产资料相结合的特殊社会方式的研究。片面地认为，只要生产资料所有制问题解决了，劳动力和生产资料的结合方式也就没问题

---

① 《资本论》第 2 卷，人民出版社 2004 年版，第 33 页。
② 《资本论》第 2 卷，人民出版社 2004 年版，第 33 页
③ 《资本论》第 2 卷，人民出版社 2004 年版，第 34 页
④ 《资本论》第 2 卷，人民出版社 2004 年版，第 44 页。

了，这是一种误解。实际上，对劳动力和生产资料结合的社会方式的研究，不仅能帮助我们认识不同经济时代的特征，而且对我们判别生产资料所有制的性质也有积极的意义。例如，奴隶主、封建地主和资本家他们都是私人占有生产资料，如果只从生产资料所有制来看是难以判别他们的。马克思正是从分析劳动力和生产资料相结合的特殊社会方式入手，来说明在奴隶社会、封建社会和资本主义社会条件下，劳动力和生产资料相结合的社会方式有着不同的特征，在此基础上产生不同的生产资料所有制形式。再比如，同样是生产资料公有制，但又有公有程度的差别，在不同程度的公有制经济中。劳动力和生产资料直接结合的范围和程度也是有差别的，因而二者结合的具体形式也是多样化的。因此，在中国社会主义市场经济体制的建立和发展过程中，必须注意研究劳动力和生产资料的结合方式，以便适时调整生产关系，促进社会生产力的发展。在实践中，中国的一些国有、集体企业通过采用租赁、承包、转租等多种形式很好地促进了劳动力和生产资料的结合，提高了生产资料的利用效率，创造了很好的经济效益，并解决了劳动力就业问题，是值得学习与推广的模式。因此，理论界和企业界、国资委要继续探索新方法、新模式、新思路加速资本周转。

从企业经营管理的角度来看，劳动力和生产资料的结合，是提高资源配置效率的关键所在。任何一个企业的生产资料和使用生产资料的劳动力之间有个技术结合问题，这种结合是由生产的技术构成决定的。企业的经营管理实际上就是根据市场需求状况，选择生产适销对路的商品所必需的生产资料和劳动力，实现生产资料和劳动力的最佳组合，节约物化劳动和活劳动，降低产品成本，实现利润的最大化。

（一）加强劳动力的教育培训，提高劳动力质量，促进劳动力合理流动

资本循环的第二阶段就是要使劳动力和生产资料进入生产领域，而劳动力在创造价值时，其量的多少取决于劳动时间和劳动力自身的价值，劳动力自身价值量的主要决定因素是劳动力的教育程度。劳动力的价值

高，在单位时间内创造的价值就多，因此，只有当高素质的劳动力进入生产过程，才能创造更多的财富和价值。要实现劳动力与生产资料的最佳结合，还必须为企业创造必要的市场条件，即要有完善的生产资料市场和劳动力市场，使劳动力和生产资料能够通过市场实现合理流动和最佳组合。

从中国当前市场发育状况来看，大部分生产资料已经放开，市场机制的范围正在扩大，生产资料市场正趋于完善。然而劳动力市场发育相对滞后，必须大力发展。中国的劳动力资源从数量上讲是充裕的，而从质量上讲又是稀缺的。也就是说，现有的劳动力现代化知识水平低，素质低，而且许多劳动力所从事的工作与本身的技能不相适应，这是中国经济建设中的突出矛盾。技术人才缺乏是中国经济发展的主要问题，也是困扰“中国制造”升级的重要短板，因此，要实现“五大发展理念”，必须高度重视人力资源的开发，尽快提高劳动者的素质，在更高的水平上实现劳动力与生产资料的最佳结合。为此，一方面，要大力发展教育事业，合理调整教育结构，积极发展职业教育和成人教育，特别是要与就业培训制度结合起来，有效提高劳动者素质，造就一大批高素质的劳动力和管理人员，驾驭先进技术，在更高层次上，组织各种生产要素，提高劳动保障，保证经济增长方式的顺利转变。2014 年《国务院关于加快发展现代职业教育的决定》中提出要加快构建现代职业教育体系，要巩固提高中等职业教育发展水平，创新发展高等职业教育，引导普通本科高等学校转型发展，完善职业教育人才多样化成长渠道，积极发展多种形式的继续教育。另一方面，要大力发展劳动力市场，引导劳动力的合理流动，充分开发和合理配置劳动力资源，最大限度发挥劳动者的积极性和创造性，真正做到人尽其才。

不仅要培养高素质的人才，更要促进人才流动，使劳动力在能发挥自身优势的行业创业、劳动。劳动力的流动是社会化大生产的要求，在我国开放劳动力市场，是促进市场经济发展的重要条件，有利于产业结构的调整，使流动的劳动力和流动的生产要素及时地、有效地结合起来，形成新的产业部门；有利于调动劳动者的积极性，通过市场机制的作用，让劳动者去竞争有限的岗位，让企业去竞争有限的人才，这将有利于调动劳动者的积极性，不断提高经济效益。“十三五”规划提出促进人才流动是人才优化配置的重要保证，要建立健全人才流动机制，提高社会横向和纵向流动性，促进人才在不同性质单位和不同地域间有序自由流动。完善工资、医疗待遇、职称评定、养老保障等激励政策，激励人才向基层一线、中西部、艰苦边远地区流动。开展东部沿海地区与中西部地区、东北等老工业基地人才交流和对口支援，继续实施东部城市对口支持西部地区人才培训工程。

健全劳动力的激励机制也是提高经济活力的重要手段，中国国有企业及事业单位仍然存在平均主义的倾向，缺乏有利于人人皆可成才和青年人才脱颖而出的社会环境，不利于中国创新发展及经济结构调整和转型。为此需要完善业绩和贡献导向的人才评价标准。保障人才以知识、技能、管理等创新要素参与利益分配，以市场价值回报人才价值，强化对人才的物质和精神激励，鼓励人才弘扬奉献精神。① 2016 年底中共中央办公厅、国务院办公厅印发了《关于实行以增加知识价值为导向分配政策的若干意见》，为激活高端人才活力，促进人才合理流动和协同工作提出了重要方向。

（二）提高生产资料利用率，促进绿色生态发展

当前中国宏观经济处于“三期叠加”运行状态，经济转型压力大，节能减排任务重，实现绿色生态发展是“五大发展理念”的主要内容之一。而要实现绿色生态发展就必须提高生产资料利用效率，通过健全的市场体系引导资源合理配置。“十三五”规划提出在提高发展平衡性、包容性、可持续性基础上，到 2020 年，国内生产总值和城乡居民人均收入比 2010 年翻一番，主要经济指标平衡协调，发展质量和效益明显提高。中国经济进入中高速发展后，虽然发展速度有所下降，但发展质量必须提高，集约发展是经济发展方向。只有实现生产资料的循环，使生产资

① 《中华人民共和国国民经济和社会发展第十三个五年规划纲要》，《人民日报》2016 年 3 月 18 日。

料迅速进入生产过程，降低企业的购买费用，才能提高企业的竞争力。从国际经济大环境看，随着经济全球化的发展和全球经济结构的调整，原料及部件质量要求提高是总体趋势。而部分行业与企业粗放式发展仍然严重，尤其是资源型企业依靠垄断维持生存，大量中小企业无序开采资源现象严重，导致了环境破坏及中国资源类产品在国际市场缺乏竞争力。中国需要发挥市场在资源配置中的基础作用，降低政府对价格的管制，减少政府对价格形成的干预，全面放开竞争性领域商品和服务价格，放开电力、石油、天然气、交通运输、电信等领域竞争性环节价格。

“十三五”期间需要通过供给侧结构性改革实现节能降耗任务，综合运用市场机制、经济手段、法治办法和必要的行政手段，加大政策引导力度，实现市场出清。建立以工艺、技术、能耗、环保、质量、安全等为约束条件的推进机制，强化行业规范和准入管理，坚决淘汰落后产能，加快钢铁、煤炭等行业过剩产能退出，分类有序、积极稳妥处置退出企业，妥善做好人员安置等工作。

鼓励技术创新，积极布局高新技术产业。中国虽是制造业大国，但还不能算制造业强国，需要强化技术创新，提高产品性能与质量，塑造中国品牌。需要加快突破新一代信息通信、新能源、新材料、航空航天、生物医药、智能制造等领域核心技术。加强深海、深地、深空、深蓝等领域的战略高技术部署。实施工业强基工程，重点突破关键基础材料、核心基础零部件（元器件）、先进基础工艺、产业技术基础等“四基”瓶颈。通过产学研协同创新实现技术创新突破。

国家资源类产品必须实行统一管理，提高企业开发能力与技术。强化矿产资源规划管控，严格分区管理、总量控制和开采准入制度，加强复合矿区开发的统筹协调。支持矿山企业技术和工艺改造，引导小型矿山兼并重组，关闭技术落后、破坏环境的矿山。提高矿产资源开采率、选矿回收率和综合利用率。完善优势矿产限产保值机制。

大力发展循环经济与绿色生态产业。对于中国人多、地少、资源相对不足的国家来说，发展循环经济是必然选择。国家需要实施循环发展引领计划，推进生产和生活系统循环链接，加快废弃物资源化利用。健全再生资源回收利用网络，加强生活垃圾分类回收与再生资源回收的衔接。建立健全用能权、用水权、碳排放权初始分配制度，创新有偿使用、预算管理、投融资机制，培育和发展交易市场。

（三）发展智能制造，促进劳动力和生产资料有机结合

随着中国经济发展，企业用工成本日渐上升，用工荒问题也更加突出，在全球信息技术日益发达的条件下，各国都加强了基于信息化的制造业提升，德国的工业 4.0、美国的工业互联网及“中国制造 2025”都是基于对信息技术综合运用的智能制造。这将是未来制造业的发展方向，需要提前布局，加大基础研究与应用推广。实施智能制造工程，加快发展智能制造关键技术装备，强化智能制造标准、工业电子设备、核心支撑软件等基础。加强工业互联网设施建设、技术验证和示范推广，推动“中国制造＋互联网”取得实质性突破。培育推广新型智能制造模式，推动生产方式向柔性、智能、精细化转变。鼓励建立智能制造产业联盟。①

四、重视挖掘流通潜能，建立现代物流体系，节约流通时间，提高资金使用效率

社会再生产过程是生产过程和流通过程的统一。生产决定流通，而流通对生产又有积极的能动作用。在现代市场经济中，流通的作用越来越重要。因为市场经济是交换经济，市场经济中的一切活动都与交换有关。企业的各种经济行为最终都表现为市场交换行为，政府对经济的调控也必须通过市场流通来实现。正是通过全社会的商品流通，才能使各种生产要素得到充分利用，才能实现社会资源的合理配置。因而，重视商品流通，大力发展商品流通，对发展社会主义市场经济有着积极的意义。马克思在《资本论》中，对流通作了大量的分析。在资本循环理论

① 《中华人民共和国国民经济和社会发展第十三个五年规划纲要》，《人民日报》2016 年 3 月 18 日。

中，马克思从以下几个方面阐述了流通对生产过程的能动作用：

第一，流通是资本循环不可缺少的组成部分。商品生产是以交换价值作为生产的目的，而“产品只有在它进入流通的场合，才成为商品”①。因而，流通是商品生产存在发展的前提条件。资本主义生产是发达的商品生产，它也必然要以发达的商品流通作为前提条件。资本循环过程的三个阶段中，两个阶段属于流通过程，一个阶段属于生产过程，资本循环过程是生产过程和流通过程的统一。流通过程对资本循环的顺利进行有重要意义。马克思指出：“产业资本循环过程从而资本主义生产的最明显的特征之一就是：一方面，生产资本的形成要素必须来自商品市场，并且不断从这个市场得到更新，作为商品买进来；另一方面，劳动过程的产品则作为商品从劳动过程产生出来，并且必须不断作为商品重新卖出去。”②

第二，流通过程是商品价值实现的前提条件。商品是使用价值与价值的统一，商品的使用价值和价值都必须通过流通过程才能最终实现。在资本主义商品经济条件下，流通对商品价值和剩余价值实现的重要性更加突出。对于资本循环总过程（G—W…P…W′—G′）来说，“这种循环本身只有通过流通才能进行，它是以流通为前提的”③。资本在流通领域，要经过购买（G—W）和售卖（W′—G′）这两个阶段，资本的循环“只有不停顿地从一个阶段转入另一个阶段，才能正常进行”④。“不论是W—G，还是G—W，就它们本身看，都只是一定价值由一种形式到另一种形式的转化。但是，W′—G′同时是W′所包含的剩余价值的实现。G—W则不是这样。因此，卖比买更为重要。”⑤ “如果资本在最后阶段W′—G′停顿下来，卖不出去而堆积起来的商品就会把流通的流阻塞。”⑥这样，对资本家来说，不仅无法实现剩余价值，而且连原来预付的资本价值都会受到损失。如果许多企业因流通受阻而无法现商品的价值，社

① 《马克思恩格斯全集》第26卷第3册，人民出版社1974年版，第317页。

② 《资本论》第2卷，人民出版社2004年版，第132页。

③ 《资本论》第2卷，人民出版社2004年版，第70页。

④ 《资本论》第2卷，人民出版社2004年版，第63页。

⑤ 《资本论》第2卷，人民出版社2004年版，第144页。

⑥ 《资本论》第2卷，人民出版社2004年版，第63页。

会再生产过程的正常进行就会受到破坏。

第三，流通的速度直接影响生产过程的进行。流通时间和生产时间是互相排斥的。资本在流通时间内不是执行生产资本的职能，因此既不生产商品，也不生产价值和剩余价值。“虽然流通并不造成价值规定本身的任何要素，因为这种要素完全由劳动决定，但流通的速度却决定生产过程重复的速度，决定创造价值的速度，也就是说，虽然不决定价值，但在某种程度上却决定价值量，即在生产过程中创造出来的价值和剩余价值乘以生产过程在一定期间所能重复的次数。”[①] 也就是说，由于售卖时间的长短不同，同一资本价值就会以极不相同的程度发挥作用，再生产的规模的扩大或缩小的程度也大不一样。“流通时间越等于零或近于零，资本的职能就越大，资本的生产效率就越高，它的自行增殖就越大。”[②] 这时，“一个一定量资本的作用程度，是由生产过程的各种潜能规定的，而这些潜能在一定程度上是和资本本身的价值量无关的”，“流通过程推动了和资本的价值量无关的新的潜能，即资本的作用程度的新的潜能，资本的扩张和收缩的新的潜能”。[③]

可见，这种由流通过程推动的新的潜能，是由于流通时间缩短，资本循环和周转加快而产生的，它不以货币资本价值量为转移，即在不增加货币资本量的情况下，由于流通的加快，能使同量的货币资本发挥更大的生产效能，创造更大的价值和利润。

马克思的这些论述对于社会主义企业的资金运动是完全适用的。社会主义企业的资金运动，同样必须通过两个流通阶段和一个生产阶段，企业资金在运动中通过每一个阶段的时间越短、速度越快，它的使用效果就越好，它的生产效率就越高，它所推动的潜能就越大。

然而，在中国经济运行中，长期以来存在着重生产不重流通、重产值不重视价值实现的现象，这是造成国有企业经济效益不高的原因之一。在中国传统的计划经济体制中，商品流通实行的是高度集中的计划流通体制，生产资料和生活资料流通的内容、渠道、方式及交易方式基本上

① 《马克思恩格斯全集》第46卷下册，人民出版社1979年版，第32页。

② 《资本论》第2卷，人民出版社2004年版，第142页。

③ 《资本论》第2卷，人民出版社2004年版，第48页。

由中央及各级政府以物资、消费品分配计划及价格计划的形式确定，流通中的经济形式单一，经营方式单一，流通渠道少，流通环节多。在这种流通体制中，生产企业不具备商品生产经销者的主体地位和权力，只是被动地执行国家计划。企业需要的生产物资由计划调拨，生产出的产品由国家商业部门统购包销。企业与市场脱离，生产与流通、消费脱节，造成产销率低和购销率低、物资积压，许多产品的价值和使用价值无法实现，消费需求得不到满足。整个社会的商品流通时间长，流通资金占用多，流通效益低。

随着经济全球化和信息技术的发展，现代物流在经济发展中的作用日益突出。发展现代物流，能够有效地降低成本，提高流通效率和企业竞争力。由于技术的不断进步和管理的日益改善，制造成本降低的空间不大，而降低物流成本成为"第三利润源"。据测算，中国物流成本占国内生产总值（GDP）的比重高达20%，发达国家一般只有10%左右。物流成本降低1到2个百分点，将产生社会效益1000亿～2000亿元。中国100多家央企与国际领先企业相比，资产收益率、资金周转率、人均利润率等具体指标方面，不少企业差距明显。[①] 浙江省是中国经济相对发达的省份，但社会存货占国内生产总值的比重高达8.2%，而发达国家一般不超过1%，发展中国家不超过5%。因此，发展现代物流不只是提高企业竞争力的问题，还是国民经济发展中的一个重要问题。加快发展现代物流，对于转变经济发展方式，提高经济整体运行质量和效益，走新型工业化道路，都具有重要的战略意义。[②]

改革开放以来，国家对传统的流通体制进行重大改革。在流通主体方面，打破国营商业一统天下的局面，实行多种经济形式共同发展；在计划管理方面，逐步缩小直接计划管理的范围，少数商品实行指令性计划，其余的商品都实行指导性计划和市场调节；在生产企业的经营自主权方面，国家扩大了生产企业的商品购销自主权，使生产企业走向市场，

① 白天亮：《国企改革，坚定方向稳推进》，见《人民日报》2013年4月18日。

② 全国政协经济委员会：《关于我国现代物流情况的调研报告》，2003年11月。

成为商品流通的主体；同时，国家逐步改革商品购销体制，放开商品价格，扩大购销渠道等等。

目前中国已经形成了以国营商业为主导，多种经济形式、多种经营方式、多条流通渠道、开放式的流通新格局。这些改革措施为中国商品流通的发展注入了原动力，使我国流通落后的状况有了明显改善，商品流通的发展又为生产企业创造了必要的市场环境，对生产的发展起了积极的促进作用。

2015 年，中国社会物流总额达 220 万亿元，“十二五”时期年均增长 8.7%。社会物流总费用与国内生产总值的比率约为 15%左右，比 2010 年的 17.8%有较大幅度下降，为稳增长、调结构、惠民生发挥了重要的支撑和保障作用。[①]“十三五”期间，中国将按照引领经济新常态、贯彻发展新理念的要求，进一步把物流业降本增效和服务国家重大战略，作为降成本、补短板、推进供给侧结构性改革的重点任务，着力推动物流业创新发展。

然而，我们也必须看到，中国的流通领域仍然面临不少的困难和问题，尤其在基于信息技术的现代物流业发展背景下需要创新物流发展方式，加快电子商务发展，促进经济协调健康运行。

首先，根据商品流通发展的需要，积极发展现代流通组织形式。随着商品流通的发展，参加流通的商品数量大大增加，对流通组织形式亦提出了更高的要求。而中国由于长期忽视商品流通的发展，流通组织形式一直处于低水平状态，零售市场发育不足，批发市场更是落后，市场的组织化程度低，影响商品流通的扩大。因此，在中国现阶段，为了促进商品流通的迅速发展，应当积极发展以批发市场为重点的现代流通组织形式。批发市场在现代商品流通中处于重要的地位，它是集商流、物流、信息流于一体的流通场所。它的作用在于扩大商品集散规模，减少中间环节，节约流通费用，提供较准确的市场信息。批发市场办好了，对于中国商品市场体系的发展具有积极的意义。所以，我们要利用现有

① 发改委：《“十三五”期间推动现代物流加快发展》，见中国新闻网 2016 年 3 月 8 日。

的设施和渠道，在重要商品的产地、销地或集散地，建立一批面向全国的大宗农副产品、工业消费品和生产资料批发市场，并注意提高批发市场的档次和质量。

其次，加快电子商务发展，促进商品流通。随着中国“大众创业、万众创新”的开展，电子商务作为最能灵活促进创业与就业的新业态获得了长足发展，2016 年上半年中国电子商务交易额达到 10.5 万亿元，前三季度达 20.2 万亿元。2016 年“双十一”阿里巴巴旗下各平台总交易额达到 1207 亿元，其中无线交易额占比 81.87%，成交商家和用户覆盖 235 个国家和地区。[①] 电子商务是中国零售业发展的主要引擎，需要通过推进电子商务提高商品流通效率，并不断向其他领域拓展。中国城乡电子商务发展还有较大差距，未来需要推进农业生产全程社会化服务创新试点，加强农产品流通设施和市场建设，完善农村配送和综合服务网络，鼓励发展农村电商，实施特色农产品产区预冷工程和“快递下乡”工程。另外，需要加强跨境电子商务发展，建立便利跨境电子商务等新型贸易方式的体制，全面推进国际贸易单一窗口、一站式作业、一体化通关和政府信息共享共用、口岸风险联防联控。

再次，搞好产需结合，培育农工商、产供销一体化的大型商贸集团。中国传统的流通企业基本上是按行政体制设置的，存在着既重叠又分散的弱点，使商品流通难以按照经济区域的内在要求形成合理布局，也难以取得规模流通经济效益。在社会主义市场经济体制中，为了更好地实现产需结合，提高规模流通经济效益，推动流通社会化的发展，必须积极培育农工商、产供销一体化的大型商贸集团。它有利于打破地区、行业之间的界限，实现跨地区、跨行业的联合经营，全方位开拓，提高流通经济效益。此外，对一些重要的生产资料，要鼓励产需之间的直达供货，减少流通环节，降低流通成本。中国需要打破区域垄断，促进流通能力强的大企业集团进行跨区域兼并，提高企业在全国乃至全球的资源整合能力，组建连锁型的商贸中心，提高企业影响力与品牌知名度。

---

① 《2016 年双 11 收官　阿里巴巴平台交易额达 1207 亿元》，见央广网 2016 年 11 月 12 日。

最后，加强市场管理，维护流通秩序，规范流通行为。当前中国流通秩序混乱的情况仍然比较严重，如多头经商、交易无序、渠道混乱、暴利行为、不正当竞争、假冒伪劣、部门垄断、地区分割等。这些现象不仅人为地增加流通成本，影响商品流通的健康发展，也影响了社会稳定和生产的发展。因此，国家必须加强市场管理，主要通过法律手段、经济手段和行政手段，调整流通中的各种经济关系，规范市场主体的经营行为，建立和维护正常的流通秩序，严惩一切违法和非法经营，保护公平竞争。

第七章

资本周转理论在社会主义市场经济中的运用

一、马克思的资本周转理论

(一) 资本周转的含义及其度量

资本的生命在于运动。单个资本在它的现实运动中，依次经过三个阶段，采取三种形式，最后回到它原来的出发点，并实现了价值增殖，这就是资本循环。而“资本的循环，不是当作孤立的过程，而是当作周期性的过程时，叫做资本的周转”[①]。因此，如果说资本周转是资本生命的全部，则“单个循环在资本的生活中只形成一个不断重复的段落，也就是一个周期”[②]。

考察资本的周转，必须从资本周转的质和量两个方面加以分析。在质上它表现为资本的可持续利用，资本周转可以刷新、反复与再生，即在公式 G…G′和 P…P′中所表现的：“预付的资本价值——无论它采取货币的形式，还是采取物质的生产要素的形式——是出发点，因而也是复归点。”[③] 在这里，预付的资本在完成它的运动后带着价值增殖重新回到它原来的形式上，并且能够重复同一过程。在量上资本周转表现为周转

① 《资本论》第2卷，人民出版社2004年版，第174页。
② 《资本论》第2卷，人民出版社2004年版，第174页。
③ 《资本论》第2卷，人民出版社2004年版，第172页。

速度，可以用周转时间和周转次数来表示。资本的周转时间，就是资本的预付到它增殖并回到原来形式的时间。“这种周转的持续时间，由资本的生产时间和资本的流通时间之和决定。这个时间之和形成资本的周转时间。因此，资本的周转时间计量总资本价值从一个循环周期到下一个循环周期的那段时间，计量资本生活过程经历的周期，或者说，计量同一资本价值的增殖过程或生产过程更新、重复的时间。”[①] 那么又如何计算资本的周转次数呢？如果我们用 U 表示“资本的周转的自然计量单位”(年)，用 u 表示一定资本的周转时间，用 n 表示资本的周转次数，则计算资本周转次数的公式为：

$$n=\frac{U}{u}$$

资本周转速度和周转时间成反比，资本周转速度和周转次数成正比。资本周转时间越短，周转速度越快，反之越慢。在一年时间内，资本周转次数越多，表明周转速度越快，反之越慢。

（二）影响资本周转的主要因素

研究资本周转关键在于考察资本的周转速度及资本的可持续利用。影响资本周转的主要因素包括生产资本的构成（固定资本和流动资本）、生产时间（劳动时间与非劳动时间）以及流通时间等。

1. 固定资本和流动资本。

(1) 形式区别。生产资本中的“真正的劳动资料”，如机器、厂房等这部分不变资本，一进入生产领域，就不再离开，“被固定在这个由劳动资料在生产过程中的职能所决定的形式上”[②]。它在执行职能而损耗使用价值的同时，会把一部分价值转移到新产品中去；另一部分价值则仍旧固定在劳动资料即生产过程中。只要劳动资料的生命没有完结，它的价值总是随着生产逐步转移，而总有一部分价值仍固定在使用形式上。“由

① 《资本论》第 2 卷，人民出版社 2004 年版，第 174 页。

② 《资本论》第 2 卷，人民出版社 2004 年版，第 177 页。

于这种特性，这部分不变资本取得了固定资本的形式”①。它转移的价值总是和它的全部职能时间成反比。固定资本自身的属性就决定了它具有独特的流通方式，即这个资本部分不是在它的使用形式上进行流通，进行流通的只是它的价值。独特的流通也就引起独特的周转。由于固定资本的价值一部分逐渐转移到新产品中去，一部分仍旧固定在原来的使用形式上，这就使固定资本的价值获得了双重存在，这个过程一直到它的寿命终结。

生产资本其余的要素，包括存在于辅助材料和原料上的不变资本及投在劳动力上的可变资本，由于它们的价值都是一次性完全转移到新产品中去，具有相同的周转方式，因而形成流动资本。流通资本的价值，“只是按制成产品所需要的时间而预付的，它要和由固定资本的大小所决定的生产规模相适应”②。投在劳动力和生产资料的流动资本，不仅在它们的价值上，而且在它们的物质形式上，要能不断地完成形态变化的全部循环，不断由商品再转化为同种商品的生产要素。

综上所述，我们可以提出以下结论：首先，固定资本和流动资本的“这种对立只有对生产资本并且在生产资本之内才是存在的”③。它们的形式规定性之所以产生，是由于在生产过程中执行职能的生产资本有不同的周转。而这种不同的周转不是由于生产资料在生产过程中有增殖价值的独特作用，而是由于它的不同组成部分，按照不同方式，把价值转移到产品中去而产生的。不同组成部分的价值转移产品的方式及它们的实物形式上更新的方式之所以有差别，又是由于生产资本借以存在的物质形态有差别，即“这个物质形态的部分在形成单个产品时全部消费掉，另一部分只是逐渐消耗掉”④。其次，固定资本周转的时间比流动资本周转的时间长，在固定资本周转一次的时间内，流动资本周转多次。因为固定资本的价值只是逐步地部分地随新生产出来的商品进入流通，而流动资本的价值则是一次性全部进入流通。再次，投在固定资本上的那部

① 《资本论》第 2 卷，人民出版社 2004 年版，第 177 页。
② 《资本论》第 2 卷，人民出版社 2004 年版，第 186 页。
③ 《资本论》第 2 卷，人民出版社 2004 年版，第 187 页。
④ 《资本论》第 2 卷，人民出版社 2004 年版，第 187 页。

分生产资本的价值，是一次预付而分批收回的。它的价值不断地作为商品的价值部分而流通并转化为货币，但它的使用价值形式“在一个或长或短的时间内，继续参加投入流通的商品的形成，但并不从流通中取出自身更新的要素”[①]。只有到生产资料完全不能用的时候，才会发生更新。最后，在生产过程连续进行中，流动资本的各种要素，要不断地在实物形式上更新，从而也能不断地“固定”在生产过程中。

(2) 固定资本的组成部分、补偿、修理和积累。在同一个投资中，固定资本的各个要素有不同的寿命，这是由它们的使用形态的磨损情况不同而引起的。磨损首先是由使用本身引起的，其次是自然力的影响造成的，同时，无形损耗也起着作用。因磨损之故，到一定时间就要用新的物质形态去替换旧的物质形态，即进行固定资本的补偿或更新。由于产业的进步，固定资本不是以原来的形式，而是以革新的形式进行补偿。这种趋势是由两方面的因素相制约着的：一方面，固定资本独特的流通与周转成为劳动资料迅速普遍改良的障碍；另一方面，竞争、危机又迫使旧的劳动资料提前结束自然寿命而用新的劳动资料来替换。固定资本的更新有全部更新和局部更新两种情况，而局部更新又是由两种不同情况引起的：一是由同一种组成部分构成的固定资本，因为这种组成部分的耐用时间不一样，所以要在不同期间一部分一部分地更新；二是由不同组成部分构成的固定资本，因为不同的组成部分在不同期间内损耗掉，所以必须在不同期间内进行补偿。

在固定资本的局部更新中会出现企业逐渐扩大的情况，类似于积累效应。但“这种规模扩大的再生产，不是由积累——剩余价值转化为资本——引起的，而是由从固定资本的本体分出来、以货币形式和它分离的价值再转化为追加的或效率更大的同一种固定资本而引起的。”[②] 这种扩大究竟能达到什么程度，以多大规模、多少准备金，用多长时间来进行，这部分取决于该企业的特殊性质，同时又取决于现有机器的局部改良能够达到什么程度，这当然取决于改良的性质的机器的构造，还取决

① 《资本论》第2卷，人民出版社2004年版，第188页。
② 《资本论》第2卷，人民出版社2004年版，第192页。

于可以利用的空间等客观实际情况。

为了使固定资本的物质形态得到正常的保持和使用，就需要进行维持和修理，为此也就要花费维修费用。固定资本的维持是部分地依靠劳动过程本身，即在劳动过程中通过使用而得到保存，这是“活劳动的无偿的自然恩惠”[①]。另外，固定资本的维持还要求有直接的劳动支出或追加劳动，投在这种劳动上的资本，或属于流动资本中要弥补一般非生产费用的部分，或作为流动资本的要素列入经常费用。真正的修理或修补需要支出资本和劳动，但这种支出不包括在原来预付的资本内，不能通过固定资本的价值转移得到补偿。这种追加支出的资本或劳动是按需偶然预付的，但经验可把它的平均量分配在固定资本的平均寿命期间，并以相应的部分加进产品的价格，从而通过产品的出售得到补偿。“这样得到补偿的追加资本也属于流动资本范围，虽然支出的方法不规则。”[②] 许多生产部门常常把修理费用和固定资本的实际损耗按以下方法合在一起计算，其要点是，缩短固定资本周转的时间，提高折旧率，把多余出来的周转时间内所转移的价值，用来补偿修理费用。另外，还要区分正常损耗和临时性修理，修理费用和保险费，以解决各自的补偿来源和承担者。

为补偿固定资本的损耗而逐渐流回的货币，在它未达到一定数量的货币额再转化为它的实物形式之前，通常闲置不用，作为折旧基金以贮藏货币的形式存在。随着信用制度的发展，这种货币不再执行贮藏货币的职能，而是执行资本的职能，不过不是在它的所有者手中，而是在另一些使用者手中。

（3）预付资本的总周转。“预付资本的总周转，是它的不同组成部分的平均周转”[③]。首先，流动资本的实物补偿总比固定资本要频繁，固定资本的周转时间比流动资本的周转时间长；其次，固定资本的不同组成部分，由于它们的物质形式及转移的价值不同，物质的补偿形式与补偿时间也不同，因此，“必须把固定资本不同部分的特殊周转化为周转的同

① 《资本论》第2卷，人民出版社2004年版，第193页。
② 《资本论》第2卷，人民出版社2004年版，第196页。
③ 《资本论》第2卷，人民出版社2004年版，第204页。

种形式，使它们只有量的差别，即只有周转时间上的差别”[①]。对预付资本总周转的计算，只能用货币资本循环（G…G′）的公式，它会提供周转的这种同一性，我们把预付生产资本的全部要素固定在货币形式上，这样，回到货币形式就是周转的终结。这样，我们就得到计算预付资本的总周转的公式：

预付资本的总周转＝年周转价值/预付资本量（次）

或＝预付资本量/年周转价值（年）

可见，“预付资本的价值周转，是和它的实际再生产时间，或者说，和它的各种组成部分的现实周转时间相分离的”[②]。预付总资本的周转，是指预付总资本周转一次；周转周期，是指固定资本周转一次，因此，“预付资本价值必须完成一个包含多次周转的周期”[③]。这说明预付资本总周转速度的快慢与生产资本的构成有着密切的关系。在总资本中固定资本占的比重越大，资本总的速度就越慢，流动资本所占比重越大，资本总周转的速度就越快。

2. 资本周转的时间。

资本周转要通过生产领域和流通领域，相应所需的时间为生产时间和流通时间。所以资本的周转时间等于它的生产时间和流通时间之和。

生产时间包括劳动时间和非劳动时间。劳动时间是指生产过程中劳动力与生产资料实际结合的众多依次进行、互相联系的工作日的总和。非劳动时间指的是不“受劳动力本身的自然界限制约的那种劳动过程的中断”，“是与劳动过程长短无关，而受产品的性质和产品制造本身的性质制约的那种中断”。[④] 在这个中断期间，劳动对象受过程的支配，经历物理的、化学的、生理的变化。这里要指出，在非劳动时间内因工人中止了劳动，因而不能创造价值和剩余价值，所以资本家总是力图减少非劳动时间，促使生产时间与劳动时间的差距缩小，趋于吻合，从而增长资本价值的增殖能力和对剩余价值的剥削水平。

---

① 《资本论》第2卷，人民出版社2004年版，第205页。
② 《资本论》第2卷，人民出版社2004年版，第206页。
③ 《资本论》第2卷，人民出版社2004年版，第206页。
④ 《资本论》第2卷，人民出版社2004年版，第266页。

流通时间包括企业购买生产资料和劳动力等生产要素的时间与商品销售时间，其中销售时间对资本周转的影响较大。销售时间的长短取决于市场需求状况、市场距离的远近、交通运输、信息通讯及产品价格的变化等。另外销售时间的长短还要受商品本身自然性质的限制。“由商品体本身会变坏所决定的商品资本流通时间的界限，就是流通时间的这一部分或商品资本作为商品资本能够经过的流通时间的绝对界限。”① 流通时间超过这个界限，商品中包含的资本价值和剩余价值都将丧失。购买时间的长短取决于市场的供应状况、供应点的距离、交通运输条件及生产资料市场得到发育的情况等。由于货币作为一般等价物的易换性和易流动性，所以正常情况下，预付资本在购买时间中转化为生产资本因素的速度比较快，不会像出售时间中资本由商品形状转化为货币形状那样困难和缓慢。资本在流通时间内执行的是货币资本和商品资本的职能，因而不能创造价值和剩余价值。资本的各个组成的部分在流通领域持续的时间越长，资本在生产领域不断执行职能的部分就必定越小。因此，“流通时间的延长和缩短，对于生产时间的缩短或延长，或者说，对于一定量资本作为生产资本执行职能的规模的缩小或扩大，起了一种消极限制的作用”②。

3. 资本周转速度对企业生产的影响。

企业生产的目的就是利润最大化，而资本周转的速度对其有直接的影响。加快资本周转的速度，即能最大效用地发挥资本的潜能，又可极大化地减少资本的占用额，从而加强资本的增殖性。

“我们把一年内生产的剩余价值总额和预付可变资本的价值额之比，称为年剩余价值率。”③ 属于流动资本周转范围的可变资本的周转，对于剩余价值的生产和实现，具有非常密切的关系。可变资本周转所实现的价值，不是它原来预付的价值，而是重新再生产的与预付价值相等的新价值。在可变资本的周转中，还伴随着剩余价值的周转和实现，从而使资本价值的增殖得以实现。所以，可变资本周转的速度及其发挥职能的

---

① 《资本论》第 2 卷，人民出版社 2004 年版，第 145 页。
② 《资本论》第 2 卷，人民出版社 2004 年版，第 142 页。
③ 《资本论》第 2 卷，人民出版社 2004 年版，第 328 页。

程度，决定着年剩余价值率的高低和年剩余价值的大小。

假设有A、B两个资本，它们的资本有机构成相同，c∶v=4∶1；工作日长度相等；剩余价值率也相等，m′=100%；每周投下的可变资本都是100元，设全年为50周；但是这两个资本周转速度不同，资本A每5周周转一次，这样一年就可周转10次，而资本B每50周周转一次，这样一年就只能周转一次。在以上情况下，资本A在每一次周转期间的5周中投下可变资本500元，因此，一个周转期间的剩余价值率=500m/500v=100%。这个100%乘以年周转的次数10，得年剩余价值率=5000m/500v=1000%。而资本B在它的一次周转期间的50周中则须投下可变资本5000元，产生剩余价值5000元。一年周转一次，所以年剩余价值率就等于一个周转期间的剩余价值率为100%。

由此可知，资本A的年剩余价值率是资本B的10倍，所以年剩余价值率的高低同可变资本的周转速度成正比，可变资本的周转速度越快，年剩余价值率就越高，反之则年剩余价值率越低。在这里我们也可以看到，要达到生产过程中相等的可变资本的实际使用额，若资本周转速度越快，则所须预付的可变资本愈少，从而能节约预付可变资本的数量。

资本周转期间的不等也会对整个社会的产品供应和货币需求产生重大影响。首先，资本周转快的企业，资本家用自己的货币基金预付可变资本的时间就短，和一定的生产规模相比，其数量就少，从而能节约预付资本，在剩余价值率一定时，他在一年内所榨取的剩余价值就多；而在资本周转慢的企业中，情况则相反。其次，资本周转快的企业，如A，其工人一年内不仅把货币工资投入市场，从市场中取走生活资料，同时也向市场投入了商品。而资本周转慢的企业如B，虽然一年内不断从市场中取走劳动力、劳动力所需的生活资料和生产资料，“但是，在一年内没有把任何产品投入市场，来补偿从市场上取走的生产资本的各种物质要素”[①]。这样一来，就会对社会产品的供应造成不平衡现象，需求增加，供给不足，遂使物价上涨，投机倒把猖狂，货币市场和商品市场失序。因而，社会生产要顺利发展，生产资料和劳动力的分配要在资本周转周

① 《资本论》第2卷，人民出版社2004年版，第349页。

期长短不同的生产部门或企业之间保持一定的比例关系，这是社会化大生产共有的经济规律。

资本周转的快慢对剩余价值的流通也有很大影响。首先，资本周转速度不同，从而剩余价值的实现迟早不同，结果会引起资本家个人消费基金支付上的差别。如前述的资本 A“有一个经常的周期收入，因此，除了企业开始的那一个周转期间以外，它自己一年内的消费，是靠它的剩余价值的生产偿付的，而不是由自己的基金预付的”①。而资本 B 的场合则相反，资本家一年中的个人消费必须由他过去积存的个人消费基金来满足。其次，资本周转速度不等，剩余价值实现快慢不同，对企业生产和再生产的规模会产生不同影响。如资本 A，由于它的剩余价值实现得快速，可以在一个时期内利用已实现的剩余价值，扩大企业的生产规模，支付固定资本的维修所需的追加资本，或改进设备以提高生产资料效率，进行外延的或内涵的扩大再生产。而资本 B 则无法做到这一点。另外，随着信用制度和资本市场、证券市场的发展，从社会角度来看，企业资本之间可通过银行进行互相借贷，这样剩余价值实现快的企业，不仅可以把一年内实现的剩余价值存入银行获取利息，也可以利用这些暂时闲着的资本进行证券等其他方面的资本投资取得利润，从而增强资本利用的可持续性。

二、加快中国企业资本周转的思路和对策

（一）加快供给侧改革，增强产品适应性，减少流通时间

马克思指出，生产资本可以分为固定资本和流动资本，而且“只有生产资本能够分为固定资本和流动资本”②。流动资本的价值经过一次循

① 《资本论》第 2 卷，人民出版社 2004 年版，第 354 页。
② 《资本论》第 2 卷，人民出版社 2004 年版，第 187 页。

环后其价值完全转移到了新产品中去，而固定资本的价值要经过多次的周转才能把自身价值全部转移到产品中去，也就是说流动资本的周转速度要比固定资本快。企业增加流动资本的比例固然可以加快资本周转速度，但也必须正确处理好流动资本与固定资本的比例关系。固定资本主要以厂房、机器设备等形式存在，其中的机器设备是生产力水平的最主要标志，它在总资本中的比例越高，就意味着工具越先进，人们的劳动效率就越高，从而对劳动对象的加工处理能力就越强，流动资本的周转速度就越快。正因为如此，我们要大力发展高端制造业，提升装备制造业水平，淘汰落后产能，推动工业产业的转型升级。所以，我们要大力推动供给侧结构性改革。

供给侧结构性改革的含义是：用改革的办法推进结构调整，减少无效和低端供给，扩大有效和中高端供给，增强供给结构对需求变化的适应性和灵活性，提高全要素生产率，使供给体系更好适应需求结构变化。说通俗一点，就是要提高产品质量，让大家不出国门就能买得既开心又放心。放眼看去，国内海淘大军如此凶猛，难道国内真就生产不出同类产品？恐怕不是。目前，全球 500 多种工业品中，中国 220 多种的产量位居世界第一，消费品的生产能力十分可观。供给和需求出现错配，导致有效供给不足，国内生产水平无法完全满足消费结构升级的需要。从现实来看，技术含量低、附加值低、品质低的商品充斥市场，而处于生命周期的导入期或成长期的商品却极其稀缺。这造成了两方面的问题：一方面产能过剩，商品积压卖不出去；另一方面，高品质的、绿色环保的产品短缺。低端产品积压，没有进入消费状态，就一直停留在流通领域，成为库存，导致流通时间很长，从而资本的周转就变慢了，资金的使用效率也就降低了。

供给和需求是经济运行的内在动力。党的十八大以来，我们一直强调以消费升级促进产业升级，培育形成新供给新动力。近些年的数据显示，消费对中国经济增长的贡献率达到 60%，超过投资和出口。所以，当前消费主导型的经济已经初步建立。不过我们也要看到，中国巨大的消费潜力还远远没有得到释放，一些消费需求在国内并未得到有效供给。逢年过节，太多中国人出境旅游、海外购物，连马桶盖、纸尿裤等日用品都千里迢迢背回来。需求外溢、消费外流不可谓不严重，这说明中国国内经济的供给侧还较乏力，供需关系亟待理顺。

所以，中国当前的供需关系正面临着不可忽视的结构性失衡。“供需错位”已成为阻挡中国经济持续增长的最大路障。一方面，过剩产能已成为制约中国经济转型的一大包袱；另一方面，中国的供给体系与需求侧严重不配套，总体上是中低端产品过剩，高端产品供给不足。此外，中国的供给侧低效率，无法供给出合意的需求。因此，强调供给侧改革，就是要从生产、供给端入手，调整供给结构，为真正启动内需、打造经济发展新动力寻求路径。

要推动供给侧改革，必须实施创新驱动战略，开辟供给空间。中国经济多年来的高速增长很大程度上得益于要素驱动和投资驱动，但是，经济进入新常态后，要素红利渐行渐远，投资驱动风光不再。新的历史时期，中国要继续发挥经济巨大潜能和强大优势，必须加快转变经济发展方式，着力推进供给侧结构性改革，坚定不移实施创新驱动发展战略，提高发展质量和效益，加快培育形成新的增长动力。

为此，党的十八大报告明确提出：“科技创新是提高社会生产力和综合国力的战略支撑，必须摆在国家发展全局的核心位置。”强调要坚持走中国特色自主创新道路，实施创新驱动发展战略。

“创新驱动发展战略”有两层含义：一是中国未来的发展要靠科技创新驱动，而不是传统的劳动力以及资源能源驱动；二是创新的目的是为了驱动发展。(1) 实施创新驱动发展战略，对中国形成国际竞争新优势、增强发展的长期动力具有战略意义。改革开放 30 多年来，中国经济快速发展主要源于发挥了劳动力和资源环境的低成本优势。进入发展新阶段，中国在国际上的低成本优势逐渐消失。与低成本优势相比，技术创新具有不易模仿、附加值高等突出特点，由此建立的创新优势持续时间长、竞争力强。实施创新驱动发展战略，加快实现由低成本优势向创新优势的转换，可以为中国持续发展提供强大动力。(2) 实施创新驱动发展战略，对中国提高经济增长的质量和效益、加快转变经济发展方式具有现实意义。科技创新具有乘数效应，不仅可以直接转化为现实生产力，而且可以通过科技的渗透作用放大各生产要素的生产力，提高社会整体生产力水平。实施创新驱动发展战略，可以全面提升中国经济增长的质量和效益，有力推动经济发展方式转变。(3) 实施创新驱动发展战略，对降低资源能源消耗、改善生态环境、建设美丽中国具有长远意义。实施创新驱动发展战略，加快产业技术创新，用高新技术和先进适用技术改造提升传统产业，既可以降低消耗、减少污染，改变过度消耗资源、污染环境的发展模式，又可以提升产业竞争力。

历史经验表明，人类文明每一次重大进步都与科学技术的革命性突破密切相关。当今世界，科学技术日益成为经济社会发展的主要驱动力，科学技术迅猛发展，新的科技革命正在孕育和兴起，科技创新和产业发展的相互结合，经济全球化和信息化的交叉发展，为我们带来了必须抓住和用好的机遇。党的十八大提出实施创新驱动发展战略，为我们推动发展更多依靠创新驱动指明了方向。

第一，进一步提高自主创新能力。一是大力培育和发展战略性新兴产业，围绕战略性新兴产业需求部署创新链，突破技术瓶颈，掌握核心关键技术。二是加快新技术新产品新工艺研发应用，加强技术集成和商业模式创新。三是运用高新技术加快改造提升传统产业，在重点产业领域建设技术创新平台，加快科技成果转化应用，提升传统产业创新发展能力。四是加快农业科技创新，完善科技促进农业发展机制，不断健全现代农业技术体系。五是大力发展关系民生和社会管理创新的科学技术，加快推进涉及人口健康、食品药品安全、防灾减灾、安全生产、生态环境和应对气候变化等领域的科技创新，加快建设社会管理领域的科技支撑体系，使科技创新成果惠及广大人民群众。六是完善知识创新体系，强化基础研究、前沿技术研究、社会公益技术研究，提高科学研究水平和成果转化能力，抢占科技发展战略制高点。

第二，进一步深化科技体制改革。一是着力强化企业技术创新主体地位，构建以企业为主体、市场为导向、产学研相结合的技术创新体系。建立企业主导产业技术研发创新体制机制，促进技术、人才等创新要素向企业研发机构流动，培育和壮大创新型企业。鼓励产学研开展深度合作，真正使企业成为技术创新决策、研发投入、科研组织、成果转化的主体。二是着力提高科研院所和高等学校服务经济社会发展能力。充分发挥国家科研机构骨干和引领作用，深化科研院所分类改革，建立健全现代科研院所制度，引导和鼓励民办科研机构发展，加快世界一流大学和高水平大学建设，提高高等学校科技创新能力。三是推动创新体系协调发展。以全球视野谋划和推动创新，提高原始创新、集成创新和引进消化吸收再创新能力，更加注重协同创新。四是深化科技管理体制改革，完善统筹协调科技宏观决策体系，建立全国科技重大决策机制，完善中央和地方、科技相关部门、科技部门和其他部门之间的沟通协调机制，建立健全科技项目决策、执行、评价相对分开、互相监督的运行机制。

第三，进一步优化创新环境。一是完善和落实促进科技成果转化，促进科技和金融结合，加强知识产权创造、运用、保护、管理，加强对科技创新活动和科技成果的法律保护，为科技创新提供有力保障。二是切实建立健全科研活动行为准则和规范，加强科研诚信和科学伦理教育，发挥科研机构和学术团体自律功能，倡导创新光荣，鼓励独立思考，保障学术自由，营造宽松包容、奋发向上的学术氛围，厚植创新土壤。三是把科学普及放在与科技创新同等重要的位置，提高全民科学文化素质，弘扬中华民族创新精神，在全社会进一步形成讲科学、爱科学、学科学、用科学的深厚氛围和良好风尚，激发全社会创新活力。

第四，进一步扩大科技开放合作。一是注重开展多种形式的国际和地区科技交流合作，加大利用全球科技资源力度，加强技术引进和合作。二是注重围绕国家战略需求参与国际大科学计划和大科学工程，鼓励我国科学家发起和组织国际科技合作计划，支持企业和科研机构到海外建立研发机构。三是注重支持国际学术机构、跨国公司等来华设立研发机构，吸引全球科技人才来华创新创业。四是注重完善政府间科技合作机制，提升对外科技合作水平，推进科技援外，加强民间科技合作。

（二）大力发展共享经济，加快资本周转速度

马克思在《资本论》中指出，资本的周转时间由两部分决定，一是生产时间，另一是流通时间。生产时间又分为劳动时间和非劳动时间。企业要提高经济效益必须提高生产的效率和流通速度，就必须努力缩短

生产时间和流通时间。而要缩短生产时间和流通时间，就要大力发展共享经济。

共享经济（sharing economy），也称分享经济，是指能让商品、服务、数据（资源）及（人的）才能等具有共享渠道的经济社会体系。[①] 在微观的商业模式上，是指利用任何有价值的固定资产、流动资产等生产资料、闲散资源、特殊技能等来进行商品生产或服务的提供。这种模式不占有生产资料或资源，但是使访问和使用资源的能力和途径变得更快捷更有效，体验更加优质，负担更轻。这种模式，在产能过剩、去库存的时代，使得大量闲散、闲置和盈余的设备、房屋等生产资料，重新被利用，重新进入生产过程，从而在宏观层面上，使整个社会的资本周转加快了。

共享经济颠覆性地影响传统商业模式。就生产者而言，市场交易成本的降低导致传统企业边界收缩，带来个体经济的强势回归。对于消费者而言，交易成本的下降引发“以买为主”向“以租为主”的转变，增加了消费者的福利。通过“自由人”的联合，共享经济给了供求双方更自由的选择，也自下而上推动着制度变革，提升了经济运行的效率。

当经济增速放缓、传统增长模式难以为继的时候，培育新的增长点变得十分必要与迫切，共享经济是这一背景下值得关注的领域。在共享经济模式下，人们租或者借一种商品和技能，而不是通过购买所有权来享受其提供的服务，闲置资源的使用率得以提高。

共享经济的本质是整合线下的闲散物品或服务者，让他们以较低的价格提供产品或服务。对于供给方来说，通过在特定时间内让渡物品的使用权或提供服务，来获得一定的金钱回报；对需求方而言，不直接拥有物品的所有权，而是通过租、借等共享的方式使用物品。

共享经济的发展需要共享经济平台，而互联网的深入发展以及新一代信息技术与创新 2.0 模式的互动演进推动了共享经济的发展和共享经济平台的建设。共享经济的发展本质上是个去中介化和再中介化的过程。

---

① 陆首群：《分享经济是信息经济发展的典型创新 2.0 模式》，见《办公自动化》2015 年第 21 期。

去中介化：共享经济的出现，打破了劳动者对商业组织的依附，他们可以直接向最终用户提供服务或产品。再中介化：个体服务者虽然脱离商业组织，但为了更广泛地接触需求方，他们接入互联网的共享经济平台。共享经济平台的出现，在前端帮助个体劳动解决办公场地、资金的问题，在后端帮助他们解决集客的问题。同时，平台的集客效应促使单个的商户可以更好地专注于提供优质的产品或服务。

但是，共享经济发展也面临着不少障碍。

第一，共享经济的发展和实践，需要监管体系重构。当前的经济社会管理制度是建立在工业经济和工业化大生产基础上的，强调集权、层级管理、区域与条块分割等管理方式，注重事前审批和准入。基于网络的分享经济具有典型的网络化、跨区域、跨行业等特征，监管体系中很多制度不能适应当前发展。许多新业态游走在监管的灰色地带，如股权众筹在中国还处于法律与监管的模糊地带；有些创新实践则面临不合理的制度要求，如从事互联网教育的企业被要求配置线下教学用地，否则不予审批。

第二，创新引发利益调整，需要统筹和协调。共享经济发展大大降低了诸多行业的进入门槛，共享型企业拥有显著的成本优势、创造无限供给的能力、趋近于零的边际成本，使传统企业面临巨大竞争压力。在具有排他性的垄断市场中，共享型企业的进入及其快速扩张的发展态势冲击着原有的商业逻辑和经济秩序，直接引发了社会财富和利益的重新分配，不可避免地会遇到来自既得利益者的质疑和阻挠。

第三，产业发展尚不成熟，许多问题有待解决。共享经济模式下产品与服务的供给方通常是大量不确定的个人或组织，尤其是当前诸多领域的共享经济都处于探索阶段和发展初期，其服务和产品的安全性、标准化、质量保障体系、用户数据保护等方面仍存在不足和隐患。

第四，观念认识不到位，原有法规不适应。迄今为止，人们对于共享经济的理解还只是实证分析和现象观察，系统科学的理论研究还比较缺乏。比如，共享经济发展的社会财富效应、对社会就业总量和结构的影响、相关宏观制度设计等，既没有系统的理论指导，也缺乏有效的数据支撑。共享经济如何改变我们的生活，对传统的商业模式有怎样的颠覆性影响，对宏观经济又将产生什么样的影响，这些问题也都需要我们更好地去研究。

（三）加快发展固定资产租赁市场，进一步完善租赁经营制度

马克思在论述固定资本的折旧时明确指出，固定资本的磨损有两种形式，一种是有形磨损，一种是无形磨损。而造成无形磨损的原因主要有两个：一是由于劳动生产率的提高，生产同样的机器设备所需要的劳动时间缩短，从而使单位产品的价值量下降，造成旧机器的贬值；二是由于技术的改进，用质量更高、效率更好的机器取代原有的旧机器，使旧机器丧失了使用价值。由无形磨损造成的经济损失是不能在商品成本上体现的，要由企业承担损失，所以对企业是十分不利的。根据马克思的资本有机构成理论，随着社会生产力的发展，资本有机构成有不断提高的趋势，也就是说固定资本在总资本中的比例逐渐上升，而且固定资本的周转速度比流动资本的速度慢，从而减缓了总预付资本周转。这对企业来说无疑是非常不利的，为了加快资本的周转速度，企业必然要寻求新的方法来解决这个问题。

固定资本的租赁，是共享经济的组成部分，也是加快企业资本周转的好模式。租赁是典型的直接融资形式，所以也称之为融资租赁，既可以解决企业的资金短缺问题，也可以使企业减少固定资本无形磨损的风险。中国的市场体系建设虽然取得明显成就，但与建设现代市场体系的要求相比还有差距。建设融资租赁业务可以提高生产要素的利用效率，实现较快的经济增长速度。

人类社会的进步表现为生产力的巨大提高，而生产力提高的主要标志是劳动工具的改进，劳动工具的改进使人类征服自然、改造自然的能力大大增强。企业产生后，在生产工具的改进方面具有不可磨灭的贡献。企业为了实现利润最大化而进行生产、销售活动，但产品的价值是由社会必要劳动时间决定的，企业为了降低单位商品单位价值必然要改进技术，采用、更新更先进的设备，从而缩短个别劳动时间，获得超额利润。随着大量企业的技术改进，社会必要劳动时间减少，单位商品的价值量

下降，人类创造的物质财富增加。但企业对先进技术与设备的采用是以资金为保证的，这无疑增加了企业的资金需求量。如果企业因为资金问题而不能及时采用先进的设备，那么在竞争中就会处于不利的地位。传统的企业多是通过购买而实现设备更新，这对企业形成了强大的资金压力。为此，在现代企业经营中，为了化解资金短缺与财务风险，融资租赁就应运而生，成为现代国内、国际贸易的一种新形式。

所谓租赁就是承租人和出租人之间签订合同，规定承租人拥有使用租赁资产的权利，同时必须向资产的所有者即出租人支付租金的行为。在租赁行为中，出租人可以是资产的制造商，也可以是独立的租赁公司。根据租赁资产所有权有关的风险和报酬归属于出租人或承租人的程度不同，可将租赁分为融资租赁和经营租赁两种。融资租赁就是与资产的所有权有关的风险和报酬实质上已全部转移的租赁方式。这种租赁方式主要是企业为了获得急需的资产设备而采用的一种租赁形式。融资租赁又可分为直接租赁、杠杆租赁、转租赁和售后租回等形式。

经营租赁，主要是为了解决在生产经营中临时需要的设备而短时期向出租人承租的租赁形式，这不涉及设备的所有权。经营租赁较融资租赁的优点主要在于经营租赁具有表外融资作用。所谓表外融资是指在资产负债表上未予以反映的融资行为，在表中既不反映资产的增加也不反映负债的增加；其实质是通过各种协议等方式控制、使用某项资产或者与某项资产继续保持密切的联系，而又不将相关的负债反映在资产负债表的行为。企业通过经营租赁，并不增加资产负债表上的资产和负债数额，可以降低企业的资产负债率，增强企业的融资能力，这样做一举两得，既可以使企业获得大量的使用权，又可以保持良好的资产收益率。正是因为这一优势，使经营租赁逐步发展成为一种比较受欢迎的租赁方式。①

融资租赁行为属于投资信贷行为，但又不同于普通的投资信贷，有其自身的优点。

首先，融资租赁实现资金运动与实物运动的有机结合，有利于加速

① 卢洁琼：《关于租赁分类新标准的思考》，见《现代商业》2007 年第 23 期。

企业的资本周转。以商品形态和资金相结合提供信用是融资租赁的主要特点。租赁公司不是向企业直接贷款，而是代用户购入机器设备，以融物代替融资。它既不是一般的商品交易，又不是真正意义的金融信贷，而是将金融贷款与购买设备这两个过程融合在一起。这一点对中国企业来说有着重要的意义，从企业的角度看，通过融资租赁不仅可以降低负债总额，解决资金紧张等问题，而且有利于加快总预付资本周转速度，从而提高年利润率，带来更多的利润。

其次，融资租赁不影响企业决策的独立性。在融资租赁期间，承租人只向出租人缴纳租金，出租人不会干涉企业的独立决策，这一点比银行信贷优越。中国现行的融资政策中，作为主办账户的银行出于控制资金风险的考虑，在一定程度上要干涉企业的经营行为；日本的主银行制度更使银行要主动参与到企业的经营决策中去，以在一定的范围内控制银行的资金风险系数。在融资租赁中，出租人可以按照承租人的要求购买指定的设备，在承租期间不发生所有权的转移，承租期满后，承租人有自由选择续租或退租。所以融资租赁相对银行信贷来说，企业的自主权大多了，而且经营风险也相应降低。

近年来，中国融资租赁业取得长足发展，市场规模和企业竞争力显著提高，在推动产业创新升级、拓宽中小微企业融资渠道、带动新兴产业发展和促进经济结构调整等方面发挥着重要作用。但总体上看，融资租赁对国民经济各行业的覆盖面和市场渗透率远低于发达国家水平，行业发展还存在管理体制不适应、法律法规不健全、发展环境不完善等突出问题。[①] 为此，国务院办公厅 2015 年 8 月 31 日公开发布了《国务院办公厅关于加快融资租赁业发展的指导意见》，部署了关于融资租赁业发展的主要任务。

一是改革制约融资租赁发展的体制机制。

加快推进简政放权。进一步转变管理方式，简化工作流程，促进内外资融资租赁公司协同发展。支持自由贸易试验区在融资租赁方面积极探索、先行先试。对融资租赁公司设立子公司，不设最低注册资本限制。

---

① 《国务院办公厅关于加快融资租赁业发展的指导意见》，国办发〔2015〕68 号。

允许融资租赁公司兼营与主营业务有关的商业保理业务。

理顺行业管理体制。加强行业统筹管理，建立内外资统一的融资租赁业管理制度和事中事后监管体系，实现经营范围、交易规则、监管指标、信息报送、监督检查等方面的统一。引导和规范各类社会资本进入融资租赁业，支持民间资本发起设立融资租赁公司，支持独立第三方服务机构投资设立融资租赁公司，促进投资主体多元化。

完善相关领域管理制度。简化相关行业资质管理，减少对融资租赁发展的制约。进口租赁物涉及配额、许可证、自动进口许可证等管理的，在承租人已具备相关配额、许可证、自动进口许可证的前提下，不再另行对融资租赁公司提出购买资质要求。根据融资租赁特点，便利融资租赁公司申请经营许可或办理备案。除法律法规另有规定外，承租人通过融资租赁方式获得设备与自行购买设备在资质认定时享受同等待遇。支持融资租赁公司依法办理融资租赁交易相关担保物抵（质）押登记。完善和创新管理措施，支持融资租赁业务开展。规范机动车交易和登记管理，简化交易登记流程，便利融资租赁双方当事人办理业务。完善船舶登记制度，进一步简化船舶出入境备案手续，便利融资租赁公司开展船舶租赁业务。对注册在中国（广东）自由贸易试验区、中国（天津）自由贸易试验区海关特殊监管区域内的融资租赁企业进出口飞机、船舶和海洋工程结构物等大型设备涉及跨关区的，在确保有效监管和执行现行相关税收政策的前提下，按物流实际需要，实行海关异地委托监管。按照相关规定，将有接入意愿且具备接入条件的融资租赁公司纳入金融信用信息基础数据库，实现融资租赁业务的信用信息报送及查询。

二是加快重点领域融资租赁发展。

积极推动产业转型升级。鼓励融资租赁公司积极服务“一带一路”、京津冀协同发展、长江经济带、“中国制造 2025”和新型城镇化建设等国家重大战略。鼓励融资租赁公司在飞机、船舶、工程机械等传统领域做大做强，积极拓展新一代信息技术、高端装备制造、新能源、节能环保和生物等战略性新兴产业市场，拓宽文化产业投融资渠道。鼓励融资租赁公司参与城乡公用事业、污水垃圾处理、环境治理、广播通信、农田水利等基础设施建设。在公交车、出租车、公务用车等领域鼓励通过融资租赁发展新能源汽车及配套设施。鼓励融资租赁公司支持现代农业发展，积极开展面向种粮大户、家庭农场、农业合作社等新型农业经营主体的融资租赁业务，解决农业大型机械、生产设备、加工设备购置更新资金不足问题。积极稳妥发展居民家庭消费品租赁市场，发展家用轿车、家用信息设备、耐用消费品等融资租赁，扩大国内消费。

加快发展中小微企业融资租赁服务。鼓励融资租赁公司发挥融资便利、期限灵活、财务优化等优势，提供适合中小微企业特点的产品和服务。支持设立专门面向中小微企业的融资租赁公司。探索发展面向个人创业者的融资租赁服务，推动大众创业、万众创新。推进融资租赁公司与创业园区、科技企业孵化器、中小企业公共服务平台等合作，加大对科技型、创新型和创业型中小微企业的支持力度，拓宽中小微企业融资渠道。

大力发展跨境租赁。鼓励工程机械、铁路、电力、民用飞机、船舶、海洋工程装备及其他大型成套设备制造企业采用融资租赁方式开拓国际市场，发展跨境租赁。支持通过融资租赁方式引进国外先进设备，扩大高端设备进口，提升国内技术装备水平。引导融资租赁公司加强与海外施工企业合作，开展施工设备的海外租赁业务，积极参与重大跨国基础设施项目建设。鼓励境外工程承包企业通过融资租赁优化资金、设备等资源配置，创新工程设备利用方式。探索在援外工程建设中引入工程设备融资租赁模式。鼓励融资租赁公司“走出去”发展，积极拓展海外租赁市场。鼓励融资租赁公司开展跨境人民币业务。支持有实力的融资租赁公司开展跨境兼并，培育跨国融资租赁企业集团，充分发挥融资租赁对我国企业开拓国际市场的支持和带动作用。

三是支持融资租赁创新发展。

推动创新经营模式。支持融资租赁公司与互联网融合发展，加强与银行、保险、信托、基金等金融机构合作，创新商业模式。借鉴发达国家经验，引导融资租赁公司加快业务创新，不断优化产品组合、交易结构、租金安排、风险控制等设计，提升服务水平。在风险可控前提下，稳步探索将租赁物范围扩大到生物资产等新领域。支持融资租赁公司在自由贸易试验区、海关特殊监管区域设立专业子公司和特殊项目公司开展融资租赁业务。探索融资租赁与政府和社会资本合作（PPP）融资模式相结合。

加快发展配套产业。加快建立标准化、规范化、高效运转的租赁物与二手设备流通市场，支持建立融资租赁公司租赁资产登记流转平台，完善融资租赁资产退出机制，盘活存量租赁资产。支持设立融资租赁相关中介服务机构，加快发展为融资租赁公司服务的专业咨询、技术服务、评估鉴定、资产管理、资产处置等相关产业。

提高企业核心竞争力。引导融资租赁公司明确市场定位，集中力量发展具有比较优势的特定领域，实现专业化、特色化、差异化发展。支持各类融资租赁公司加强合作，实现优势互补。鼓励企业兼并重组。鼓励融资租赁公司依托适宜的租赁物开展业务，坚持融资与融物相结合，提高融资租赁全产业链经营和资产管理能力。指导融资租赁公司加强风险控制体系和内控管理制度建设，积极运用互联网、物联网、大数据、云计算等现代科学技术提升经营管理水平，建立健全客户风险评估机制，稳妥发展售后回租业务，严格控制经营风险。

四是加强融资租赁事中事后监管。

完善行业监管机制。落实省级人民政府属地监管责任。建立监管指标体系和监管评级制度，鼓励融资租赁公司进行信用评级。加强行业风险防范，利用现场与非现场结合的监管手段，强化对重点环节及融资租赁公司吸收存款、发放贷款等违法违规行为的监督，对违法违规融资租赁公司及时要求整改或进行处罚，加强风险监测、分析和预警，切实防范区域性、系统性金融风险。建立企业报送信息异常名录和黑名单制度，加强融资租赁公司信息报送管理，要求融资租赁公司通过全国融资租赁企业管理信息系统及时、准确报送信息，利用信息化手段加强事中事后监管。建立部门间工作沟通协调机制，加强信息共享与监管协作。

发挥行业组织自律作用。加快全国性行业自律组织建设，履行协调、维权、自律、服务职能，鼓励融资租赁公司加入行业自律组织。加强行业自我约束机制建设，鼓励企业积极承担社会责任，大力提升行业的国际影响力。

第八章

社会资本再生产理论在社会主义市场经济中的运用

一、马克思的社会资本再生产理论

马克思关于社会资本再生产的基本原理，是在批判资产阶级政治经济学的基础上创建起来的。重农学派的代表人物魁奈和他的《经济表》虽然对再生产提出了杰出的见解，但由于他只是把社会总生产在实物形态上划分为农业和工业，不懂得把社会生产区分为两大部类，因而不懂得年产品在价值形式上的实现和物质形式上的补偿问题，这就不可能建立起科学的系统的再生产理论。魁奈以后，资产阶级政治经济学中占统治地位的是斯密的错误教条。它把社会总产品的价值分解为工资、利润和地租三种收入，从这一错误教条出发，斯密断言全部生产物的价值归根结底是由消费者来实现的。这样，斯密一方面在总产品价值构成中抛弃了不变资本，另一方面又在总产品价值的实现问题上混同了生产消费和个人消费的区别，抹杀了生产资料作为不变资本来发挥作用的功能。由于存在这两个主要错误，使得斯密对再生产理论的阐述比魁奈退步了。但斯密的理论一直影响着整个资产阶级的经济学界，使他们都跳不出“斯密教条”的束缚，当然也不可能对再生产理论作出新的贡献。

马克思批判了斯密等的再生产理论中的错误部分，吸收其某些合理的成分，解决了他们所不能解决的问题，从而创建了科学的社会资本再生产理论。恩格斯在评价马克思的再生产理论时指出：《资本论》第二卷第三篇，“这是重农学派以后第一次在这里对资本主义社会商品和货币的总循环最出色的阐述”[①]。我们在这里研究的社会资本再生产理论包含《资本论》第二卷第三篇的主要内容，概括而言，主要有如下几点。

（一）简单再生产

马克思社会资本再生产理论的重点，是对社会总资本简单再生产的分析。简单再生产并不是资本主义再生产的特征。对剩余价值的无限贪欲和激烈的竞争都迫使每个资本家不断进行积累，而生产条件在不同年份也不是绝对不变的，这说明无论是资本主义再生产的社会经济条件，还是它的物质技术条件，都不容许只进行简单再生产。因此，简单再生产只是一个理论上的抽象。把简单再生产作为分析的重点，是因为在解决社会总资本再生产的核心问题——实现问题时，主要的困难“不是发生在对积累的考察上，而是发生在对简单再生产的考察上”[②]。同时还因为简单再生产不仅是一个理论上的抽象，而且还是扩大再生产的一个现实因素，扩大再生产不过是简单再生产的展开。正如马克思指出的：“只要有积累，简单再生产总是积累的一部分，所以，可以就简单再生产本身进行考察，它是积累的一个现实因素。”[③] 同时，在规模扩大的再生产中，简单再生产总是扩大的再生产总体中最重要的一部分。马克思也正是把简单再生产作为积累的一个因素、扩大再生产的一个最重要的组成部分来加以考察的。

为了阐明简单再生产条件下社会总产品的实现问题，马克思首先提出了作为再生产理论所依据的基本前提。列宁指出：“马克思的理论（指再生产理论——引者注）所依据的基本前提是下面两个原理。第一个原理，资本主义国家的总产品和个别产品一样，都是由下面三个部分组成的：(1) 不变资本，(2) 可变资本，(3) 额外价值。……第二个原理，必须区分资本主义生产的两大部类：第Ⅰ部类是生产资料的生产，即用于生产消费、用于投入生产的物品的生产，不是由人消费而是由资本消

---

① 《马克思恩格斯〈资本论〉书信集》，人民出版社 1976 年版，第 581 页。

② 《资本论》第 2 卷，人民出版社 2004 年版，第 410 页。

③ 《资本论》第 2 卷，人民出版社 2004 年版，第 438 页。

费的物品的生产；第Ⅱ部类是消费品的生产，即用于个人消费的物品的生产。”[①] 也就是说，作为马克思再生产理论基本前提的两个基本原理是：第一，社会总产品在物质形态上（或从使用价值上看）必须分为两大部类（即生产资料生产和消费资料生产）；第二，社会总产品在价值形态上必须分为三个部分（即不变资本、可变资本、剩余价值）。

从使用价值看，从社会总产品的物质形态看，社会总产品分为生产资料和消费资料两大类，前者进入生产过程，用于生产消费，后者脱离流通领域，用于个人消费。这两大部类中，每一部类的不同生产部门，总合起来都形成一个单一的大的生产部门：一个是生产资料的生产部门，称为第Ⅰ部类（Ⅰ）；一个是消费资料的生产部门，称为第Ⅱ部类（Ⅱ）。两个生产部门各自使用的全部资本，都包括可变资本和不变资本两部分，它们都形成社会资本的一个特殊的大部类。

从社会总产品的价值形态看，每一部类的总产品价值都是由三个部分组成：一部分代表在生产中消费的生产资料，按其价值转移到新产品中去的不变资本部分，即c；另一部分是工人新创造的价值，用于补偿预付可变资本的部分，即v；又一部分是工人新创造的价值，被资本家无偿占有的剩余价值部分，即m。

把社会总产品在物质形态上分为两大部类，在价值上分为三个部分，是以社会总产品的不同组成部分在社会再生产中的不同地位和作用为根据的。某些产品在实物形态上可以有多种用途，并不否定两大部类区分的正确性。因为在再生产过程中，它们最终的经济用途只能有一个：或者作为消费资料用收入来支付，用于资本家和工人的个人消费；或者作为生产资料用以补偿资本的耗费，进入生产消费的领域。马克思提出的理论，纠正了在马克思以前的政治经济学中占统治地位的斯密教条的错误，为确立科学的再生产理论奠定了坚实的基础。在这个基础上，马克思提出了再生产的著名图式，并运用这一图式从理论上全面地揭示了社会总资本再生产过程的各个主要方面和基本因素的内在联系。依据上述两个基本前提的原理，马克思提出了资本主义条件下简单再生产的图

① 《列宁选集》第1卷，人民出版社1995年版，第177—178页。

式是：

Ⅰ. 4000c＋1000v＋1000m＝6000

Ⅱ. 2000c＋500v＋500m＝3000

即：第Ⅰ部类的资本 5000 万元，有机构成为 4∶1，剩余价值率为 100%，因而第Ⅰ部类总产品价值为 6000 万元，这些产品是以生产资料的物质形态存在的。第Ⅱ部类的资本为 2500 万元，有机构成仍然是 4∶1，剩余价值率同样为 100%，因而第Ⅱ部类总产品价值为 3000 万元，这些产品是以生活资料的形式存在着的。

这个图式中各种必要的交换如下式：

②

Ⅰ [4000c]＋[1000v＋1000m]＝6000

①　　③

Ⅱ [2000c]＋[500v＋500m]＝3000

这个图式表明，简单再生产基础上的交换，包括三大要点：

（1）两大部类之间的交换。第Ⅰ部类 1000v＋1000m＝2000，这是以第Ⅱ部类所需要的生产资料形态存在的，可是其价值是要用于第Ⅰ部类工人和资本家购买消费资料的。因此，它们必须同第Ⅱ部类与它们在价值量上相等的不变资本部分 2000c 相交换；第Ⅱ部类 2000c，是以消费资料形态存在的，可是，其价值是要用于购买生产中已经消耗的生产资料，以补偿不变资本的。因此，它也必须同第Ⅰ部类与它们在价值量上相等的 1000v＋1000m 相交换。通过两大部类之间的这种交换，第Ⅰ部类的工人和资本家得到了价值 2000 的消费资料，第Ⅱ部类的资本家得到了价值 2000 的生产资料。

（2）第Ⅰ部类内部的交换。第Ⅰ部类的 4000c，是由第Ⅰ部类资本家所需要的各种生产资料形态构成的，只能用于第Ⅰ部类，以便补偿该部类消费掉的不变资本。因此，要通过第Ⅰ部类内部各个资本家之间的互相交换来解决。

（3）第Ⅱ部类内部的交换。第Ⅱ部类的 500v＋500m，是要作为工人工资和资本家的收入用来购买消费资料的，也是以价值 1000 的消费资料形态存在的。生产消费资料的第Ⅱ部类，是由种类繁多的产业部门构成的，但是，按它们的产品来说，又可以分为两大分部类：一是必要生活资料，它们不仅是供给工人阶级生活消费所需要的，而且也是资产阶级所必要的一部分消费资料；二是奢侈品，它是用于资本家个人消费的，只能和资本家花费的剩余价值相交换。因此，第Ⅱ部类内部的交换只有通过第Ⅱ部类的工人和资本家之间、资本家和资本家之间的交换来解决。

通过对再生产运动中三种必要的交换的分析，马克思得出三个基本规律：即（1）Ⅰ(v+m)=Ⅱc；（2）Ⅱ(c+v+m)=Ⅰ(v+m)+Ⅱ(v+m)；（3）Ⅰ(c+v+m)=Ⅰc+Ⅱc。在这三个基本规律中，第一个规律是简单再生产最基本的实现条件，它反映了简单再生产条件下两大部类之间最基本的比例关系，用最概括的形式表明了两大部类之间互相依赖、互相制约、互为条件、互为市场的关系。后两个规律是从第一个规律中派生出来的，它们分别反映了消费资料的生产和个人消费、生产资料的生产和生产消费之间的联系和比例关系。只有在遵守这些基本规律的条件下，简单再生产才能顺利进行。

马克思的简单再生产理论，除了以上内容之外，其他如关于固定资本的补偿，货币流通的作用和规律等，也是很重要的。限于篇幅，这里不一一分析。

（二）积累和扩大再生产

通过分析简单再生产揭示出以流通为媒介的社会总资本简单再生产运动以后，马克思进一步分析了作为资本主义再生产特征形态的扩大再生产。为了从比较纯粹的形式上去把握扩大再生产的运动规律，马克思在分析过程中抽象了技术进步的因素，假设在扩大再生产过程中有机构成不发生变化，研究的是外延的扩大再生产。因此，社会总资本的扩大再生产所要研究的问题，归结起来就是资本积累的条件和形式问题，即研究由于剩余价值分割为资本积累和资本家的个人消费怎样影响着社会总产品各个组成部分之间交换的比例，以及积累和扩大再生产怎样借助于流通得到实现。因而研究资本主义的扩大再生产，主要还是研究扩大再生产的实现条件，中心还是实物形式上如何补偿、在价值形式上如何实现的问题。

积累是把剩余价值转化为生产资本。实现这个转化必须具备两个条件：一是在进行实际的积累和扩大再生产以前，必须有一个货币的先行积累的过程，而且，这种货币的积累要达到一个最低限额，即积累到一定的数量，足以添置新的生产设备，或足以开办一个新企业。二是积累起来的资本化的剩余价值要能在市场上购买到追加的生产资本的要素，即追加的生产资料和劳动力。资本积累的这两个前提条件，都会使社会产品的实现条件和过程复杂化。

从资本积累需要有一个先于实际积累的货币积累看，假如所有的资本家都同时进行货币积累，换言之，大家都只卖不买，生产品又卖给谁呢？积累的货币又从何而来呢？马克思通过对第Ⅰ部类的积累的分析，运用了分析固定资本补偿时同样的方法，即把资本家分成实际从事资本积累（即把已经以货币形式积累起来的剩余价值转化为生产资本的部分），以及还在进行先于实际积累的货币积累部分。前一类从事单方面的购买，后一类从事单方面的售卖。于是，积累的货币来源问题便解决了。这里的问题在于：从流通中所取出的货币是否和投入流通的货币量恰好相等？也就是说货币积累和实际积累是否互相平衡？马克思从货币积累中一系列单方面的卖和买出发，联系到社会总资本，再生产过程中各种交换都是单方面的交易，强调指出，各种实现条件能够“转变为同样多的造成过程失常的条件，转变为同样多的危机的可能性；因为在这种生产的自发形式中，平衡本身就是一种偶然现象”①。这一科学论断深刻揭示了社会再生产的实现条件和资本主义再生产的形式之间的矛盾。

在研究了货币积累以后，马克思又接着分析实际积累问题。就第Ⅰ部类来说，要扩大再生产，必须有追加的生产资料，它必须是在简单再生产内部生产出来的。也就是说，用于扩大再生产的追加的生产资料，不是在扩大再生产以后生产出来的，而是在简单再生产的内部生产出来

① 《资本论》第2卷，人民出版社2004年版，第557页。

的。因此，在第Ⅰ部类从简单再生产过渡到扩大再生产时，作为第Ⅰ部类的年总产品并没有变化，变动的只是它的用途。如以前述公式为例，第Ⅰ部类的年产品为6000，其中有4000c、1000v、1000m，1000m部分是以剩余产品形式存在着的，这1000剩余产品，是在简单再生产范围内生产出来的，它没有使用追加资本，也没有使生产扩大。如果把这1000剩余产品中的一半（500）用于资本家的个人消费，一半（500）用于积累，这种以生产资料形式存在的用于积累的部分500，在第Ⅰ部类的许多资本家手里，就形成潜在的追加的不变资本。在这里，作为第Ⅰ部类的年总产品并没有变化，变动的只是工人的剩余劳动创造的剩余产品在资本家个人消费和积累之间的分割。可见，简单再生产是扩大再生产的起点和基础。至于追加的可变资本，在资本主义社会是不愁找不到劳动力的。在第Ⅰ部类进行积累的同时，第Ⅱ部类也要进行积累，第Ⅱ部类各要素也要相应地进行重新组合和调整。为此，马克思又用新的例证，分析扩大再生产的必要条件和实现条件，用了两个新的图式来说明扩大再生产的实现条件和实现过程。

第一例：

Ⅰ. 4000c＋1000v＋1000m＝6000

Ⅱ. 1500c＋750v＋750m＝3000

第二例：

Ⅰ. 5000c＋1000v＋1000m＝7000

Ⅱ. 1430c＋285v＋285m＝2000

以上两个图式中社会总产品在总产量上同简单再生产的图式一样，但它的各部分有了新的组合，Ⅰ(v＋m)＞Ⅱc，因此在补偿了简单再生产的资本耗费以后还有追加的物质资料可以充作追加的生产资料。如果用Δc表示追加的不变资本，Δv表示追加的可变资本，$\frac{m}{x}$表示资本家用于消费的剩余价值。在第一例中，假设资本有机构成Ⅰ为4∶1，Ⅱ为2∶1，m＝100%，积累率Ⅰ为$\frac{1}{2}$，Ⅱ为$\frac{1}{5}$，在第二例中，假定是在资本有机构成较高的情况下进行积累的，即假定有机构成两部类同为5∶1。这时，社会总产品各个组成部分的交换如下：

第一例：

$$\text{Ⅰ}.\ (4000c+400\Delta c)+\boxed{(1000v+100\Delta v)+500\frac{m}{x}}=6000$$

$$\text{Ⅱ}.\ \boxed{(1500c+100\Delta c)}+(750v+50\Delta v)+600\frac{m}{x}=3000$$

第二例：

$$\text{Ⅰ}.\ (5000c+416\frac{2}{3}\Delta c)+\boxed{(1000V+83\frac{1}{3}\Delta v)+500\frac{m}{x}}=7000$$

$$\text{Ⅱ}.\ \boxed{(1430c+153\frac{1}{3}\Delta c)}+(285v+30\frac{2}{3}\Delta v+101\frac{m}{x})=2000$$

其中，Ⅰ$(c+\Delta c)$ 和Ⅱ$(v+\Delta v+\frac{m}{x})$ 分别在第Ⅰ部类和第Ⅱ部类内部实现，而Ⅱ$(c+\Delta c)$ 和Ⅰ$(v+\Delta v+\frac{m}{x})$ 则需要在两大部类之间相互交换来实现。因此，扩大再生产的基本前提条件是：Ⅰ$(v+m)>$Ⅱc。它的基本实现条件为Ⅰ$(v+\Delta v+\frac{m}{x})=$Ⅱ$(c+\Delta c)$，或者是Ⅰ$(v+m)=$Ⅱ$c+$Ⅰ$\Delta c+$Ⅱ$\Delta c$。

如上所述，马克思在揭示社会总资本扩大再生产的运动规律时，研究的是外延的扩大再生产，以上对扩大再生产的实现条件的分析，是在暂时撇开了技术进步、有机构成提高的因素后进行的，所以两大部类是平行发展的。同时，由此还可以看出，马克思的扩大再生产图式表现的是一种为生产而生产的形态。生产的扩大是从第Ⅰ部类的积累开始；第Ⅰ部类的积累决定第Ⅱ部类的积累并为后者规定界限；在整个扩大再生产的过程中，工人的个人消费没有丝毫增长，追加的可变资本全部用于雇佣追加的劳动力。因此，它深刻揭示了资本主义扩大再生产过程中生产和消费之间尖锐的矛盾。

二、马克思再生产理论与社会主义市场经济体制

1992年党的十四大报告提出我国经济体制改革的目标是建立社会主义市场经济体制，“就是要使市场在社会主义国家宏观调控下对资源配置起基础性作用”。随着中国社会主义经济的不断发展，中国共产党对政府和市场的关系的准确定位也在不断探索中。党的十八届三中全会通过的《中共中央关于全面深化改革若干重大问题的决定》指出：“紧紧围绕使市场在资源配置中起决定性作用深化经济体制改革。”“核心问题是处理好政府和市场的关系，使市场在资源配置中起决定性作用和更好发挥政府作用。”市场在资源配置中起决定性作用，就是由市场价格变动决定生产要素在不同企业和部门之间的分配，这也表明在中国的社会主义再生产过程中，不管是资本流通还是商品流通，不管是生产消费还是个人消费，都要借助市场、借助货币流通来实现。因此，全社会再生产也就取得了流通过程的形式。商品流通和货币流通是否顺畅也就成了再生产能否正常实现的根本条件。所以，从经济运行的形式上说，马克思关于社会资本再生产过程的研究，对社会主义市场经济体制条件下的再生产过程有着重要的理论意义和指导意义。

学习《资本论》第二卷第三篇，我们认为，以下几点对中国建设和完善社会主义市场经济体制有着指导意义。

首先，社会再生产问题，实际上就是社会总产品的实现问题。而社会总产品各个部分的实现过程，实际上就是社会再生产中的社会总产品各个部分之间的流通过程。这个过程“不仅是价值补偿，而且是物质补偿，因而既要受社会产品的价值组成部分相互之间的比例的制约，又要受它们的使用价值，它们的物质形态的制约”[①]。这就不仅包含着资本流通，而且包含着一般商品流通；不仅包括生产的消费，还包括个人的生活消费。这两种流通紧密地相互联系结合在一起形成社会总资本的流通，

① 《资本论》第2卷，人民出版社2004年版，第438页。

在这些流通过程中存在着错综复杂的互相制约、互为市场的关系。无论哪一个市场失衡都会影响到社会再生产的顺利进行。同时，社会总资本的运动也表明了生产与消费的内在联系，不仅在总量上生产依赖个人消费，而且在人们消费偏好上、消费时间上的任何变化，都会影响社会总资本的流通顺畅进行。

其次，在商品生产和货币流通存在的条件下，社会产品的流通并不是产品的直接交换，而是通过货币作为媒介来进行的，因此，没有正常和巩固的货币流通，社会产品的交换就不可能顺利地进行，货币流通在社会再生产中占有重要地位和作用。正如马克思所指出的：“但这种互相交换是通过货币流通来完成的。”接着又说：“货币流通成为交换的中介，同时也使这种交换难于理解，然而它却具有决定性的重要意义。”[①] 马克思在《资本论》这部伟大的著作中，分析了社会生产两大部类之间以及各部类内部的交换以后，接着分析了货币流通在交易中的重要的媒介作用。根据马克思的分析，我们可以清楚地看到社会生产两大部类的交换，是借助于正常和巩固的货币流通来进行的。没有正常和巩固的货币流通，就不可能发挥货币流通在社会产品交换中重要的媒介作用，就会影响到社会产品交换的顺利进行。要保证正常和巩固的货币流通，关键是使流通中的货币量与商品的流转相适应。而要做到这一点，关键在于生产必须按比例。在社会主义市场经济体制下，不管是生产资料，还是消费资料都是商品，它们的流通都要借助于货币来实现的。因而各生产部门必须按比例发展，产业结构必须合理化，才能有正常和巩固的货币流通，社会再生产才能顺畅进行。

再次，全部运动和各单个资本的互相交错的内在联系都是依赖货币流通进行的，是通过一系列分别独立进行的买卖实现的。这表明，为了实现社会资本再生产的正常进行需要多么复杂的条件。

货币流通造成买与卖分离的可能性。它使得单方面的买和单方面的卖成为资本主义流通正常进行的条件。马克思在《资本论》第二卷第二十一章“第Ⅰ部类积累”中谈到货币积累和实际积累时，已经谈到要使

① 《资本论》第2卷，人民出版社2004年版，第442页。

单方面的买和单方面的卖平衡，“只有在如下的前提下才能保持：单方面的买的价值额要和单方面的卖的价值额互相抵消”①。但是买卖双方的平衡，只是生产过程中的客观要求，在资本主义扩大再生产条件下，由于生产资料私有制，生产是在无政府状态中盲目地自发地进行的，正常进行的再生产条件，“转变为同样多的造成过程失常的条件，转变为同样多的危机的可能性”。接着又说，“因为在这种生产的自发形式中，平衡本身就是一种偶然现象”。

同样的在Ⅰv和Ⅱc的交换中也有可能出现单方面的买和单方面的卖的情况。例如，Ⅰ资本家以100货币资本作为工资付给工人，工人以此100货币购买Ⅱc的消费资料形态的商品，这时，对Ⅰ工人来说是买者，Ⅱc方面是卖者；然后Ⅱ资本家由于种种原因只以80货币向Ⅰ资本家购买生产资料，这里的20就以货币形式留在Ⅱ资本家手里，也就是只卖不买，这就会影响Ⅰ资本家20的生产资料卖不出去，影响再生产在原有规模基础上进行下去。可见，整个再生产和流通过程，“它们是通过一个极为复杂的过程作为中介的。这个过程，包括三个彼此独立进行但又互相交错在一起的流通过程。过程本身的复杂性，呈现出同样多的造成过程失常的原因”②。

很明显，借助货币流通为媒介来实现社会资本再生产是资本主义生产过程的一个具有决定意义的特征，绝不应把它抽象掉而来研究问题，因为很多现实矛盾都来自这一点。通过货币流通实现再生产，一方面便利于交换，货币成为交换的润滑剂，另一方面，它又把商品生产和商品交换的矛盾推向了更广阔的领域，使商品交换成为更难驾驭的过程。货币使得买与卖在时间上和空间上的分离，这使商品运动更不易于为人们所了解和控制。它可能造成已在实物上平衡了的各部类、各生产部门因货币流向、流量、节奏上的变化而造成货币与实物之间的不平衡，使部分产品无法实现或呈现短缺。货币是一般等价物，可以自由地与一切商品相交换，掌握了货币的当事人可以不按原计划购买，导致结构上的

---

① 《资本论》第2卷，人民出版社2004年版，第557页。
② 《资本论》第2卷，人民出版社2004年版，第558页。

失调。

总之，由货币充当媒介的商品交换，比起物物直接交换要复杂得多，货币在便利交换的同时，又加深了交换中存在的矛盾。我们只有深刻理解了马克思的资本总过程的实质内容，才能真正地把马克思的经济理论与我们经济体制改革的现实联系起来。只有深谙商品流通与资本流通的规律性及其相伴的一系列复杂矛盾，才能客观地看待市场的作用、货币流通的作用，才能在建立社会主义市场经济体制的改革和建设实践中正确处理市场与政府之间的关系，保证国民经济持续、快速、健康发展。

三、马克思再生产理论与中国经济结构调整

马克思再生产理论虽然产生于资本主义主导的生产关系中，但是其反映的一般商品经济关系也是极为适合社会主义生产的，它给我们诠释了社会主义市场经济的总量平衡观和结构平衡观。马克思社会资本再生产理论的两大部类均衡原理充分阐明了在社会生产中结构均衡和优化的重要性。因此，在中国社会主义市场经济发展过程中必须着眼于经济结构调整和优化，着眼于长期经济发展，通过政策的制定和实施来实现经济结构的合理与优化。

（一）两大部类理论与中国产业结构优化升级

产业结构是指构成国民经济整体的各产业部门之间相互依存、相互制约的联系及其数量对比关系。它是一个动态概念，随着社会经济的发展和技术水平的提高，不断向更加合理、更高阶段推进。一个国家应该根据经济发展水平的不同，不断调整产业结构，使之不断优化升级。党的十八大报告指出，推进经济结构战略性调整是加快转变经济发展方式的主攻方向，必须以改善需求结构、优化产业结构、促进区域协调发展、推进城镇化为重点，着力解决制约经济持续健康发展的重大结构性问题。推进产业结构的优化升级，从中国经济发展长周期看，是一个

永恒的课题，在中国经济发展的现阶段，具有极为重要的现实意义和战略意义。

1. 关于产业的划分。

对社会总产品，进而对社会生产，人们从不同的研究目的出发，从不同的研究角度出发，抽象出不同的概念，因而有不同的经济结构观。早先，重农学派的重要人物魁奈的《经济表》是按工业和农业来划分社会产品的，把农业看成唯一的物质生产领域，分析农业和工业部门的交换。其后，马克思抛弃了这一划分。因为对抽象的理论分析来说，按生产部门划分社会产品，不易解决不变资本的补偿和个人消费和生产消费的区别，也无法全面反映社会总资本的流通过程及其特点。马克思从两大部类、三个价值组成部分在再生产中价值补偿和物质补偿的统一上来研究社会再生产。为了考察资本家的奢侈消费与生产部门劳动者的必要消费之间的关系，马克思还把第Ⅱ部类划分为必要消费资料（Ⅱa）和奢侈消费资料（Ⅱb）两个副类。马克思的伟大贡献之一，就是在政治经济学史上第一次建立了两大部类理论，只有在两大部类理论基础上，才能科学地解决社会总产品实现的一系列问题，从而揭示社会总资本运动的全部规律，深刻揭示了资本主义生产的本质和剩余价值产生的秘密。

列宁在说明俄国资本主义国内市场发展的再生产表式时，按生产发展的顺序，把物质生产部门划分为农业、采掘工业和加工工业，以反映产品和劳动力随着社会分工和市场的变化，从一个生产部门转移到另一个生产部门的过程。斯大林强调了这一划分，提出了社会主义经济建设应实行优化发展重工业的方针。受此思想影响，中国在经济建设实践中，长期把社会的主要生产部门划分为农业、轻工业、重工业三大部门，并把农轻重的关系作为国民经济中最重要的比例关系，以此来安排社会的再生产。

20 世纪 30 年代，英国经济学家费希尔①提出了三次产业分类法，后来为不少资本主义国家所采用，作为划分产业结构的基本方法。三次产

① 费希尔，出生于英国，后移居澳大利亚任教，最后在新西兰定居，所以有人称他为新西兰经济学家。

业分类法是按照人类生产活动的进程和以经济成长理论为依据，把全部经济活动划分为三次产业：第一产业，包括农业，畜牧业，林业和狩猎业；第二产业，包括制造业，采矿业和建筑业；第三产业，包括商业，运输业，饮食业，金融业，科学、教育、文化、卫生等其他事业。这个划分法反映了产业结构演进过程，即人类的经济活动第一阶段以农业和畜牧业为主，第二阶段主要以工业生产为主，第三阶段则以服务业为主。同时，又是以产品的性质和生产过程的特征为衡量标准的，第一产业的产品基本上是直接从自然界取得的，第二产业的产品主要是对工农业原料进行再加工取得的，第三产业本质上是劳务性活动。这种产业划分法最大的优点是，突出了第三产业在社会经济活动中的地位和作用，符合经济发展的历史趋势。同时在统计应用上，包括第三产业某些部门的增加值在内而计算的国民生产总值指标，不仅反映了物质生产部门的增加值，而且反映非物质生产部门的增加值，从而能全面反映国民经济的发展速度和规模，有利于研究产业的变化，还便于国际间的对比。

虽然三次产业分类法是一种有效的经济理论分析工具，并成为最主要的产业分类法之一，为经济学界和许多政府部门广泛应用，但是随着科学技术的迅速发展和人类经济活动的日益复杂化，这种分类法的缺陷就越来越明显地暴露出来。首先，有些产业的归类尚存在争议。例如第二产业的采掘业和矿业是直接从自然界获取产品，是直接依赖对自然资源的开发和利用来进行的生产活动，并且在自然资源所在地进行，按理应该划入第一产业；第二产业的煤气、电力、供水等产业归入第二产业或第三产业似乎均有道理。其次，三次产业划分没有严格的科学标准，各国分类的依据也不一致，特别是第三产业中，既有物质生产部门，也有非物质生产部门，甚至包括大量的非经济部门，内容过于繁杂，难以科学地总结它们的特点和发展规律来为政府制定政策服务。

近些年来，随着信息化和电子技术的广泛应用，以信息和知识主体的产业更加引人注目，因而出现了“第四产业”的提法。1977 年，美国经济学家、信息经济学家马克·波拉特等人撰写的《信息经济》一书，提出了国民经济活动的“四产业划分法”，即农业、工业、服务业和信息业。该书并按产业分化和各类产业发展速度，采用了第一产业、第二产业、第三产业、第四产业的提法。还有一些学者根据科技进步以及知识、技术对产业的大量投入，产业之间相互融合和产业结构软化的趋势，提出新的划分方法：在第一产业中，除传统农业经营方式外，又加进了工业生产方式和各种服务内容，形成了所谓的“1.5产业”；在第二产业中，许多工业部门投入了大量的信息服务，实现了生产过程的自动化和信息化，形成了所谓的“2.5产业”；在第三产业中因为增加了许多新的服务项目，尤其是个性化服务和知识服务的内容，所以应从第三产业中分离出“第四产业”甚至“第五产业”。

以上分析了主要的三种有代表性的产业分类法。随着经济的不断发展，人们对产业的分类方法也在不断变化中。

2. 两大部类划分是产业划分的基本层次。

我们知道，产业分类仅仅是一种分析手段，它是为其分析内容服务的。不同的分析内容和目的，决定了不同的产业分类法。产业分类的原则应当符合所要进行的经济分析的理论要求。因此，不存在一种适用于各种经济分析的产业分类法，也不存在固定不变的产业分类。由于产业结构分析内容和角度的多样化，产业分类方法也应该是多种多样的。不同的产业分类法之间不存在谁优谁劣的问题。如果要论优劣，那也只能相对于分析内容而言。凡是符合其分析内容和目的要求的，就是较好的产业分类法，否则就是较差的。尽管如此，在众多的产业分类方法中，两大部类划分法应该是产业划分的基本层次。因为马克思两大部类划分是根据物质产品的最终用途划分的，研究的对象仅限于物质生产部门，或者说限于产业部门。物质生产部门是创造财富的部门，物质资料的生产是人类社会存在和发展的基础，只有物质生产部门为社会提供必要的物质资料，各种非物质生产部门才能存在和发展。所以，非物质生产部门的发展一定要以物质生产部门的发展为基础。当然，一切非物质生产部门都是直接或间接适应生产和消费的需要而形成和发展起来的，它们虽然不创造物质财富，但都是整个国民经济中不可缺少的部门，没有它们的发展，社会生产乃至整个社会生活将发生困难，甚至不能进行。所以，随着社会生产的发展，非物质生产部门，特别是为生产服务和为生活服务的部门必然相应地发展。但是，它们的发展归根到底要受到物质生产部门发展水平的限制。

我们知道，在资本主义社会，剩余价值是物质生产部门中的雇佣工人创造的，所以，马克思在研究再生产问题时，一定要以产业资本为研究对象，研究产业资本的再生产和流通，研究产业资本生产出来的社会总产品如何实现，研究生产资料的生产部类和消费资料的生产部类经过一年生产以后如何实现价值补偿和物质替换，研究如何实现生产资料生产部类内部、生产消费资料部类内部以及生产资料部类和生产消费资料部类之间如何协调发展。在此基础上，马克思才接着研究商业、借贷、信用和银行等问题。同样的，在现实生活中，三个产业划分有一定的实用价值，同时为了便于国际比较，所以，我国也采用“第三产业”的概念，并把加快发展第三产业，作为调整产业结构的主要内容之一。第三产业发展，对扩大就业范围，增加资金积累，活跃城乡经济，提高国民经济整体效益和人民生活水平，都起着重要的作用。但是，发展第三产业一定要以马克思的两大部类理论为指导，要以物质生产的发展为基础，同时要根据我国的国情，并服从于物质生产和人民生活的需要。

3. 运用马克思的两大部类理论，推进中国产业结构的优化升级。

一个国家或地区的产业结构是其技术经济长期发展的结果，它是由该国的资源、气候、土壤等自然条件以及经济体制、居民生活水平和习惯等因素决定的，它是一个动态的概念，随着相关变量的变化，它也必然发生相应的变化。因此，在经济发展过程中，产业结构必然不断演进，向高级化方向迈进。

产业结构优化升级也是产业结构演进规律的要求。科林·克拉克、西蒙、库兹涅兹等人研究和揭示了产业结构演进的一般规律，包括第一、第二、第三次产业在国民经济中地位变化的规律、各产业内部结构变化的规律。其演进规律一般是：在三次产业结构中，第一产业所占比重呈现出不断减少的趋势；第二产业所占比重首先增加，然后渐趋稳定，此即工业化过程；而第三产业所占比重则不断增长，此即后工业化社会经济发展过程。在这个大趋势下，三次产业内部的构成也在不断发生变化。随着第三产业中高新技术的不断出现，相应地出现了许多高新技术产业，使传统产业比重下降。如果从产业依赖资源的程度角度看，则呈现出从劳动密集型产业向资本密集型产业，再向技术密集型产业演进的趋势。

改革开放以来，中国产业结构不断调整升级，对满足日益多样化的消费需求，保持经济持续快速增长，起到了巨大的推动作用。20 世纪 70 年代末到 90 年代初，轻纺、机械、建材、家电等产业带动了经济增长和就业；20 世纪 90 年代以后，电力、通讯、公路、港口等基础设施和基础产业的迅速发展，加强了对经济持续增长的支撑；进入 21 世纪后，以信息产业为龙头的高技术产业以及房地产、钢铁、汽车等产业都实现了高速增长，基本满足了居民消费结构升级的需要。经历了几次大规模的调整之后，中国的产业结构已经得到了很大程度的改善，发展渐趋合理。但是从总体上来说，还不能完全满足促进国民经济持续快速健康发展的需求，还存在不少突出问题亟待解决，具体表现在以下几个方面。

(1) 产业结构总体上仍处于失衡状态。从发达国家的发展经验来看，一个国家的国民经济在走向现代化的过程中，第一、二产业的比重逐渐下降，第三产业比重不断上升。但是长期以来，中国经济的高速增长主要是依靠重工业和建筑业等固定资产的高投入来带动的，本应作为劳动经济增长主力军的第三产业一直发展缓慢，其结果是产业结构比例失衡，农业基础薄弱，工业大而不强，服务业发展滞后，造成产业结构比例失调，影响了中国经济走向现代化的进程。

从下表可以看出，近年来，中国三大产业结构比例在不断的调整中，第二产业在国内生产总值中所占比重在逐步下降，第三产业比重逐步上升。2013 年第三产业在国内生产总值中占的比重为 46.7%，首次超过了第二产业，2015 年第三产业在国内生产总值中所占的比重首次超过 50%。但是与发达国家相比，中国尚存在一定的距离。据世界银行统计，发达国家第三产业产值占国内生产总值比重一般在 60%以上，中等收入国家平均在 50%左右。2014 年，英国、瑞士、日本、美国、加拿大、法国等国家第三产业在国内生产总值中的占比均在 70%。中国仅仅达到中等收入国家的平均水平。

2010—2015 年中国一、二、三产业占国内生产总值的比重（%）

	2010 年	2011 年	2012 年	2013 年	2014 年	2015 年
第一产业	9.5	9.4	9.4	9.3	9.1	8.9
第二产业	46.4	46.4	45.3	44	43.1	40.9
第三产业	44.1	44.2	45.3	46.7	47.8	50.2

资料来源：《中国统计年鉴》(2016 年)。

(2) 农业基础薄弱，生产能力水平低下。改革开放以来，中国农业和农村经济取得长足的发展，农业内部产业结构经过不断调整形成了较好的格局，但农业基础薄弱的问题仍然有待于进一步的解决。一是农业基础设施仍然薄弱。供水、供电、交通、通信等基础设施还很不完善，严重影响了农业生产和人民生活。二是农业小规模经营问题依然存在。中国人口众多，改革开放以后中国为了激励农业从业人员的积极性，逐渐将生产资料分散经营，短时间内提高了农业从业人员的积极性，提高了生产率。但是随着经济的发展和科学技术的进步，分散经营的落后性逐渐显现出来，这种小规模生产越来越与现代科学生产要求的生产规模化产生矛盾，影响了农业的现代科学生产。三是在农业产业结构内部，农林牧副渔比例仍不够协调，农业（种植业）比例仍偏高，并且农产品品种与质量还没有得到普遍的优化升级。四是农业的产业化和现代化程度不高，产供销链条还不完善，初级产品生产所占比重过大，农产品加工业尚处在初级阶段，保鲜、包装、贮运、销售体系发展滞后。五是现代科学技术对农业生产的贡献率低，农业机械化水平低。

(3) 第二产业部分行业投资过热，产能过剩问题突出，新兴产业发展滞后。改革开放以后，中国第二产业得到长足的发展，总量扩张明显，但生产结构不够合理，结构升级较慢，经济增长质量不高。改革开放后的 30 多年，中国经济高速增长，批量化生产的成本优势使中国获得了“世界工厂”的称号。但中国的比较优势在相当程度上是依靠廉价劳动力获得的，这导致行业的竞争优势主要集中在低附加价值的非核心部件制造和劳动密集的装配环节中，产品的附加值难以提高。同时煤炭、钢铁和化工等传统行业投资过热、产能过剩问题突出，而且这些行业大多发展方式粗放，超过土地、资源、生态环境的承载力，使经济增长的可持续性面临严峻考验。与传统产业的投资过热相比，以信息、生物、新能源、新材料等为代表的新兴产业发展则相对不足。

当前，中国正处于全面建成小康社会的冲刺时期，发展中面临的问题仍然是粗放型经济增长方式还没有根本转变，制约经济发展的结构性矛盾仍然比较突出。而产业结构不合理是导致中国经济发展方式难以转变的一个重要原因，也是造成资源消耗多、环境污染重、经济整体素质不高和经济运行不稳定的重要原因。“十三五”期间，我们必须推进产业结构优化升级，保持经济平稳较快发展，提高增长质量和效益，以马克思两大部类理论为指导，推进中国产业结构优化升级。

马克思在再生产理论中，将社会资本运动过程中无数个别的流通行为，依据它们在产品实现上所具有的不同特征，科学地概括为三个彼此联系而又互相不同的部分，即在第一部类内部实现的不变资本部分；在第二部类内部实现的可变资本和剩余价值部分；在两大部类之间互相实现的Ⅰ(v＋m)与Ⅱc。通过这一划分，全面而深刻地揭示出社会再生产运动中各部门各方面的比例关系。从而得出结论：只有两大部类之间每一部类内部不同的生产部门之间合乎比例的发展，社会再生产才能顺畅进行。

马克思把社会生产分成两大部类，这两大部类几乎涵盖了所有的物质生产部门，如农业、基础工业、加工工业等。这些部门有的属于第Ⅰ部类，有的属于第Ⅱ部类，当然有的部门的产品既可以属于第Ⅰ部类，也可以属于第Ⅱ部类，但这并不影响两大部类的划分。马克思在给恩格斯的信中曾经讲道：“例如在农业等等中，同一种产品中的一部分（例如小麦）构成生活资料，而另一部分（还是以小麦为例）又以它的自然形式（例如作为种子）作为原料进入再生产。但是，这些丝毫没有改变事情的本身，因为这样的生产部门，按一种性质来说，属于第Ⅱ部类，而按另一种性质来说，则属于第Ⅰ部类。”① 因而要求两大部类之间以及两大部类内部不同的生产部门之间要合乎比例地发展。要实现产业结构优化升级，首先必须实现产业结构合理化，只有在产业结构合理化的基础

① 《马克思恩格斯〈资本论〉书信集》，人民出版社 1976 年版，第 183 页。

上，才能推进产业结构高级化，从而实现产业结构优化升级。因此，在当前，同样必须处理好以下两组关系。

首先，正确处理好农业和工业的关系。

如上所述，农业既生产第Ⅰ部类的产品，又生产第Ⅱ部类的产品。农业生产第Ⅱ部类的产品，即为人类生存提供了食物等消费资料，农业是人类衣食之源，生存之本。中国有13亿多人口，解决吃饭问题是头等大事，是经济发展、社会安定、国家独立的基础；农业生产第Ⅰ部类的产品，即农业所提供的生产资料，无论对农业本身，还是对工业的发展，都具有很重要的意义。

马克思在《资本论》中对这个问题，做出了一系列的论述。如马克思说："社会上的一部分人用在农业上的全部劳动——必要劳动和剩余劳动——必须足以为整个社会，从而也为非农业劳动者生产必要的食物；也就是使从事农业的人和从事工业的人有实行这种巨大分工的可能。"[①]马克思还说，"农业劳动（这里包括单纯采集、狩猎、捕鱼、畜牧等劳动）的这种自然生产率，是一切剩余劳动的基础"[②]。

综上所述，充分证明农业是国民经济的基础，农业状况在很大程度上制约着整个国民经济的发展。大力加强和发展农业，对促进产业结构的合理化和高级化，具有十分重要的意义。

在中国当前，大力加强和发展农业，正确处理农业和工业的关系，首先必须正确贯彻工业反哺农业、城市支持农村的方针，着力建设社会主义新农村。

工业反哺农业，是对工业化发展到一定阶段后工农关系、城乡关系变化特征的一种概括。这里的工业泛指非农业部门和城市。工业反哺农业是经济发展到一定阶段的现象，从国际上看，许多国家在工业化过程中都经历过由农业哺育工业转向工业反哺农业的过程。一般来讲，在工业化发展初期，农业在国民经济中居主导地位，为了创造更多的物质财富，提高整个国民经济发展水平和人民生活水平，需要用农业积累支持

① 《资本论》第3卷，人民出版社2004年版，第716页。
② 《资本论》第3卷，人民出版社2004年版，第713页。

工业发展；当工业化发展到一定阶段、工业成为国民经济的主导产业时，要实现工农业协调发展，除了发挥市场机制的作用，国家还必须加强对农业的扶持和保护，实现由农业哺育工业到工业反哺农业的政策转变。许多国家的经验表明，当工业化、城市化进程加速，国民经济发展到工业对农业反哺期时，如果及时加强农业、反哺农业，整个国民经济就会协调健康发展，顺利实现工业化、现代化；反之，如果继续破坏农业、忽视农业，就会造成农业萎缩、贫富差距悬殊、城乡和地区差距扩大，加剧社会矛盾，甚至出现社会动荡和倒退。

从中国工业化的发展过程看，中华人民共和国成立后，为迅速摆脱经济落后的局面，采取了优先发展重工业的发展战略。优先发展重工业需要庞大的投资，当时，中国的社会经济发展水平相当低，农业是国家经济的主体部分，因此，国家当时能够利用的资金只有靠农业积累，国家只能通过农业积累来支撑国家的工业化。在这种情况下，1952—1978年，国家通过工农业产品的不等价交换和税收等形式，从农业和农民中抽取了7140亿元资金积累。这种向工业倾斜的政策从全局和整体看是必要的、有效的。它保证了中国在相对较短的时间内建立起独立的、完整的工业体系。但是过分强调重工业的优先发展，必然挤压轻工业和农业的发展，尤其是这种以农业支持工业增长的方式使得农民负担过重，其结果必然是农业生产率的增长极为缓慢，从而使农业人口的收入十分低下。而农业与工业作为国民经济的两大部门，二者之间存在着相互依存关系，农业的持续增长是工业化顺利推进的重要条件。所以，当中国工业化发展到一定阶段后，必须加强农业，反哺农业。

实现由农业哺育工业到工业反哺农业的政策转变，其实质是要处理好对农民“取”与“予”的关系，改变农业和农村经济在资源配置与国民收入分配中的不利地位，加大公共财政的支农力度，优化财政支农支出结构，创新涉农资金投入方式和运行机制，推进整合统筹，提高农业补贴政策效能。逐步扩大“绿箱”补贴规模和范围，调整改进“黄箱”政策，让公共服务更多地深入农村、惠及农民；加大中央和省级财政对农村义务教育的投入，加快实行免费九年制义务教育；改善农村医疗条件，提高农民医疗保障水平；健全现代农业科技创新推广体系，加快推进农业机械化，加强农业与信息技术融合，发展智慧农业，提高农业生产力水平；在坚持最严格的耕地保护制度、全面划定永久基本农田的前提下，实施藏粮于地、藏粮于技战略，以粮食等大宗农产品主产区为重点，大规模推进农田水利、土地整治、中低产田改造和高标准农田建设，健全粮食主产区利益补偿机制；推动“粮经饲”统筹、农林牧渔结合、种养加一体发展，推进农业结构调整，加快农村第一、二、三产业融合发展，推进农业产业链和价值链建设，建立多形式利益联结机制，培育融合主体、创新融合方式，拓宽农民增收渠道，更多分享增值收益。在此基础上，统筹城乡经济社会发展，使城市和农村紧密联系起来，在理顺城乡关系的基础上加快传统农业向现代农业的转变进程，加快农村第二、三产业和小城镇的发展步伐，进一步深化农村改革，全面繁荣农村经济，建立地位平等、开放互通、互补互促、共同进步、平等和谐的城乡经济社会发展新格局。

其次，正确处理好工业内部的关系。

社会再生产要顺利进行，要求两大部类之间，同一部类内部的不同部门之间必须合乎比例，因而也要求在工业内部各部门之间也要保持一定的合理比例关系。工业内部根据生产性质或经济用途的差别划分为许多部门，如原材料、燃料、动力工业、采掘工业、加工工业等。各个部门之间都处于互相联系、互相依存的关系，要求保持一定的比例，相互协调发展。当前中国工业内部结构也不够合理，主要表现在基础工业和基础设施发展滞后，加工工业总规模偏大；新兴战略性产业发展不足。

(1) 处理好基础工业、基础设施与加工工业的关系。基础设施、基础工业是为国民经济各部门提供原材料、动力和技术装备的工业部门，它是重工业的主要组成部分。发展基础工业具有非常重要的意义，它是工业特别是重工业的物质基础，对国民经济发展起主导作用。由于基础工业建设周期长，有机构成高，占用资金多，长期以来，基础工业产品的价格多数由国家统一规定，因而其价格或收费偏低，这就严重阻碍了基础工业的发展。近年来，基础工业有一定的发展，但与我国经济建设的需要，还有一定的距离。因而国家还有必要进行合理的安排，保证基础工业的发展。

加工工业是对采掘工业的产品、农副产品进行加工或再加工的工业，在产业结构中同样具有重要地位。但加工工业的劳动对象是已经经过人类劳动作用过的，因而加工工业发展的规模与速度，受它所加工的原材料工业的制约。同时，加工工业的发展还需要机器、设备和动力，还要受基础设施和基础工业发展的制约，因而加工工业应当同农业、其他工业以及基础设施和基础工业协调发展。

(2) 正确处理高新技术产业与传统产业的关系。21 世纪的竞争，主要是以信息技术为核心的高新技术产业的竞争，信息产业已经成为新的经济增长点，成为世界经济结构调整带动传统产业优化升级的推动力量。

正因为如此，党的十六大报告提出，要走新型工业化道路，要优先发展信息产业。但我们在优先发展信息产业以外，还必须将信息技术与各行各业的产业技术结合起来，用最先进的高新技术和先进适用技术武装、改造、提升传统产业。在推进产业结构优化升级时，要以基础产业和制造业为支撑。因为目前我国工业的特点是既有最先进的产业，也有较原始的产业，全国各地差异很大。因此在一段时期内，我们还要把工业发展集中在制造业上，这是中国的实际也是工业化规律的客观要求。现在，中国工业品长期短缺的状况已成为历史，“中国制造”的工业品已有 220 多种产品产量世界第一，但经济效益却不是世界上最好的，一方面，一般工业品生产特别是加工能力严重过剩，另一方面，国家每年要花大量外汇进口高附加值、高技术含量的工业产品。工业品结构不合理的矛盾十分突出，制约了我国工业经济的更好发展。我们在重视基础产业和制造业作用的同时，必须以创新带动新兴产业发展，抑制对传统产业的过热投资，对过剩产能要综合运用市场机制、经济手段、法治办法和必要的行政手段，加大政策引导力度，实现市场出清。党的十八大报告指出：“实施创新驱动战略。科技创新是提高社会生产力和综合国力的战略支撑，必须摆在国家发展全局的核心位置。要坚持走中国特色自主创新道路，以全球视野谋划和推动创新，提高原始创新、集成创新和引进消化吸收创新，更加注重协同创新。”新兴产业和高技术产业相对于传统产业而言，具有低能耗、经济效益好、安全性高等优势，备受世界各国的青睐。因此，在中国工业结构调整过程中，必须注意把传统产业与新兴产业相结合，既要大力发展新兴产业，支持战略性新兴产业发展，又要用先进科学技术改造和提升传统制造业，促进二者共同发展。

（二）马克思再生产理论与中国供给侧结构性改革

马克思的再生产理论深刻剖析了社会再生产运动的一般规律，揭示了生产与消费、供给与需求之间的比例关系，对中国经济运行，特别是中国当前的供给侧结构性改革也有重要的指导意义。

所谓供给侧结构性改革，就是“从提高供给质量出发，用改革的办法推进结构调整，矫正要素配置扭曲，扩大有效供给，提高供给结构对需求变化的适应性和灵活性，提高全要素生产率，更好满足广大人民群众的需要，促进经济社会持续健康发展”[①]。供给侧结构性改革的目的是最大限度解放和发展生产力，其核心标志是不断提高资源配置效率，不断提高全要素生产率，不断提高全体人民的福利水平。供给侧结构性改革本质就是社会主义生产方式的调整和完善，是经济发展中结构调整和产业升级的内在诉求，通过对生产方式中的物质技术结构和社会关系结构进行双重维度的整合优化，从而更好地理顺生产、分配、交换和消费四个环节的交互关系，以便在不断解决社会主义社会主要矛盾过程中实现社会主义生产目的。

从马克思社会资本再生产理论视角来看，供给侧结构性改革的主旨就是通过调节社会再生产中的重大关系，促进社会主义市场经济的良性循环和持续健康发展。重点要处理好下述两方面的关系。

1. 必须正确处理好使用价值与价值的辩证关系。

马克思再生产理论的核心问题是社会总产品的实现问题。为了说明社会总产品的实现，马克思先提出了社会资本再生产实现的两个基本前提：第一，社会总产品在物质形态上（即从使用价值形态上）必须分为两大部类，即分为生产资料和消费资料；第二，社会总产品在价值形态上必须分为三个部分（即不变资本、可变资本、剩余价值）。社会再生产

---

① 《七问供给侧结构性改革》，见《人民日报》2016年1月4日。

要顺利进行必须实现社会总产品在使用价值上得到替换，在价值上得到补偿。表现在市场上，就是要求所有生产部门做到两个方面：一是要卖得出去，把产品全部卖出，收回价值，实现价值补偿；二是要买得进来，通过购买，把已经消耗掉的各种物质资料（使用价值）买回来，实现物质补偿。即要求社会生产资料的生产要与两大部类对生产资料的需求之间，以及整个社会消费资料生产与两大部类对消费资料的需求之间，必须保持一定的比例关系。否则，社会扩大再生产就不能顺利进行。

使用价值是价值的物质承担者，价值的实现必须以使用价值的让渡为前提。在市场经济条件下，生产是以实现价值并获得剩余价值为目的的，生产者对产品使用价值的考虑只局限于市场竞争的需要。需求对于供给而言，是价值的实现能力，而供给对于需求而言，则是使用价值的生产能力。因此，供给侧结构性改革需要通过对使用价值结构的调整，来调节价值的生产和实现，达到使用价值和价值的综合平衡。

2. 必须正确处理社会再生产中生产资料和消费资料的总量和结构关系。

马克思认为，社会总产品从物质形态来看，分为生产资料和消费资料两大类，从价值形态来看，每一部类的总产品价值都是由不变资本、可变资本、剩余价值三个部分组成。社会产品的生产也就因此被划分为两大部类，其中第Ⅰ部类是生产生产资料的部类，第Ⅱ部类则是生产消费资料的部类。这种分类方法也充分地说明了供给与需求之间、生产资料与消费资料之间存在的平衡关系。要实现社会扩大再生产，就要在原有生产规模的基础上进一步追加生产资料，也就是说第Ⅰ部类产出的生产资料在满足本期两大部类对生产资料的耗费以后必须有剩余以满足下一期两大部类扩大再生产对生产资料的额外需求，同样第Ⅱ部类产出的消费资料也必须超过本期两大部类的耗费，以满足下一期扩大再生产所需要额外耗费的消费资料。马克思还进一步指出社会扩大再生产的实现还必须满足两大部类的生产和消费在总量上和结构上两个维度的平衡条件，即第Ⅰ部类产出的全部生产资料需要同时在总量和结构上符合两大部类补偿需求和扩大再生产的追加需求，而第Ⅱ部类产出的生活资料也必须从总量和结构上都恰好满足两大部类的补偿需求和扩大再生产的追加需求。因此，马克思所揭示的两大部类的生产和消费的关系，实际上就是社会总供给和总需求的平衡关系。二者的平衡包括价值总量的平衡和宏观结构的平衡。总量平衡是社会经济运行保持协调状态的前提条件，是结构平衡赖以实现的基础。二者的结构平衡，是在总量平衡中进行的，总量平衡最终落实到结构平衡上。马克思关于两大部类平衡发展的规律，阐述的实质是国民经济各个部门之间的比例问题，它是制约社会再生产能否顺利进行的一个基本前提。社会总供给和总需求的平衡是任何社会经济发展必须遵循的一个基本要求，经济只有在平衡中才谈得上进一步更好发展的问题。

过去 30 多年中国经济的高速增长在很大程度上是靠简单粗放扩大再生产方式获得的，特别是 2008 年全球金融危机后，更是靠扩大投资和刺激需求的财政政策保持经济高速增长的。这种生产模式的不断积累导致中国产生了严重的供求错配问题。首先是结构性的供给过剩。最近 10 多年来，中国相当一部分供给能力是面向外需形成的出口导向型产能。比如，货物和服务净出口占国内生产总值的比重，2001 年仅 2.1%，到 2007 年攀升至 8.7%，2014 年回落到 2.7%；货物出口与最终消费的比例，也是在 2007 年达到历史性高点 68.6%，而 2001 年和 2014 年分别为 32%和 43.7%。其实质是要素资源配置围绕出口布局，在国际市场增长放缓的背景下，依靠内需无法充分消化剩余产能，导致产能相对过剩的矛盾突出。同时一些生产资料生产部门的产品供给超过了社会再生产和积累的需要，如焦炭、钢铁等生产资料部门的产品超过了社会再生产和积累的需要，产品积压，商品价值和使用价值都无法实现。其次是第Ⅱ部类供给无法满足结构性的需求分化。随着收入水平不断提高，广大人民群众对物质文化生活的品质要求明显提高，消费结构升级并向多样化、高端化、服务化转换，需求层次趋于细化、个性化。而大规模的批量生产无法满足这种分化的需求。

这种供求错配归根结底是生产资料和消费资料的生产比例失调，再生产过程中使用价值和价值的平衡遭到了破坏。因此，供给侧结构性改革应着力调节生产资料和消费资料的数量和结构关系，使社会再生产循环得以顺利进行。

四、扩大再生产的两种类型与中国经济发展方式的转变

（一）外延扩大再生产和内涵扩大再生产

马克思在《资本论》第二卷中，创立了社会总资本再生产和流通的理论。他不仅把社会再生产区分为简单再生产与扩大再生产，而且把扩大再生产区分为外延的扩大再生产与内涵的扩大再生产。在《资本论》第二卷中，马克思着重探讨了外延式的扩大再生产，用数字图式说明了外延式扩大再生产的实现过程，并借此说明资本主义生产关系的矛盾。但马克思在《资本论》第二卷也提及内涵式的扩大再生产，并在《资本论》第三卷充分揭示了内含的扩大再生产是如何进行的。马克思说："积累，剩余价值转化为资本，按其实际内容来说，就是规模扩大的再生产过程，而不论这种扩大是从外延方面表现为在旧工厂之外添设工厂，还是从内涵方面表现为扩充原有的生产规模。"① 马克思在另一地方又说："生产逐年扩大是由于两个原因：第一，由于投入生产的资本不断增长；第二，由于资本使用的效率不断提高；在再生产和积累期间，小的改良日积月累，最终就使生产的整个规模完全改观"②。马克思在《资本论》第二卷第三篇中，是以外延的扩大再生产为研究和叙述对象的。所谓外延的扩大再生产，就是假定生产技术水平不变，生产要素的质量不变，劳动生产率不变为前提，单纯依靠增加投资、增加设备、增加劳动力、办新厂、扩大生产场所等，来达到生产规模扩大的目的。与此相反，内涵的扩大再生产则是依靠生产技术的进步，生产要素质量和构成的提高，以及劳动生产率的提高，来达到生产规模扩大的目的。马克思在《资本论》第二卷第十八章第二节"货币资本的作用"中，阐明了在不追加或

① 《资本论》第 2 卷，人民出版社 2004 年版，第 355 页。

② 《马克思恩格斯全集》第 26 卷第 2 册，人民出版社 1972 年版，第 598 页。

少追加货币资本的情况下，依靠延长工人的劳动时间或提高劳动强度，依靠加强对自然物质的利用，依靠更有效地利用劳动资料，依靠充分利用自然力，依靠改善劳动力在生产过程中的社会结合和提高工人的劳动熟练程度，依靠提高劳动生产力，依靠资本集中产生了大企业以及依靠资本周转期间的缩短等途径，可以扩大资本执行职能的范围，从而扩大生产规模。可见，内涵扩大再生产的标志是劳动生产率的提高。但是，在实际经济建设中，内涵的扩大再生产和外延的扩大再生产往往相互交织、难解难分。在同一企业、同一项目中，两种形式往往同时并存，纯粹的内涵扩大再生产和纯粹的外延扩大再生产只存在于个别场合。就外延的扩大再生产而言，通常，办新工厂、添新机器总是尽可能采用新技术、新工艺、新设备，完完全全按老企业的模式来扩大生产规模毕竟是少有的事。因而新企业的有机构成通常高于老企业，预期的劳动生产率也高于老企业。也就是说，在外延的形式下或多或少也有一定内涵形式的因素。同样的，内涵的扩大再生产也包含有外延成分。企业的“挖潜”“革新”，总需要投入一定的资金和劳动力，有的还要适当扩大生产的场所。固定资本利用率的提高，要消耗更多的原材料，投入更多的劳动力。同样，劳动对象的节约导致生产规模扩大时，也要追加劳动资料和劳动力。基于上述原因，对于扩大再生产的类型，科学的提法应当是以内涵为主的扩大再生产和以外延为主的扩大再生产。

（二）转变经济发展方式，走新型工业化道路

经济增长发展方式的选择和转变历来是中国共产党和中国政府关注的焦点。改革开放以前，中国实行的是高度集中的计划经济体制，国家统一制定经济发展计划，然后通过层层行政指令进行资源的配置，加上选择以重化工业为主要内容的超赶战略，不顾国情，盲目追求经济增长的高速度、高产值，造成了人力、物力、财力的极大浪费。改革开放以后，随着经济的快速增长和改革的不断深入，经济增长方式的转变日益成为人们关注的焦点，也引起了党中央、国务院的高度重视。1982 年党的十二大提出了“把全部经济工作提到以经济效益为中心的轨道上来”。

1987年党的十三大进一步明确提出“要从粗放经营为主，逐步转上集约经营为主的轨道”。1992年党的十四大又提出了“努力提高科技进步在经济增长中所占的含量，促进整个经济由粗放经营向集约经营转变”。党的十四届五中全会通过的《中共中央关于制定国民经济和社会发展“九五”计划和2010年远景目标的建议》和八届全国人大四次会议批准的《中华人民共和国国民经济和社会发展“九五”计划和2010年远景目标纲要》也指出：实现今后十五年的奋斗目标，关键“是实行两个具有全局意义的根本转变，一是经济体制从传统的计划经济体制向社会主义市场经济体制转变，二是经济增长方式从粗放型向集约型转变。促进国民经济持续、快速、健康发展和社会全面进步”。党的十六届五中全会通过的《中共中央关于制定国民经济和社会发展第十一个五年规划的建议》再次重申必须转变经济增长方式，并且强调指出应把增强自主创新能力作为科学技术发展的战略基点和转变增长方式的中心环节。推进国民经济和社会信息化，切实走新型工业化道路，坚持节约发展、清洁发展、安全发展，实现可持续发展。

1. 经济增长方式和转变经济增长方式的含义。

所谓“增长方式”，它是一个经济系统在一定的制度安排下，在所处的发展阶段上关于经济运行的状况和经济增长动力结构的统称。从经济运行的状况看，有效益高和效益低的增长方式之分；从动力结构上看，有主要靠增加劳动力、资本等要素和主要靠技术进步之分。增长的动力结构既与经济发展阶段，又与经济体制相关，而经济运行的状况则主要取决于经济体制。由于发展阶段在短期内是不变的，因而，在既定的经济发展阶段内，经济增长方式是经济体制的函数。也就是说，与计划经济体制相适应的必然是靠投入、靠扩张的粗放型增长方式，与社会主义市场经济相适应的应该是靠提高效益、靠技术进步、靠资源节约的集约型生产方式。

按照马克思主义经济学的观点，增长方式就是社会扩大再生产的方式，其理论认为社会扩大再生产有两种方式，一是外延扩大再生产方式，另一种是内涵扩大再生产方式。马克思对扩大再生产方式的这种区分源于其诞生时的社会生产力背景：当时资本主义国家正处于工业化的过程中，资本是经济发展的主要支持要素，社会经济活动直接表现为资本的扩大再生产活动，“外延”与“内涵”实际上是以是否耗费资本以及对其收益的影响来区分的。一直到改革开放初期的许多年中，中国理论界基本上是沿用了这种理论概括。

随着工业化的不断深入发展，人们的认识也在不断深化。理论界对经济增长方式的概括逐步走出了社会资本扩大再生产的局限，逐步扩展为“粗放”与“集约”的区分。“粗放”和“集约”这两个用语最早起源于农业经济学，后来才被引申到其他方面。“农业中的粗放型”，是指扩大耕地面积，实行粗放耕作。“农业中的集约型”，是指在单位面积土地上追加投资，实行精耕细作。作为经济增长方式的粗放型和集约型，泛指整个工农业等生产。在这里，粗放型是指扩大投资，铺新摊子，上新项目，单纯追求数量，结果是高投入、高消耗、低质量、低效益。集约型是指以提高经济效益为中心，依靠科技进步和提高劳动者素质进行生产，结果是低消耗、高质量、高效益。

这种由粗放型向集约型经济增长方式的转变，能否将它理解为是由外延型向内涵型的转变，把粗放型等同于外延型，把集约型等同于内涵型？尽管理论界有许多人将二者等同，但实际上二者之间的关系未必那么简单，特别在农业生产部门，二者的含义有所差别。一般来说，二者之间确实有联系，如扩大投资，上新项目，在现有技术条件下生产，结果是高消耗、低效益，这既是外延型的，也是粗放型的。但在农业生产部门，却不能把二者完全等同起来。例如，按通常理解，外延型是指依靠生产要素（土地、劳动和资本）量的增加来扩大生产规模，内涵型指依靠挖掘潜力、素质提高来增加生产，因此与粗放、集约相比，它们之间的差异是明显的。但在农业中土地的增加是强化粗放型的因素，劳动和资本的增加却是强化集约的力量，而在外延或内涵的划分中，土地、劳动和资本的大量增加都表现为“外延型”的特点。外延型强调大投入，内涵型侧重不投入（或少投入），而在粗放或集约的划分中，农业粗放经营的特点恰恰是少投入资本和劳动，集约经营倒表现为高投入（资本和劳动）。

这种由粗放型向集约型增长方式的转变，也不能认为就是从数量型向质量型的转变。一种有代表性的说法是：粗放型增长方式主要追求数量和速度，高投入、高消耗、低质量、低产出，因而效益低；集约型增长方式则注重经济增长中质量和效益的提高以及产业结构的协调。这种说法是有一定的道理的，因为粗放型往往是追求速度和产量，不注意效益和质量，而集约型则重视质量和效益的提高。但二者也不能绝对等同，因为集约型的增长方式不仅注意质量的提高，同时也要求数量的增加。集约型不是不要速度，不要数量，而是要在提高经济效益为中心的前提下来提高速度，实现速度与效益的统一。

总之，经济增长方式的转变，可以将它理解为是经济增长方式从粗放型向集约型转变，这里的集约型增长也可以理解为内涵型增长，即经济增长是建立在科技发展基础上的低投入、低消耗、低排放、高效率的节约型增长。

2. 经济发展方式转变的提出。

虽然转变经济增长方式，提高经济效益成为党和政府经济工作方针的一条主线，但是从总体上讲，中国经济的高速增长一直未摆脱传统的粗放型经济增长方式，未能克服高投入、高消耗、低产出、低质量、低效益的痼疾。据计算，1978—2004 年，中国经济平均年增长 9.4%，其中外延扩大再生产的贡献占 68%，内涵扩大再生产的贡献仅占 32%。2009 年，中国国内生产总值占全球总量的 8%，但消耗了世界能源消耗量的 18%、钢铁的 44%、水泥的 53%。这样巨大的资源消耗是不可持续的，目前中国土地、矿产和水等资源的扩大消耗潜力已经基本耗尽，有些资源还出现过度消耗和透支现象。而中国的基本国情是资源短缺。如果我们不从根本上改变高能耗、高物耗的经济增长模式，发展需要和资源供应的矛盾将日趋尖锐。

特别是近年来，随着中国经济发展进入重化工业加速发展阶段，中央深化了对经济增长和经济发展的认识。但长期形成的经济结构不合理、经济增长质量不高的问题依然存在，资源短缺、环境污染、生态失衡成为国家工业化、现代化越来越严重的制约因素，消费、投资、出口在拉动经济增长中的作用还不协调，分配不够合理、收入差距过大的问题亟待解决，部分地方加快发展的积极性没有转上科学发展的轨道。在此背景下，党的十七大从实现未来发展目标出发，明确提出了加快转变经济发展方式的战略任务。2016 年习近平同志在省部级主要领导干部学习贯彻党的十八届五中全会精神专题研讨班上的讲话中指出："新常态下，我国经济发展的主要特点是：增长速度要从高速转向中高速，发展方式要从规模速度型转向质量效率型，经济结构调整要从增量扩能为主转向调整存量、做优增量并举，发展动力要从主要依靠资源和低成本劳动力等要素投入转向创新驱动。这些变化，是我国经济向形态更高级、分工更优化、结构更合理的阶段演进的必经过程。实现这样广泛而深刻的变化并不容易，对我们是一个新的巨大挑战。"①

经济增长是经济学最早研究的问题之一，20 世纪四五十年代以前，经济理论研究中一般把经济增长和经济发展视为同一概念。之后，经济学开始把二者区别开来，一些经济学家将经济增长定义为产出的增加，将经济发展定义为结构的改变。后来，由于经济增长成为一个全球性现象，经济发展成为世界各国面临的共同问题，因此人们认为经济增长和经济发展是既相互联系又有所区别，不能将二者割裂开来研究。

经济增长是偏重于数量的概念，主要指由投入变化导致产出数量的增加，它的核算常采用国内生产总值总量、国内生产总值增长率和人均国内生产总值三个指标。经济增长方式即通过生产要素投入的变化，包括生产要素数量增加、质量改善和组合优化来实现经济增长的方式。按照要素投入方式划分，经济增长方式大体分为两种：一种是通过增加生产要素占用和消耗来实现经济增长，即粗放型增长方式；另一种是通过提高生产要素质量、优化生产要素配置和提高利用效率来实现经济增长，即集约型增长方式。转变经济增长方式，就是从粗放型增长方式转变为集约型增长方式。

经济发展的内涵比经济增长更广泛、深刻，它强调经济系统由小到大、由简单到复杂、由低级到高级的变化，是一个量变和质变相统一的概念，不仅包含生产要素投入变化，而且包括发展的动力、结构、质量、

① 习近平：《在省部级主要领导干部学习贯彻党的十八届五中全会精神专题研讨班上的讲话》，见《人民日报》2016 年 5 月 10 日。

效率、就业、分配、消费、生态和环境等因素，涵盖生产力和生产关系、经济基础和上层建筑各个方面。经济发展包含经济增长，但经济增长不一定包含经济发展。经济发展不仅重视经济规模扩大和效率提高，更强调经济系统的协调性、经济发展的可持续性和发展成果的共享性。转变经济发展方式是指按着科学发展观的要求调整经济发展诸因素的配置方式和利用方法，把经济发展方式转变到科学发展的轨道上。[①]

因此，转变经济发展方式，就是由过去主要依靠增加物质资源消耗，转向主要依靠科技进步、劳动者素质提高、管理创新。

3. 增强自主创新能力，转变经济发展方式。

转变经济发展方式，从本质上要求提高经济增长的科技和知识含量，使经济的快速增长建立在科技不断进步的基础上。中华人民共和国成立以来，中国经济发展既有外延扩大再生产，也有内涵扩大再生产，总体上是以外延扩大再生产为主。中国经济发展所以长期未能走上以内涵扩大再生产为主的道路，直接原因在于中国具有自主知识产权的核心技术缺乏，与能源、交通、资源等基础设施的制约相比，技术已成为制约经济发展的首要因素。从国际经验来看，日本、韩国及东南亚一些国家和地区，人均国内生产总值在 1000 美元到 3000 美元这个阶段，主要通过自主创新形成了一批具有自主知识产权的产品和技术。这些高新技术不仅主导了自己的国内市场，还支撑起许多具有国际影响力的品牌产品，拉动国内生产总值进入一个高速增长期。目前，中国的科技水平与发达国家还有一定的差距，制造业的许多核心技术还未掌握，只能从发达国家引进设备和技术。国内一些地方、产业和企业没有自主技术支撑，从内涵方面发展受到技术制约，所以不得不依赖外延扩张，搞开发区，上新项目，拼资源消耗。目前，中国出口商品中有 90%是贴牌产品。中国纺织服装出口占世界纺织、服装贸易总量的 24%，但自主品牌不足 1%，而且没有一个世界名牌。中国彩电、手机、台式计算机、DVD 播放机等产品的产量居世界第一，但关键芯片要依赖进口。这种现状，使得我们不得不更多依靠廉价劳动力的比较优势、依靠资源能源的大量投入来换

① 周叔莲：《从转变经济增长方式到转变经济发展方式》，见《光明日报》2007 年 12 月 11 日。

取微薄的利润。因此，要实现经济发展的转变，就必须重视自主创新能力的培育和发展。许多国家，特别是后起发展中国家，从初期的粗放型增长逐步转变为集约型增长，在很大程度上取决于自主创新能力的培育和发展。大规模的自主创新与经济发展具有很强的内在关联性：(1) 大规模的自主创新通过改变增长的驱动力，促进经济持续快速发展。不管是源于新发明和技术进步，还是结构调整、规模经济、组织变革、管理方式改变、劳动力素质提高等因素的作用，创新的本质含义都是指通过生产要素有机组合变化，改变各种生产要素，尤其是劳动和资本的相对边际生产率，从而改变其收益率之间的平衡。由于创新改变了生产要素的有机组合，相对降低了劳动、土地、资本等要素在产出中的权重，因此在既定产出水平下会大大减少这些要素的相对投入量，提高投入—产出水平，进而促进经济持续快速增长。(2) 大规模的自主创新通过改变生产的可能性空间，改善和提高经济增长的质量。社会潜在产出能力，决定了潜在的经济增长水平。在既定的总供给水平下，总需求的过度与不足分别导致失业与通货膨胀，且往往形成两者的相互替代。而创新是引入一种新的生产函数，从而提高社会潜在产出能力。因此，大规模的创新所带来的生产可能性空间的扩展，将会通过经济增长产出水平的提高，吸纳更多的劳动力，减少周期性失业，并有助于减少摩擦性失业和结构性失业。同时，大规模的创新通过引入一种新的生产函数，会促进劳动生产率的提高，从而抑制物价上涨，降低通货膨胀率。因此，大规模的创新活动在改变生产可能性空间的过程中，有助于改善和提高经济增长的质量，形成低失业与低通胀并存的良好局面。

经济发展方式的根本性转变，是历史、技术、体制、政策等多因素作用的结果，其中，自主创新能力是非常重要的，处于显要的地位。特别是在产业技术变革速度日益加快，技术和产品寿命周期迅速缩短的情况下，自主创新能力对于提升产业和企业的技术含量及其竞争力具有十分重大的意义。

增强自主创新能力的主体在于企业，只有企业成为自主创新的主体，中国的自主创新才会有强大的原动力，自主创新能力不足的状况也才会有质的改变。因为从自主创新的内容来看，它大体包括三个方面：一是原始创新，以获取科学发现和技术发明为目的；二是集成创新，将多种相关技术有机融合，形成新产品、新产业；三是引进消化吸收再创新。这三个方面都与企业的生产研发密切相关，特别是后两个方面，主要是企业的任务。企业直接面向市场，创新需求敏感，创新冲动强烈。只有让企业成为创新活动的主力，提升千千万万企业的自主创新能力，国家的整体创新实力才能得到加强。

企业要真正成为自主创新的主体，就是要使企业作为技术创新的决策和投资主体、研究开发的主体、创新利益的分配主体，以及科技成果转化的主体。当然企业自主创新是一个结构性的社会整体机制运行的问题，涉及人才、资金、政府政策等方面，是一个非企业行为占主导的问题。这就要求政府和企业都应大幅度增加科技投入，用于核心技术的研发和推广应用；采取政府专项拨款、贴息贷款、税收优惠等政策，引导和鼓励企业增加对技术研发和更新改造的投入，提高资源循环利用、综合利用和清洁生产水平；在通过多渠道投资建设新的技术先进的企业同时，淘汰落后企业。对科技成果的先进性、实用性的评价要更加全面地考虑经济效益、社会效益和生态效益，把提高资源循环利用和综合利用水平、促进清洁生产作为重要的评价标准，充分估计和有效预防新技术应用对环境的负面影响。

4. 工业应成为整个国民经济实现经济发展方式转变的重点，走新型工业化道路。

工业是国民经济的主导和实体经济的主体，是拉动经济增长的主动力，是提升科技水平、经济实力和国防建设能力的基础和保障，其在国民经济中的主导作用和支柱地位长期不会改变。目前，中国工业增加值占国内生产总值的40%，对经济增长的贡献率接近50%。当前中国经济发展中面临的能源资源和生态环境压力大、自主创新能力不强、产业结构不合理、质量效益不高等矛盾和问题，主要体现在工业。因此，转变经济发展方式，重点在工业，难点也在工业。只有工业发展方式真正转变，经济发展方式才能根本转变。

中国早在1953年就提出了实现社会主义工业化的目标。但是，在传统计划经济体制下，我们走的工业化道路，是国家强制将经济资源从农业部门集中到工业部门，在工业内部执行重工业优先增长战略的道路。它虽然使中国在较短的时期建成了一个粗具规模、门类齐全的工业体系，但毕竟存在经营粗放、市场要素流动受限制、资源浪费严重和忽视环境建设等问题。改革开放以来，中国开始探索一条新的工业化道路，取得了举世瞩目的成绩。目前，中国不少的工业产品产量跃升世界前列，工业整体技术水平有了明显提高，形成了一批具有较强国际竞争力的产业、企业和产品。但中国仍然面临着一些发展中的矛盾和问题：一是中国迄今虽然常住人口城镇化率已经达到 56.1%，而户籍人口城镇化率仅 39.9%，还有严峻的非户籍人口在城镇落户的压力；二是工业结构不合理，工业技术水平落后，生产规模不经济，能源利用率低和环境污染严重；三是从工业化和现代化进程的世界对比看，我们仍然面临着发达国家在科学技术上的巨大优势和其他发展中国家强劲的竞争压力。这些矛盾和问题如果不能及时得到解决，中国显然是难以完成 2020 年基本实现工业化任务的。为此党的十六大报告中提出我国现阶段必须走新型工业化道路，即“坚持以信息化带动工业化，以工业化促进信息化，走出一条科技含量高、经济效益好、资源消耗低、环境污染少、人力资源优势得到比较充分发挥的新型工业化路子”。党的十八大报告提出：“坚持走中国特色新型工业化、信息化、城镇化、农业现代化道路，推动信息化和工业化深度融合、工业化和城镇化良性互动、城镇化和农业现代化相互协调，促进工业化、信息化、城镇化、农业现代化同步发展。”

这种新型工业化道路的主要内涵是“基于科学的技术”的广泛运用，导致新工艺、新能源、新材料、新产品的大量涌现，效率提高成为增长的主要源泉；服务业，特别是生产性服务业超越工业的迅猛发展，促使生产成本和交易成本的降低；信息技术的广泛运用，降低了各个产业部门的成本，特别是交易成本，以及带来整体经济效益的提高。它与传统工业化相比，最大的特点在于依靠科技，节约资源，实现内涵式的经济增长。

由此可见，这种新型工业化包含着三个重要内容，或者说三个重要任务：

一是要找到新的快速增长方式。中国经济在持续了 30 多年的高增长之后，在未来几年中，还要保持年均6.5%左右的中高速的增长速度，实现国内生产总值到2020年比2000年翻两番的宏伟目标。但是，仅凭经济规模的叠加，已不可能实现快速发展。只有以信息化带动工业化，才有可能实现生产力的跨越式发展。

二是要解决经济增长和资源、环境的矛盾问题。资源短缺是中国的基本国情。如果我们不从根本上改变高能耗、高物耗的经济增长模式，那么，发展需要和资源供应的矛盾将日趋尖锐。新型工业化道路，正是一种资源节约型的、可持续的工业化道路。

三是要解决劳动力就业问题。随着中国城镇化进程的深入，中国还将转移农业剩余劳动力就业，如何吸收在城镇化进程和结构调整中转移出来的大量剩余劳动力？传统产业、劳动密集型产业将是重要的渠道。要在推进信息化的同时重视发展传统的制造业，扩大就业。

完成这三个重要任务，实现经济发展方式的转变，要求我们做好以下几方面的工作。

第一，转变在传统工业化模式下形成的思维定势。我们必须深刻认识到，依靠资源和资本投入支持的粗放增长是不可能长期持续的。我们应当把转变经济发展方式、走新型工业化道路作为今后推进中国工业化进程的基本指导方针。

第二，用信息化带动工业化，把工业化和信息化有机地结合起来，形成互动力和融合力，推动新型工业化道路的实现，即通过信息产业的服务提升各行业的效率。要使信息技术成为降低各行各业生产成本和交易成本的有力武器，带动社会整体效率的提高。

第三，继续实施科教兴国和以自主创新为主的科技战略创新。建立能激励科学研究和技术在生产中运用的制度和机制，加快技术进步；加强政策引导，鼓励科技创新；把科技的产业化放在新型工业化和科技发展的突出地位；把国家创新体系建设和新型工业化发展相结合，实施以自主创新为主的科技创新战略。

第四，实施可持续发展的战略创新。走资源节约和环保型的工业化发展道路；要以经济效益、社会效益和生态效益的结合作为新型工业化的目标；在工业发展中要处理好工业化与人口、资源、环境之间的关系，增强工业发展的持续能力；促进工业产业制度和产业结构的变革；建立质量型低成本运行的工业化的考核体系。

第五，实施人力资源开发的战略创新。推进教育创新，深化教育体制改革，为新型工业化培养人才；提高教育质量，提高工业劳动者素质，为新型工业化提供人力资源保障；进行分配体制和人事体制创新，加强人力资源的开发和利用，为新型工业化提供人才激励。

第九章

平均利润和生产价格理论在社会主义市场经济中的运用

一、马克思的平均利润和生产价格理论

平均利润和生产价格理论是《资本论》第三卷前三篇的基本内容，是马克思剩余价值理论的重要组成部分。马克思运用唯物辩证法，依据市场价值论和剩余价值论，在经济思想史上第一次科学地揭示出从利润到平均利润、价值到生产价格的转化过程，以及它们之间的内在联系。

马克思以前的资产阶级古典经济学家，例如亚当·斯密，虽然比较系统地对利润问题进行了论述，但他的利润理论是双重的，既有合理的科学的一面，又有错误的和庸俗的一面。一方面，他把利润看成是工人剩余劳动的产物，这就揭示了资本家剥削工人的事实；另一方面，他又把利润看成是生产费用的一部分，从而又掩盖了资本家无偿占有工人剩余劳动这一剥削真相。斯密对利润的变动趋势进行了分析，指出利润具有市场化的倾向，但他又混淆了利润和剩余价值，并把利润当成平均利润。他不仅没有认真分析过一般利润率的形式，还把利润的市场化当成一个起点，以平均利润的存在为前提进行分析，因而不可能正确说明从利润到平均利润的转变和利润的变化规律。由于斯密混同利润和剩余价值及平均利润，也就必然把价值和生产价格混为一谈。

古典政治经济学的伟大代表和完成者大卫·李嘉图发展了斯密利润论中科学的一面。他从劳动价值论出发，一贯地把利润当作剩余价值

来处理，认为利润不仅是剩余价值，而且是剩余价值的唯一的基本形式；把利润看成是工人劳动的产物，是产品价值的一个构成部分；他试图用各个部门之间的竞争来说明各个部门不同的利润率如何转化为平均利润率，不同的市场价格如何转化为一般生产价格。但是，由于李嘉图看不到劳动和劳动力的区别，因而经常混同了利润和剩余价值，混同了利润率和剩余价值率，所以他无法解决平均利润与价值规律的矛盾，不能揭示生产价格与价值的内在联系，最终导致李嘉图学派的解体。

马克思在批判地继承古典学派的基础上，创立了科学的平均利润和生产价格理论。列宁曾说："在《资本论》第三卷里，解决了在价值规律的基础上形成平均利润率的问题，马克思把经济学推进了一大步，这表明现在他是根据普遍的经济现象、根据全部社会经济来分析问题。"[①] 马克思的平均利润和生产价格理论在《资本论》第三卷所研究的转化理论中处于关键性地位，它是以后一系列转化的基础，是考察资本主义生产总过程和剩余价值转化为各种具体形态的理论前提。如果没有对剩余价值到利润的转化的分析，就看不清利润的实质。如果没有对利润到平均利润、价值到生产价格的分析，也就不可能对资本主义经济中的平均利润、生产价格作出科学而系统的理论说明。同样，如果不能对平均利润、生产价格作出科学的理论说明，那么，产业利润、商业利润、利息和地租等具体形式的形成以及他们的经济实质，也就无法正确地予以揭示。与资本主义初期不同，在发达的资本主义经济生活中，剩余价值规律已不再直接通过利润来表现，而是通过平均利润来表现；价值规律的表现形式也发生了变化，它已不是以价格为中心，而是以生产价格为中心，通过价格围绕着生产价格上下波动而起作用。因此，研究马克思的平均利润和生产价格理论，也是理解发达资本主义经济中剩余价值规律和价值规律发生作用的具体表现形式的一把钥匙。

马克思的平均利润和生产价格理论可概括为如下主要方面。

---

① 《列宁选集》第2卷，人民出版社1972年版，第594页。

（一）成本价格、利润和利润率

成本价格、利润和利润率是资本主义商品价值的转化形态。资本主义的商品价值由不变资本（c）、可变资本（v）和剩余价值（m）三部分构成，其中不变资本和可变资本是生产商品所消耗的资本家的预付资本价值，它必须得到补偿，社会再生产才能继续下去。“商品价值的这个部分，即补偿所消耗的生产资料价格和所使用的劳动力价格的部分，只是补偿商品使资本家自身耗费的东西，所以对资本家来说，这就是商品的成本价格。”① 本来，剩余价值只是可变资本的增长额，当不变资本和可变资本转化为商品成本价格，资本的实质和价值的实质就被掩盖起来。因此，商品价值＝成本价格＋剩余价值，剩余价值就表现为成本价格的超过额，表现为商品生产中耗费掉的资本价值的增加额。同时，剩余价值又是整个资本循环的产物，它不仅对生产中所耗费的资本来说是一个价值增加额，而且对所使用的资本来说也是一个价值增加额。机器、厂房等生产资料，是生产剩余价值的必要条件。在生产过程中，不仅机器、厂房的折旧部分要转移到新产品中去，而且机器、厂房都要同时被使用。如果不使用全部机器和厂房，折旧的部分也就不可能转移到新产品中去，生产就不能进行，剩余价值也就不可能被创造出来。因此，在资本家看来，剩余价值既由预付资本中那个加入商品成本价格的部分产生，也由预付资本中那个不加入商品的成本价格的部分产生；总之，剩余价值是由全部预付资本产生的。马克思说：“剩余价值，作为全部预付资本的这样一种观念上的产物，取得了利润这个转化形式。”② 这样，商品价值就由 c＋v＋m 转化成为成本价格加利润，即 k＋p。正是由于这一转化，在质和量两个方面都出现了差别：从质的方面看，利润和剩余价值本来是一回事，但剩余价值转化为利润后，在一极上劳动力价值表现为工资，好像工人的全部劳动都得到了报酬；在另一极上，剩余价值不像是由劳

① 《资本论》第 3 卷，人民出版社 2004 年版，第 30 页。

② 《资本论》第 3 卷，人民出版社 2004 年版，第 43—44 页。

动所创造，反而倒好像是由全部预付资本产生出来的。从量的方面看，如果商品的市场价格低于商品价值，但高于成本价格，仍能取得利润，这时的利润量就会小于剩余价值量。通过这一转化，利润的来源就神秘化了，资本主义的剥削实质就在利润的形式上被掩盖了。

剩余价值到利润的转化是从剩余价值率到利润率的转化引出的。利润率是剩余价值与全部预付资本的比率。本来，资本家预付不变资本只是生产剩余价值的必要条件，可变资本才显示出剩余价值产生的来源，但是在资本家心目中，不变资本和可变资本完全混在一起，都作为预付资本来支出，剩余价值似乎是由全部预付资本带来的；而且，利润量的大小也似乎不是只由可变资本来决定，而是由全部预付资本来决定，即“不是决定于利润和可变资本的比率，而是决定于利润和总资本的比率，即不是决定于剩余价值率，而是决定于利润率”[①]。因此，资本家就不再关心不变资本和可变资本的实际区别，只是关心预付出了多少数量的资本才能取得多少利润。这样，不把 m 和可变资本相比，而是把 m 和预付总资本相比，“我们就得到了一个与剩余价值率$\frac{m}{v}$不同的利润率$\frac{m}{C}=\frac{m}{c+v}$”[②]，剩余价值率就转化为利润率。资本家在确定成本价格的增加额时，总是从现有的利润率出发，用预付总资本乘以利润率，得出利润部分。可见，剩余价值转化为利润必须以剩余价值率转化为利润率为前提。

还应指出的是，由剩余价值率到利润率的转化，年剩余价值率是中间环节。年剩余价值率（M'）等于实际的剩余价值率（m'）乘以一年时间可变资本周转的次数（n），用公式表示为：$M'=m'\times n$。马克思说：“利润率是按所使用的总资本计算的，但是按一定的时间，实际是按一年计算的。一年内获得和实现的剩余价值或利润对总资本的以百分比计算的比率，就是利润率。”[③] 既然利润率以全年为单位计算，年利润率（p'）的计算应依据年剩余价值率（M'）而不是依据实际剩余价值率，其公式

---

① 《资本论》第 3 卷，人民出版社 2004 年版，第 50 页。

② 《资本论》第 3 卷，人民出版社 2004 年版，第 51 页。

③ 《资本论》第 3 卷，人民出版社 2004 年版，第 252 页。

是：$p'=m'n\frac{v}{C}$。年剩余价值转化为年利润率后，又进一步造成利润是全部预付资本产物的假象。

利润率的高低受各种因素的影响：一是剩余价值率。一般说来，利润率与剩余价值率成正比，剩余价值率提高，利润率也提高；剩余价值率下降，利润率也下降。但由于种种原因，也会出现二者变动方向不一致的情况。二是资本有机构成，利润率与之成反比。一般说来，资本有机构成高，利润率低；资本有机构成低，利润率高。三是资本周转时间。周转时间由生产时间和流通时间两部分组成，其中任何一个部分的缩短，都可以增加剩余价值量，从而提高利润率。缩短生产时间的主要方法是提高劳动生产率，这就是人们通常所说的工业进步。缩短流通时间的主要方法是改进交通。四是不变资本使用上的节约，会降低资本有机构成，从而提高利润率。其具体途径是：通过企业内部生产协作，规模的扩大，提高生产资料的利用率，通过社会分工获取生产资料生产部门劳动生产力提高和科学技术进步的好处等。五是原材料价格的变动。在上述各种因素中，剩余价值率和资本有机构成是决定利润率高低的两个重要因素。

（二）平均利润和生产价格的形成机制及其实质

由利润到平均利润的转化，必须以平均利润率的形成为前提。正如必须先有剩余价值率到利润率的转化，然后才有剩余价值到利润的转化一样，利润转化为平均利润，也必须先有不同部门的特殊利润率转化为平均利润率，然后再由平均利润率计算出平均利润。马克思指出，如果商品在市场上都按照它的价值来出售，投在不同生产部门的同量资本，即使在剩余价值率相同的情况下，资本有机构成和资本周转时间不同，也会产生不同的利润率。但是，资本主义生产的目的是为了取得更多的剩余价值，资本家把资本投入哪一个生产部门，完全是以利润率的高低为转移的。既然同量资本投入不同的生产部门会有不同的利润率，那么由于竞争促使资本的不断转移，“这些不同的利润率……平均化为一般利润率，而一般利润率就是所有这些不同利润率的平均数”[①]。这里所说的“平均”并不是那种静止的、绝对意义上的平均，而是动态的、相对意义上的平均。马克思说：“总的说来，在整个资本主义生产中，一般规律作为一种占统治地位的趋势，始终只是以一种极其错综复杂和近似的方式，作为从不断波动中得出的、但永远不能确定的平均数来发生作用。”[②] 平均利润率的计算应该加权平均，也就是除了考虑各部门的个别利润率外，还要考虑各个部门的资本在社会总资本中所占的比重。平均利润率取决于两个因素：一是不同生产部门的资本有机构成，从而各个部门有不同的利润率；二是社会总资本在这些不同部门之间的分配，即投在每个特殊部门因而有特殊利润的资本的相对量。

由于利润率转化为平均利润率，利润就转化为平均利润。马克思说：“按照这个一般利润率归于一定量资本（不管它的有机构成如何）的利润，就是平均利润。”[③] 虽然不同生产部门的资本家在出售商品时收回了生产这些商品所用的资本价值，但是他们不是得到本部门生产这些商品时所生产的利润，而只是得到了社会总资本在所有生产部门在一定时间内生产的总利润均衡分配时归于总资本的每个相应部分的利润。就平均利润来说，“不同的资本家在这里彼此只是作为一个股份公司的股东发生关系，在这个公司中，按每100资本均衡地分配一份利润”[④]。

在平均利润形成的同时，价值也就转化为生产价格。马克思说：“商品的生产价格……等于商品的成本价格加上平均利润。”[⑤] 生产价格与价值的差额同平均利润与剩余价值的差额，二者是一致的。生产价格的形成使个别生产部门的剩余价值与平均利润发生偏离，进而使生产要素的价值和成本价格发生偏离，但是从整体来看，全社会剩余价值总量和平均利润总量相等，成本价格总和等于生产要素价值总和，因而价值总和等于生产价格总和。所以，生产价格实质上是商品价值的转化形

① 《资本论》第3卷，人民出版社2004年版，第177页。
② 《资本论》第3卷，人民出版社2004年版，第181页。
③ 《资本论》第3卷，人民出版社2004年版，第177页。
④ 《资本论》第3卷，人民出版社2004年版，第178页。
⑤ 《资本论》第3卷，人民出版社2004年版，第177页。

式；商品按生产价格出售并非否定价值规律，只是价值规律作用形式的改变。

平均利润是完成形态，它只是资本运动的结果，而不是资本运动的起点，“真正困难的问题是：利润到一般利润的这种平均化是怎样进行的”①。马克思着重研究了竞争机制在平均利润和生产价格形成中的作用，指出：“竞争会把社会资本这样地分配在不同的生产部门中，以致每个部门的生产价格，都按照这些中等构成部门的生产价格的样板来形成”。②但是，竞争是自有商品生产以来就有的现象，为什么在前资本主义社会不会形成平均利润和生产价格呢？这是因为，商品按照它们的价值进行的交换比那种按照它们的生产价格进行的交换，所要求的发展阶段要低得多，后者“需要资本主义的发展达到一定的高度”③。资本主义发展的“一定高度”具体表现在：（1）资本家直接占有生产资料，工人一无所有，不得不出卖劳动力，受资本家剥削；（2）资本和劳动力都可以自由转移。资本的自由转移要求社会内部已经有了完全的商业自由，消除了自然垄断以外的一切垄断；信用制度有了很大发展；所有的生产部门都已被资本家控制；要有很高的人口密度。劳动力的自由转移则要求废除妨碍工人从一个生产部门转到另一个生产部门的法律；一切生产部门的劳动都已最大限度地转化为简单劳动；工人对自己的劳动内容无所谓，抛弃了一切职业偏见，完全受资本支配。（3）竞争不仅在一个部门内实现，而且在不同部门之间实现。“只有不同部门的资本的竞争，才能形成那种使不同部门之间的利润率平均化的生产价格。”④

部门内部的竞争是部门之间竞争的基础，它所形成的市场价值、市场价格又是不同利润市场化、平均利润形成的中间环节。马克思对市场价值作了全面、深入的论述，这是因为，“这里关于市场价值所说的，也适用于生产价格，只要把市场价值换成生产价格就行了”⑤。所谓市场价

① 《资本论》第3卷，人民出版社2004年版，第195页。
② 《资本论》第3卷，人民出版社2004年版，第193页。
③ 《资本论》第3卷，人民出版社2004年版，第197页。
④ 《资本论》第3卷，人民出版社2004年版，第201页。
⑤ 《资本论》第3卷，人民出版社2004年版，第200页。

值，就是区别于个别价值的社会价值或平均价值。“不同的个别价值，必须平均化为一个社会价值，即上述市场价值。”① 市场价值在生产中创造，在流通中实现，商品生产者为实现其商品价值，必须把商品拿到市场上出售，于是同类商品生产者之间为争夺有利的销售条件而展开激烈的竞争。如果商品供大于求，商品就必然会低于它们的市场价值出售；如果商品供不应求，商品就必然会高于它们的市场价值出售。竞争的动力在于，“个别价值低于市场价值的商品，就会实现一个额外剩余价值或超额利润，而其个别价值高于市场价值的商品，却不能实现它们所包含的剩余价值的一部分”②。竞争的结果是使商品按照它所包含的社会必要劳动来出售，而耗费在这种商品总量上的社会劳动的总量，必须同这种商品的社会需要的量相适应，即同有支付能力的社会需要的量相适应。市场价值的具体确定，一方面应看作是一个部门所生产的商品的平均价值，另一方面又应看作是在这个部门的平均条件下生产的、构成该部门的产品很大数量的那种商品的个别价值。在特殊情况下，那些在最坏条件下或在最好条件下生产的商品才会调节市场价值。马克思认为，以上关于市场价值的确定只是抽象的论述，实际上市场状况是千变万化的，市场价值的确定是通过竞争来实现的。

市场价值与供求有密切关系。在供求一致时，商品就会按照它的市场价值出售，这时供求不再说明任何事情。马克思说：“资本主义生产的实际的内在规律，显然不能由供求的互相作用来说明……因为这种规律只有在供求不再发生作用时，也就是互相一致时，才纯粹地实现。”③ 当供求不一致时，它一方面调节着市场价格与市场价值的偏差，另一方面则可以在极不相同的形式上消除由供求不平衡所产生的影响。如果需求减少，市场价格低于市场价值，利润率降低，资本就会被抽走，从而使供给减少；反之，如果需求增加，市场价格高于市场价值，利润率提高，流入到这个部门的资本增加得过多，生产大量增加，市场价格又降低到市场价值以下，等等。总之，“这还可以在这个或者那个生产部门，在一

① 《资本论》第3卷，人民出版社2004年版，第201页。
② 《资本论》第3卷，人民出版社2004年版，第199页。
③ 《资本论》第3卷，人民出版社2004年版，第211页。

个或长或短的期间内引起市场价值本身的提高，因为所需要的一部分产品在这个期间内必须在较坏的条件下生产出来”①。

（三）利润率趋向下降的规律

随着资本主义技术不断进步和社会生产力的日益发展，资本有机构成不断提高，可变资本同不变资本相比会相对减少，结果在劳动剥削程度不变甚至提高时，剩余价值率会表现为一个不断下降的一般利润率，马克思把这一“资本主义生产方式的规律”当作“现代政治经济学的最重要的规律”。但利润率下降并不排斥利润量的同时增加。马克思指出，利润率下降和利润量增加是资本积累规律作用的必然结果。资本主义的生产过程本质上同时就是积累过程。资本积累一方面使资本有机构成不断提高，利润率趋向下降，另一方面又增加可供剥削的劳动人口，使资本可以支配越来越多的劳动大军。同时资本家通过延长和强化工作日、降低工资等手段，使绝对利润量不断增加，马克思把这种利润率下降而利润量同时增加，称作“二重性的规律”，并具体分析了这一规律发生作用的条件，即“要使利润量在利润率下降时保持不变，表示总资本增加的乘数，就必须和表示利润率下降的除数相等。……要使结果增加，资本增加的比例就必须大于利润率下降的比例。换句话说，要使总资本的可变组成部分不仅绝对地保持不变，而且绝对地增加（尽管它作为总资本的一个部分所占的百分比已经下降），总资本增加的比例必须大于可变资本所占百分比下降的比例。”② 这一规律还表现为，资本所生产的商品的价格下降，但由于预付资本增加，所生产的商品总量增大，因此商品销售后所实现的总利润量也会相对增加。

在利润率下降规律发生作用的同时，必然存在某些起反作用的因素，使利润率的下降不会更大、更快。这些因素包括劳动剥削程度的提高、工资被压低到劳动力价值以下、不变资本各种要素的价格变得便宜、相

---

① 《资本论》第 3 卷，人民出版社 2004 年版，第 212 页。

② 《资本论》第 3 卷，人民出版社 2004 年版，第 247—248 页。

对过剩人口、对外贸易、股本资本的增加等，“这些原因不会取消这个规律，但是它会减弱它的作用”，即“阻碍，延缓并且部分地抵消这种下降”，使之“相对缓慢了”。“所以，这个规律只是作为一种趋势发生作用；它的作用，只有在一定情况下，并且经过一个长的时期，才会清楚地显示出来。”[①]

利润率趋向下降的规律是资本主义生产方式的最重要规律。由于这一规律的作用，资本主义社会各种潜在矛盾展开并日趋尖锐，这些矛盾主要有如下几个方面。(1) 剩余价值生产与剩余价值实现的矛盾。资本家为了获得更多的剩余价值、更大的利润量，就不断扩大生产规模，使商品总量惊人地膨胀起来。然而，“进行直接剥削的条件和实现这种剥削的条件，不是一回事。二者不仅在时间和地点上是分开的，而且在概念上也是分开的。前者只受社会生产力的限制”。[②] 但是社会消费力既不是取决于绝对的生产力，也不是取决于绝对的消费力，而是取决于资本主义社会的以对抗性的分配关系为基础的消费力。这种分配关系使社会上大多数人的消费力缩小到最低限度。资本家力图用扩大再生产的办法来解决这个矛盾，结果适得其反。(2) 大资本和小资本的矛盾。利润率下降规律使资本家内部的竞争加剧。由于利润量甚至在利润率较低时也会随着所投资本量的增加而增加，这就既需要资本的积聚，因为这时各种生产条件都要求使用大量资本；同时也需要资本的集中，即小资本家为大资本家所吞并，小资本家失去资本。马克思认为这是继资本原始积累之后，“劳动条件和生产者的再一次的分离”。大资本对小资本的“剥夺”最后表现为“资本集中在少数人手中和许多人丧失资本”。(3) 生产扩大和价值增殖的矛盾。资本主义生产的目的是为了保存现有的资本价值和最大限度地增殖资本价值，这就需要绝对发展生产力，从多方面增加资本量，进一步扩大生产规模，同时不断采用新的科学技术以提高劳动生产力。而劳动生产力的提高又引起资本有机构成的进一步提高，可变资本相对减少，利润率下降，导致资本贬值，扰乱资本流通过程和再生产

① 《资本论》第3卷，人民出版社2004年版，第266页。

② 《资本论》第3卷，人民出版社2004年版，第272页。

过程，引起再生产过程的突然停滞和危机，这都会使资本增殖减弱，因此，“手段——社会生产力的无条件的发展——不断地和现有资本的增殖这个有限的目的发生冲突”①。(4) 资本过剩和人口过剩的矛盾。利润率趋向下降规律的作用有两个方面。一方面，造成生产规模扩大，投资所必需的资本最低数额大大增加，使大量小资本不能独立地投入产业，只能搞商业和金融投机活动。同时，在激烈的竞争中，必然有一部分资本闲置下来，一部分资本被毁灭，造成社会的巨大浪费。另一方面，“使劳动生产力提高、商品产量增加、市场扩大、资本在量和价值方面加速积累和利润率降低的同一些情况，也会产生并且不断地产生相对的过剩人口，即过剩的工人人口，这些人口不能为过剩的资本所使用，因为他们只能按照很低的劳动剥削程度来使用，或者至少是因为他们按照一定的剥削程度所提供的利润率已经很低”②。资本是由商品构成的，资本的生产过剩包含商品的生产过剩，当然这也是相对的，因为对于人口中有劳动能力的那部分人的就业来说，生产资料生产得不是太多；要使大量人口能够体面地生活，生活资料还是生产得太少。

由利润率趋向下降规律的作用而引发的上述各种矛盾的综合、集中、尖锐的表现就是周期性爆发的经济危机。

二、建立和完善社会主义市场价格体制

中华人民共和国成立后，我们实行的是高度集中的计划价格体制。其主要弊端表现在以下几方面。一是形式单一。价格形式是近乎单一的固定计划价格，浮动价很少，自由市场价格更少。二是决策集中。定价权基本上由中央政府掌握，地方定价权很少，企业基本上没有定价权。三是行政形成。价格按照行政隶属关系层层报批，严重背离了价值规律。四是运行呆滞。价格形成后多年固定不变，不能随生产成本和市场供求

① 《资本论》第3卷，人民出版社2004年版，第279页。

② 《资本论》第3卷，人民出版社2004年版，第285页。

变化灵活调整。五是功能畸形。价格只是作为经济核算的工具，而不是调节经济的杠杆。这种僵化的计划价格体制使许多产品的价格既不反映其价值，也不反映市场供求关系，因此不能对资源配置起合理调节作用，不利于生产力发展和人民生活的改善。1978 年党的十一届三中全会以后，中国在价格改革方面迈出了勇敢的步伐，取得了重要进展，特别是党的十四大明确提出要“建立起市场形成价格为主的价格机制”，建立社会主义市场价格体制已经成为价格改革的基本思路和目标模式。在建立价格新体制的过程中，我们要坚持以马克思的平均利润和生产价格理论为指导，并在市场经济的新情况下加以运用和发展。

（一）市场价格的形成

1. 市场价格形成的基础。价格是商品价值的货币表现，价值是价格的基础。但是，社会主义市场价格并不是直接以价值为基础，而是以价值转化形式即生产价格为基础的。马克思指出，平均利润和生产价格的形成“需要资本主义的发展达到一定的高度”，这“一定的高度”包括社会化大生产和商品经济的高度发展。在现阶段，中国已具备了平均利润和生产价格形成的经济条件。从社会化大生产方面看，经过 60 多年的社会主义建设，中国已经发展成为国民经济门类比较齐全、技术比较先进、社会化程度较高的社会主义大生产。在物质技术基础不断增强的同时，国民经济各部门之间出现了资本有机构成的较大差别。从国有工业内部几个主要部门来看，资本有机构成较高的有石油工业、电力工业等，较低的则有食品工业、煤炭工业、建材工业、纺织工业等。在工业、农业、建筑业以及运输邮电业等国民经济其他产业部门之间，也存在着资本有机构成的较大差别。农业的资本有机构成还相当低，而运输邮电业却高于工业的平均构成。由于各部门、各企业的资本有机构成不同，它们所获得的利润也必然是不等的。但是等量资本获得等量利润是社会化大生产的客观要求，正如马克思所指出的：“竞争会把社会资本这样地分配在不同的生产部门中，以致各个部门的生产价格，都按照这些中等构成部门的生产价格的样板来形成，也就是说，它们 $=k+kp'$（成本价格加上成本价格乘以平均利润率所得之积）。”[①] 这样，生产价格也就成为价值的转化形式。

再从商品经济发展的方面看，马克思所提出的资本主义商品经济高度发展阶段的三个条件在中国以改变了的形式得到了实现。首先，中国已形成了公有制为主体，多种所有制经济共同发展的所有制结构。其次，包括物质商品市场、资本市场和劳动力市场在内的完整的市场体系不断完善。据统计，2016 年末中国本外币存款余额 155.52 万亿元，同比增长 11.3%；人民币存款余额 150.59 万亿元，同比增长 11%。本外币贷款余额 112.06 万亿元，同比增长 12.8%；人民币贷款余额 106.6 万亿元，同比增长 13.5%。[②] 2016 年证券市场股指下跌，全年沪、深股市累计成交 127.8 万亿元，两市成交量下降。[③] 2016 年末全国就业人员 77603 万人，比 2015 年末增加 152 万人，就业保持基本稳定的态势。其中城镇就业人员 41428 万人，净增加 1018 万人。全年城镇新增就业 1314 万人，连续 4 年保持在 1300 万人以上。[④] 第三，竞争是商品经济运动的内在规律。社会主义企业彼此作为商品生产者，有它们各自独立的经济利益，它们之间也存在着激烈的竞争。现在全国有为数不少的企业经营困难，出现严重亏损乃至资不抵债，宣布破产或被优势企业兼并，这就是竞争造成的优胜劣汰。社会主义企业的平均利润率就是在竞争中形成的，并由此导致价值向生产价格的转化。经过这一转化，价格就不再直接以商品的实际价值为基础形成，而是直接以生产价格为基础形成。在生产价格的基础上形成价格，就是商品的价格由部门平均成本加上平均利润构成，而平均利润严格地说应等于该商品生产所用的全部资本乘以平均利润率之积（这里所说的“全部资本”既包括产业资本，也包括商业资本）。

2. 影响市场价格形成和变化的因素。市场价格形成与市场供求密切相关。供求平衡是商品按市场价值出售的基本条件，但是“供求实际上

---

① 《资本论》第 3 卷，人民出版社 2004 年版，第 193 页。

② 《中国央行：2016 年金融和社会融资规模存量统计数据报告》，见环球外汇网 2017 年 1 月 12 日。

③ 《2016 年沪深股市成交额 127.8 万亿元》，见北京证券网 2017 年 1 月 23 日。

④ 《中华人民共和国 2016 年国民经济和社会发展统计公报》，见新华网 2017 年 3 月 1 日。

从来不会一致；如果它们达到一致，那也只是偶然现象，所以在科学上等于零，可以看作没有发生过的事情”[①]。在供求不平衡时，具有不同经济利益的商品生产者，必然要在自己处于有利地位时提高或压低价格，“如果对这种商品来说，需求超过了供给，那么，在一定限度内，一个买者就会比另一个买者出更高的价钱，这样就使这种商品对全体买者来说都昂贵起来，提高到市场价值以上；另一方面，卖者却会共同努力，力图按照高昂的市场价格来出售。相反，如果供给超过了需求，那么，一个人开始廉价抛售，其他人不得不跟着干，而买者却会共同努力，力图把市场价格压到尽量低于市场价值。”[②] 供求关系就是这样使市场价格与市场价值相背离，并围绕着市场价值上下波动。

过去在研究市场价格的形成时忽视以至否定供求因素的作用，那是片面的、不对的。马克思在《资本论》第三卷第十章中用了相当的篇幅论述市场价格与供求的关系，肯定市场供求对市场价格形成的重要作用，这对我们今天进行的改革很有指导意义。但是，如果认为市场价格完全由市场供求来决定，那就走向了另一个极端。近几年中国理论界确实有人主张这一观点。马克思曾经明确指出：“你们如果以为劳动和任何一种商品的价值归根到底是由供给和需要决定的，那就完全错了。供给和需求只调节市场价格一时的变动。供给和需求可以说明为什么一种商品的市场价格会涨到它的价值以上或降到它的价值以下，但决不能说明这个价值本身。”[③] 供求决定价格论的错误：一是为现象所迷惑，否认市场价格有其客观的基础，否认市场价值决定市场价格，实际上是否定劳动价值论；二是它只能解释供求不平衡时市场价格对市场价值的偏离，却无法解释在供求一致时市场价格是如何决定的。如果接受这一理论，价格理论将会走上歧路。

市场价格的形成也受到国家宏观调控的制约。在现代市场经济条件下，国家普遍地加强了对社会经济生活的干预，那种所谓完全的自由价格即使在当代资本主义发达国家也并不存在。社会主义市场价格的一个

① 《资本论》第3卷，人民出版社2004年版，第211页。

② 《资本论》第3卷，人民出版社2004年版，第215—216页。

③ 《马克思恩格斯选集》第2卷，人民出版社1995年版，第63页。

重要特点是国家可以采取各种特殊的政策对价格的形成及其变动施加影响，如：国家可以通过宏观经济政策控制市场价格的总水平，国家可以用最高限价和最低限价来控制某些商品市场价格的浮动幅度，国家可以通过经济手段控制和影响价格运动的水平、结构和趋势，等等。实行正确的宏观调控可以使市场价格能够比较灵活地反映商品市场价值的变化和各种经济政治条件的变化，又能及时地反映市场供求状况的变化，这样，价格不仅可以发挥经济核算的职能、国家收入再分配的职能，而且能真正发挥商品生产和商品流通的职能，从而充分发挥价格的杠杆作用。1998年5月1日开始施行的《中华人民共和国价格法》明确政府价格管理的范围、权限和程序，为政府利用价格杠杆调控经济运行、规范经营者的价格行为以及在深化价格改革、保障消费者和经营者的合法权益、稳定价格总水平方面等发挥重要的作用提供了法律保障。

3. 市场价格形成中的成本。既然市场价格要以生产价格为基础，生产价格又等于成本和平均利润之和，因此研究市场价格的形成不能不涉及成本问题。成本是市场价格确立的最低经济界限。马克思说："商品出售价格的最低界限，是由商品的成本价格规定的。如果商品低于它的成本价格出售，生产资本中已经消耗的组成部分，就能全部由出售价格得到补偿。如果这个过程继续下去，预付资本价值就会消失。"① 这就是说，如果商品价格低于成本，不仅不能进行扩大再生产，而且连简单再生产也无法维持，所以在一般情况下，价格不能低于成本。正确地核算和确定成本，对于商品价格的正确制定，其重要性是不言自明的。那么，如何正确核算和确定成本呢？首先，价格形成中的成本必须是正常生产、合理经营条件下的成本，这种成本能正确反映商品生产过程中正常的、合理的劳动耗费，使商品价格更接近于它本身的价值。这里要强调的是环境成本也是属于正常的生产成本。党的十七大报告指出，要"加强能源资源节约和生态环境保护，增强可持续发展能力"，要"落实节能减排工作责任制"。"我们既要绿水青山，也要金山银山。""绿水青山就是金山银山。"党的十八大以来，以习近平同志为核心的党中央，从中国特色

① 《资本论》第3卷，人民出版社2004年版，第45页。

社会主义事业“五位一体”总布局的战略高度，从实现中华民族伟大复兴中国梦的历史维度，提出实行最严格的环境保护制度，强力推进生态文明建设，并出台了生态文明体制“1＋6”改革方案，明确要求建立健全八个方面的制度，形成生态文明建设和体制改革“组合拳”。这就要求企业加大节能减排的投入，这种投入形成的成本，是属于使商品生产可持续发展过程中的正常的、必要的劳动消耗，因此必须计入生产成本。还应该强调的是，这同时也就意味着，在商品定价时要把成本开支中一些暂时起作用的、不正常不合理的因素加以剔除，如新产品试制和初期小批量生产阶段的费用开支，由于市场疲软、产品积压使企业开工不足造成的损失，由于自然灾害和其他意外事故所造成的非正常损失等。其次，价格形成中的成本必须是社会成本。社会成本是相对于个别成本而言的。马克思认为，要使生产部门相同、种类相同、质量也接近相同的商品按照它们的价值出售，必须具备的重要条件之一就是使不同的个别价值平均化为一个社会价值。而要做到这一点，首先要使不同的个别成本平均化为一个社会成本，即部门平均成本。但是这种“平均化”并不是单纯的算术平均，而是加权平均，也就是要考虑那些在不同条件下生产的商品数量及其所耗费的个别成本在社会总成本中所占的比例。只有这样的部门平均成本，才能作为市场价格形成的依据。再次，价格形成中成本必须是与商品生产直接有关的成本支出。那些非生产性开支以及与生产进程没有直接关系的支出，一般不得列入成本。例如，一个企业的基本建设投资就不能列入成本，因它与当年产品的生产过程无关；企业办学校、医院等社会设施的费用不能列入成本；企业因违反经济合同而被处罚的款项也不能列入成本，等等。这些都是比较清楚的，现在问题在于，商品进入流通过程的费用哪些可以列入成本，哪些不可以列入成本？马克思认为，商品运输费、商品从生产地点运往消费地点的整个过程中的保管费，属于生产性费用，可以列入成本，而“一切只是由商品的形式转化而产生的流通费用，都不会把价值追加到商品上”[①]，这种纯粹流通费用不能列入成本。我们认为，对纯粹流通费用也要具体分析。

① 《资本论》第2卷，人民出版社2004年版，第167页。

在激烈的市场竞争中，越来越多的企业增强了市场意识，采取各种促销手段使消费者更好地认识或理解其商品。虽然这种促销费用“不会把价值追加到商品上”，但它有助于商品的销售，占领和扩大市场，从而促进商品生产。因此，这种流通费用也应列入成本。

（二）理顺市场价格关系

市场上有千千万万种商品，也就有千千万万个不同的价格，这种种价格之间又存在着互相联系、互相制约的比例关系，从而构成了市场价格体系。市场价格体系既包括不同商品之间的价格关系，又包括质量不同的同种商品、处于不同流通环节上的同一商品，以及处在不同时间和空间的同一商品的不同价格之间的关系，是不同价格的相对水平即各种比价、差价关系的总和。理顺市场价格体系中的各种比例关系是价格改革的一个重要方面。中国的价格体系是历史上形成的，存在着许多不合理的关系。党的十一届三中全会以来，开始对价格体系进行改革，取得了很大的成效，但价格关系仍未理顺，有几个方面的突出表现。一是不同产品的比价关系不合理。历史上遗留下的工农业产品价格“剪刀差”依然存在。三十几年来农产品的市场价格虽然大幅度提高，但工业生产的农用生产资料的价格提高的幅度更大，农民增产不增收，生产积极性受到很大影响。第三产业中的一些部门，如交通运输业、公房租赁业等收费标准偏低，只能微利经营或亏本，靠国家补贴维持运转，既造成这些部门滞后发展，又增加财政负担。二是工农业产品内部比价不合理。在工业品内部主要是矿产品、能源、原材料等初级产品与加工工业产品比价不合理，前者偏高，后者偏低。许多市场急需的产品因价低利小不能发展，不能满足社会生产和人民生活的需要。相反，一些价高利大的产品的生产又盲目发展，造成生产能力过剩，产品严重积压。农业产品内部比价不合理主要是粮、棉、油的价格偏低，尤其是粮食价格虽经多次上调，但农民生产经营仍感困难。三是同一商品的购销差价、批零差价、地区差价、季节差价、质量差价等方面也存在许多不合理的情况。

为推动国民经济协调迅速地发展，优化资源配置，必须改革不合理的价格体系，理顺价格关系，否则整个经济体制改革也难以进行。中国经济体制改革的目标是建立和完善社会主义市场经济体制，其主要内容就是要使市场在国家宏观调控下对资源配置起决定性作用。市场机制包括价格机制、供求机制、竞争机制及风险机制等。市场关系实质上是各市场主体之间实现经济利益的关系。市场的各种机制对市场主体的调节有各自的功能，但是其中对于市场主体利益攸关的是价格，市场机制以价格机制为核心，只有合理的价格关系，价格机制才能充分发挥调节作用。经济体制改革的中心环节是从整体上搞好国有企业，把企业推向市场，增强它们的活力。增强企业活力，从内部来说，就是要加快转换经营机制，加强科学管理，提高经济效益；从外部来说，要有一个开展公平竞争的环境和合乎比例的社会再生产条件。国有大中型企业受不合理价格关系的影响，在竞争中一直处于不利地位。中国能源、原材料等基础产品长期以来定价偏低，而这些产品的生产大都由国有大中型企业承担。有的行业如煤炭、原油等甚至出现全行业亏损，实际上它们的高盈利转移给国家和社会了。因此，改革不合理的价格关系，为企业创造一个公平竞争的外部环境，也是深化国有企业改革的迫切需要。

理顺市场价格关系必须遵循价值规律，贯彻等价交换的原则。其具体要求是：第一，在供求基本均衡的前提下，应使各种商品的市场价格反映平均利润和生产价格的客观要求，使价格比例尽可能接近价值比例。第二，应使各种商品的市场价格反映各时期市场供求变化，使商品生产者、经营者与消费者三个方面的经济利益尽可能得到最大限度的满足。第三，服务于社会发展的特定目的，生产者价格和消费者价格可以有一定程度的偏离。这是因为，价格机制对生产与消费同时具有刺激与限制的双向调节作用，刺激生产的价格同时会限制消费，刺激消费的价格会同时限制生产。社会主义经济的宏观调控有时需要对某些商品的生产同时予以鼓励或限制，这就会使这些商品的生产者价格比例同消费者价格比例发生某种程度的偏离。由此产生的利益差别国家可通过调节税率的办法来解决，这是国家宏观调控经济的一项重要价格措施。

理顺市场价格关系，首先要理顺工农业产品的比价关系，逐步提高粮食收购价格，以粮价为中心大体合理地安排农产品内部比价。粮食收购价格的提高，一是要使提价幅度略高于同期农业生产资料价格上升的幅度，使农民种粮增加的成本从商品提价所增加的收入中得到补偿，并使扩大再生产的能力有所提高；二是要使提价幅度略高于农产品收购价格总水平的上升幅度，使粮食和其他农产品比较效益的差距有所缩小；三是要考虑国家财力和群众承受能力的程度。以粮价为中心，参照历史比价、成本收益和供求状况，对棉、油等经济作物和其他农副产品价格适当安排，相应调整，使农业内部比价关系有利于粮食与其他经济作物等生产结构的合理化。其次，要理顺工业品内部的比价关系，适当提高能源和基础原材料的价格，使工业内部的比价关系有利于加强基础产业。基础原材料的合理价格应该是以劣等生产条件下的个别价值决定的社会价值为基础，使生产原材料的企业大体上能获得相当于加工产品企业的平均利润。基础原材料价格提高后，有可能引起连锁反应，因此一方面要适当考虑加工企业的消化能力，另一方面则要使后续加工产品在每个环节都能吸纳一部分提价影响，并努力做到加工产品的提价幅度低于基础原材料的提价幅度，避免“比价复归”。第三，要理顺商品价格和生产要素价格之间的关系。商品价格要理顺，生产要素的价格也要理顺，而且要保持合理的比价关系。劳动力是生产要素，其价格实际上就是工资。商品价格变动了，工资理应随之变动，因此要建立适应企业特点的工资制度与正常的工资增长机制。国有企业职工工资的变动要遵循两个“低于”的前提，一是企业职工工资总额增长率低于企业经济效益增长率，二是职工平均工资增长率低于本企业劳动生产的增长率。资金商品也有价格，这就是利率。如果利率低于通货膨胀率，实际利率成了负数，这是不合理的。利率至少要比通货膨胀率高 2～3 个百分点。第四，理顺各类商品差价关系。在进销差价上，要尽量避免商品生产者与商品销售者所获得的利润差别过大。减少不必要的商品流转环节，使商业价格除补偿出厂价格、流通费用外，只能获得与工业、农业相近的平均利润。在季节差价上，无论是农副产品还是常年生产、季节消费的日用工业品，应允许旺季价格高一些，淡季价格低一些，上下差价要能弥补跨季储存商品所耗费的物化劳动和活劳动。在地区差价上，现在的主要问题是有一些地区实行地方保护主义，不准价廉物美的外地商品进入本地市场，这是一种保护落后的行为，违反党中央提出的在全国“形成统一、开放、竞争、有序的大市场”的要求。要采取切实有效的措施，打破地区、部门的分割和封锁。在质量差价上，要贯彻按质论价的原则，这是因为，商品使用价值的质量高，生产这种商品时往往需要较优的原材料和较多的劳动时间，或者具有较高的劳动生产率，从而包含有较多的社会价值量。优质产品适当加价和低质产品适当降价，这种质量差价的存在有利于促进技术进步和产品创新，有利于引导不同质量产品的替代，照顾到不同收入水平的消费者的需要，同时尽量做到物尽其用。

（三）建立市场价格管理的新体制

价格关系的不合理同传统的价格管理体制不合理是紧密联系在一起的。为适应社会主义市场经济发展的客观要求，必须改革传统的价格管理体制，建立市场价格管理新体制。为此，必须在价格决策主体、价格形成机制、价格调控方式等方面实现从计划价格到市场价格的根本转换。

1. 实现价格决策主体的转换。价格决策主体是指价格由谁制定，它直接关系到所制定的价格是否合理，关系到如何正确处理国家、集体、个人三者之间以及中央、地方、企业之间的经济利益关系。在传统的计划经济体制下，企业仅仅是行政机关的附属物，生产什么、生产多少、怎样生产都由政府决定；企业经营好坏、盈利多少同自身的物质利益关系不大，因而企业并不关心自己产品价格的高低；企业基本上没有定价权，价格决策权主要集中在政府，由政府代替千千万万个企业进行价格决策。这是价格关系不合理的根源所在。改革开放 30 多年来，随着计划经济体制向社会主义市场经济体制的转变，企业逐步成为自主经营、自负盈亏、自我发展、自我约束的法人实体和市场竞争主体，即独立的商品生产经营者，也就迫切要求拥有价格决策自主权，企业有了定价决策权，就能按照市场的需要组织生产，使产品价格直接反映生产成本、市场供求、消费心理等方面的变化，并及时、灵活地作出调整，从而使企业在激烈的市场竞争中处于有利地位，不断发展壮大。因此，建立社会主义市场价格管理的新体制，首先要实现由政府定价为主向企业定价为主的转换，即除不适宜竞争的垄断性强的以及对社会稳定、经济长期发展有重大影响的少数商品仍由政府定价外，其他绝大多数商品价格都要放开，让企业成为价格的主要制定者。

2. 实现价格形成机制的转换。在传统的计划经济体制下，各类商品价格基本上是按照行政隶属关系，经过层层报批而最后确定的，并借助于行政手段加以实施。通过这种机制形成的价格，既不依据价值规律，也不考虑市场供求，带有强烈的主观意志色彩，因此不可能为商品生产经营者和消费者提供比较准确的信号，达到优化生产和消费结构、优化资源配置的目的。建立社会主义市场经济体制，使市场在社会经济资源的配置中发挥决定性的作用，这意味着要让价格回到市场中去，通过市场竞争形成。市场竞争使各种不同的利润率平均化，使价值转化为生产价格，这是价格形成的基础；市场竞争和供求变化使市场价格围绕着市场价值上下波动。当某种商品供不应求时，市场价格高于市场价值；供大于求时，市场价格低于市场价值。这是市场价格形成和运行的基本原理。正是这种高度灵活、自动调节的价格形成机制，能够及时对各市场主体提供反映社会劳动消耗和供求变化的价格信号，引导社会生产各部门按照再生产规律合乎比例地发展和资源在不同部门之间的优化配置。市场形成价格是社会主义市场价格管理新体制的核心。

3. 实现价格调控方式的转换。市场形成价格具有以往计划形成价格所不可比拟的优点，但是也存在自发性、盲目性、短期性、滞后性等明显缺陷，价格关系说到底就是人们之间的经济利益关系。在现代市场经济条件下，人们之间的经济利益关系错综复杂，单纯依赖市场上自发形成的价格这只“看不见的手”还无法把价格完全调整好，因此还需要政府宏观调控这只“看得见的手”适当加以调节。在传统的计划经济体制下，政府调控价格主要是通过行政手段直接控制具体的价格。随着社会主义市场经济体制的建立，政府对价格的调控要从直接调控为主转换为间接调控为主。政府调控物价重点是控制物价总水平，这需要严格控制货币发行量。货币发行量不能远远超过国民经济增长和零售物价指数所要求的货币量。由于价格的结构性调整引起的物价总水平的上升是难免的，但是也要因势利导把它控制在社会所能承受的范围内。对微观具体价格，除少数仍需政府直接管理外，绝大多数政府不再直接干预，而是通过市场来调节。在价格调节方式上，由主要依靠行政手段转换为依靠经济手段、法律手段。其主要措施有：制定和实施产业政策，建立价格调节基金和重要商品的国家储备制度，为企业生产经营提供产销信息，大力培育和发展各种类型、各种层次的市场以及制订各种市场和价格法规，规范企业价格行为，保护和促进公平竞争等。在经济体制转轨时期，为了进一步理顺不合理的价格关系，避免价格水平上升幅度过大，运用一定的行政手段对价格进行管理还是很有必要的，但要注意适度，不可过多、过火。

三、深化改革，提高企业的经济效益

党的十八大报告明确要求，“要适应国内外经济形势新变化，加快形成新的经济发展方式，把推动发展的立足点转到提高质量和效益上来”①。所谓经济效益，一般是指人们在经济实践活动中的劳动成果与消耗的资源总量的比例关系。经济效益的好坏表现在生产中占用或消耗一定量劳动，是否生产符合社会需要的较多数量和较好质量的产品，或者说生产符合社会需要的同样数量和质量的产品；是否占用和消耗较少的劳动。经济效益的提高实质上反映了节约劳动时间规律的要求。马克思说：“真正的经济——节约——是劳动时间的节约（生产费用的最低限度——和降到最低限度）。而这种节约就等于发展生产力。”② 中国经过 60 多年的建设，形成了比较完整的工业体系和国民经济体系，经济整体规模已经相当可观，特别是改革开放 30 多年来，经济高速发展，国力显著增强，但是在生产、流通等领域，资源消耗高、资金周转慢、损失浪费严重、经济效益低的问题已经成为当前经济生活中许多矛盾和问题的症结所在。党和政府把转变经济增长方式、提高经济效益作为事关全局的重大战略

① 《中国共产党第十八次全国代表大会文件汇编》，人民出版社 2012 年版，第 18 页。

② 《马克思恩格斯全集》第 46 卷下册，人民出版社 1980 年版，第 225 页。

问题提出来。如何提高经济效益，我们可以从《资本论》中得到许多启示。马克思在《资本论》第三卷前三篇中，对如何提高利润率和抑制平均利润率下降，增加利润量有许多深刻的论述。虽然这些论述主要是研究资本家为了追逐更高的剩余价值和利润而采用的种种剥削手段，但也从另一个侧面反映了市场经济的某些特点和规律。所以，如果去除其资本主义性质，那对中国在社会主义市场经济条件下提高企业的经济效益仍然是适用的。

（一）提高经济效益必须实行规模经济

马克思认为，在资本主义生产过程中，随着劳动生产力的日益发展，资本有机构成会不断提高，可变资本同不变资本从而同总资本相比会不断地相对减少，因此在剩余价值率不变甚至提高的情况下，一般利润率会逐渐下降。这是一个必然趋势，是不以人的意志为转移的客观经济规律。与利润率不断下降的规律同时并存的，是社会资本和单个资本的绝对利润量同时增加的规律，马克思称之为“二重性的规律”。之所以会出现这种矛盾的情况，是因为“资本主义生产过程实质上同时就是积累过程……资本主义生产和积累的发展进程，要求劳动过程的规模及其范围日益扩大，要求每一个企业的预付资本相应地日益增加。因此，日益增长的资本积聚（与此同时，资本家的人数也会增加，只是增加的程度较小），既是资本主义生产和积累的物质条件之一，又是二者本身产生的结果之一……因此，对各单个资本家来说，不言而喻的是：他们支配的劳动军越来越大（尽管对他们来说，可变资本同不变资本相比已经减少）；他们占有的剩余价值量，从而利润量，会随着利润率的下降并且不顾这种下降而同时增长起来。”① 这个二重性规律的另一种表现就是，资本所生产的商品价格下降，同时商品中所包含的并通过商品出售的利润量却相对增加。这里问题的关键“取决于参加商品生产的资本的总额有多

① 《资本论》第3卷，人民出版社2004年版，第242—244页。

大”①。资本总额的增加既需要资本的积聚，也需要资本的集中，即小资本家失去资本，为大资本家所吞并，马克思认为这是继资本原始积累之后，劳动条件和生产者的再一次分离，其结果表现为现有资本越来越集中在少数人手中。马克思上述结论的现实意义在于：实行规模经济是社会化大生产和市场竞争的客观要求，是提高企业经济效益的必然选择。如果企业没有一定的规模，那么在利润率下降规律的作用下，就会使生产经营发生严重困难，就会在日益激烈的市场竞争中招架不住，节节败退，以致最后失去立足之地。

近年来，中国工业经济总量规模不断扩大，工业发展速度明显加快，工业企业效益不断提高。2015 年工业增加值达到 346149.7 亿元，比 2011 年增加 130051.1 亿元，按可比价计算增长 46.3%，平均每年增长 10.1%，规模以上工业企业由 2011 年的 32.5 万个发展到 2015 年的 38.3 多万个，中国工业得到了长足的发展。但也要看到，即使是大型企业，和经济发达国家相比，仍然存在着不小的差距，特别是在企业规模方面(见下表)。

2015 年中国企业 500 强与福布斯全球企业 2000 强的企业规模比较

项　目	中国企业 500 强（亿美元）(1)	福布斯全球企业 2000 强（亿美元）(2)	(1) / (2)（%）
平均营业收入	191.1	195	0.98
平均资产	634.5	800	0.79

资料来源：《中国企业发展报告 2015》。

从上表可以看出，中国企业 500 强的平均规模小于福布斯全球企业 2000 强。从营业收入角度看，2015 年福布斯全球企业 2000 强的平均营业收入为 195 亿美元，中国企业 500 强的平均营业收入为 191.1 亿美元。从资产角度看，福布斯全球企业 2000 强的平均资产为 800 亿美元，中国企业 500 强的平均资产折合 634.5 亿美元，中国企业 500 强资产规模相当于福布斯全球企业 2000 强的 79.3%。上述数据表明，近年来中国企业 500 强在营业收入和资产总额呈现出快速增长的态势，与福布斯全球企业

① 《资本论》第 3 卷，人民出版社 2004 年版，第 255 页。

2000强在营业收入、规模差距方面总体在缩小。不过，中国企业500强与福布斯全球企业2000强的效益差距却在拉大。2015年福布斯全球企业2000强共实现利润30000亿美元，平均利润为15亿美元，中国500强的利润总额折合4161.2亿美元，平均利润为8.32亿美元，利润总额相当于福布斯全球企业2000强的55%。[①]

针对国内外经济形势的发展变化，党中央、国务院适时调整宏观调控的方向和重点。1995年以来，党中央、国务院提出了“抓大放小”的方针和政策。所谓“抓大”，就是近期国家要集中力量抓好关键的少数企业，即1000户国有大型企业和企业集团的改革和发展。特别是要以资本为纽带，通过市场组建跨地区、跨行业、跨所有制和跨国经营的竞争力较强的大企业集团。所谓“放小”，就是放开数以万计的中小型企业，通过改组、联合、兼并、股份合作制、租赁、承包经营和出售等形式，对国有经济进行战略性结构调整。而针对越来越激烈的国际竞争，党的十八大报告关于巩固和发展公有制经济、深化国有企业改革、鼓励发展具有国际竞争力的大企业集团等一系列重要部署，对企业界提出了新的、更高的要求。可以预料，今后市场激烈的竞争会加速企业之间的联合和兼并，从而出现一个并购的高潮。生产要素会向优势企业集中，企业的规模会扩大，产业的集中度会提高，企业的经济效益也会显著提高。这一趋势正如马克思所指出的，“不只是能够如此”，而且“必然如此”。

（二）提高经济效益必须加速资金周转

恩格斯指出，资本“周转对利润率的影响极为重要”[②]。这是因为，周转时间由生产时间和流通时间两部分组成。在全部预付资本中，只有一部分资本直接用在生产资本上生产剩余价值，而另一部分资本则属于流通资本，采取货币资本和商品资本的形式。这两部分资本的周转时间越短，也就是处在闲置中的资本越小，直接发挥作用的资本越多，因为

① 国务院发展研究中心企业研究所：《中国企业发展报告2015》，中国发展出版社2015年版。

② 《资本论》第3卷，人民出版社2004年版，第8页。

它所生产的剩余价值越多，利润率也就越高。关于资本周转速度加快可以增加预付资本数量的原理，马克思在论述货币流通量时就已经预示过了。他说："不论你把 1 盎斯金怎样颠来倒去，它决不会重 10 盎斯。铸币在流通过程中的存在，等于它所含的金量乘它的流通次数……在货币流通中由于速度代替数量而引起的流通手段的观念化，只涉及铸币在流通过程中的职能存在，而不包括单个铸币的存在。"[①] 马克思在《资本论》第三卷中，对如何加速资本的周转以提高利润率有一系列的论述，如：股份制对提高资本使用效率的作用；竞争机制对固定资本合理折旧界限确定及技术改造与进步的作用；关于市场状况及其市场结构对流通时间的影响；关于资本运动连续性对加快资本周转、节约资本使用、提高资本效益的作用；关于交通运输条件的好坏及其变化对资本周转的影响；关于商业信用对加速商品流通的作用；关于储备资金的合理数量界限及其对周转的影响，等等。上述马克思关于资本周转的原理和方法，对于我国的工业企业在社会主义市场经济条件下如何加速资金周转、提高经济效益是很有指导意义的。

中国工业企业当前存在的一个突出问题是资金紧张，而这与资金周转缓慢有很大关系。据国家统计局统计资料显示，2015 年规模以上工业企业应收账款净额增加，应收账款净额达 117246.31 亿元，同比增长 9.13%，其中，国有独资公司工业企业 5211.23 亿元，增长 8.1%。企业之间相互拖欠货款，产品库存积压过多导致流通资金紧张，资金紧张又进一步引起库存增长。有一些企业因拖欠电款、煤款过多而被拉闸限电和停止供煤，造成停工停产。资金周转缓慢问题若不尽快解决，将导致一系列不良的连续影响。

造成国有工业企业资金周转缓慢的原因是多方面的。首先是经济体制改革的历史遗留问题。由于我国社会主义市场经济体制正处于完善过程中，在从计划经济向市场经济转型的过程中部分国有企业形成的历史呆坏账多，一方面导致部分企业改制后净资产大量减少，造成流动资金相当紧缺；另一方面导致部分国有企业改制停滞，过多占用大量的流动

① 《马克思恩格斯全集》第 13 卷，人民出版社 1962 年版，第 98 页。

资金，一定程度上影响正常的生产经营，使资金不足现象更突出。其次是企业经营机制存在的问题，如管理比较混乱，企业内部挪用资金现象较为严重；企业面向市场参与竞争的意识不强，致使新产品难以开发，旧产品难以淘汰，一些企业的产品边生产边积压。

要改变这种状况，加速国有企业资金周转，切实提高经济效益，主要应抓好以下几点。一是要提高固定资产利用率和使用效果，加速固定资金的周转。中国目前的固定资产利用率不高，电力、原材料供应不足以及产品积压、企业开工不足都使企业设备不能被充分利用。当前要特别强调搞好现有企业的挖潜改造，提高生产能力，加速固定资金的周转。二是缩短生产时间和流通时间，加速流动资金的周转。“缩短生产时间的主要方法是提高劳动生产率”[①]。中国“六五”期末、“七五”期末、“八五”的1994年、“十五”期末、“十一五”期末、“十二五”的期末，全员劳动生产率分别是12080元/人年、17408元/人年、17648元/人年、70088元/人年、73267元/人年、76978元/人年。[②] 随着中国企业技术水平和劳动者素质的不断提高，应该还很有潜力可挖。“缩短流通时间的主要方法是改进交通。”[③] 马克思称赞19世纪上半叶在交通方面所发生的革命，认为只有18世纪下半叶的工业革命才能与之相比。中国目前的交通状况已经大为改善，形成铁路、公路、民用航空、水运和管道组成的综合交通运输网络，据国家统计局统计资料显示，2011年至2015年，累计新建铁路投产里程27800公里。铁路营业里程由2011年的9.32万公里增至2015年的12.10万公里，增长29.8%。2011年至2015年，公路里程增加47.09万公里。公路里程由2011年的410.64万公里增至2015年的457.73万公里，增长11.47%，其中高速公路由8.49万公里增至12.35万公里，增长45.47%，公路等级明显提高，路况明显改善。民用航空是我国发展较快的运输方式，到2015年底，民用航空运输线路长度为531万公里，比2011年增长了50.7%。2011年至2015年，港口码头吞吐能

① 《资本论》第3卷，人民出版社2004年版，第83页。

② 根据国家统计年鉴的数据，应用全员劳动生产率=工业增加值/全部职工平均人数的公式计算而成。

③ 《资本论》第3卷，人民出版社2004年版，第84页。

力平均 723554 万吨/年。内河航道通航里程由 2011 年的 12.46 万公里增加到 2015 年的 12.7 万公里。管道运输里程由 2011 年的 8.33 万公里增加到 2015 年的 10.87 万公里，增长了 30.5%。但随着东北老工业区振兴、西部大开发和新农村建设战略的实施，还需加强交通基础设施的建设。三是深化改革。要充分发挥市场机制的调节作用，把利用效率偏低的资金投入资金利用效率较高的领域，尽量缩小资金供求的缺口。与此相适应，企业体制、金融体制、投资体制以及社会保障制度等方面也要加快改革的步伐，为企业自主经营、加快资金周转、提高经济效益创造良好的外部条件。

（三）提高经济效益必须依靠科技进步

恩格斯指出："在马克思看来，科学是一种在历史上起推动作用的、革命的力量。"[①] 马克思通过对人类社会形态由低级向高级依次更替的内在原因的研究，得出一个精辟的科学结论：生产力是人类社会历史发展的最终动力和决定因素；生产力中也包括科学。在马克思看来，科学技术不仅是生产力，而且它对生产力的发展有着重大的影响，是生产力发展的前提。在资本主义社会中，资本家为了追逐剩余价值和更高的利润率，也重视应用科学技术，这时，科学技术作为一种独立的生产力与劳动分离开来，并被迫为资本服务。资本家依靠科学技术可以使机器得到改良，从而节约了不变资本。这种节约主要是使用机器的部门利用了生产机器部门劳动生产率提高和科学技术发展的好处。"在这里，一个产业部门利润率的提高，要归功于另一个产业部门劳动生产力的发展……生产力的这种发展，最终总是归结为发挥着作用的劳动的社会性质，归结为社会内部的分工，归结为脑力劳动特别是自然科学的发展。在这里，资本家利用的，是整个社会分工制度的优点。"[②] 依靠科学技术还可以发明新的生产方法、生产工艺、生产流程，如贝塞麦、西门子等人新发明

---

① 《马克思恩格斯全集》第 3 卷，人民出版社 2002 年版，第 575 页。

② 《资本论》第 3 卷，人民出版社 2004 年版，第 96 页。

的炼铁炼钢法，就以较少的费用，把以前需要很长的过程缩短到最低限度。依靠科学技术又可以使废料得到充分利用。马克思说："科学的进步，特别是化学的进步，发现了那些废物的有用性质。"[①]《资本论》第三卷中关于依靠科技进步推动生产力发展的论述，对我们今天实现经济增长方式转变、提高企业经济效益具有特别重要的现实意义。

改革开放以来，中国工业企业的技术水平有了很大发展。但是，从总体上看，中国企业的技术水平、企业科技创新能力同经济发达国家相比，还有很大差距。据有关部门调查测算，中国近七成企业现有设备综合技术水平达到国际、国内先进水平，但还有三成企业处于一般或落后水平。2015 年规模以上工业企业的研究与实验发展经费支出占主营业务收入的 0.9%，高技术产业研究与试验发展经费占主营业务收入比重为 1.6%，与国外发达国家相比差距甚大。技术落后是造成中国工业产品质量差、物耗高、经济效益低和企业发展后劲不足的重要原因。党的十八大以来，以习近平同志为核心的党中央把创新摆在国家发展全局的核心位置，高度重视科技创新，围绕实施创新驱动发展战略、加快推进以科技创新为核心的全面创新，提出一系列新思想、新论断、新要求。习近平同志在会见探月工程嫦娥三号任务参研参试人员代表时强调"科技创新是提高社会生产力和综合国力的战略支撑，必须把科技创新摆在国家发展全局的核心位置，坚持走中国特色自主创新道路，敢于走别人没有走过的路，不断在攻坚克难中追求卓越，加快向创新驱动发展转变"[②]。依靠科学技术进步、技术创新是企业实现自我更新和发展的必由之路，是提高经济效益的必然要求和重要途径。

依靠科技进步，实现技术创新的战略目标，可以从以下几点着手。第一，必须彻底更新观念，转变指导思想，真正把技术创新摆到应有的位置上来。第二，要以企业为技术开发的主体，大力提高企业的技术创新能力，推动企业走上自主创新的发展道路。第三，要坚持有限目标，突出重点，着力推动国有大中型企业，特别是 1000 户重点企业中优势工

---

① 《资本论》第 3 卷，人民出版社 2004 年版，第 115 页。

② 《习近平在会见嫦娥三号任务参研参试人员代表时的讲话》，见《人民日报》2014 年 1 月 7 日。

业企业技术创新活动。第四，要把技术引进同企业改造结合起来。对技术引进要加强整体调控和可行性研究，防止和克服一哄而起的倾向，避免盲目引进和重复引进。对引进的技术要注意消化吸收，提高经济效益。第五，坚持“三改一加强”的方针，把技术改造与改革、改组和加强管理有机结合起来，用新体制、新机制推动技术改造，以技术改造的成果促进制度创新和机制创新。第六，加强“产学研”结合，积极推进科技经济一体化。大力推广“产学研”相结合的成功经验，建立科技与经济相结合的新机制，这是加快技术改造进程的一条重要途径，它将对企业技术进步产生巨大的推动作用。

（四）提高经济效益必须加强企业管理

企业管理作为一种特殊形态的社会劳动，是整个社会生产劳动不可分割的一个重要组成部分，它不仅是巩固和维护社会生产关系的重要手段，而且能够在一定生产技术条件下对提高经济效益起着决定性作用。实践证明，在技术设备与其他物质条件大体相同的背景下，企业之间由于管理水平的不同，其经济效益会有很大差别。如果技术装备程度相对落后而管理先进，就会在一定程度上弥补技术装备的缺陷；相反，如果技术装备先进而管理落后，其经济效益势必低劣。中国有些企业从国外引进了先进设备，但是其劳动生产率和经济效益却比国外相差甚远。资本主义发达国家非常重视企业管理，积累了相当丰富的经验。在美国企业界流传着企业成败“三分在技术，七分在管理”的说法，说明企业管理确实十分重要。改革开放以来，全国各地在加强企业管理方面做了大量工作，企业管理现代化已经有了良好的开端，但从总体上看，我国企业管理状况还是比较落后的。党的十四大报告已经把“管理科学”作为建立现代企业制度的基本特征之一。党的十八大报告明确提出，要实施创新驱动发展战略，把“实施创新驱动发展战略”放在加快转变经济发展方式部署的突出位置，把创新在中国经济发展中的位置提得更高，适应了时代的迫切要求，将产生深远的影响。

加强成本管理，是企业管理的重要内容，它可以大大提高经济效益，增强企业的市场竞争力。马克思在《资本论》第三卷中论述了成本价格问题，指出成本价格就是生产商品所费的不变资本和可变资本之和。成本价格不是一个仅仅存在于资本家账簿上的项目，这个价值部分的存在，在资本主义实际经济活动中有着重大作用。它不仅是一个补偿价值，即通过流通过程不断购回生产上耗费的各种生产要素，并转化为生产资本进行再生产，而且决定着资本家竞争能力的大小。这是因为在其他条件相同的情况下，商品的成本价格越低，资本家出售商品的价格也就越低，他的竞争力就越大，在竞争中处于有利的地位。马克思说："关于资本主义竞争的基本规律，即调节一般利润率和由它决定的所谓生产价格的规律，就是建立在商品价值和商品成本价格之间的这种差别之上的，建立在由此引起的商品低于价值出售也能获得利润这样一种可能性之上的。"[①]在社会主义市场经济中，成本管理是提高经济效益，增强企业市场竞争力的重要途径。产品成本是一个综合性的指标，劳动生产率的高低，设备利用程度的好坏，原材料消耗的多少，产品质量的优劣，资金周转的快慢等因素，都可以直接或间接地通过产品成本反映出来。通过加强成本管理，可以促使企业最大限度地挖掘和充分利用内部潜力，更加合理地利用人力、物力、财力，不断降低产品成本，增强产品的市场竞争力，提高经济效益。

改革开放以来，中国企业最初的成本优势来自天然条件——廉价劳动力和规模效应，以及市场不完善时人为压低和扭曲资源价格。近年来，随着市场的逐步完善，原材料、人力成本不断攀升、货币大战中人民币被迫不断升值，这些因素直接抬高了企业的成本。成本的上升压力使得我国低成本优势逐渐丧失，为在国际化挑战中继续保持前进，华为、联想、航盛等企业开始实施多种成本创新策略，它们从设计入手，从研发成本、生产成本、物流成本的整条供应链综合考量入手，实施各种创新措施以继续保持成本优势，在加强成本管理方面创造出了很好的经验。华为作为中国本土企业成功走向国际化的代表之一，为了打造和保持其供应链的成本优势，自 1998 年开始了研发流程的变革，引入了 IBM 的经

① 《资本论》第 3 卷，人民出版社 2004 年版，第 45 页。

验结晶集成产品开发（IPD）。IPD是关于产品开发从产品概念产生到产品发布的全过程的一种理念和方法，它强调以市场和客户需求作为产品开发的驱动力，在产品设计中构建了产品质量、成本、可制造性和可服务性等方面的优势。经过三年坚持不懈地推动，华为产品研发周期大大缩短，有力地支持了华为在国际市场上的扩张。同时，为了提升供应链优势，华为还引入了IBM的集成供应链管理（ISC），包括从采购、库存管理、生产制造，一直到产品交付、售后服务的所有业务环节，其原则是通过对供应链中的信息流、物流和资金流进行设计、规划和控制，保证实现供应链的两个关键目标：提高客户满意度和降低供应链的总成本。通过流程优化，华为加快了供应链的整合力度和对市场反应的速度，提升了管理的效率，有力地支撑了华为快速和规模化的国际扩张。联想在并购IBM之后，开始全面着手降低公司产品的成本。从设计入手，对顾客不愿意付费的多余规格设计进行合理调整，实现跨产品线的标准化，从而能够针对较少的供应商增加采购量，大大降低采购成本。在供应商的层面，联想通过与关键部件的供应商建立战略伙伴关系，获得优惠价格和最短的供应链路径。在个人电脑的三个关键部件——显示屏、芯片和操作系统，联想与主要的合作伙伴英特尔、微软、京东方等结成战略伙伴关系，有力地加强了联想电脑在技术上的领先地位。同时，联想也努力和国际厂商展开更深层次的合作，比如联合开发、联合定义未来产品等。在采购上，联想不追求每时每刻的压价，而是保证长期的成本较低。此外，联想还专门成立了卓越中心（COE），负责预测、销售、定价与库存管理，进一步加速了国际供应链的优化整合。航盛集团从2007年起启动了二线城市布局的长期发展战略：一是结合技术创新和供应链管理提高核心竞争力，以技术创新和优化管理降成本；二是在江西吉安打造低成本制造中心和出口基地，在广西柳州打造为微型车配套的基地，从而将低端产品制造转移到二线城市，利用当地低廉的劳动力成本和土地成本，降低制造成本。在获得人力成本和土地成本下降40%的优势下，航盛集团保住了中低端产品的利润率，同时在高端的研发上重金投入，以技术创新来提升产品的竞争力。实际上，华为、联想、航盛等企业的成本管理经验就是在社会主义市场经济条件下，对马克思《资本论》中的成本价格理论的出色运用和创造性发展。

第十章

商业资本理论在社会主义市场经济中的运用

一、马克思的商业资本理论

“商业资本”是人类历史上最早形成的一种资本形态，也是资本主义社会中的一种重要资本形态。在资产阶级经济思想史上，代表资本主义原始积累时期商业资产阶级利益和要求的重商主义者最早对资本主义条件下的商业资本进行了研究。他们仅仅从流通过程研究资本的增殖，不了解财富的性质和它的真正源泉，因此是很肤浅的。被马克思称为“伟大的经济学家”的亚当·斯密和大卫·李嘉图也考察了商业资本，但只是在它本身是产业资本的再生产过程的一个阶段时才加以考察，“因此，他们遇到商业资本这种特殊种类的资本，就陷入了困境”，因为“考察产业资本时直接得出的关于价值形成、利润等等的原理，并不直接适用于商人资本”。[①] 至于那些资产阶级庸俗经济学家，不仅没有能力说明商业利润的来源，还力图进行辩护，把资本主义生产方式所特有的商品经营资本形式和货币经营资本形式，说成是人类社会生产过程本身必然产生的形式。马克思批判了资产阶级经济学家关于商业资本的错误观点，在科学的劳动价值论和剩余价值论以及平均利润和生产价格理论的基础上，进而创立了科学的商业资本理论。马克思对商业资本的研究，虽然只是在分析资本的核心构造所必需的范围内，较详细地说明商品经营资本和

① 《资本论》第3卷，人民出版社2004年版，第362页。

货币经营资本这两种资本形式的特征，但是从中所揭示的关于商业资本的一系列重要原理，不仅丰富了马克思主义政治经济学的宝库，而且对于我们今天在社会主义市场经济条件下，研究社会主义商业资本运动的特点，深化商业管理体制的改革，促进生产发展和提高人民生活水平，具有十分重要的理论意义和现实意义。

马克思的商业资本理论，可概括为如下主要几点。

（一）商品经营资本

在产业资本运动中，资本家用货币在市场上购买生产资料和劳动力，经过生产过程，生产出新的商品，并在市场上把它卖出去，商品又转化为货币。这样，从社会总资本的角度看，总有一部分资本作为商品处在市场上，以便转化为货币；另一部分资本以货币形式处在市场上，以便转化为商品。“社会总资本总是处在这种转化即这种形态变化的运动中。只要处在流通过程中的资本的这种职能独立起来，成为一种特殊资本的特殊职能，并且固定下来，成为一种由社会分工给予特殊种类资本家的职能，商品资本就成为商品经营资本或商业资本。”商品经营资本是与生产资本相区别的流通资本的一部分的转化形式，之所以说一部分，是因为商品的买和卖有一部分是不断地在产业资本家自身中间直接进行的。商品经营资本的运动公式是 G—W—G′，马克思认为它“表现为一种独特的资本的演化”①。为什么“独特”？马克思把它与作为产业资本循环的一个阶段——商品资本进行比较分析。当产业资本家把商品卖给商人之后，就已完成了商品资本到货币的转化。但是，对商品本身来说，它并没有因此而退出流通领域，仍旧处在市场上，只不过是它的所有者改变了，这时商品中所包含的价值和剩余价值并没有最后实现。只有当商人把商品卖给消费者，商品从流通领域进入消费领域时，商品资本到货币资本的转化过程才真正结束，商品资本的职能才最后实现。所以，商人的活动只有为了把生产者的商品资本转化为货币所必须完成的活动，是

① 《资本论》第 3 卷，人民出版社 2004 年版，第 302 页。

对商品资本在流通过程和再生产过程中的职能起中介作用的活动，从这个意义上说，商品经营资本的职能和商品资本的职能实际上是一回事，所不同的是：其一，“这种职能已经不是表现为生产者的附带活动，而是表现为一类特殊资本家即商品经营者的专门活动，它已经作为一种特殊投资的业务而独立起来”[①]。其二，表现在商品经营的特有流通形式上。在商品资本流通中，流通都是以一个货币两次转手为媒介的。产业资本家购买和出售的不是同一个、同一种商品。而在商品经营资本的流通中，“这里两次换位的不是同一货币，而是同一商品……这个商品卖了两次，如果还有一系列商人插在中间，它还可以卖许多次”[②]。这个为卖而买的过程，也就是商人所预付的货币资本的特殊增殖过程。但是，商品经营资本的流通是有风险的，如果商人从产业资本家那里购买的商品到期没有卖掉，或者是市场价格低于购买价格，他必须承担损失。

商品经营资本要成为独立执行职能的资本所应具备的条件：第一，社会分工要有充分的发展，使商品的买卖可以不由产业资本家来兼任，而是由专门商人来承担，商品的买卖已经成为商人专门从事的独立的业务；第二，商人必须预付（自由的或借入的）一定数额的货币资本，以便向产业资本家购买商品，然后再卖出去，获得更多的货币。马克思强调，商人预付的货币资本是专门用于买卖商品的，因而只采取商品资本和货币资本的形式。它从来不采取生产资本的形式，并且总是外在资本的流通领域中。商品经营资本在资本主义生产中起着重要的作用，体现在产业资本和社会总资产两个方面。

从产业资本的方面看。一是缩短了产业资本循环的流通过程。二是节省了产业资本家的货币准备金，以用于扩大再生产的规模。三是节省了产业资本家出售商品的时间，用于监督生产过程，提高劳动生产率。

从社会总资本的方面看。一是节省流通费用。由于分工，专门用在买卖上的资本比产业资本家自己销售所需的资本要少。二是节省了流通时间。商品经营资本的出现，不仅使产业资本家提前把商品转化为货币，

① 《资本论》第3卷，人民出版社2004年版，第301页。

② 《资本论》第3卷，人民出版社2004年版，第302页。

而且加速了商品资本的形态变化。三是节省了社会总流通资本。这是因为，商品经营资本不仅对同一个生产部门，而且对不同生产部门的生产资本的周转都起着中介作用。

商品经营资本在数量上只要不超过它在社会总资本中的必要比例，它的规模的大小，首先取决于商品经营资本的周转速度，其次，取决于货币作为支付手段的应用和信用制度的发展。“商人资本周转得越快，总货币资本中充当商人资本的部分就越小；商人资本周转得越慢，总货币资本中充当商人资本的部分就越大。”① 而商品经营资本的周转速度又取决于生产过程更新和不同生产过程相互衔接的速度，以及社会消费的速度。如果“再生产过程进行得越迅速，货币作为支付手段的职能越发展，也就是说，信用制度越发展，这个部分同资本相比就越小”②。

关于商品经营资本和剩余价值生产的关系，马克思明确指出：在流通过程中，不生产任何价值，因此也不生产任何剩余价值。但是，商人资本可以间接为产业资本家增加剩余价值。具体说来，它可以通过缩短流通时间，间接地帮助产业资本家增加剩余价值；它可以通过帮助扩大市场，对资本之间的分工起中介作用，从而使产业资本扩大生产规模，提高劳动生产率，增加积累；因为它会缩短流通时间，减少流通成本，所以会提高产业资本利润率；它可以通过流通资本的减少，增加生产资本，从而生产更多的剩余价值。

（二）商业利润

商业利润只能是商人售卖商品的价格超过他购买商品的价格的超过额。因此从表面上看，商业利润似乎是商品在价值以上售卖的结果，是由名义上加价而获得的。但这不过是一种假象。商业利润的真正来源，是产业工人创造的剩余价值的一部分。马克思在分析平均利润和生产价格时曾指出，由于不同生产部门之间的竞争，引起资本转移，使不同生

---

① 《资本论》第3卷，人民出版社2004年版，第308页。

② 《资本论》第3卷，人民出版社2004年版，第310—311页。

产部门的特殊利润率均衡化，形成平均利润率，因而，不管资本投在哪种生产部门，等量资本都要取得等量利润。但是，上述分析是从不同生产部门之间的情况出发的，因而利润率的平均化也只限于产业部门内。现在，商品资本独立化为商品经营资本，使商业资本也参加到产业资本间的竞争中，并要求参与平均利润率的形成和平均利润的分配。马克思说："所以在流通过程中独立地执行职能的资本，也必须和在各不同生产部门中执行职能的资本一样，提供年平均利润。如果商人资本比产业资本带来百分比更高的平均利润，那么，一部分产业资本就会转化为商人资本。如果商人资本带来更低的平均利润，那么就会发生相反的过程。一部分商人资本就会转化为产业资本。"[①] 为了说明商人资本是怎样按它在总资本中所占的比例参加决定一般利润率，马克思举了以下例子：假设一年间预付的总产业资本是 720c＋180v＝900，m′＝100％，产品价值为 720c＋180v＋180m＝1080，利润率为 20％，这是商业资本未参加进来的平均利润率。现在，由于商业资本的介入，除了 900 产业资本之外，又增加了 100 商业资本，它和产业资本一样要获得平均利润，这样整个社会资本的平均利润率就是 18％。100 商业资本按 18％利润率计算，在 180m 中可以得到 18 利润；900 产业资本按 18％利润率计算，可得到 162 利润；因此，产业资本家售卖给商人的商品价格就不是 1080，而是 720c＋180v＋162m＝1062。然后商人再按他的 100 资本所应得的 18 利润加进去，即 1062＋18＝1080，这就是商人的售卖价格。所以，商人的售卖价格是按照商品的价值或生产价格确定的，这种购买价格和售卖价格之间的差额，就是商业利润。马克思指出，商业资本的出现，使平均利润率的计算方法要作修改，原来的预付总资本中，除了生产资本外，还要加上商业资本。全部商品资本的实际价值或实际生产价格的公式也作了修正，即等于 k＋p＋h（商业利润）。总之，"商人资本虽然不参加剩余价值的生产，但参加剩余价值到平均利润的平均化。因此，一般利润率已经意味着从剩余价值中扣除了属于商人资本的部分，也就是说，对产业资

① 《资本论》第 3 卷，人民出版社 2004 年版，第 314 页。

本和利润作了一种扣除”[①]。

商人要经营商品资本，除了预付购买商品的资本外，还必须支付一定的商业流通费用。商品流通费用是商人的追加资本，所以它既要得到补偿也要获得利润。在商业流通费用中，移动商品使用价值的位置和保存使用价值而需要的费用，包括运输费、保管费、包装费等，是生产过程在流通领域的继续和延长，可以增加商品的价值，这部分费用可以直接加到商品的价值中去，其补偿是不成问题的。而单纯由商品买卖而耗费的流通费用，也就是纯粹流通费用，包括不变资本的事务所、纸张、邮资等，以及可变资本即雇用商业工人的工资，却不能直接加到商品的价值中去，因为这部分费用纯粹是由价值转形而引起的，既不创造价值，也不创造剩余价值。这部分费用的补偿和相互利用的获得，在现实生活中，在形式上是通过商品售卖价格的加价来解决的。马克思说：“商人除了为购买商品而预付的货币资本以外，总是还要预付一个追加资本，用来购买和支付这种流通手段。如果这个成本要素是由流动资本构成的，它就全部作为追加要素加入商品的出售价格，如果这个成本要素是由固定资本构成的，它就按照自己损耗的程度，作为追加要素加入商品的出售价格……全部追加资本不管是流动的还是固定的，都会参加一般利润率的形成。”[②] 可见，纯粹流通费用要由剩余价值来补偿；预付在这项费用上的资本，同样要在商业利润的形式上分割一部分剩余价值。

纯粹流通费用中可变资本部分的补偿有它的特殊性。商业工人和别的工人一样，也是雇佣工人，他的劳动力是商人预付可变资本购买的，目的在于使预付资本增殖；商业工人的劳动力价值即工资也是由生产和再生产劳动力的费用决定的，而不是由他的劳动产品决定的。虽然商业工人的剩余劳动不生产剩余价值，但为他们的雇主直接产生了利润，也就是使商人从产业资本家那里分得一部分剩余价值。商人预付在雇佣商业工人上的可变资本，不仅要带来利润，而且要得到补偿。这种补偿是通过商品的售卖价格来实现的。用 B 表示直接投在商品买卖上的资本，

---

① 《资本论》第 3 卷，人民出版社 2004 年版，第 319 页。

② 《资本论》第 3 卷，人民出版社 2004 年版，第 321 页。

用K表示纯粹流通费用中消耗的不变资本部分，用b表示商人投入的可变资本部分，则商品的售卖价格就等于B+K+b+(B+K的利润)+(b的利润)。这里不仅b的利润，而且b本身也要加到商品的售卖价格中去，采取商业利润的形式得到补偿。商业劳动除具有雇佣劳动的特点外，还有其他特点：它是必要劳动，因为它的劳动时间是用在资本的再生产过程中的必要活动上的，尽管它不创造价值；它属于熟练劳动，高于平均劳动，因此真正的商业工人具有较高的工资；对产业资本来说，商业劳动是非生产劳动，但对商业资本来说，投到流通费用中的可变资本部分支出，能为其带来利润，是一种生产投资，因此它所购买的商业劳动，也可以看作一种直接的生产劳动。

（三）商业资本的周转及商业价格

商人先预付一定量的货币资本购买商品，然后把同一个商品转卖出去，使预付的货币资本带来利润回到自己手中。这个过程的不断循环反复，就是商业资本的周转。与产业资本周转相比，商业资本周转有自己的特点：一是商业资本的周转事实上只是商品资本的独立化的运动，其运动公式是G—W，W—G，因此它永远处在流通领域，它的周转时间只由流通时间构成。二是在产业资本周转中，同一货币两次转手，货币运动是商品交换的媒介。而在商业资本周转中，则是同一商品两次转手，商品运动是货币流回到商人手中的媒介。三是商业资本的周转始终只是表现买和卖的反复，不像产业资本那样，表现总再生产过程（包括消费过程）的周期性和更新。但是，商业资本的周转不能离开生产和消费，并且为其所制约。商业资本周转的第一个界限是生产时间，第二个界限是全部个人消费的速度和规模。商业资本的周转和货币作为单纯流通手段的流通的主要区别在于，前者“从流通中取出的货币总是比投入流通的货币多”，这就是它的周转作为资本的周转所具有的特征。[①]

商业资本的周转虽然由产业资本周转所决定，并且也不会直接影响

① 《资本论》第3卷，人民出版社2004年版，第338页。

生产时间，但它对生产的反作用还是不可忽视的，有时甚至是巨大的。这是因为，商业资本活动使产业资本的商品资本提前实现，从而缩短了它的资本流通时间，同时，在资本主义信用制度发展的情况下，商业资本支配着社会总货币资本的一个很大的部分，它可以在购进的商品卖出以前，再进行购买。因此，它会产生一种虚假的需求，使产业资本的生产盲目膨胀起来。这时，商人和产业资本的营业非常活跃，消费似乎也兴旺到了极点。“但是，在某一个看不见的点上，商品堆起来卖不出去了；或者是一切生产者和中间商人的存货逐渐变得过多了。”① 一旦商人的资本回流缓慢，数量骤减，以致银行催收贷款，商人债台高筑，“这时，强制拍卖，为支付而进行的出售开始了。于是崩溃爆发了，它一下子就结束了虚假的繁荣。”②

商业资本周转速度对商品价格具有重要的影响。商人出售商品的价格不是由商人的主观愿望任意决定的，它取决于两个因素，一是商品的生产价格，二是平均利润率，这二者都不是由商人作主的。生产价格的高低对利润率没有任何意义，但对单位商品出售价格中构成商业利润部分的大小，却有很大的、决定性的意义。如果一个商品的生产价格很小，商人预付在该商品的购买价格上的金额就很小，所获得的利润额也就很小。在这种情况下，商人能用一定量资本买到大量这种便宜商品，他从这一定量资本上所获得的平均利润，会分成很小份额，分配到这个商品量的每个单位上去。反过来，情况也就相反。商人能够决定的只有一件事情，就是他愿意经营昂贵的商品还是经营便宜的商品。“因此，商人怎么干，完全取决于资本主义生产方式的发展程度，而不是取决于商人的愿望。”③

对商业资本来说，平均利润率是一个已定的量。商业资本不直接参与利润或剩余价值的创造，但在一定的条件它可以间接影响利润率。利润率一方面由产业资本所生产的利润量决定，另一方面也由总商业资本的相对量决定，即由总商业资本同预付在生产过程和流通过程中的资本

① 《资本论》第3卷，人民出版社2004年版，第339—340页。

② 《资本论》第3卷，人民出版社2004年版，第340页。

③ 《资本论》第3卷，人民出版社2004年版，第342页。

总额的比例关系决定。总商业资本的相对量越小，产业资本的相对量就越小，利润率就会下降。商业资本的绝对量与它的周转速度成反比，所以商业资本的周转速度对商业资本和社会总资本的比例起决定作用。商业资本周转的速度越快，流通中所需要的商业资本绝对量就越小，它在社会总资本中所占的比例就越小，从而促使利润率的提高。发达的资本主义生产方式会对商业资本产生双重影响：一方面，各种会缩短商业资本平均周转的情况，如运输工具的发展等，会相应减少商业资本的绝对量，从而提高一般利润率；另一方面，由于生产力的发展，会生产出较大量的商品，同量产品中商品化的部分越来越大等因素，又会增加商业资本的绝对量，从而降低一般利润率。

如果商业资本的相应量已定，不同商业部门资本周转上的差别，不会影响商业资本的利润，也不会影响一般利润率，但是会直接影响商品的出售价格。这是因为，同一个利润量会根据这种周转速度的快慢以不同的方式分配在同一价值的商品量上。例如，假定年平均利润率为15%，在一年周转五次的情况下，对商品价格的加价是（15/5）%＝3%，而在一年周转一次的情况下，对商品价的加价是15%，由此可见，“商业加价的多少，一定资本的商业利润中加到单个商品的生产价格上的部分的大小，和不同营业部门的商人资本的周转次数或周转速度成反比”[①]。所以，在商业经营上，薄利多销就是商人遵循的一个原则。如果投在同一部门的某个商人的资本周转超过该部门的平均利润，而他的资本周转得十分快，即使把商品卖得比别人便宜，仍可获得超额利润。

（四）货币经营资本

货币在产业资本流通过程中完成各种纯粹技术性质的活动，当它们独立化为一种特殊资本的职能的时候，这种资本就转化为货币经营资本。货币经营资本和商品经营资本的本质区别在于，后者是商品的形态变化和商品交换的媒介，它的流通形式是G—W—G′，而货币经营资本与商

① 《资本论》第3卷，人民出版社2004年版，第347页。

品形态的物质要素无关，只与货币运动的技术要素有关，其流通形式是G—G′。但是，货币经营资本和商品经营资本又有一个共同点上，即它们的职能是一种不创造价值和剩余价值的活动，其利润是对产业资本产生的剩余价值的一种扣除。

在资本主义生产方式的基础上，货币经营资本的形成有其客观条件。第一，本来货币形式的资本对于新投入的资本来说，只表现为运动的起点和终点，但是资本主义生产过程的连续性，对于每一个已经处在过程中的资本来说，起点和终点只表现为经过点。当这个资本的一部分转化为货币，以便随后再转化为商品时，它的另一个部分同时转化为商品，以便再转化为货币。这就使得社会总资本中，总有一部分在流通过程中处在货币资本形态上，这是它能够从总资本中分离出来实现独立化的前提。第二，在产业资本和商品经营资本流通过程中，货币作为流通手段和支付手段执行职能，使货币的收付、结算和平衡的工作成为必要；货币作为贮藏手段执行职能，又使贮藏货币的保管成为必要；贮藏货币不断地分解为流通手段和支付手段，因商品出售得到的货币和到期的进款又不断形成贮藏货币。“这种与资本职能本身相分离的、作为货币而存在的资本部分的不断运动，这种纯粹技术性的业务，会引起特殊的劳动和费用——流通费用。”① 第三，由于社会分工的发展，从事货币经营的技术性业务成为一部分人的专门职能，社会上出现了一种为整个资本家阶级的货币机构服务的特殊营业——货币经营业，它能够实行集中的、大规模的经营，其内部又有细密的分工。这样，“货币的收付、差额的平衡、往来账的登记、货币的保管等等，已经同使这些技术性的业务成为必要的那些行为分开，从而使预付在这些职能上的资本成为货币经营资本。”②

货币经营资本的各种职能虽然是从货币本身的各种规定性中发展起来的，但是在资本主义生产条件下，又具有新的特征和作用。首先，货币经营业不仅仅是商品流通的单纯结果和表现方式，即对货币流通起中

① 《资本论》第3卷，人民出版社2004年版，第353页。
② 《资本论》第3卷，人民出版社2004年版，第353页。

介作用。货币流通作为商品流通的一个要素，对货币经营业来说是既定的。货币经营业作为媒介，担任货币流通的各种技术性业务，使之集中、缩短、简化。其次，货币经营业不形成货币贮藏，只为货币贮藏提供所需要的技术手段，从而使货币贮藏，即作为支付手段和购买手段的准备金减少到它的经济上的最低限度。再次，货币经营业不购买贵金属，只是在商品经营业买了贵金属后对它的分配起中介作用。另外，货币经营业在货币执行支付手段职能时，只是使差额的平衡易于进行，并且通过各种人为的结算机构减少平衡差额所需要的货币量，但它既不决定互相平衡差额所需要的货币量，又不决定互相支付的联系，也不决定它们的规模。最后，货币经营业在货币作为购买手段时，不决定买卖的范围和次数，它只能缩短买卖引起的各种技术活动，并由此减少这种周转所必需的货币现金量。

二、正确认识社会主义商业的地位和作用

在传统的计划经济体制下，从社会再生产的表面上看商业和市场，实际上商品市场并不存在，或者说没有完全的商品市场，更没有真正的市场机制来调节市场的营销活动。“无流通论”和“流通被动论”在理论界占统治地位。由于不承认生产资料是商品，生产资料流通被看作“物资分配”，遭遇“分配”又被等同于“配给”。谈到生产与交换、生产与商业的关系，总是把后者放在从属的、被决定的地位，“生产什么收购什么，生产多少收购多少”，“一切以生产为中心”，市场意识、商业意识淡薄，都是这种理论的产物。造成这种理论上的失误，一个重要原因就是对马克思主义的片面理解，《资本论》中的商业资本理论受到了不应有的忽视。改革开放以来，随着社会主义市场经济体制的逐步建立，商品货币关系的作用范围和空间越来越大，作为市场经济重要内容的商品交换和商品流通也就越来越显示出其对社会主义经济发展和体制改革的主要调节作用，从而引起人们的日益关注。在新的历史条件下，我们应该不断加强商业经济理论的研究，正确反映现代经济发展的客观规律，进一

步促进我国社会主义经济持续、快速、健康地发展。

（一）商业在国民经济中地位

马克思主义关于社会再生产原理告诉我们，任何社会的再生产过程都是由生产、交换、分配、消费这四个环节有机组成的。在这四个环节中，“生产表现为起点，消费表现为终点，分配和交换表现为中间环节”[①]。它们相互联系、相互制约、相互影响，构成了一个总体的各个环节，一个统一体内部的差别。在这个统一体内，生产是最根本的决定因素，决定着交换、分配和消费。没有生产，就没有可供消费以及需要交换和分配的商品。同时，交换、分配和消费也反作用于生产。交换处于再生产过程的中间环节，它不仅直接影响生产，还通过对分配、消费的影响间接反作用于生产的整个过程。商业是商品交换的发达形式，是以组织商品交换为专门职能的。下面着重谈谈商业对生产、分配、消费的影响和制约。

1. 商业对生产的影响和制约。生产对交换、对商业具有决定作用，不仅表现在生产的社会分工决定了交换和商业的必要，而且表现在生产方式的性质决定交换和商业的性质，生产发展的速度、规模和结构决定交换和商业发展的速度、广度和结构，生产还为商业的现代化提供物质基础。生产决定交换和商业，但交换、商业对生产绝不是被动的、无能为力的，而是有重大的反作用，在一定的条件下甚至起决定性的作用。马克思指出，商业的作用在于“使产品发展成为商品”，“为产品创造了一个市场”。[②] 市场问题即商品价值的实现问题，是决定商品生产兴衰和生死存亡的大问题。商业部门作为买卖双方的中介，一方面替商品生产者销售商品，另一方面替商品需求者购买商品。商业部门通过商品的购销工作，尽可能满足生产者、消费者在生产和生活方面的需要，使生产部门的产业资本的各个部门——货币资本、生产资本、商品资本能够顺

---

① 《马克思恩格斯选集》第2卷，人民出版社1995年版，第7页。

② 《马克思恩格斯全集》第26卷第3册，人民出版社1975年版，第520页。

利而又不间断地从一种形态转化为另一种形态，从而促进工农业部门不断实现扩大再生产。因此，生产和交换“这两种职能在每一瞬间都互相制约，并且互相影响，以至它们可以叫做经济曲线的横坐标和纵坐标”[①]，“在商品生产中，流通和生产本身一样必要，从而流通当事人也和生产当事人一样必要”[②]。

2. 商业对消费的影响和制约。作为专门从事交换职能的商业，既为生产所决定，又为消费所制约。消费为生产提供了现实的商品需求，是交换存在的前提条件；消费决定着交换的目的，“商品交换归根到底是满足物质上的不同需求”[③]；消费制约着交换的规模和结构；消费方式和消费行为影响着交换方式的变化。交换和商业也对消费产生很大的影响。首先，交换和商业实现消费的需求，“因为商品的使用价值，只有在商品进入消费领域以后，才能实现，才能发挥作用”[④]。交换和商业组织越好，商品流通越快，消费需要就越能得到满足。因此，在一定的生产条件下，消费需要是否实现，能在多大程度上实现，要取决于交换的条件。其次，交换和商业制约着消费结构及其变化。交换的商品是否适应消费者需要，直接影响着消费需求的满足程度；商业的网点结构、空间结构、规模结构，从交换形式、方式、时间和空间等方面影响着消费需要的实现；交换还通过商品的比价及其变化调节着购买力的投向，通过鼓励消费什么、抑制消费什么来促使消费结构的变化和新的消费结构的形成。再次，交换制约着消费的形式和方法。一是通过扩大交换的内容和范围，促使自给性消费向商品性消费转化；二是为消费提供现代的消费手段，提高消费质量；三是通过交换不仅可以使消费获得新产品，提供新的消费内容，而且传授商品知识，改进消费的方法，增强消费者的消费能力和素质。在现实经济生活中，人们的全部物质资料消费和劳务消费，几乎都是通过不同的商业形式为中介而取得的，因此，商业部门要树立现代的消费观念，正确处理商业工作与广大消费者的关系，这是搞好商业工作的关

---

① 《马克思恩格斯选集》第 3 卷，人民出版社 1995 年版，第 186 页。

② 《资本论》第 2 卷，人民出版社 2004 年版，第 14 页。

③ 《马克思恩格斯全集》第 46 卷上册，人民出版社 1979 年版，第 94 页。

④ 《资本论》第 3 卷，人民出版社 2004 年版，第 311 页。

键所在。

3. 商业对分配的影响和制约。分配对交换的影响表现在两个方面：一方面，社会产品的分配状况制约着交换和商业的规模和结构。在生产水平既定的情况下，产品是否投入市场用于交换以及交换的产品占产品总量多大比重，要受到分配状况的制约。另一方面，国民收入的分配和再分配也制约着交换和商业的规模和结构。

交换对分配的影响和制约。首先，分配的实现有赖于交换。在商品经济条件下，人们要想使自己占有的物品或货币变成可以满足消费需求的有用商品，使分配最终得以实现，中间必须经历一个商品与商品、商品与货币的转换过程。马克思称交换为“生产和由生产决定的分配同消费之间的媒介要素”①。如果交换受阻，分配就不能实现，进而影响后消费和生产，使社会经济运行出现紊乱和震荡。其次，交换制约着分配的深度和广度。交换过程追加的剩余价值，扩大了分配的数量和比例；交换过程通过流通费用的节约，为国家增加积累，也扩大了分配的比例。最后，交换对分配结构会产生调节作用。交换不仅可通过对生产的影响来实现对分配的直接影响，不同的比价关系可以对在直接生产过程中形成的初次分配进行一定程度的调整；交换中各种有倾向性的买卖活动也会促使不同行业、不同企业、不同产品间的分配数量和比例结构发生变化，从而体现交换对原有分配结构的能动调节作用。

（二）社会主义商业的重要作用

目前，中国正处于社会主义市场经济的进一步完善时期，商品经济还不很发达。因此，作为国民经济主要部门之一的商业，在社会主义现代化建设中，在发展商品生产和流通的过程中，就起着十分重要的作用。

1. 提高经济效益，促进生产的发展进程。在商品经济条件下，商品从生产领域经过流通领域进入消费领域循环的全部时间，等于生产时间与流通时间的总和。商业是专门从事商品经济流通的经济部门，它的存

---

① 《马克思恩格斯全集》第46卷上册，人民出版社1979年版，第36页。

在解决了同一生产者既要参与商品生产，又要进行商品交换的矛盾。正如马克思所指出的："一个商人（在这里只是看作商品的形式转化的当事人，只是看作买者和卖者）可以通过他的活动，为许多生产者缩短买者时间。因此，他可以被看作一种机器，它能减少力的无益消耗，或有助于腾出生产时间。"[①] 首先，商业不仅可以节省生产者用于商品流通的时间，使用于生产的时间增多，生产更多的商品，创造更多的物质财富，而且由于商业的集约化经营，也可以缩短流通时间，加速商品转化为货币的过程，从增加社会劳动时间和缩短再生产过程两个方面，推进社会的发展。其次，商业可以节省社会在流通领域的投入，有利于生产规模的扩大。商业部门专门组织商品流通，不仅为一个生产企业推销商品，而且可以为许多生产企业推销商品。正因为如此，它不仅可以支持一个生产部门加速资金周转，而且可以促进不同生产部门加速资金周转，降低流通费用，从而减少用于买卖商品的资金，直接增加用于生产的资金，扩大再生产的规模，促进生产的不断发展。最后，商业还有利于促进生产的分工和劳动生产率的提高。商业作为专业化的社会经济职能部门，它可以促进商业部门内部进行专业化分工，按大类商品分细类经营，从而促进具有不同生产特点的重要商品的专业化生产。生产分工的发展和专业化程度的提高，可以大大提高社会劳动生产率。

2. 开拓市场，扩大销售渠道。中国经济经过改革开放后 30 多年的高速增长，已从根本上摆脱了短缺经济状态，市场供求关系得到根本改善，大部分商品的供给已满足或超过市场需求，由卖方市场变成了买方市场，买方市场的出现意味着经济发展的矛盾主要方面逐步由供给方面转移到需求方面，市场需求对经济增长拉动作用的大小将成为经济发展的决定性因素。在市场经济的新形势下，能不能有效地开拓市场、扩大销售，不仅关系到国民经济发展的全局，也是关系到商业部门生存和发展的关键问题。商业部门要积极地向市场的广度和深度进军。在扩大空间市场方面，要组织好地区之间的商品流通，解决产销在空间上的矛盾，扩大市场范围，促进城乡之间、地区之间、国际之间的经济联系。在扩大时

---

① 《马克思恩格斯全集》第 24 卷，人民出版社 1972 年版，第 148 页。

间市场方面，通过商业部门的储存保管，丰歉调节，季节调节，做到淡季不淡，旺季更旺，以满足常年消费。农村市场要成为商业部门开拓市场的重点。在中国，农村面积占国土总面积的80%以上，农民数量占总人口68.72%。改革开放以来特别是最近几年，广大农民群众由于收入水平不断提高，对电脑、彩电、冰箱、洗衣机等生活资料，对拖拉机、收割机、植保机械、农用汽车等生产资料的需要，都在不断增长。这表明农村是国内最富于潜力的市场，将成为我国商品市场以至整个经济发展的新的增长点。商业部门开拓农村市场的主要工作：一是要探索并逐步建立符合社会主义市场经济要求的农产品流通体系，解决流通渠道不畅、流通方式落后、流通成本太高、流通秩序较乱等问题，努力提高农民收入和购买力；二是把日用消费品经营的重点逐步由城市转向农村，协助工业生产部门开发并及时供应适销对路的工业品，发展农村商业网点，方便农民购物；三是发展农村生产资料市场，满足乡镇企业原材料、农民建房材料、农业机械化等方面的需求；四是完善商业部门对农业、农村、农民的服务体系，增加服务项目，提高服务质量。

3. 满足消费，促进人民生活改善。社会主义生产的目的在于满足人民群众日益增长的物质文化需要。在市场经济条件下，这一目的的实现是通过商品交换的形式，由商业活动来完成的。商业部门利用自己所特有的社会职能，在生产与消费之间、城市与农村之间、各个地区之间，发挥纽带和桥梁作用，通过具体的购、销、调、存活动，缩短生产与消费的时间差异和空间差距，使广大群众的各种消费需要得到相应的满足。为此，商业部门首先要努力维护消费者的利益。维护消费者的利益不仅是商业企业的社会主义性质所决定，也是企业扩大经营、提高竞争能力的具体表现，是企业的经济效益和社会效益相统一的集中表现。维护消费者利益包含着三个方面的经济内容：一是千方百计组织商品货源，提供尽可能多的物美价廉的商品，满足人们多方面、多层次、丰富多彩的消费需要；二是提供优质服务，改善服务态度，提高服务质量，不断开拓新的服务领域，使广大消费者能愉快地、尽快地获得它所需要的商品，感到购物方便，物有所值；三是不贩假售假、不弄虚作假。商业部门要从职业道德、保护消费者的合法权益出发，坚决严格把关，杜绝假冒伪劣产品进入流通领域。对其他弄虚作假、坑害消费者的行为，也要严格自律。其次，商业部门要及时掌握消费需求。商业部门要注意研究消费文化的趋势和不同时期、不同地区消费的特点，及时组织适销对路的商品满足消费需要，促进商品供求平衡，以稳定市场、稳定物价，促进人民生活的稳定和逐步改善。再次，商业部门要指导消费、引导消费。商业部门要发挥本身联系面广、信息灵通、接触生产、了解全面的优势，通过多种形式、多种途径指导、引导和影响消费。一是促进消费观念的不断提高，接受新品种、新的消费方式和消费手段，不断丰富和充实消费内容。二是指导社会上购买力的投向，对不合理的消费要予以批评和抑制，这不仅可以起到调节商品供求平衡的作用，而且可以在全社会树立起正确的消费观念。三是宣传商品知识，指导具体商品的消费和使用，为消费者提供方便，并且保障他们的安全。

4. 积累资金，支持经济建设。用于积累和扩大再生产的生产资料和生活资料，是由生产部门创造出来的，但它们的价值则需通过商业部门的售卖活动来实现。只有当商业部门把商品卖出去以后，包含在商品中的货币积累部分才能以税收和利润的形式提取出来。如果商品不能及时卖出去，发生积压、变质、报废损失等情形，国家收不到税金，企业得不到利润，积累也就无法实现。所以，国家要进行经济建设，企业要扩大再生产，都必须通过商业部门的商品销售活动来实现其货币积累。商业对资金积累的贡献，不仅表现在实现的货币积累的多少上面，还表现在商业本身所获得的利润上面。商业利润是商业扩大经营的物质基础，也有一部分商业利润用于生产性投资。根据马克思所阐述的基本原理，商业利润是产业利润的一种扣除。生产部门让渡给商业部门的利润是通过价格差额来实现的。这一价格差额包括商业利润、商业税金和纯商业流通费用。生产部门把商品卖给商业部门时，其价格实际上低于生产价格，然后商业部门按十足的生产价格（就整个社会来看，也就是按照商品价值）把商品卖给消费者。这一价格差额部分就形成商业利润。商业利润的大小，一方面取决于商品销售价格高低和商品销售额的大小；另一方面还取决于商业企业实行正确的管理、节约商品流通费用的程度，善于经营管理的企业就能在市场上占有更大的份额，就能以较少的费用支出实现更多的商品销售额，从而获得更多的商业利润。

三、改革流通体制，加快商业现代化建设

早在 1979 年，邓小平就指出：“我们当前以及今后相当长一个历史时期的主要任务是什么？一句话，就是搞现代化建设。能否实现四个现代化，决定着我们国家的命运、民族的命运。”① 商业现代化是经济与社会现代化整体中不可分割的组成部分，它对于促进建立比较完善的社会主义市场经济体制，保持国民经济持续快速健康发展具有十分重要的意义。

（一）商业现代化的内涵和主要内容

所谓商业现代化，是指以符合现代市场经济要求的商品流通体制，运用先进的物质技术手段和科学的管理方式，高效率地组织商品流通。商业现代化是现代市场经济的重要标志之一。现代市场经济是建立在以高度发达的社会分工和专业化协作为特征的社会化大生产基础上的现代商品经济。而商品经济的发展必须以商品流通为前提，生产过程不能离开流通过程而独立进行。生产的现代化离不开商品流通的现代化。

商业现代化的内容主要包括以下几个方面。

1. 商业观念的现代化。要破除传统流通的狭隘观念，树立大商业、大流通和大市场的新观念。所谓大商业是指广义的商业，是改革开放后在商品流通领域所出现的多种主体、多渠道、多方位的经济现象。商品流通活动的经营主体除了国有商业企业外，还包括集体、个体、私营和中外合资经营、外商独资经营等多种形式的商业企业。传统商业不包括物质流通和对外贸易，大商业则把二者涵盖在内。大商业还表现在商业组织化程度的提高，如发展商业企业集团、连锁经营、大型商品交易市场等。所谓大流通是指广义的流通。传统流通是狭义的流通，即以货币

① 《邓小平文选》第 2 卷，人民出版社 1994 年版，第 162 页。

为媒介的商品交换。大流通则是商品流通、资金流通和信息流通的统一，不仅包括商流，还包括物流、资金流和信息流。大流通要求突破地域界限，使商品能在全国范围甚至世界市场上自由流通，为此必须建立起高效、畅通、发达的流通体系，并采用现代化的流通设施和手段。所谓大市场是指广义的市场，不仅指商品交换的场所，还包括市场交易行为、市场运行机制和市场要素体系等。大市场的商品量大、交易量多、交易集中、辐射面广。发展大市场不仅要求有发达的商品市场，还要有规范完善的资本市场、劳动力市场、技术市场、信息市场等；要以市场为中心开展经济活动，组织生产营销；不仅要发展国内市场，还要开拓国际市场。大商业、大流通、大市场这三个概念虽各有侧重，但其实质都是商品交换，大流通、大市场也可以说是大商业的进一步延伸，它们是和社会化大生产和商品经济的充分发展相适应的。

2. 商业组织的现代化。从中国社会主义初级阶段的基本国情出发，重新构造商业企业的所有制结构，形成多种所有制形式商业共同发展的新格局。国有大中型商业企业要建立起适应社会化大生产需要、反映社会主义市场经济体制的要求和现代企业制度，做到“产权清晰、权责明确、政企分开、管理科学”，使企业真正成为面向国际与国内市场的法人实体和市场竞争的主体。要以邓小平提出的“三个有利于”为标准，大力推进公有制实现形式的多样化，凡是有利于生产力发展的所有制形式，就要大胆采用。积极引导和鼓励非公有制经济的发展，使个体私营经济和其他成分经济都能积极参与商品流通，公开、公正、公平地参与市场竞争。

3. 商业物质技术基础现代化。商业物质技术基础是商业部门开展购、销、运、存业务活动的基本条件。商业物质技术基础现代化要求商业网点现代化，商业储运现代化，商业交易手段和交易环境现代化。

一是商业网点现代化。要加大商业网点建设投资，更新改造老网点，流通新网点建设要因城市建设和农村小城镇建设同步发展。在批发商业网点设置方面，要根据不同类型批发商业的特点和影响批发商业的因素来确定经营地点和网点分布，符合商品流向和经济核算的原则。要逐步建立起一批全国性批发中心、区域性批发中心和农村批发中心，在重要商品产地、销地或集散地建立健全大宗农产品、工业消费品和生产资料批发市场，还要建立不同层次的专业性批发市场、物资交易市场和规范化的现代期货交易市场，以适应商品流通发展中集中与分散的需要，推动流通现代化。在零售商业网点设置方面，要考虑区域经济特点、人口数量、购买力水平、消费习惯等因素，实行集中分散相结合、专业与综合相结合、大中小型相结合、固定网点与流动网点相结合，充分满足消费者购买的需要。

二是商业储运现代化。商业的储存和运输是商品生产在流通领域内的继续，是实现商品在时间、空间上转移的不可缺少的环节，实现商业现代化必须加速储存设施等物质基础的改造，提高仓库组织化、规模化和布局合理化程度，在产销集中区兴建规范化的大型仓库和配送中心。要对现有储存企业的装卸搬运工具和库内移动设备进行改造，采用先进设备，逐步做到机械化、自动化。对库存商品要加强商品养护和保鲜的科学化管理，搞好商品的包装和再加工。在商品运输现代化建设中，要建立一批大型商品配送中心，推行商品配送制度，这是实现商业物流标准化、规格化、系统化和自动化的客观需要。

三是商业交易手段和交易环境现代化。自 20 世纪 40 年代末电子计算机问世、信息科学产生以来，引发了以信息技术为中心的新技术革命。电子计算机的运用逐渐渗透到各行各业，商业也不例外。当今发达国家广泛采用电子收购机、电子收款机、电子订货系统（EOS)、销售现场管理系统（POS）等现代商业交易手段。以电子订货系统为例，电子订货系统是指销售商和供应商或分支机构与总公司之间的一套信息技术设备联络的自动化订货系统。其优点在于：能减少失误，即避免一般在电话、传真、传票订货时常见的听错、记错、手工处理时的差错；能高速处理大量繁杂的订单，降低流通费用，简化传票作业、登录作业，缩短在途时间，并能大大减少库存。现在电子计算机在商业部门应用的尝试和广度被认为是衡量一个国家商业现代化程度的重要标志，中国商业虽然已建立电子计算机网络，但迫切需要推广普及电子计算机的运用。为有效地实现商流、物流和信息流，商业部门必须创造优良的交易环境和购物条件。例如在大型商场中，用现代装饰材料装修店堂大厅，购物大厅设中央空调和自动扶梯，配以现代化的光电装置、闭路电视监控系统、火灾自动报警系统，普及电子计量、电子收付款找零等设施，使人们的购物不仅是一种经济行为，也是一种文化享受。

4. 商业管理现代化。商业管理现代化是指商业企业以现代管理思想为指导，建立起现代的商业组织机构，用现代管理方法和手段有效地协调企业经营管理系统的各要素，实现商品流通的高效和畅通，取得最大的流通效益。商业管理现代化包含五个方面的要求。一是商业管理思想现代化。要摆脱小生产狭隘的传统经营思想，把管理工作建立在社会化大生产和先进的科学技术的基础上。在决策上要体现科学化、民主化、高效化，按照客观经济规律办事，重视信息的收集和反馈。企业管理要以经济效益为中心，实现经济效益和社会效益的有机统一。加强法制观念，遵守法律法规，同时以法律为武器保护自身的合法权益。二是商业管理体制现代化。商业机构规模、经营范围、购销方式等要同社会化的大生产、大流通、大市场以及多元化的消费结构相适应。随着中国市场经济的发展，客观上要求提高企业组织化和联合化的水平，组建各种形式的商业经济联合体，并实现农工贸一体化、科工贸一体化、批零服务一体化、横向协作一体化，增强竞争能力，提高规模效益。三是商业管理方法现代化。要改变传统的依靠经验进行管理的模式，以科学的管理理论为指导，运用现代管理科学技术和管理方法，进行商业资金管理、财务管理、购销运存管理、情报信息管理、人员物资管理和企业经营目标管理。四是商业管理手段现代化。要使用现代先进的物质技术设备，用最新技术进行商业管理，主要是广泛应用电子计算机及网络、现代通信技术设备、自动控制设备等。现代商业管理手段的巨大作用是：能及时获取市场信息，快速反馈管理指令；进行大量的数值计算和信息处理；储存有效信息和数据资料，建立商业管理档案；实现商业办公设施自动化，提高管理人员工作效率。五是商业管理人员现代化。商业管理人员要具有现代商业管理观念、良好的职业道德和优秀的业务素质。商业管理现代化的关键在于人员的现代化，通过他们掌握先进的科学文化和专业知识，不断进行技术和管理的创新，不断提高企业经济效益。因此，要改变长期以来封闭僵化的人才管理模式，重视商业人才培养，建立人才激励和人才合理流动的机制，不断培养和造就一批批思维开阔、反应灵敏、开拓创新，掌握先进科技知识和现代管理方法的商业管理人员。

（二）中国实现商业现代化的紧迫性

改革开放以来，随着计划经济体制向市场经济体制的转变，在实现流通现代化方面也取得了显著的成绩。全国不少商业企业通过产权改革，由过去的国有商业企业改造为股份制企业，其中包括上海百联、王府井百货商店等著名商店。股份制改造进一步促进企业转换经营机制，增强企业竞争力。近年来，中国商业机构数目迅速增大，从业人员迅猛增加，据第三次全国经济普查主要数据公报数据，2013 年末全国共有批发和零售业企业法人单位 281.1 万个，从业人员 3314.9 万人，分别比 2008 年末增长 100.4%和 75.3%。近几年，超级市场、连锁店、仓储商店等新的流通形式在我国发展很快，在商业管理手段上也开始采用以电子计算机为代表的先进科学技术。全国涌现出一批知名的商业企业，它们正以资本为纽带，通过市场形成具有较强竞争力的跨行业、跨所有制和跨国经营的大企业集团。但是，也应该看到，我国商业企业离商业现代化的要求，还有相当的差距，在商业体制上还不能充分适应市场经济发展的需要，不少商业企业在增长方式上还存在粗放经营的模式，其主要表现是：

1. 国有商业企业经济效益不佳。国有商业是中国公有制经济的支柱之一。长期以来，国有商业企业在发展经济、提高人民生活水平等方面发挥了巨大的作用。改革开放以来，特别是实行社会主义市场经济以来，乡镇企业、个体私营企业、中外合资企业、外商独资企业蓬勃发展。相比之下，国有商业企业的经济效益就不尽如人意。2015 年国有零售企业平均利润率为 11%，小于全国平均水平 0.18 个百分点。在长期计划经济体制影响下，国有商业存在的弊端，如缺乏灵活机动的经营体制，经营结构不合理，效率低、费用高等，还没有从根本上得到克服。国有商业能否走出困境，能否振兴，对公有制的主体地位和国家经济的稳定、发展影响重大。

2. 国有商业企业面广点多，企业组织结构集约程度低。所谓面广，是指国有商业企业分布地域广和经营业务多，什么地方都有国有企业，国有企业什么都经营。所谓点多，就是网点多而小。在计划经济体制下，商业网点由国家统包统建，使资金分散，企业规模必然狭小。与美国的商业企业相比，美国最大的沃尔玛公司 2015 年销售额为 4856.51 亿美元，年利润为 220 亿美元；而中国最大的零售商店上海百联集团 2015 年销售额仅为 365 亿元，利润总额 20 亿元。企业规模偏小，无法采用先进的技术设备，无法提高资金使用效益，无法取得规模效益，在激烈的市场竞争中就处于劣势。

3. 在经营结构上缺乏优势和特色。在计划经济体制下，商业企业经营品种“小而全”“大而全”，没有什么优势和特色，至今这种状况无大的改变。特别是批发企业。经营商品中缺乏有影响的盈利高的商品。库存商品中，平销、滞销商品占大部分，其结果是资金被大量占用。本来国有商业资金雄厚，但由于商品经营结构不合理，资金分散，资金周转速度和资金利润都达不到正常水平。近几年来，许多大中型商业企业没有考虑自身的优势和特色所在，片面理解多元化经营，把有限的资金投在房地产、开发工业项目上面，结果资金被积压，不仅多种经营没有发展起来，还严重影响主营业务，增加了企业的负担，甚至导致企业亏损。

4. 企业内部管理水平较低。全国商业企业负责人中，近几年有本科以上学历的比例明显上升，但能掌握现代化管理知识，运用先进的科技手段来进行决策，运用科学的方法进行管理的还为数不多。相当一部分企业负责人缺乏现代市场经济意识，还在用传统的经验和方法管理企业。许多企业管理不规范，无章可循、有章不循、违章不究的情况仍然存在。这几年企业经营的外部环境发生了很大的变化，但企业的规章制度并没有相应修订，在对外商业交往中，上当受骗不断，企业内部“跑、冒、漏、滴”现象时有发生，使国有资产蒙受严重损失。在管理手段方面，这几年虽然大多数大中型商业企业国有企业都加大了对商业模式和管理模式创新的探索，如百联集团从 2016 年开始正式上线“爱百联”线上平台，探索线上、线下全渠道营销。但相当多的国有企业还处于产品导向阶段，缺乏客户导向的观念，以客户为中心、以生存为底线的流程化组织管理体系尚未建立健全，业务流程变革也没有形成有效的管理办法。

5. 业态发展不尽合理。首先，由于区域经济发展不均衡，直接导致了百货店、大型超市、便利店、专业店、专卖店、购物中心、折扣店、仓储商店、网络零售等多种零售业态并存，这样虽然可以促进竞争，但也容易引起行业乱象，无法产生规模效益。其次，中国百货业单体组织规模相对较小，缺乏一定的规模经济效应，并且在配套设施、技术、管理等方面缺乏竞争优势，面临被兼并和重组的命运。根据欧睿信息咨询的数据，2011 年中国百货前三强的市场份额仅为 6.7%，前十大公司的市场份额仅为 15.9%，远低于欧美成熟市场的市场集中度。法国前三大百货公司的市场占有率为 92.5%。韩国前三家百货公司则占据 77.5%的市场份额。中国百货行业的市场集中度与这些国家相比差距甚远。此外，随着电子商务的兴起而崛起的物流服务业也存在着发展不合理的问题，虽然物流业发展迅速，2016 年中国商贸流通业实现增加值 9.6 万亿元，增长 6.8%，但物流成本高仍然是大多数物流企业的瓶颈难题，且管理上也存在过于主观、不规范等问题，物流业分布过于分散、结构不合理也在一定程度上抑制了商业组织化程度的提高。

党的十八届五中全会通过的《中共中央关于制定国民经济和社会发展第十三个五年规划的建议》中指出："坚持发展是第一要务，以提高发展质量和效益为中心，加快形成引领经济发展新常态的体制机制和发展方式，保持战略定力，坚持稳中求进，统筹推进经济建设、政治建设、文化建设、社会建设、生态文明建设和党的建设，确保如期全面建成小康社会，为实现第二个百年奋斗目标、实现中华民族伟大复兴的中国梦奠定更加坚实的基础。"[①] 上面所述的几个问题如若不抓紧认真解决，就会影响社会主义市场经济体制的建立，制约经济发展方式由粗放型向集约型转变的实现。因此，我们应该增强商业现代化的紧迫感。

（三）实现商业现代化的具体途径

党的十八大报告指出，要"着力构建现代产业发展新体系，着力培育开放型经济发展新优势，使经济发展更多依靠内需特别是消费需求拉

① 《中国共产党第十八次全国人民代表大会文件汇编》，人民出版社 2012 年版，第 18 页。

动，更多依靠现代服务业和战略性新兴产业带动”，“坚持走中国特色新型工业化、信息化、城镇化、农业现代化道路，推动信息化和工业化深度融合、工业化和城镇化良性互动、城镇化和农业现代化相互协调，促进工业化、信息化、城镇化、农业现代化同步发展”。① 我们要以党的十八大精神为指导，紧紧抓住经济发展方式的战略性转变，加快流通现代化的步伐，推动现代商业的快速发展。

1. 国有商业企业改革应体现公有制实现形式的多样化。

党的十八大报告指出：“要毫不动摇巩固和发展公有制经济，推行公有制多种实现形式，深化国有企业改革，完善各类国有资产管理体制，推动国有资本更多投向关系国家安全和国民经济命脉的重要行业和关键领域，不断增强国有经济活力、控制力、影响力。毫不动摇鼓励、支持、引导非公有制经济发展，保证各种所有制经济依法平等使用生产要素、公平参与市场竞争、同等受到法律保护。”② 这就为国有商业的改革指明了方向。促进国有商业公有制实现形式多样化的前提是解放思想，真正分清国有商业所有制和实现形式的区别。所谓国有商业的所有制，是指其资产归国家所有，这是资产的归属问题。发展和壮大商业领域内的国家所有制经济，始终坚持公有制的主体地位是建立市场经济体制的保证，任何时候都不能动摇。所谓国有商业公有制的实现形式是指在生产资料国家所有制前提下的企业财产的组织形式。同一种所有制在不同企业可以有多种实现形式，不同所有制的企业也可以采取同一种组织形式，要探索新的能与市场经济体制有机结合的公有制多种实现形式。

第一，对大型批发和大中型零售商业企业应积极推行现代企业制度。建立现代企业制度是国有企业改革的方向，而公司制是建立现代企业制度的基本组织形式。批发和零售商业共同构成整个国有商业体系，其中批发是生产者之间、生产和零售之间的中间环节，是商品价值实现的基础。国有商业主导作用的发挥，关键在批发。而零售是上承批发、下对消费的流通领域的终端，最后实现消费。这些批发和零售企业的公有制

① 《中国共产党第十八次全国代表大会文件汇编》，人民出版社2012年版，第18、19页。
② 《中国共产党第十八次全国代表大会文件汇编》，人民出版社2012年版，第19页。

实现形式，可采用公司制的形式，即股份有限公司或有限责任公司，有的企业可改造为国有独资有限公司，也可以选择一些商业企业进行内部员工持股的试点。国有商业进行公司制改造，有利于企业的产权清晰、权责明确、政企分开、管理科学，提高企业和资本的营运效率，推动生产社会化和社会生产力的发展。

第二，对国有小型商业应积极推行股份合作制。党的十八大以来，中国持续推进国有企业公司制股份制改革。利用境内外股票市场、产权市场和债券市场，国有企业逐步发展成国有控股、多种资本参与融合的公众化公司，进一步增强了国有经济的活力、控制力、影响力。同时，积极推进集体企业改革，发展多种形式的集体经济、合作经济。推进公平准入，改善融资条件，破除体制障碍，促进个体、私营经济和中小企业发展。国有小型商业企业分布广，规模小，更易于由劳动者直接充当投资主体和占有主体，适合推行股份合作制。这种股份合作制是国有商业小型企业在改制中广大职工愿意接受的新的集体所有制形式，它改变了国家所有制，却仍然是公有制。职工普遍持股，作为企业财产的主人，对生产资料实行占有和使用；企业实行按劳分配与按股分红相结合，这是一种劳动者的劳动联合和资本联合相统一的制度。这既符合生产力发展水平和职工群众的认识水平，又强化了职工主人翁责任感，是一种值得提倡和鼓励的公有制实现形式。

第三，对不能实现股份合作的国有小企业实行关、停、并、转或破产。推行股份合作制不是“放小”的唯一形式，不能用行政命令搞“股份合作化”。对经营困难、亏损严重、资不抵债、不能实现股份合作制的国有小企业，要区别不同情况，分别采取改组、合并、租赁或出售等形式，使小企业的改革真正落到实处，传统国有商业的所有制通过以上的分类改革，将形成主体多元化、组织形式多样化的公有制实现形式，从根本上解决国有商业企业所面临的深层次矛盾，使之最终成为自主经营、自负盈亏、自我发展、自我约束的法人实体和市场竞争主体。

2. 实行结构调整，提高商业企业的组织化程度。

当前，中国商业企业突出的问题是经营规模小而分散，经济结构不合理，经营成本高、经济效益不理想。而世界贸易形势却随着经济全球化和贸易自由化的发展，企业经营规模越来越大，跨国公司已逐渐成为在全球进行市场扩张的基本形式。当今，世界贸易问题的一半是在3000家大公司之间进行，由此可见企业的规模与实力对市场占有率的提高起着决定性的作用。面临这种严峻的形势，中国商业企业必须以国内外市场为导向，以提高市场竞争力和市场占有率为目标，围绕结构调整，实施大公司大集团战略，使经营集团化、规模化。首先，要以国有商业大中型企业为骨干，组建一大批大型商业企业集团。组建这类集团的主要方式，可以骨干企业为核心，通过政策引导，促使商贸、工商、农商、技工贸联合，由多家法人投资入股组建集团公司；将有条件的专业管理部门及所属企业改组为集团公司；打破行业、条块分割，组建跨行业跨行政区划的专业性集团公司。其次，要以核心企业为中心，大力发展连锁经营，把分散各地的小企业联结起来，实行规模经营和规模效益。再次，积极发展代理制、物资配送、总经销、总代理等现代流通组织形式和营销方式，向生产延伸，理顺生产和流通的内在联系，形成以大型商品批发市场为中心，大型企业集团为骨干，遍布城乡的连锁店为基础的商品流通网络。这不仅能充分满足消费的需要，而且能大幅度提高经济效益。

3. 积极发展现代流通组织形式。

第一，大力促进连锁商业的发展。连锁店作为一种重要的商业组织方式和经营方式，被称作零售史上第三次划时代的革命。第一次是百货商店的出现，商业由分散的商贩发展为有组织的坐店经营；第二次是超级市场的诞生，适应了消费者自选取物的意愿，促进了商品的销售；第三次是连锁店的出现，以其标准化、规范化、专业化的经营，开辟了零售业大规模经营的新天地。统一规范是连锁企业最显著特征。连锁店拥有统一的店名店徽、统一的建筑形式、统一的店堂陈列、统一的服饰、统一的定价、统一的管理、统一的配送、统一的员工培训、统一的广告宣传等，成为一种全新的便民利民的销售形式。连锁商业在我国发展很快，从1990年起步，到2015年底全国连锁零售企业门店总数达到21万多家，从业人员达到248万多人。但是，在连锁业发展的过程中，也存在着一些不容忽视的问题，如体制的转换落后于企业机制的转换，符合连锁商业发展的市场体制还未真正形成，市场的行政性分割管理，地方、部门的利益保护，政府职能部门的多重管理、多头管理等。这些问题使连锁经营在发展过程中障碍重重；社会化、现代化的商品配送、物流中心建设滞后；连锁商业的技术含量不高，使现代化、自动化的管理受到很大限制；资金和人才都比较缺乏，不少连锁企业很难找到合适的连锁店经理，等等。这些问题应该引起有关方面重视，认真加以解决，才能使连锁商业获得健康发展。

第二，加快配送中心建设。配送中心是商品流通社会化、现代化的产物，是连锁经营必备的物流设施，其主要功能是承担各连锁分店所需商品的接货、加工、分装配组、仓储运输等工作。没有统一的商品配送中心，就没有实际意义的连锁经营，配送是连锁经营的关键，对物流起优化作用。中国目前在配送中心建设上存在的主要问题是：规模太小，不能充分发挥规模效应，无价格优势；配送中心设施薄弱，功能不齐，机械化、自动化程度低；城市规划建设跟不上，各配送中心都面临着巨大的运输难题，等等。如何发展我国的配送中心？首先，加强对配送理论的研究，充分理解配送中心在连锁经营中的作用，特别要加强对管理人员和工作人员有关配送理论的宣传，扩大配送理论的普及程度，从而提高他们对配送中心重要性的认识。其次，联合小型生产企业共建配送中心。要加强和发展连锁商业和生产企业的生产与合作，鼓励流通企业向生产企业延伸，与之共建配送中心。再次，改造原有批发企业发展为配送中心。对于实力雄厚、集散能力强、信誉良好的批发企业，可以改造成连锁店的总部。组建以批发企业为龙头，包括若干零售企业在内的连锁企业，使之切实承担指导店铺经营、及时提供信息、合理配送货物等多种功能。这不仅有利于连锁业的发展，也有利于传统批发企业摆脱困境。最后，配送中心社会化，随着经济的发展，生产的分工越来越细，在国外已经出现了专门承担配送任务的公司，一些连锁店业不再自建配送中心，转而依托社会化的配送中心。社会化的配送中心对我国比较适用，作为社会管理者的政府应加以扶持，并做好规划与协调工作。

第三，积极推进代理制。代理制是国际上通行的一种商品流通经营方式，主要是流通企业通过合同契约形式取得生产企业产品的代理销售权或用户的代理采购权。代理制是随着市场经济的发展逐步建立和完善起来的。早在18世纪末期，美国等国在棉花、谷物交易中的代理业务就很普遍，经过一个多世纪的发展，到20世纪，代理体系更加完善，成为商品流通中的一种重要经营方式。比如，国外的汽车销售主要是通过代理商来进行的，仅美国通用汽车公司就拥有销售代理商1.8万个。美国、日本、韩国等国家的钢材销售，除了对国内的汽车、造船厂等大批量客户由钢厂进行直销外，均由大型流通企业代理销售。实践证明，代理制能充分体现社会合理分工的原则，对于形成工商之间长期稳定的产销合作关系，合理配置资源，组织社会化大流通，促进生产的规模效益，降低生产营销成本发挥着重要作用，代理制改革在我国正处于起步阶段，要使代理制经营健康发展，还需要工商双方进一步提高认识，真正转变观念，积极主动地搞好这项改革。企业要平等互利，要做到利益共享、风险共担，形成利益共同体，要严格执行代理协议或代理合同，不能单方面随意改变。有关部门应尽量为代理制改革创造一个较好的外部环境。代理制改革在中国是一个新生事物，涉及生产、流通、税收和金融等多方面的配套改革，需要有关方面的大力支持。

4. 健全现代市场体系，加强市场管理。

党的十八大报告中指出："健全现代市场体系，加强宏观调控目标和政策手段机制化建设。"[①] 商品市场是搞活流通的物质基础，市场的发达程度直接影响到商品流通数量多少、周转快慢以及流通高低。因此，要进一步加强商品市场建设，创建和完善统一的市场体系。

第一，创建国家级批发市场网络和规范化的期货市场。创建一批国家级批发市场，将其触角延伸到各个区域市场，形成影响全国范围商品生产和商品营销的导向、调控机制。创建规范化的期货交易市场是发展大商业、搞活大流通、建立大市场的客观需要，同时也是国内市场与国际市场接轨的需要。规范期货交易行为，有利于指导购销，可以对未来市场供求变化情况进行预测，及时分散市场风险。目前我国已经有郑州商品交易所、上海期货交易所、大连商品交易所三家期货交易所，商品期货交易量呈现急剧上升势头（见下表）。国家级批发市场、规范化的期

① 《中国共产党第十八次全国代表大会文件汇编》，人民出版社2012年版，第19页。

货交易市场，再加上区域批发市场和城市批发交易中心，构成全国统一市场的批发网络。

2014 年中国三大期货交易所交易情况

	成交量（万手）	成交金额（亿元）	交割量（万手）	交割金额（亿元）
上海期货交易所	84229.42	632353.25	33.07	320.04
大连商品交易所	76963.70	414944.32	9.03	45.76
郑州商品交易所	67634.33	232414.96	21.40	85.18
合　计	228836.45	1279712.53	63.5	450.98

资料来源：根据《中国证券期货统计年鉴 2015》数据整理而成。

2014 年中国商品期货交易情况

	成交量（万手）	成交金额（亿元）
商品期货	4356.81	1279712.53
金属期货	1199.44	1640169.73
合　计	5556.25	2919882.26

资料来源：根据《中国证券期货统计年鉴 2015》数据整理而成。

第二，培育和完善各类生产要素市场，如资本市场、劳动力市场、技术市场、信息市场、房地产市场等，构成完整的市场体系。

第三，加强市场管理，优化商品流通环境。市场经济是法制经济，要建立完善的市场法规体系，依法加强市场管理，使市场运作有章可循、有法可依、平等竞争。党的十八大以来，以习近平同志为核心的党中央，坚持依法治国基本方略和依法执政基本方式，不断提高依法执政能力和水平，不断推进各项治国理政活动的制度化、法律化，依法治国、依法执政、依法行政的大环境正加速形成。

可以说，依法加强市场管理是依法治国的重要组成部分。要加快市场流通立法步伐，严格执法，确保市场流通秩序的健康发展。要采取措施防止市场垄断和不正当竞争，消除地区封锁和部门封锁，完善统一开放、竞争有序的大流通、大市场格局。要严禁欺行霸市、强买强卖行为，对制售假冒伪劣商品、走私贩私、偷税漏税、欺诈等行为，要依法取缔、严肃处理。只有优化市场环境，建立公开、公正、公平的市场竞争秩序，才能保证市场经济的良性循环，才能加快商业现代化发展步伐。

四、推动“互联网+流通”发展，让流通活起来

17世纪，法国诞生了最早的百货商店，从而带动了流通业革命。19世纪以后，美国出现了大批连锁店，带动了新一轮的流通业革命。当前，随着“互联网+”的发展，流通领域催生了最新一轮的“流通业革命”。“互联网+流通”，就是把当前的互联网经济和产品、服务的流通结合起来，推动流通革命的同时，可以有效地推动传统商业网络化、智能化、信息化改造，支持企业依托互联网优化资源配置、开拓市场，引导降低实体店铺租金。可以说，“互联网+流通”是当前流通领域的一场深刻革命。

（一）“互联网+流通”发展现状

近年来，随着电子商务的快速发展，中国“互联网+流通”保持较快增长，企业主体多元发展，经营模式不断创新，服务能力显著提升，已成为现代物流业的重要组成部分和推动国民经济发展的新动力。

1. 物流仓储和配送需求呈高速增长态势。2016年，中国网络零售交易总额达5.16万亿元，同比增长26.2%。其中，实物商品的网络零售交易总额为4.19万亿元，同比增长25.6%，比同期社会消费品零售总额增速高出15.2个百分点。① 2016年，全国快递服务企业业务量累计完成312.8亿件，同比增长51.4%，其中约有70%是由国内电子商务产生的快递量。业务收入累计完成3974.4亿元，同比增长43.5%。② 总体来看，电子商务引发的物流仓储和配送需求呈现高速增长态势。

---

① 《2016年中国网络零售交易总额增长26%》，中国电子商务研究中心2017年2月10日。

② 《2016年我国快递企业业务量累计完成312.8亿件》，见《电商报》2017年1月16日。

2. 企业主体多元发展。企业主体从快递、邮政、运输、仓储等行业向生产、流通等行业扩展，与电子商务企业相互渗透融合速度加快，涌现出一批知名电商物流企业。[①]

3. 服务能力不断提升。第三方物流、供应链型、平台型、企业联盟等多种组织模式加快发展。服务空间分布上有同城、异地、全国、跨境等多种类型；服务时限上有“限时达、当日递、次晨达、次日递”等。可提供预约送货、网订店取、网订店送、智能柜自提、代收货款、上门退换货等多种服务。[②]

4. 信息技术广泛应用。企业信息化、集成化和智能化发展步伐加快。条形码、无线射频识别、自动分拣技术、可视化及货物跟踪系统、传感技术、全球定位系统、地理信息系统、电子数据交换、移动支付技术等得到广泛应用，提升了行业服务效率和准确性。[③]

（二）“互联网＋流通”进入发展新阶段

随着国民经济全面转型升级和互联网、物联网发展，以及基础设施的进一步完善，新时期我国电商物流需求将保持快速增长，服务质量和创新能力有望进一步提升，渠道下沉和“走出去”趋势凸显，“互联网＋流通”发展将进入全面服务社会生产和人民生活的新阶段，并将呈现出“三化”“四个重点”发展的新特点。

“三化”：一是电商与信息化、工业化、农业现代化融合进一步深化。也就是传统企业利用互联网＋电子商务助力企业转型升级。二是移动互联网推进网购终端移动化。近几年中国网络购物交易规模一直保持较快增速，年增速平均为国内生产总值的2～3倍，成为拉动国民经济增长的重要动力和引擎。据中国互联网络信息中心发布的数据显示，截至2016年6月，中国网络购物用户规模达到4.48亿，较2015年底增加3448万，增长率为8.3%，中国网络购物市场依然保持快速、稳健增长趋势。与此

① 《全国电子商务物流发展专项规划（2016—2020年）》，见中商情报网2016年3月24日。
② 《2017—2021年中国快递行业发展预测分析》，见中国投资咨询网2016年12月16日。
③ 《全国电子商务物流发展专项规划（2016—2020年）》，见中商情报网2016年3月24日。

同时，中国手机网络购物用户规模增长迅速，达到 4.01 亿，增长率为 18.0%，手机网络购物的使用比例由 54.8%提升至 61.0%。[①] 三是电子商务发展通过大数据进一步实现服务精准化。目前，深度分析数据，精准化解决生活痛点，已经成为“互联网+流通”企业的主要着力点。

“四个重点”：一是农村电子商务将继续快速发展。二是生活服务业电子商务的加速普及和渗透。三是 B2B 电子商务的运用将进一步推进信息化和工业化深度融合。四是电子商务的服务支撑体系将进一步走向智能化。

1. 电商物流需求保持快速增长。随着中国新型工业化、信息化、城镇化、农业现代化和居民消费水平的提升，电子商务在经济、社会和人民生活各领域的渗透率不断提高，与之对应的电商物流需求将保持快速增长。同时，电子商务交易的主体和产品类别愈加丰富，移动购物、社交网络等将成为新的增长点。

2. 电商物流服务质量和创新能力将显著提升。产业结构和消费结构升级将推动电商物流进一步提升服务质量。随着网络购物和移动电商的普及，电商物流必须加快服务创新，增强灵活性、时效性、规范性，提高供应链资源整合能力，满足不断细分的市场需求。

3. 电商物流“向西向下”成为新热点。随着互联网和电子商务的普及，网络零售市场渠道将进一步下沉，呈现出向内陆地区、中小城市及县域城市加快渗透的趋势。这些地区的电商物流发展需求更加迫切，增长空间更为广阔。电商物流对促进区域间商品流通，推动形成统一大市场的作用日益突出。[②]

4. 跨境电商物流将快速发展。新一轮对外开放和“一带一路”战略的实施，为跨境电子商务的发展提供了重大历史机遇，这必然要求电商物流跨区域、跨经济体延伸，提高整合境内外资源和市场的能力。

（三）深入实施“互联网+流通”，推动流通产业转型升级

1. 加快推动流通转型升级，打造“老字号”互联网品牌。一是要加

---

① 《2016 年中国网络购物用户规模达到 4.48 亿》，见中国产业信息网 2016 年 9 月 9 日。

② 《全国电子商务物流发展专项规划（2016—2020 年）》，商流通发〔2016〕85 号文。

快商业实体店数字化改造，包括支持企业自建一批网络购物平台，开展全渠道经营，大力发展体验消费，实现线上线下互动，打造“老字号”互联网品牌等。二是要鼓励百货等零售业态发展“买手制”，提高自营和自主品牌商品比例，通过连锁经营、采购联盟等形式降本增效。三是要大力推进电子商务进社区，支持电子商务综合便民服务平台建设，利用互联网技术，创新“互联网＋社区＋服务”模式，在社区内提供购物、医疗、缴费、快件代收等各种便民服务，促进居民生活服务转型升级。四是要大力发展绿色流通和消费，深入推进绿色低碳流通和消费，推广绿色商品，创建一批集门店节能改造、节能产品销售、废弃物回收于一体的绿色商场；推广“互联网＋分类回收”的废旧商品与再生资源回收体系，推动“互联网＋回收”模式创新。

2. 积极推进“互联网＋商业综合体”，引导高端服务业态的供给。城市综合体，就是将城市中的商业、办公、居住、旅店、展览、餐饮、会议、文娱和交通等城市生活空间的三项以上进行组合，并在各部分间建立一种相互依存、相互助益的能动关系，从而形成一个多功能、高效率的综合体。城市综合体基本具备了现代城市的全部功能，所以也被称为“城中之城”。城市综合体的建设将改变市民的居住、生活方式，成为带动城市商业发展的新引擎，商业竞争也将日趋激烈，这也使得传统商业研究并注重消费者趋势、爱好、需求等，推进商业企业改变百货为主的传统商场经营战略，加快探索零售行业线上线下双重体验的新商业模式，有利于推进移动互联网时代商业革新。

3. 打造智慧物流体系，把流通真正“搞活”。一是要加大支持物流配送终端及智慧物流平台建设。推动跨地区跨行业智慧物流信息平台建设，鼓励在法律规定范围内发展共同配送物流配送组织新模式。二是要支持物流（快递）配送站、智能快件箱等物流设施建设，鼓励社区物业、村级信息服务站（点）、便利店等提供快件派送服务。支持快递服务网络向农村地区延伸。三是要推进电子商务与物流快递协同发展。城市应将配套建设物流（快递）配送站、智能终端设施纳入城市社区发展规划。四是要规范物流配送车辆管理。推动城市配送车辆的标准化、专业化发展；强化城市配送运力需求管理，保障配送车辆的便利通行；鼓励采用清洁能源车辆开展物流（快递）配送业务。五是要合理布局物流仓储设施。完善仓储建设标准体系，鼓励现代化仓储设施建设，加强偏远地区仓储设施建设。

4. 加快农村基础设施建设，推进电子商务进农村。中国农村电子商务发展态势良好，截至2016年，中国共有涉农网站3万多家，其中，电子商务网站3000多家。2015年农村地区网购交易额达到3530亿元，同比增长了96%。农产品网络零售额也达到1505亿元，新增网店达到118万家，在全国1000个县里，已经建成了25万个电商村级服务点。但农村基础设施比较薄弱，农产品冷链运输滞后，农村电商发展亟须从补短板、重上行、促竞争、促畅通四个方面加以积极推动。一是要加快补短板，继续加大农村宽带建设投入，加快提速降费的进程，继续推进电子商务与物流快递协同发展，解决快递营运车辆规范通行和末端配送等难题，破解制约行业发展的瓶颈。二是要重上行，增强农村电商对农民增收的带动作用，更加注重推动农产品由农村到城市的上行渠道，使线下的产业发展和线上电商有机融合发展，拓宽农产品进城的各种门路，带动农产品的品牌化、标准化，促进农民增收。三是要促竞争，激发市场主体活力，鼓励各地市场主体创新发展。四是要畅通农村物流，鼓励邮政企业等各类市场主体整合农村物流资源，解决农村物流"最后一公里"的瓶颈。

此外，随着三网融合与物联网，移动商务，微博、微信、微店（"三微"）等的快速发展，"跨界融合"也尤为关键。"互联网+流通"发展跨越一、二、三产业，将成为融农业生产、加工贸易、电子信息、营销推广、农产品观光旅游等多领域共同发展的大平台。

第十一章

生息资本理论在社会主义市场经济中的运用

一、马克思生息资本理论的主要内容

马克思的生息资本理论是马克思在批判地继承古典学派的基础上，在创立科学的劳动价值论和剩余价值理论、创立平均利润和生产价格理论之后，在批判庸俗经济学，深入研究现实资本主义市场经济中的利息、利息率、银行资本、国债、股票、汇率及其相互关系的过程中创立的。生息资本理论在马克思的《资本论》中构成了第三卷“最复杂的问题”，它是恩格斯根据马克思的“一堆未经整理的笔记、评述和摘录的资料”[①]编辑而成的，因此也可以说，马克思的生息资本理论，是马克思、恩格斯共同研究的结晶。

在市场经济体系中，货币作为一般等价物，充当了社会化生产和流通的媒介；货币转化为资本，既是资本运动的出发点，又是资本运动的归宿点；货币作为资本的独立形态——生息资本，既表现出独立的运动形式、性质和特点，又形成了独立的职能部门，而且产生了种种的资本形态，出现了种种的生息资本运动的现象。所有这一切，使得处在自由竞争阶段的资本主义市场经济陷入了扑朔迷离之中，也正因为这样，有

① 《资本论》第3卷，人民出版社2004年版，第9页。

关生息资本的讨论，成为“全卷最复杂的问题”，而马克思和恩格斯的深刻阐述，既解开了资本主义自由竞争时期生息资本运动的扑朔迷离的迷局，也给中国今天发展市场经济以有益的启迪。根据马克思、恩格斯关于生息资本理论的论证逻辑，我们认为生息资本理论体系主要包括生息资本总体概论、信用与信用制度理论、虚拟资本理论、经济危机理论等四个重要组成部分。

（一）生息资本总体概论

在研究产业资本和商业资本时，马克思假设产业资本和商业资全都靠自有资本经营。在现实的资本运动中，无论是产业资本家或是商业资本家，都不可能仅依靠自有资本经营，而要通过借贷，或多或少借入资本，这就形成了生息资本。

1. 生息资本的运动形式。

从本质上讲，生息资本是职能资本的一种派生形式，是为了获取利息而暂时贷放给职能资本家的货币资本。生息资本与商业资本一样，早在资本主义以前就已存在。在“资本主义以前的状态”中，生息资本表现为高利贷资本的形态，这种高利贷资本产生的条件是商品流通、货币作为支付手段的职能的发展，“高利贷资本的发展和商人资本的发展，并且特别和货币经营资本的发展，是联结在一起的”①。在资本主义市场经济中，生息资本的形态则表现为借贷资本，“就生息资本是资本主义生产方式的一个重要要素来说，它和高利贷资本的区别，决不在于这种资本本身的性质或特征。区别只是在于，这种资本执行职能的条件已经变化，从而和货币贷出者相对立的借入者的面貌已经完全改变”②。

在资本主义市场经济中，借贷资本是作为一种资本形态参与资本主义的再生产运动，它直接服从于再生产运动增殖的目的，同时，它作为

① 《资本论》第3卷，人民出版社2004年版，第671页。
② 《资本论》第3卷，人民出版社2004年版，第679页。

资本贷放出去，在流回时，“不仅保存自己，而且增殖自己，增大自己的价值量”[①]。它以自己的独特的运动形式参与了产业资本和商业资本的运动，发挥了它在社会再生产中的作用。由于生产方式的变化，资本主义市场经济中的借款人和贷款人的面貌，已完全不同于资本主义以前，借贷双方的对立表现为货币资本所有者和货币资本经营者与产业资本家和商业资本家的对立，前者通过后者的生产经营活动实现资本的增殖，后者借助于前者以完成产业资本和商业资本的循环，以获取利润。

我们可以将生息资本的运动形式描述为：G—G—W—G′—G′。如果仅考察生息资本在借、贷主体之间的运动，那么其贷出与流回就已经包含了生息资本的全部运动，也就是说“把货币放出即贷出一定时期，然后把它连同利息（剩余价值）一起收回，是生息资本本身所具有的运动的全部形式”[②]。由此，我们将生息资本的运动形式简化为：G—G′。在这一形式上，一切中介作用的要素与过程完全消失了，ΔG 表现为生息资本自身的直接产物，所以“在生息资本上，资本关系取得了最表面和最富有拜物教性质的形式”[③]。而且生息资本具有一种属性，这就是不管货币借入者是否让它参与生产过程，它都具有产生利息的能力，而借入者“为之支付的，是那个自在地，在可能性上已经包含在资本商品中的剩余价值”[④]，“在 G—G′上，我们看到了资本的没有概念的形式，看到了生产关系的最高度的颠倒和物化：资本的生息的形态，资本的这样一种简单形态，在这种形态中资本是它本身再生产过程的前提；货币或商品具有独立于再生产之外而增殖本身价值的能力，——资本的神秘化取得了最显眼的形式”[⑤]。

2. 利息。

我们发现借贷资本流回的价值额要大于贷放出去的价值额，即表现

---

① 《资本论》第 3 卷，人民出版社 2004 年版，第 392 页。
② 《资本论》第 3 卷，人民出版社 2004 年版，第 390 页。
③ 《资本论》第 3 卷，人民出版社 2004 年版，第 440 页。
④ 《资本论》第 3 卷，人民出版社 2004 年版，第 428 页。
⑤ 《资本论》第 3 卷，人民出版社 2004 年版，第 442 页。

为 G+ΔG 的流回；而“这个 ΔG 是利息，或者说平均利润中不是留在执行职能的资本家手中，而是落到货币资本家手中的部分”[①]。

利息是一个重要的经济范畴。马克思首先对利息的实质进行了深刻的揭示。他在批判蒲鲁东错误地以一般商品的买卖关系对待生息资本的借贷关系，把生息资本的借贷关系混同于一般商品买卖关系的同时，也批判了蒲鲁东对利息的错误见解。蒲鲁东错误地把利息看作是大于商品价值的东西，表明他完全不懂利息的本质。马克思指出，“利息不外是一部分利润的特殊名称，特殊项目”[②]，是由职能资本家支付给货币所有者的一部分利润。为什么职能资本家必须把一部分的利润转让给借贷资本家？马克思对此从质的方面进行了分析。马克思指出：借贷不同于普通商品的让渡，这种生息资本具有一种特殊的能力，它的让渡，是把一种生产平均利润的能力转让给了它的使用者，“能够作为资本执行职能，并且作为资本在平均条件下生产平均利润”[③]，为了使借贷双方都能得到好处，保证这种借贷行为的不断进行，职能资本家有必要将平均利润的一部分，以利息的形式作为借贷资本特殊使用价值的报酬。马克思对利息的实质分析说明，利息是货币资本特殊使用价值的报酬。它来自平均利润，而且只是其中的一部分。

在生息资本的运动中，虽然有其独特的运动形式，具有价值增殖的能力，但是，生息资本并不会自行增殖，“它要通过使用才自行增殖价值，才作为资本来实现”，生息资本所以被使用，它必须服从于产业资本家和商业资本家，“替他生产利润”，而且，生息资本的收入只能是利润中的一部分——利息。这说明，在资本主义市场经济中，生息资本生存和发展的条件已经和资本主义以前有了根本的区别，它的生存基础是社会化生产的商品经济，是产业资本和商业资本的派生形式，反映的是生息资本和产业资本、商业资本共同分割利润的关系。于是产业利润被分成企业利润与利息两个组成部分，从而形成企业主收入与利息。“这不仅是在不同的人之间进行分配的利润的不同部分，而且还是利润的两种不

① 《资本论》第 3 卷，人民出版社 2004 年版，第 392 页。

② 《资本论》第 3 卷，人民出版社 2004 年版，第 379 页。

③ 《资本论》第 3 卷，人民出版社 2004 年版，第 394 页。

同范畴。它们和资本有不同的关系，也就是说，和资本的不同规定性有关。”[①] 这种利润分割进一步掩盖了资本主义的剥削关系，因为利息与企业主收入都不与剩余价值的形成发生直接的联系，在利息与企业主收入的对立中，利息与雇佣劳动的对立消失了，企业主收入与雇佣劳动的对立也消失了，这样就从根本上掩盖了利息与企业主收入的剥削的本质。

3. 利息率。

利息率反映的是利息参与平均利润分割的量的比例关系，是一定时期内利息量和贷出的借贷资本量的比例关系。在分析利息和利润的关系时，马克思首先分析了利息的上限和下限。利息只是平均利润的一部分，因此，“利润本身表现为利息的最高界限”[②]，在实际生活中，把利息大于平均利润，或等于平均利润看作是利息的最高限，其实是不可能发生的。至于利息的下限，最低也不可能等于零；如果等于零，也就不存在利息。利息作为平均利润的一部分，在利息和平均利润比率固定的情况下，利息的高低取决于平均利润的高低，反映利息高低的利息率（利息量与借贷资本量的比率），也会随着平均利润率的升降而升降。马克思指出："如果利息等于平均利润的一个不变的部分，结果就是：一般利润率越高，总利润和利息之间的绝对差额就越大，因而总利润中归执行职能的资本家的部分就越大；反过来，情况也就相反。”[③] 或者说，在利润率不同，而利息同平均利润的比率不变时，“一般利润率越高，产业利润（总利润和利息之间的差额）就越大；反过来，情况也就相反”[④]。随着资本主义市场经济的发展，平均利润率会有下降的趋势，从而影响利息率的下降。总的说来，利息的最高界限是平均利润率，在这个界限内，利息随利润率的变动而变动，利润率高，利息率也就相对提高；反过来，就降低。

在利息率的决定上，马克思批判了资产阶级经济学中的所谓“自然”利息率的错误观点。他们认为：利息作为生息资本的价格，像普通商品

① 《资本论》第 3 卷，人民出版社 2004 年版，第 421 页。
② 《资本论》第 3 卷，人民出版社 2004 年版，第 401 页。
③ 《资本论》第 3 卷，人民出版社 2004 年版，第 402 页。
④ 《资本论》第 3 卷，人民出版社 2004 年版，第 402 页。

的价格一样，在供求平衡时，有一个平均的利息率，即“自然”利息率，认为市场利息率就是围绕着这种“自然”利息率上下波动。尽管马克思也提出平均利息率的概念，但马克思的平均利息率与那种围绕平均利息率上下波动的“自然”利息率完全不同，马克思认为：“一个国家中占统治地位的平均利息率，——不同于不断变动的市场利息率，——不能由任何规律决定。在这方面，像经济学家所说的自然利润率和自然工资率那样的自然利息率，是没有的。”[①] 作为一定时期的利息率，既可以指一定时期的市场利息率，也可以是指一定时期内的平均利息率。作为一般利息率，市场利息率是指在一定时期内，由于金融市场上借贷资本的供求状况所确定的利息率，它是随借贷资本供求状况的变动而变动。但在供求关系未变的情况下，市场利息率也是固定的、一致的。作为平均利息率，则是根据整个产业周期来平均计算的利息率，是指在一个产业周期内的市场利息率而计算出来的平均数。“要找出平均利息率，就必须：1. 算出大工业周期中发生变动的利息率的平均数；2. 算出那些资本贷出时间较长的投资部门中的利息率。”[②] 可见，平均利息率，是根据市场利息率的一定时期中计算出来的平均数，而不是像商品的价格围绕价值上下波动那样产生。平均利息率只能从市场利息率中引申出来，它不能由任何规律决定，在这个领域中，那种像自然利润率和自然工资率那样的自然利息率，是没有的。

（二）信用和信用制度

信用和信用制度是与生息资本一道同生共存的，是伴随着商品生产的产生和发展，特别是资本主义生产方式的产生和发展而发展起来的经济现象和经济制度。信用和信用制度对于生息资本的运行直至对资本主义生产方式的形成发展和灭亡具有极其重大的作用。对信用制度的分析，构成了生息资本理论的一个重要内容。

---

① 《资本论》第 3 卷，人民出版社 2004 年版，第 406 页。

② 《资本论》第 3 卷，人民出版社 2004 年版，第 406 页。

1. 信用制度的基础。

马克思从三个不同的角度对信用制度的基础进行了阐述。

其一，马克思指出："真正的信用货币不是以货币流通（不管是金属货币还是国家纸币）为基础，而是以票据流通为基础。"[①] 这里，马克思阐述了奠定资本主义市场经济的信用制度的基础问题，旨在区别信用制度的形成条件和基础。马克思在《资本论》第一卷分析了货币充当支付手段的职能而形成的债权人和债务人的关系，阐明了信用是如何形成的。但是，这种建立在简单商品流通基础上的信用，只是信用制度的"自然基础"，它不是构成资本主义生产方式的真正的信用的现实基础，真正信用货币是"随着商业和只是着眼于流通而进行生产的资本主义生产方式的发展"[②] 而发展的，它的表现形式是票据。"这种票据直到它们期满，支付日到来之前，本身又会作为支付手段来流通，它们形成真正的商业货币"[③]，"也形成真正的信用货币如银行券等等的基础"[④]。

其二，马克思阐述了对资本主义市场经济信用制度分析的基础。马克思说："我们首先分析商业信用，即从事再生产的资本家互相提供的信用。这是信用制度的基础，它的代表是汇票，是一种有一定支付期限的债券，是一种延期支付的证书。"[⑤] 马克思在这里关于信用制度基础所作的分析，是基于信用制度在资本主义再生产过程的运动特点所作的深刻阐述。在资本主义市场经济中，商品市场即商业的发展，是市场发展最基本和最直接的表现，而信用制度的发展首先最直接地通过商品市场，即商业的发展表现出来。汇票应用的扩大和萎缩，汇票在商业流通中的实现制度，也就最直接、最敏感地反映了商品流通市场的发展状况，从而比较准确地把握住了资本主义市场经济运行的状况。而且，作为信用基础的商业信用一旦出现危机，建立在商业信用基础上的其他信用也必然受到这种危机的冲击，引发出各色各样的危机，使资本主义市场经济

① 《资本论》第3卷，人民出版社2004年版，第451页。
② 《资本论》第3卷，人民出版社2004年版，第450页。
③ 《资本论》第3卷，人民出版社2004年版，第450页。
④ 《资本论》第3卷，人民出版社2004年版，第451页。
⑤ 《资本论》第3卷，人民出版社2004年版，第542页。

陷入困境。因此，只有以商业信用为基础分析信用制度，才是可靠的分析方法。

其三，马克思分析了信用制度发展的本性，阐明了货币作为信用制度基础的性质。马克思指出，“决不要忘记，第一，货币——贵金属形式的货币——仍然是基础，信用制度按其本性来说**永远**不能脱离这个基础。第二，信用制度以社会生产资料（以资本和土地所有权的形式）在私人手里的垄断为前提”①。这里，马克思将信用制度与资本主义的生产资料私有制联系在一起，阐明信用制度是“促使资本主义生产力方式发展到它所能达到的最高和最后形式的动力”②。

2. 信用制度在资本主义生产中的作用。

在资本主义市场经济中，信用制度发挥什么样的作用？马克思在《资本论》第三卷第二十七章对此作了科学的概括。

第一，信用制度对利润平均化起“中介作用”，它构成了整个资本主义生产的基础。由于信用制度克服了资本自由与转移所面临的困境，促进了利润平均化进程。③

第二，节约了流通费用。④ 随着资本主义的发展，原来只简单经营货币存放业务的货币经营企业开始越来越多在经营货币借贷业务，货币经营业就发展成为银行业。银行同时以货币贷出者与借入者的身份提供信用，一方面，它把货币大量集中起来，作为货币资本家的代表向职能资本家提供信用，并获取利息；另一方面，它又作为职能资本家的代表接受货币资本家的存款，并支付利息。

第三，股份公司的成立。(1) 由于信用的发展，生产规模惊人地扩大了，股份公司代替了那种个别资本无法从事、本应由政府来经营的企业。(2) 股份公司的建立是一场深刻的革命，“那种本身建立在社会生产方式的基础上并以生产资料和劳动力的社会集中为前提的资本，在这里直接取得了社会资本（即那些直接联合起来的个人的资本）的形式，而

---

① 《资本论》第 3 卷，人民出版社 2004 年版，第 685 页。
② 《资本论》第 3 卷，人民出版社 2004 年版，第 685 页。
③ 《资本论》第 3 卷，人民出版社 2004 年版，第 493 页。
④ 《资本论》第 3 卷，人民出版社 2004 年版，第 493 页。

与私人资本相对立，并且它的企业也表现为社会企业，而与私人企业相对立。这是作为私人财产的资本在资本主义生产方式本身范围内的扬弃。”① (3) 股份公司实现了资本所有者和资本经营者职能的分离。“实际执行职能的资本家转化为单纯的经理”，“而资本所有者则转化为单纯的所有者，即单纯的货币资本家”。②

总之，资本主义信用制度的作用呈现出显著的二重性特征，一方面，它极大地增加了资本主义生产方式相对以往社会形式更好的资源配置效果，降低了商品的流通费用，并通过资本积聚与集中促进生产力的发展；另一方面，它又提高了资本主义生产的社会化程度，从而加剧了社会化大生产与资本主义私人占有之间的矛盾；从而创造了向新的社会制度过渡的条件和形式。

3. 虚拟资本理论。

随着资本主义商品经济的迅速发展，信用制度和股份公司得到了普遍的发展，生产过程游离出大量闲置的货币资本。于是汇票、股票、债券等以有价证券为代表的虚拟资本也得到了极大的发展。虚拟资本作为生息资本的一种形式，虚拟资本在生息资本的基础上，逐渐脱离了直接生产过程。在虚拟资本独特的运动过程中，虚拟资本的价值变化和现实资本价值变化的关系已经完全没有了，“资本是一个自行增殖的自动机的观念就牢固地树立起来了”③，资本的一般形式 G—G′最终完成了。正如马克思所讲：“人们把虚拟资本的形成叫作资本化。人们把每一个有规则的会反复取得的收入按平均利息率来计算，把它算作是按这个利息率贷出的一个资本会提供的收益，这样就把这个收入资本化了”④。

虚拟资本作为生息资本的一种形式，能够获得一定的收益，并且这种收益表现为资本的利息，但它并不是真正资本产生的，而是通过收益计算出来的贴现值，所以虚拟资本的形成是收入（利息）的资本化。虚拟资本，它只是现实资本的纸质复本，本身没有价值。虚拟资本本身不

① 《资本论》第 3 卷，人民出版社 2004 年版，第 494—495 页。
② 《资本论》第 3 卷，人民出版社 2004 年版，第 495 页。
③ 《资本论》第 3 卷，人民出版社 2004 年版，第 529 页。
④ 《资本论》第 3 卷，人民出版社 2004 年版，第 528—529 页。

能够产生任何剩余价值，通过投资虚拟资本所获得的收益即利息属于现实资本创造的剩余价值，作为虚拟资本的载体的所有权证书只是占有一部分剩余价值。这就造成了虚拟资本的收益的源泉好像不是任何劳动，而是“资本”本身的假象。虚拟资本 G—G′运动的形式并没有在两级中间起中介作用的任何过程，资本就只是表现为利息的源泉。这时的货币是可以创造更多货币的货币，即货币能够生出货币。虚拟资本的运动与现实资本运动的分离，还在于“它们价值额的涨落，和它们有权代表的现实资本的价值变动完全无关”[①]。

根据马克思的论述，它可分为广义虚拟资本和狭义虚拟资本。广义虚拟资本是指以有价证券形式为载体的股票、债券和以信用形式为载体的汇票、银行借贷资本、准备金等组成的资本总称。狭义虚拟资本是指由股票和债券等组成的有价证券。马克思在《资本论》及其他经济学著作中主要偏重于对狭义的虚拟资本的研究。他所论述的虚拟资本包括国债券、股票、商业汇票、银行券、银行资本、银行存款和土地等七种主要形式。

一是国债券。它是国家以自身信用为担保，向债权人借入的以每年偿还债权人一定量利息为条件的所有权证书。国债券的价格是由国债利息根据银行利息率计算出来的贴现值，由于国债券能够带来利息，所以国债券也成了资本，但国家通过发行国债而获得的资本并没有用于物质生产，国债只是已经消费的资本的纸质复本，它只是“表明那种在信用制度中发生的颠倒现象已经达到完成的地步”[②]。而且当政府发行的债券到期而政府没有能力偿还利息时，政府会发行新的债券以偿还旧债券的利息，这会导致虚拟资本规模的不断扩大，但却与现实资本无关。国债只是表示国家与国债券投资人之间的债权债务关系，它本身并不是资本，它既可以定期获得收益，又可以通过出售而回流本金，好像是一种名义上的生息资本，但不管它在买卖中具有生息资本什么特点，不管它经过多少次的反复交易，它都是虚拟的，是纯粹的虚拟资本。

---

① 《资本论》第 3 卷，人民出版社 2004 年版，第 541 页。

② 《资本论》第 3 卷，人民出版社 2004 年版，第 540 页。

二是股票。它是股权的持有凭证，股票持有人可以凭它定期取得股息。股票“是作为在这些企业中实际已经投入或将要投入的资本”①，尽管股票代表持有人对公司资本具有所有权，但仍属于虚拟资本，因为“股票不过是对这个资本所实现的剩余价值的一个相应部分的所有权证书”②。他无权要求退还本金，也不能真实支配公司资本，只能通过卖掉股票来收回原有投资。而投入公司的现实资本并不会因为持有人卖出股票而受到影响。因为股票只是现实资本的纸质复本，它代表的是一种索取权。但是拥有这种代表现实资本的证书并不意味着可以支配这个现实资本。这种纸质复本存在于现实资本之外，现实资本不会因为股票的转让而改变其所有者的所有权，所以股票代表的是一种不存在的资本。对股票持有人来说，他的资本是一张对现实资本实现的剩余价值的所有权证书。股票的资本价值纯粹是幻想的，它并不是资本的组成部分，其本身并无价值，所以，股票也是虚拟资本。

三是商业票据。随着企业与企业之间的贸易的不断扩大，为了流通和支付的方便，就相继出现了商业票据，在商品交易时作为一种支付手段。随着发展，商业汇票所应用到的领域也在不断地扩大。针对票据，马克思曾说过：“随着商业和只是着眼于流通而进行生产的资本主义生产方式的发展，信用制度的这个自然基础也在扩大、普遍化、发展。大体说来，货币在这里只是充当支付手段，也就是说，商品不是为取得货币而卖，而是为取得定期支付的凭证而卖。”③ 他认为票据是“真正的商业货币”④。

在商业票据的期限还未到期之前，它是可以在债权人和债务之间作为一种支付手段而进行流通的，可以用以买卖和进行债务抵消的。票据在还没到期之前，持有者为了获得资金，是可以将商业汇票进行贴现的，即经银行承兑的汇票，在其未到期前，出让人支付利息把票据贴现给银行，银行提前支付给贴现人一定资金的行为。而后，此商业银行又可以

---

① 《资本论》第 3 卷，人民出版社 2004 年版，第 529 页。
② 《资本论》第 3 卷，人民出版社 2004 年版，第 529 页。
③ 《资本论》第 3 卷，人民出版社 2004 年版，第 450 页。
④ 《资本论》第 3 卷，人民出版社 2004 年版，第 450 页。

在其资金短缺时，将贴现过的尚未到期的汇票再进行转贴现，转贴现给其他的商业银行或者金融机构，以获得它所需要的资金。或者通过再贴现，即持有已经贴现但是尚未到期的票据的商业银行，向中央银行进行贴现，并获得所需资金的行为。所以，从上述签发汇票到贴现、转贴现和再贴现这几个过程来看，总共获得资金数额却是最初商品价值的几倍。也就是说通过这一流通过程，创造出了更多的虚拟资本。

四是银行券。随着信用制度的不断发展，商业信用由于出现大量的不良信用而远远不能满足商品经济发展的需要，所以此时就出现了信用相对较高的银行券。最初银行券的发行必须要有黄金或者金币作为储备的，并且这种有黄金作为储备的银行券是完全可以任意地兑换的。但是随着发展，越来越多的银行家发行的银行券是以信用作为保证的，而没有相对应的黄金储备保证，其兑换的是一种幻想的银行券，而正是这种银行券才被称为虚拟资本。这时的银行券“无非是向银行家签发的、持票人随时可以兑现的、由银行家用来代替私人汇票的一种汇票”①。

五是银行资本。马克思在第三卷第十九章分析了货币经营业在资本主义制度下的发展，在第二十五章“信用和虚拟资本”中，马克思说：“由于这种货币经营业，信用制度的另一方面，生息资本或货币资本的管理，就作为货币经营者的特殊职能发展起来。货币的借入和贷出成了他们的特殊业务。他们以货币资本的实际贷出者和借入者之间的中介人的身份出现。……银行家成了货币资本的总管理人……一方面代表货币资本的集中，贷出者的集中，另一方面代表借入者的集中。”② 马克思的阐述说明，银行资本作为资本存入和资本贷出的中介，从事货币资本的经营活动，这种经营活动是伴随着资本主义生产方式的发展而逐步发展起来，在现代资本主义市场经济中，它成为履行特殊职能的独立行业。银行资本可以分为两个部分：第一部分是现金（金或银行券）；第二部分是有价证券。马克思认为银行券和有价证券是收益权的一种代表符号，是虚拟资本。而真正由金作为准备金发行的现金所占的比重很小，所以大

① 《资本论》第3卷，人民出版社2004年版，第454页。

② 《资本论》第3卷，人民出版社2004年版，第453页。

部分的银行资本是虚拟资本。

六是银行存款。银行存款大都是存在于流通过程中的，有人支取，有人存入。马克思认为其大部分是虚拟的。对于存入银行的资金，并不是存放在那里不动的，除了一部分的准备金外，大部分是作为生息资本被贷出去的；“银行的借贷资本还包括可由银行贷放的货币资本家的存款”①。银行存款还可以为存款人提供账面项目的平衡和相互抵消或者进行转账等业务的办理。这两种形式的银行存款都会使得流通中的资金大大地超过现实的存款资本，从而使得资本增加了好几倍，成了虚拟的资本。

七是土地。土地本身虽然是一种实物资本，是一种实实在在的资本，但是它不是由人们的劳动创造出来产品，是没有实际价值的。我们知道，土地使用者要想获得土地的使用权，就必须支付一定的地租，即报酬，以此来换得土地的使用权。“任何一定的货币收入都可以资本化，也就是说，都可以看作一个想象资本的利息。”② 所以人们对土地的价格一般是根据未来地租的贴现值来估计土地的价格。土地就和股票、债券一样成为了一种有价证券，能让其拥有者凭借对土地的所有权而获得一定的收益，但“土地不是劳动的产品，从而没有任何价值”③，所以马克思也把土地归入虚拟资本之列。

4. 信用制度的危机。

首先，信用制度和虚拟资本的发展为投机冒险提供可能。随着信用制度的发展，银行在愈益增大的规模上“制造虚拟资本”，这就使一切经济活动发生信用的“交错关系”和“直接的锁链”。信用和资本虚拟化，使社会经济关系复杂化，引起整个经济机体的“过敏现象”和矛盾运动。马克思指出：“虚拟资本有它的独特的运动。”④ 这种独特性是指，虚拟资本虽然只不过是现实资本的代表，但它的运动却能独立于现实资本。它可以不停地转手，其市场价值即价格可以脱离其名义价值即所代表的现

① 《资本论》第 3 卷，人民出版社 2004 年版，第 453 页。
② 《资本论》第 3 卷，人民出版社 2004 年版，第 702 页。
③ 《资本论》第 3 卷，人民出版社 2004 年版，第 702—703 页。
④ 《资本论》第 3 卷，人民出版社 2004 年版，第 527 页。

实价值不断地运动。有价证券的市场价值不是由现实的收入决定的，而是由预期收入的贴现值决定的，这种预期收入及其选择的贴现率会因人而不同，具有较强的不确定性，促使一些人以赌博的方式进行冒险，进行买空卖空和投机交易，导致信用扩张。“因为财产在这里是以股票的形式存在的，所以它的运动和转移就纯粹变成了交易所赌博的结果。”[①]

其次，人的逐利性，必然导致信用扩张。用最小限度的预付资本获取最大限度的剩余价值，即不断地增殖自身，是资本的灵魂和本能。正是这种对价值无限度地增殖的贪婪追求，驱动着虚拟资本的扩张。马克思指出：“诱人的高额利润，使人们远远超出拥有的流动资金所许可的范围来进行过度的扩充活动。”[②] 同时，由于生产过程只是为了赚钱而不可缺少的中间环节，因此，资本所有者就“周期地患一种狂想病，企图不用生产过程作中介而赚到钱”[③]。这就促使信用扩张和虚拟资本膨胀。马克思揭露了“如果再生产过程再一次达到过度紧张状态以前的那种繁荣局面”[④]，一些“钱袋骑士”和“信用骑士”就会“拿社会的财产，而不是自己的财产来进行冒险”[⑤]，“没有准备资本甚至没有任何资本而完全依赖货币信用”[⑥] 进行投机活动。

再次，交易所为信用扩张提供了交易平台。马克思深刻阐述了交易所怎样推动资产的运动和转移，揭露了交易所在资本运动初期的欺诈和赌博的性质。马克思、恩格斯对交易所的深刻阐述和根据交易所在资本主义市场经济中地位作用不断增加所作的增补论述说明，证券交易所作为资本主义市场经济产权重新组合的场所具有十分重要的作用。恩格斯指出，“1865 年交易所在资本主义体系中还是一个次要的要素”[⑦]，在它的发展还在以“次要因素”而存在的时候，它表现出了马克思所深刻阐述的资产转移和赌博的两个典型特征。这里，赌博是现象，是手段，而

---

① 《资本论》第 3 卷，人民出版社 2004 年版，第 498 页。
② 《资本论》第 3 卷，人民出版社 2004 年版，第 459 页。
③ 《资本论》第 2 卷，人民出版社 2004 年版，第 67—68 页。
④ 《资本论》第 3 卷，人民出版社 2004 年版，第 553 页。
⑤ 《资本论》第 3 卷，人民出版社 2004 年版，第 498 页。
⑥ 《资本论》第 3 卷，人民出版社 2004 年版，第 553 页。
⑦ 《资本论》第 3 卷，人民出版社 2004 年版，第 1028 页。

资产“运动和转移”是结果，是目的，它加速了资本的集中和流动，促进了投资新领域的拓展和资本投资结构的调整，正因为这样，交易所并不因提供了“资本主义经济的普遍的败坏道德的影响的新证据”[①] 而减少，而是发展的规模越来越大，涉及的生产经营的领域越来越广，而且越出国界，成为世界资本市场的集中和运动的主要场所之一。交易所在《资本论》写成后的 20 多年间发展极其迅速，恩格斯在《资本论》第三卷增补中特别把它作为一个内容进行介绍。恩格斯指出：“自从 1865 年写作本书以来，情况已经发生了变化，这种变化使今天交易所的作用大大增加了，并且还在不断增加。这种变化在其进一步发展中有一种趋势，要把全部生产，工业生产和农业生产，以及全部交往，交通工具和交换职能，都集中在交易所经纪人手里，这样，交易所就成为资本主义生产本身的最突出的代表。”[②]

最后，信用扩张孕育着危机。在发达的信用制度下，很大一部分社会资本为社会资本的非所有者所使用，使社会再生产过程强化到了极限，因而它“表现为生产过剩和商业过度投机的主要杠杆”[③]，“信用加速了这种矛盾的暴力的爆发，即危机”[④]。

马克思还深入地论述了信用制度所包含的矛盾必然导致信用扩张和信用紧缩的转换，引起经济生活的剧烈震荡。正如马克思所说，在一切顺利的时候，资本家之间的竞争实际上表现为按照各自的投资比例分配共同的赃物，“但是，一旦问题不再是分配利润，而是分配损失，每一个人就力图尽量缩小自己的损失量，而把它推给别人……每个资本家要分担多少，要分担到什么程度，这就取决于力量的大小和狡猾的程度了”[⑤]。

---

① 《资本论》第 3 卷，人民出版社 2004 年版，第 1028 页。
② 《资本论》第 3 卷，人民出版社 2004 年版，第 1028 页。
③ 《资本论》第 3 卷，人民出版社 2004 年版，第 499 页。
④ 《资本论》第 3 卷，人民出版社 2004 年版，第 500 页。
⑤ 《资本论》第 3 卷，人民出版社 2004 年版，第 282 页。

二、建构与社会主义市场经济相适应的信用制度

信用问题是中国改革过程中遇到的重大现实问题，能否对其实现制度化将直接影响中国政治体制改革和经济体制改革的成败。信用制度是现代市场经济条件下为了实现有效和高效的交易而建立的一种正式制度，总的说来，它不取决于个别人的善意或恶意，具有强制性和规范性。① 换句话说，信用制度就是社会和国家对人们信用行为及关系的制度安排、规范和保证，是约束人们信用活动和关系的行为规则。党中央历来重视社会主义市场经济条件下的社会诚信建设问题。党的十八大报告首次将诚信纳入社会主义核心价值观体系。党的十八届三中全会强调要建立健全社会征信体系。党的十八届五中全会再次提出要加强社会诚信建设。马克思的生息资本理论虽然完成于 100 多年前，但它解开了资本主义自由竞争时期生息资本运动的扑朔迷离的迷局。舍去其特定的历史规定性，这一理论仍然对中国社会主义市场经济条件下的信用制度建设具有很强的指导意义与启示作用。

（一）建立现代信用制度的必要性

在《资本论》第三卷中，马克思着重分析了构成金融市场主体的商业信用和银行信用，阐明了信用及信用对资本主义市场经济的作用。信用制度鼓励人们相互信任，从而更好地发挥社会分工的优越性，有利于降低交易成本，优化资源配置，并最终促进经济增长。同时信用的扩张必然孕育着危机，我们应认真学习马克思生息资本理论，充分发挥社会主义社会的制度优越性，制定一种符合社会主义市场经济需要的现代信用制度。

① 李建平、石淑华：《试析“诚信”与“信用”的联系与区别——再论信用本质上是一个经济问题》，见《东南学术》2004 年第 1 期。

1. 现代信用制度有利于优化资源配置。

马克思指出：信用制度的必然形成，以便对利润率的平均化或对这个平均化运动起中介作用，整个资本主义生产就是建立在这个运动的基础上的。[①] 信用制度克服了资本自由转移所面临的困境，促进了利润平均化进程。信用制度的形成和完善，为金融市场提供了各种有效的信用形式，资金开始转化为一种特殊的商品，有利于资金资源在产业内部和产业间的融通或转移。追逐利益和市场竞争的共同作用下，资金资源自然会由效益差、利润低的部门和地区流往效益好、利润高的部门和地区，从而实现资源的优化配置以及利润率的平均化。在现代市场经济中，作为市场经济行为主体的个人、企业和国家，谁拥有了良好的信用等级和发达的信用关系，谁就能获得更多的社会资源。

2. 现代信用制度有利于降低交易费用。

马克思指出，信用制度有利于流通费用的减少。[②] 马克思指出，通过信用，货币以三种方式得以节约：(1) 它使得“相当大的一部分交易完全用不着货币”[③]。(2) 流通手段的流通加速了。一方面，通过银行业务的技术，可以在流通商品量不变的情况下用较少的货币“完成同样的服务”[④]；另一方面，“信用又会加速商品形态变化的速度，从而加速货币流通的速度”[⑤]。(3) 金币为纸币所代替。[⑥] 不仅如此，“由于信用，流通或商品形态变化的各个阶段，进而资本形态变化的各个阶段加快了，整个再生产过程因而也加快了”[⑦]。

随着市场经济的发展，人们交易的规模越来越大，交易的形式不断增多，交易的不确定性和风险也随之增大，人们面临着不断加大的交易费用。这种变化促使人们不断寻找各种有效信用形式，并将其固化为信用制度。“在市场交易中，两个出售同样货物的卖主，信任程度较低的卖

---

① 《资本论》第3卷，人民出版社2004年版，第493页。
② 《资本论》第3卷，人民出版社2004年版，第493页。
③ 《资本论》第3卷，人民出版社2004年版，第493页。
④ 《资本论》第3卷，人民出版社2004年版，第494页。
⑤ 《资本论》第3卷，人民出版社2004年版，第494页。
⑥ 《资本论》第3卷，人民出版社2004年版，第494页。
⑦ 《资本论》第3卷，人民出版社2004年版，第494页。

主需要以更多的承诺做成信任程度较高的卖主以承诺较少便可做成的交易。”[①] 这说明，具有良好信用水平的人们与信用等级较低的人们，为实现同样的交易所付出的交易成本是大不相同的。现代信用制度有利于提高人们的信用等级，从而降低其交易费用。

3. 现代信用制度有利于促进经济的增长。

信用扩大市场规模，促进经济增长。从市场经济的微观主体企业来看，企业的创立和扩展往往需要借助信用的方式获得所需资金。现代企业一般可以通过两种方式进行融资——直接融资和间接融资，但实质上都是一种信用活动。间接融资主要指以银行信用为基础的银行体系所提供的融资功能，直接融资则主要指股票融资和债券融资。这几种融资形式都属于企业的信用活动，且都有利于实现企业规模扩张。马克思在分析信用对资本主义生产的作用时指出：“信用制度是资本主义的私人企业逐渐转化为资本主义的股份公司的主要基础。”[②] 股份公司的形成又进一步加速了社会资金集聚的过程。由于股份公司是面向社会筹集资本，因此它的资本金都比较大，具有加速资本集中的功能，极大地促进了资本主义经济的发展。正如马克思所说：“假如必须等待积累使某些单个资本增长到能够修建铁路的程度，那么恐怕直到今天世界上还没有铁路。但是，集中通过股份公司转瞬之间就把这件事完成了。”[③] 马克思还说，股份公司的成立，使“生产规模惊人的扩大了，个别资本不可能建立的企业出现了”[④]。

4. 现代信用制度有利于化解金融风险。

资本主义信用的发展必然孕育着危机，主要原因是在资本主义国家无法构建出一种既发挥信用促进经济发展，同时又能有效抑制信用过度扩张的信用制度。中国作为社会主义国家，具有强大的制度优越性，我们应充分发挥这种制度优势性，制定一种符合社会主义市场经济需要的

---

① ［美］詹姆斯·科尔曼：《社会理论的基础》（上册），社会科学文献出版社1990年版，第115页。

② 《资本论》第3卷，人民出版社2004年版，第499页。

③ 《资本论》第1卷，人民出版社2004年版，第724页。

④ 《资本论》第3卷，人民出版社2004年版，第494页。

现代信用制度。这种信用制度应有利于规范人们的经济行为，促进市场交易秩序的形成，同时又能有效抑制信用过度扩张，从而有利于促进和规范社会主义市场经济的发展。

5. 现代信用制度是向社会主义过渡的条件和形式。

马克思认为，由于信用的发展，“生产规模惊人地扩大了，个别资本不可能建立的企业出现了。同时，以前曾经是政府企业的那些企业，变成了社会的企业”[①]。股份公司的建立是一场深刻的革命，“那种本身建立在社会生产方式的基础上并以生产资料和劳动力的社会集中为前提的资本，在这里直接取得了社会资本（即那些直接联合起来的个人的资本）的形式，而与私人资本相对立，并且它的企业也表现为社会企业，而与私人企业相对立。这是作为私人财产的资本在资本主义生产方式本身范围内的扬弃”[②]。股份公司实现了资本所有者和资本经营者职能的分离。“实际执行职能的资本家转化为单纯的经理”，“而资本所有者则转化为单纯的所有者，即单纯的货币资本家”。[③] 总之，资本主义信用制度的作用呈现出显著的二重性和矛盾性：一方面，它极大地强化了资本主义生产的内在动力机制，加速了资本积聚与集中，加剧了资本主义生产的社会化及其与私人占有之间的矛盾；另一方面，它又创造了向新的社会制度（即社会主义社会或共产主义社会）过渡的条件和形式。

（二）中国信用制度的发展现状

首先，建立健全中国信用制度已成为党、国家和社会广泛关注的问题，大家普遍认为它是推进经济体制改革和政治体制改革的基础和保障。党的十八大提出“加强政务诚信、商务诚信、社会诚信和司法公信建设”，党的十八届三中全会提出“建立健全社会征信体系，褒扬诚信，惩戒失信”，2013 年 6 月公布的《中共中央国务院关于加强和创新社会管理的意见》明确指出征信体系建设的重要性，2015 年 11 月党的十八届五中

① 《资本论》第 3 卷，人民出版社 2004 年版，第 494 页。

② 《资本论》第 3 卷，人民出版社 2004 年版，第 494—495 页。

③ 《资本论》第 3 卷，人民出版社 2004 年版，第 495 页。

全会提出要加强社会诚信建设。

其次，中国已开始在一些地区和部门进行区域性的信用制度和信用体系建设的实践探索。中国社会征信体系建设由国家发改委和人民银行牵头，以部际联席会议方式负责。当前中国已初步形成以市场为导向，各类征信机构互为补充，信用信息基础服务与增值服务相辅相成的多层次、全方位的征信市场。金融信用信息基础数据库的服务水平上了新台阶，截至2015年末，个人征信系统收录8.8亿自然人数，其中3.8亿人有信贷记录，全年日均查询173万次；企业征信系统收录企业及其他组织2120万户，其中577万户有信贷记录，全年日均查询24万次。尤其是深化动产融资服务，截至2015年末，融资服务平台累计注册机构7.8万家，促成应收账款融资业务2.8万笔，融资金额达14387亿元。①

最后，越来越多的企业征信机构获准提供服务。截至2015年6月，全国共有17个省（市）的78家企业征信机构在人民银行分支行完成备案。②

（三）中国现有信用制度存在的问题

党的十一届三中全会以后，中国开始了市场化改革。30多年来，中国的市场化改革取得了阶段性成果，但信用制度并没有同步推进，从而导致严重的信用危机，其涉及面广、危害严重，已成为中国改革继续走向成功的新瓶颈。

1. 缺乏完善的产权制度。马克思在生息资本理论中阐明了信用制度功能的发挥是以生产资料私有制为前提的。马克思指出：信用制度是“促使资本主义生产力方式发展到它所能达到的最高和最后形式的动力”③。中国长期以来缺乏完善的产权制度，产权关系不清，并缺乏对私有产权的有效保护。由于产权制度不完善，交易主体之间缺乏信用行为的长期博弈动机，信用的自动供给机制就建立不起来。在国有企业方面，中

① 中国人民银行：《规范发展征信市场　改善信用环境》，见中国人民银行网站2016年5月9日。

② 中国人民银行：《全国企业征信机构备案数量》，见中国人民银行网站2015年7月13日。

③ 《资本论》第3卷，人民出版社2004年版，第685页。

国国有企业混乱的产权结构造成了企业间、企业与国家间权利及义务不明，信用关系恶化则在所难免。“许多国有企业仍然缺乏明晰的产权界定以及由此而产生的强烈的维权意识。它们一方面并不关心自己的信誉记录，把失信视同儿戏；另一方面，也不那么关心企业信用资产权益，在这种情况下，有些人甚至以故意错误授信和放任逃废债务作为监守自盗的手段。”① 在私有经济方面，中国私有产权一直缺少保护，产权问题也成为了引发信用危机的一个重要原因。中国对私有财产的保护力度向来不够，这是由中国的历史因素决定的。这种对自己的财产权利的不确定的预期，在很大程度上是中国各种经济主体信用水平普遍低下的根本原因。

2. 法制不健全。信用法律是信用制度的最高层次。发达国家都有针对信用颁布的详尽法律，而中国的信用法律却还处于缺位状态，至今没有制定一部适应市场经济的完整的信用法。没有信用法，那些欠债或赖债不还的企业和个人就可以肆无忌惮地继续损害债权人的利益，债权人不能依法保护自己的合法利益。中国目前涉及信用的法律仅有《中华人民共和国民法通则》《中华人民共和国担保法》《中华人民共和国合同法》《中华人民共和国刑法》等，并且只对部分信用行为的债权保护提供了保证，不能涵盖全部信用行为。由于缺乏信用法律，信用活动得不到规范，导致信用秩序混乱恶化，这种情况已迫切需要出台一部完备的信用法律，以规范各类信用活动，降低信用活动中的交易成本，优化社会资源的配置。由于政府管理体制、信用法律制度和征信制度的缺陷，也使得第三方实施的信用机制难以真正建立，对失信行为不能构成有效的威胁。

3. 失信违约的成本过低。相对失信可能带来的收益，中国现阶段市场主体失信违约的成本明显偏低。造成失信违约的成本过低的第一个原因是中国市场主体普遍缺乏重复交往和参与重复博弈的机会。随着市场经济的发展，人们的交易对象也在急剧扩张，不再仅仅和固定客户发生交易，这种变化导致原来信用维持机制失去了发挥作用的客观条件。由

① 吴敬琏：《信用担保与国民信用体系建设》，见中国经济技术投资担保有限公司信息研究中心编《2001年中国担保论坛》，经济科学出版社2002年版，第28页。

于交易对象是随机的，而且大多数不是长期的合作伙伴，失信行为的成本大大减少了。众所周知，在“囚徒困境”中，对每一个博弈主体而言，单次博弈的最优策略就是失信违约。因为不管对方的选择策略是否失信违约，选择失信违约总能为其带来更高收益或更小成本。只有双方真正形成一种重复博弈的合作关系时，双方才可能同时选择遵守信用，并产生最优策略解。因此，中国目前的低信任度可以归因于人们还缺乏重复交往和参与重复博弈的机会，以及实施必要的双边和多边惩罚的机制。[①]造成失信违约的成本过低的第二个原因是缺乏统一的社会征信系统。一方面，由于缺乏统一的社会征信系统，部门间的信用信息无法互联互通，社会对公民的失信行为的惩戒一般是单方面的，而不是全方面的惩戒，所以其惩戒的力度往往较弱。另一方面，由于缺乏统一的社会征信系统，失信行为被发现并被惩戒的概率也明显低于西方发达国家。

4. 信用虚拟化严重。根据马克思生息资本理论，商业信用是其他信用的基础，也就是说，所有的虚拟信用本身都应是为商业信用服务的。但世界经济的现实却是人们在“利润最大化”的诱惑下，将大量资本转为虚拟资本，信用极度扩张，从而实体经济普遍存在融资难的问题。在美国次贷危机爆发时，有些投资银行的信用杠杆居然超过 30 倍。虽然中国的信用扩张程度相对较低，但仍存在较为严重的信用虚拟化问题。据国家统计局年度数据显示，2015 年，中国国内生产总值为 689052.1 亿元，股票市价总值高达 531462.7 亿元，企业债券社会融资规模 29388 亿元，人民币贷款社会融资规模 112693 亿元，国债发行额 54908 亿元。[②]仅仅所列出的四种虚拟资本的市场存量值已经高于中国 2015 年的国内生产总值，如果按市场交易量则更是当年国内生产总值的数倍以上，我们由此可以看出中国信用虚拟化的程度也已明显偏高。

5. 信用文化的缺失。信用文化是信用制度建设的重要组成部分，是人们对长期的信用活动的总结，也是人们开展信用活动的基础和保证。中国现阶段存在严重的信用文化缺失的问题，并造成当前信用混乱。一

---

① 张维迎、柯荣住：《信任及其解释：来自中国的跨省调查分析》，见《经济研究》2002 年第 10 期。

② 根据国家统计局网站 2015 年年度数据整理。

方面，受儒家思想的长期影响，人们较少形成契约关系，并严格遵守契约规定行事，而且法律意识相对薄弱，同时又未能真正理解并掌握契约关系和法律意识在信用制度中的重要作用。在这种社会背景下，一切向"钱"看，唯利是图等成为影响一些人行为的最重要的价值准则。中国产权制度和信用法律的缺失，导致那些失信违约的人只需支付很低的成本，却有可能获取高额收益。当这些不诚实的人屡因欺诈行为而获取不正当利益却很少受到惩罚，社会上就出现了经济学上的"格雷欣法则"，其结果是要么诚实的人被淘汰，要么诚实的人放弃诚实。当这种恶性循环发展到一定的程度，扩展到一定的范围，社会就必然出现信用危机。因此，构建一套适合社会主义市场经济需求的信用制度体系已成为当务之急，这其中也包含着信用文化的再造与重塑。

（四）建立健全中国信用制度的对策建议

我们应考虑现阶段中国经济的发展现状，借鉴发达国家经验教训，逐步建立起中国特色、全国性的信用制度和社会信用管理体系。

1. 构建明晰产权体系。

明晰的产权是社会信用制度的重要基础。当前，中国信用问题产生的一个重要的原因是"产权问题"。有研究者指出："明晰的产权是追求长期利益的动力，只有追求长期利益的人才会讲求信誉；只有产权清晰、所有者到位，才有为追求长期利益而恪守信誉、为维护自己的权益而惩罚对方欺骗行为的机制。"[①] 明晰产权和对产权的有效保护是中国信用制度创新的关键一步。马克思认为，权利永远不能超出社会的经济结构以及由经济结构所制约的社会的文化发展。我们应进行彻底的产权制度改革，划清各经济主体的所有权，真正做到产权明晰、物归其主，且物的所有者有充分完全的自主处置权，以此为基础才能建立起一个健全的社会信用制度。当务之急应做好两方面产权制度改革，一是国有企业产权

---

① 陈清泰：《培育信用体系 夯实市场经济基础》，见《2001年中国担保论坛》，经济科学出版社2002年版，第12页。

的界定和管理工作，这是中国现有存量最大的产权，而且一直存在界定不清和管理混乱的问题；二是集体农用地和农村自建房的产权界定和管理工作，这是关系到近半中国人口的产权问题，是影响范围最广的产权问题。所幸这两个方面产权问题的制度改革都已列入党和国家的行动规划，并写入党的十八届三中全会通过的《中共中央关于全面深化改革若干重大问题的决定》。相信在党和国家的领导下，中国这两方面的产权将得到明显的改善，从而促进中国现代信用制度的建设。

2. 建立完善的信用法律体系。

法律法规的确立和健全是社会信用制度建立和实施的保障。发达国家的实践证明，建立信用制度必须立法先行。在中国现行法律制度框架下，完善信用立法应该从以下三个方面着手。第一，中国还没有一部全国性的信用法律或法规，这不仅导致国家不能对全国范围内各种信用活动进行有效管理，而且也无法满足市场经济的发展要求，无法满足中国参与国际经济竞争的需要，特别是无法满足中国“一带一路”倡议的实现。因此，我们有必要研究制定一部专门的信用法，从而创造一个在诚实信用基础上平等竞争的环境，有效保护诚信者、惩罚失信者，降低交易成本，提高资源配置效率，增强国际竞争力。第二，我们应加快制定信用信息法和隐私法，使个人隐私权和商业秘密的保护有法可依，对企业、个人信用管理从过去的行政执法过渡到司法执法，依法规范信息提供者、信息使用者及征信机构的行为。还应建立信用信息标准体系，研究层级清晰、结构完善的征信业总体标准和基础类标准体系。第三，我们应对破产法、担保法、合同法、刑法等与信用有关的法律加以制定和修改，同时还应在新的立法或现有的规章中嵌入信用审查制度，清理一批不适应社会主义市场经济发展需要的政策、法规。

此外，我们正处在一个开放的社会，经济全球化的浪潮已经对我们的现实生活带来了很大的冲击，中国的社会信用建设也应实现信用全球化，因此，我们在法律的制定和修订过程中，应尽量用国际标准来建立我们的信用法律体系。

3. 形成“褒扬诚信，惩戒失信”的社会信用机制。

近年来，各地区、各部门陆续出台一系列社会信用体系建设的政策和规定，并取得了初步成效。目前，中国的社会信用体系建设的范围和内涵不断得以扩充，金融信用信息基础数据库已基本建成，并逐步扩大到经济领域信用体系建设。2011 年党的十七届六中全会就提出将社会信用体系建设扩大至包括政务诚信、商务诚信、社会诚信和司法公信等领域的信用建设，既涵盖经济领域，又涵盖道德范畴。2013 年 11 月党的十八届三中全会提出“要建立健全社会征信体系，褒扬诚信，惩戒失信”这一部署，为中国信用制度建设指明了发展方向。

中国的社会信用体系建设已初见成效，我们应进一步夯实信用制度建设的基础，面向未来，建立覆盖全社会的“褒扬诚信，惩戒失信”机制。在各种经济活动中实施信用审查和信用淘汰制度，建立严重失信黑名单信息征信和信息共享披露制度，通过网络推进信息共享和信息披露，健全失信制裁和社会联防机制。大力开展失信行为联合惩戒，在工商、税务领域出台联合惩戒备忘录的基础上，积极推动出台针对食品药品、上市公司、环境保护、安全生产、铁路逃票等领域失信行为的联合惩戒备忘录，扩大对法院失信被执行人的联合惩戒范围。尽快制定规范各部门信用信息归集、公开与应用的制度办法，真正形成守信激励和失信惩戒的有效制度。依法加大对失信行为的惩戒力度，增加其失信成本，使失信者无利可图，反而要付出高昂的代价；对严重的逃废债等失信行为，应加大打击力度，由刑法进行制裁。总之，我们应建立一整套从法律到规则、到道德标准等方面全方位的奖惩机制，真正形成一种社会机制，以法律和道德为基础，惩戒失信行为，让失信的人付出沉重的代价，褒扬诚实守信，让守信的人得到好处。

4. 构建一种金融服务实体经济的金融市场体系。

根据马克思生息资本理论，商业信用是其他信用的基础，所有的虚拟信用（金融工具）应是为商业信用（实体经济）服务的，因此我们应改变原来经济发展过度虚拟化的问题，形成一种金融服务实体经济的发展模式。金融与实体经济密切联系、相互促进，应引导金融机构围绕稳增长、调结构、惠民生的服务方式，有效破解实体经济，特别是中小企业融资难、融资贵的问题，实现对实体经济的支持。一要保持流动性的合理稳定或适度增长，重点支持一些关系国计民生的部门和企业。二要加强对信贷的分类指导，做到有扶有控。支持先进制造业等新兴产业发展和传统产业升级改造，同时对那些虚拟化程度较高的企业应加以必要的管理。三要发挥政府担保基金的作用，鼓励金融机构对“大众创业、万众创新”提供金融支持，培育经济的新动能。四要进一步推进利率市场化改革，通过利率真实反应实体经济对资金的需求状况，从而有效提高金融服务实体经济的能力。五要逐步完善人民币汇率形成机制，保持汇率的基本稳定，有序推进人民币资本项目可兑换，为“一带一路”倡议的实施提供良好的国际金融环境。六要建立多层次的资本市场，规范和健全中国的股权交易市场和债券市场，帮助人们实现多元化投资并拓宽企业直接融资渠道，降低实体经济的融资成本。七要积极鼓励保险业的发展，增强其保险保障、资金融通和财富管理的功能，合理扩大保险基金的投资范围，提高其保值增值的能力，并助力实体经济。八要在充分发挥金融市场服务实体经济功能的同时，要维护金融市场的稳健运行，加强金融监管，有效防范和化解金融风险，确保社会、经济的稳健发展。

5. 充分重视社会主义诚信文化建设。

社会信用体系是一种利益导向型的奖惩机制，它是基于人们追求利益最大化的假设，通过奖惩驱使或迫使人们诚实守信。虽然社会信用体系能够通过有效的利益奖罚机制引导社会成员选择诚信的行为，但这种“利益导向型”的诚信建设机制，要求社会对失信者处罚力度足以影响人们的决策。否则，将难以阻遏机会主义者通过失信牟利的行径。美国安然、安达信等大公司相继发生的财务作假案无不表明，再完备的社会信用体系也是有缺陷的。为了弥补这个缺陷，需要培养社会的诚信文化，提高社会成员的道德水平，同时增加失信投机者的道德成本，从而形成有效的“失信”防范机制。中国的社会诚信建设应该是诚信文化充分发展的社会信用体系，应该是一种文化的内在引领与法律、制度的外在制约并重的社会诚信体系。

构建中国完善的社会信用体系，需要充分重视中国的诚信文化建设。仅有外在的法律、制度的约束，并不足以善化心灵，无法实现人们的真心实意的诚信生活态度。当失信的外在规制不再显著时，人们必然再次选择失信。当然，信用文化的构建不可能是一蹴而就的，它可能需要一代人，甚至几代人的坚持和培育才能形成，但重要的是，我们应该从现在开始就注重诚信文化的培育工作。诚信文化建设，已引起党和国家的高度关注，并成为社会主义核心价值观的重要组成部分，2016 年国务院更是密集出台了一系列的指导意见，如《关于建立完善守信激励和失信联合惩戒制度 加快社会诚信建设的指导意见》《关于加快推进失信被执行人信用监督、警示和惩戒机制建设的意见》《关于加强政务诚信建设的指导意见》《关于加强个人诚信体系建设的指导意见》等。我们应深刻学习社会主义荣辱观和社会主义核心价值观，领会国务院出台的各项社会诚信体系建设的意见，建立和完善一套综合性的守信激励和失信惩戒的信用制度，打击失信者、褒扬守信者，并最终形成一种诚信光荣、失信可耻的社会文化氛围。同时我们应充分传播中国优秀传统文化中关于诚信的美德，并对西方“唯利益论”的文化进行旗帜鲜明的批判。相信在不久的将来，我们一定能形成一种充分吸收中华传统美德又符合现代市场经济需求的诚信文化体系和社会信用体系。

三、社会主义市场经济条件下金融市场体系的建构和完善

在马克思写作《资本论》的时代，资本主义正处在自由竞争的发展阶段——自由竞争的资本主义市场经济，造就了金融市场这一超越资本主义本身的最精巧和最发达的现代市场工具。但是若用现代的眼光来衡量，马克思所处时代的金融市场和现代的金融市场在发展水平上有着相当大的差距。在当今的世界经济中，债券、股票、基金、期货和外汇等虚拟资本项目都早已在市场发展中形成了独立的市场体系。自 20 世纪 70 年代初以来，国际货币体系进入了一个没有任何贵金属作为锚链的纯粹纸币本位时代，所有的银行券都不再有真实的黄金作为发行准备，按马克思的生息资本理论，全部都是虚拟资本。应该说，现在的金融市场的虚拟化程度远远高于马克思所处时代的金融市场。我们在发展金融市场的过程中，应时刻把握虚拟资本的本质特征，充分发挥其对社会主义市

场经济的促进作用，同时，应注意防范其可能带来的风险，特别是应避免其过度扩张，从而导致金融危机的发生。

由于中国形成和发展社会主义金融市场所处的特殊的历史背景，中国发展金融市场既要以马克思的理论为指导，又要注意借鉴世界各国发展金融市场的经验教训，充分发挥金融市场促进社会主义市场经济建设，加速现代化建设进程的功能。

（一）建立金融市场体系的必然性

1. 社会主义市场经济的客观要求。

社会主义金融市场，是社会主义市场经济体系的重要组成部分，是通过货币和资本的市场化运作，实现货币资本资源在社会化大生产中的再分配的一个相对独立的市场体系。社会主义金融体系的形成和发展，是社会主义商品经济高度发展的必然。1978 年改革开放以前在社会主义经济中，金融市场没有它应有的位置。造成金融市场长期缺位的原因是多方面的，从根本上说，在于否定了社会主义商品经济的存在。由于不承认商品经济仍然是社会主义社会生产力发展的不可逾越的阶段，否定商品生产和商品交换，这就挖掉了金融市场赖以生存的经济基础。表现在金融管理上，一是把银行当作行政和财政的附属；二是在内部实行“大一统”的管理，银行在整个国民经济中只是充当“会计”和“出纳”的角色，银行的应有作用既得不到发挥，更谈不上金融市场体系的发展。

党的十一届三中全会之后，随着党的工作中心的转移和改革开放战略的实施，中国经济的最深刻的变化在于把商品经济引入了社会主义经济体系中，即把社会主义经济建立在商品生产和商品交换的基础上。商品经济赋予了农村经济的活力，商品经济促进了多种所有制经济的发展，商品经济把社会主义经济的微观基础——国有企业引向了面向市场求生存的发展道路。由于中国经济从产品经济转向商品经济，市场成了人们社会经济联系的支点，货币流通成为润滑经济生活的最基本的手段，从而奠定了金融市场的“自然基础”，即奠定了形成金融市场的最基本的经济条件。

商品经济的发展不仅奠定了金融市场的“自然基础”，而且形成了金融市场的直接的、现实的基础。马克思指出，商品货币关系虽然构成了信用的“自然基础”，但它不构成“信用的基础”，信用的基础是汇票。真正的信用即银行信用，货币不是以货币流通为基础，而是以“汇票流通为基础”。马克思对信用形成基础的论述，同样适用于社会主义市场经济下的金融市场的形成。在中国，商品生产和商品交换的现实生产力基础是社会化大生产。一旦经济形态从产品经济转入商品经济，全国的经济生活步入了商品经济的运行轨道，建立在现代社会生产力基础上的社会化商品经济，必然要简化商品经济运行的手续、降低商品流通的社会费用、扩大货币信用的使用范围。这样，汇票也就顺势产生和发展起来，成为维持现代经济生活，特别是企业正常经济来往的最基本的手段之一，从而形成了现代货币信用的现实基础，成为中国金融市场形成的现实运行的条件或基础。金融市场形成的必然性，不仅表现为一种存在的客观必然性，而且表现为对现实经济生活所产生的巨大推动作用。

2. 完善的金融市场有利于促进实体经济的发展。

金融市场有利于形成优化资源配置的机制，也有利于形成风险分散机制。它具有资源配置和分散风险的功能，是为了满足实体经济的发展需要而逐步形成的。在现实经济生活中，我们需要借助货币及其他金融工具，以实现商品交易和劳务交换。金融市场的发展，可以使一些原来风险水平较高的实物资产转换为更低风险水平的金融资产；使众多居民能有更多个性化的投资选择；使企业能以较低的风险、较小的成本、更快速度获得更大规模的资金，从而提高实体经济技术创新能力，并促进实体经济的增长与发展。因此，金融已成为现代经济的核心，金融市场的发展在一定程度上刺激和促进着实体经济的发展。根据中国人民银行调查统计司的研究，基于2002—2010年的年度数据，采用统计检验进行相互作用的分析结果表明，社会融资总量与经济增长存在明显的相互作用、相互影响的关系。金融市场的发展和完善有利于推动中国经济的全面快速发展，从而形成一个健康的社会主义市场经济。

中国现已经初步完成了工业化和市场化，中国经济已经开始向现代市场经济转轨，需要建立一个具有完备制度的信用体系和金融市场。虽然中国的金融市场从规模上已成为世界第二大证券市场，但在法律体系和制度建设等方面仍不完善，无法满足中国社会主义市场经济发展的需求，也适应不了经济全球化的要求。中国金融市场的整体水平还很低，落后于实体经济的发展需要。例如，中国的中小企业和民营企业无法通过金融市场获得有效的资金支持，这已经成为阻碍中国经济进一步发展的瓶颈。金融市场发展相对滞后，一方面会阻碍经济的进一步发展，另一方面也削弱了中国防范金融风险的能力。中国要建立起一个既体现社会主义基本原则又有效率的市场经济体系的关键，是处理好金融市场与实体经济之间的关系。具有一个健全的金融市场是市场经济走向成熟的标志，也是中国成为经济大国的重要前提。

（二）社会主义金融市场体制改革的原则

为确保中国社会主义金融市场体制改革的成效，中国应根据社会主义市场经济的发展现状，确定一些有针对性的改革原则，从而确保改革后的金融市场能够最大限度地服务于中国社会主义市场经济的发展，有利于提高综合竞争力。

1. 市场化原则。

1978 年党的十一届三中全会以后中国开始进行经济体制改革，1992 年党的十四大确立建立社会主义市场经济体制，30 多年的改革开放，不断地验证了中国发展社会主义市场经济的必要性。2013 年 11 月党的十八届三中全会非常明确讲到，社会主义市场经济是使市场在资源配置中起决定性作用。同时提出，市场决定资源配置是市场经济的一般规律，健全社会主义市场经济体制必须遵循这条规律。金融市场作为市场经济的核心，也必须让市场在资源配置中发挥决定性作用。市场化建设滞后将导致市场主体间无序竞争、价格信号扭曲、资源配置失灵，政府应更多作为金融制度和规则的制定者，作为金融市场的裁判员，而不是直接干预金融资源的具体配置。一个企业能否上市、能否获得银行贷款都应交给市场决定，依靠市场这一无形的手，通过利率等市场价格有序、合理地完成金融资产的优化配置，不断提升金融资源配置效率。政府应不断建立和健全相关的法律、法规，依法处理金融市场各个主体间的利益关系，确保市场交易的公平、公正、公开，形成一种可预期的市场规则，维护中小投资者的合法权益。在制定或修改金融市场相关法律、法规时，要以实现市场化的资源配置作为基本出发点，把提高市场透明度和保护投资者合法权益作为基本准则。

2. 法制化原则。

金融市场的作用是实现金融资源高效配置，社会主义金融市场的繁荣发展，需要充分发挥市场这一决定力量，同时应同步推行法治化建设。资源配置的市场化与市场经济的法治化是社会主义市场经济的两个重要方面。我国金融市场立法工作明显滞后，经常出现欺诈发行、内幕交易等违法行为，也经常出现权力滥用、扰乱市场秩序和逆向选择问题。

深化金融体制改革，应坚持法治先行、法治引领的原则，应重视完善引领、推进和保障金融制度深化改革的法律体系的建设。依法明确并保障各类金融机构和个人的权利与义务，重视依法保护投资者的合法权益。应高度重视金融法律、法规和制度的系统化、科学化问题。中国已经从宪法、法律、行政法规、地方性法规和国务院部门规章、地方政府规章等多个层面构建起了金融法律、法规和制度，但中国的金融法律体系建设仍然跟不上深化改革的需要，存在较为严重的法律制度碎片化、滞后性问题，已经成为制约中国金融市场健康发展的重要因素。我们应尽快建立完善的社会主义金融法律体系，确保法律供给的充分性与有效性，通过法律来提高国家治理的能力，并最终形成全社会自觉遵守运用法律的意识。

3. 服务于实体经济原则。

金融本质上是为实体经济服务的，归根到底是要以实体经济为支撑的，脱离实体经济基础的资产泡沫迟早要破灭。而大量的金融泡沫的集中破灭则可能导致金融危机的产生。只有真正做到金融服务于实体，才能既利用现代金融为社会主义市场经济发展提供动力，又能有效避免其可能带来的负效应，防范金融风险。2016 年 3 月 16 日李克强在十二届全国人大四次会议记者会上答中外记者问时，说：“许多金融问题的表现往往早于经济问题的发生。但是金融的首要任务还是要支持实体经济发展，实体经济不发展，是金融最大的风险。去年我们采取了一系列像降息、降准、定向降准等措施，这不是量化宽松，我们始终注意把握货币供应量的松紧适度，主要还是为了降低实体经济融资成本。所以金融机构还是要着力支持实体经济，特别是小微企业的健康发展，绝不能脱实向虚。”① 我们有理由认为，实体经济是金融发展的根基，推动实体经济发展是金融的立业之本，服务实体经济是对金融的本质要求。

4. 注重防范金融风险原则。

我们在分析金融市场时，既要充分调动它的积极作用，又不能忽视它可能产生的消极影响，在充分发挥金融市场对实体经济促进作用的同时，要科学地把握金融市场发展的“度”，防患于未然。根据马克思生息资本理论，金融市场的发展必须与实体经济规模相匹配，不宜过于膨胀和激进，否则必然导致金融危机的发生。金融市场上的各种投机行为都可能提供一夜暴富的机会，当然也伴有失败的风险。当金融市场的发展脱离实体经济，一味追求高杠杆率和高投资回报，就必然产生巨大的金融风险，当这些风险集中爆发，则必然形成金融危机甚至全球性经济危机。发达资本主义国家的周期性金融危机无一不在验证马克思的这一科学论断。

因此，从国内外的经验教训和现实运行情况看，我们发展金融市场一定要坚持金融为实体经济服务的宗旨，围绕实体经济的真实需求，优化增量资产的配置，同时注重存量资产的调整，不断优化资产的配置结构，促进实体经济健康可持续发展。决不能为了追求短期的增长业绩而一味放任金融资产泡沫的生长，制造虚拟的财富效应。②

（三）中国金融市场体系的构建

马克思在《资本论》中分析生息资本时，把生息资本作为剩余价值的组成部分纳入剩余价值分割的理论体系分析。在分析生息资本的表现

---

① 《金融服务实体经济，总理10次谈》，见中国政府网2016年6月25日。

② 李连发：《从美国的金融动荡看我国金融改革与发展之路》，见《中国金融》2008年16期。

形态时，他们实际上也把生息资本、银行资本及其运行当作一个系统来分析。生息资本、银行资本运行及其形成的金融市场的系统特征，伴随着资本主义市场经济的发展和金融市场功能的完善日益显著。在当今的世界经济中，无论是构建国内金融市场，还是培育国际性的金融市场，人们都运用了系统工程的分析方法，并且不断采用现代科学技术的最新成果。

当前中国金融市场正面临着经济全球化所带来的深刻变化。深化中国金融体制的改革，建立健全适应中国现代市场经济发展的需要，能够有效把握经济全球化带来的机遇和挑战的金融市场体系，是中国现阶段和今后相当长的时期内的一项艰巨的任务。自 20 世纪 80 年代中期以来，中国金融开始了市场体系改革的历程，并取得了巨大的、阶段性的成果。中国构建金融市场体系担负着机制转换和金融创新的双重任务，我们应以马克思主义生息资本理论为指导，大胆借鉴世界发达国家的成功经验和失败教训，结合中国社会主义市场经济的现实，努力构建一个完善的金融市场体系，这一体系应能将金融市场的功能发挥到最大化，同时有利于将金融市场可能带来的风险减少到最低的限度内。

1. 构建完善的金融法律体系。

金融市场运行机制的市场化，必须以金融立法为法律保障。近年来，金融市场法律体系的建设取得突破性进展。1995 年《中华人民共和国中国人民银行法》《中华人民共和国商业银行法》《中华人民共和国保险法》《中华人民共和国票据法》等四部金融大法正式实施，奠定了中国金融法规的基础，标志着中国金融市场运行进入了法治的新时期。进入 21 世纪之后，随着中国加入世贸组织与经济全球化的发展，中国金融法规体系的建设进入了新的时期，一系列新的、适应新的金融市场发展要求的法规得以颁布实施，许多不适应现代市场经济发展要求的、旧的金融法规也得到了修订和完善，保证了中国金融运行体制的健康有序的发展。1998 年 12 月 29 日，第九届全国人大常委会第六次会议通过《中华人民共和国证券法》，并在 2005 年、2013 年和 2014 年对该法进行了三次修正。2001 年 4 月 28 日，第九届全国人大常委会第二十一次会议通过了《中华人民共和国信托法》。2003 年、2004 年分别修正了《中华人民共和国中国人民银行法》和《中华人民共和国票据法》。2003 年 12 月 27 日，第十届全国人大常委会第六次会议通过《中华人民共和国银行业监督管理法》，并于 2006 年完成第一次修正。2003 年 10 月 28 日，第十届全国人大常委会第五次会议通过《中华人民共和国证券投资基金法》。2002 年、2014 年和 2015 年分别对《中华人民共和国保险法》进行了一次修订和三次修正。2003 年和 2015 年分别对《中华人民共和国商业银行法》进行了两次修正。

社会主义市场经济本来就是法治经济，金融市场在市场体系中的核心地位，使得金融法规建设具有特别重要的意义。发达国家的经验表明，成熟的金融市场必然是高度法治化的市场，包括完善的法律规则体系、严谨的法律执行体系与有效的法律监管体系等。当前，中国资本市场法治建设较为滞后，法律规则体系不完善，违法处罚不够严厉，信息披露制度不完善，监管体制需要进一步改革。金融市场在以往的运行中出现的种种负面效应，并非都与法规建设有关，但法规不全、执行不力却是产生金融市场负面效应的重要原因之一。

中国金融市场是最充满活力和最有金融创新潜力的市场，无论是技术创新，还是制度创新，都可能对法规建设提出新的挑战。鉴于金融法规建设的重要性和复杂性，金融法规建设始终是中国金融市场构建过程最受重视的一项系统工程。当前，中国进一步完善法规体系建设，主要应从以下五个方面着手。第一，应根据社会主义市场经济的发展现状，不断修改原有的金融法规，特别是那些 10 年以上未改的法律、法规，以保证其真正适合金融市场的发展需要。美国证券法自 1933 年出台后，已修订了 40 多次。而中国证券法自 1998 年出台以来，只进行过 4 次修订。而信托法自 2001 年制定以来竟然从未修订过。第二，应针对一些新的金融子市场或新型的金融交易方式制定专门的法律、法规，如网络金融法、绿色金融法和国际金融法等，使得金融法规体系日趋健全。第三，对已出台或已修正完成的金融法规，应着手制定相应的配套施行条例。由于证券法等上位法对违法违规行为仅作了原则性规定，针对部分违法行为的司法解释尚未明确，如缺少必要的配套施行条例，容易出现执法不严等现象。第四，要严厉惩处违法违规行为，加大违法违约的成本。一方面，我们应根据社会主义市场经济的发展修改法律中相关的处罚条款，加大对违法行为的处罚力度；另一方面，我们应做到执法必严、违法必究，严格按照法律规定程序，加大金融监管的力度。第五，要强化对中小投资者权益保护，应加大对中小投资者的法律扶持力度，增强其依法保护自己权益的能力和意愿。立法工作应高度关注其可诉性与可操作性，在原则性规定基础上，对各种违法行为应具体规定其民事赔偿规则。第六，营造一种诚信守信、遵纪守法的良好社会氛围，从而增加违法行动的社会成本和道德成本，并应构建一种让诚信者获利的社会评价和反馈机制。

党的十八大以来，中国加快了相关法律的修正和制定工作，党的十八届四中全会提出全面依法治国的治国理念。党的十八大以来，中国已集中修订了一系列与金融相关的法律、法规，并成功营造了良好的依法发展金融市场的社会环境，相信在不久的将来，我们会构建出一套内容科学、结构合理、层级适当的法律规范体系。

2. 形成市场化运作的银行体系。

把银行真正办成银行，这是中国构建金融市场体系的先决条件，也是发挥银行的金融功能的内在要求。中国构建金融市场体系与西方国家的最大不同在于：西方国家的金融市场是适应资本主义商品生产和商品交换的要求发展起来的，金融市场的发展既是资本主义市场经济发展的内在要求，也反映资本主义市场经济发展的水平或高度。而中国过去由于计划经济的影响，金融在社会化大生产中没有它应有的位置，银行作为财政的“钱袋子”以扭曲的形态存在着。正因为这样，解决银行的职能问题是建立中国金融市场的首要问题。邓小平把改变银行的职能，“把银行真正办成银行”作为金融改革的突破口，抓住了建立中国金融市场的要害。站在现代市场经济发展的战略高度，邓小平关于“把银行真正办成银行”的改革思想，正确地把握了中国金融市场的发展方向，奠定了中国金融市场健康发展的基石。在改革开放建立社会主义市场经济体制的 30 多年间，中国经过不懈的努力，初步形成了以中央银行为核心，国有和国家控股金融机构为主体，多种金融机构并存，分工协作的金融机构体系。进入 21 世纪之后，随着中国加入世贸组织和经济全球化的发展，国际金融机构大规模登陆中国，促进了中国银行现代公司治理结构的建立和管理水平的提升，特别是国有商业银行走上股份制的发展道路，更是标志着中国银行业进入了与国际接轨的时期。中国的银行竞争力正逐年递增，越来越多的银行开始成为世界500强企业，中国工商银行和中国建设银行更是成为全球第一大和第二大的商业银行。虽然我国银行企业规模和经营业绩已明显好转，但银行结构尚不能完全适应中国现代化的市场经济发展的要求。总的说来，中国逐步开放的市场化的银行体系已初步形成，并能独立地履行银行的职能，基本发挥出银行在现代市场经济建设中的应有作用。

近年来，中国的直接融资渠道逐步多样化，其在融资中的占比也逐年递增，但银行信贷仍是中国社会融资的主体部分。根据国家统计局数据，2015年人民币贷款社会融资规模112693亿元，社会融资规模154062亿元，人民币贷款占社会融资总额的73%以上。因此，中国金融体制改革的首要问题是根据“十三五”规划纲要，深化中国金融体制的改革，提高银行的综合竞争力。

首先，我们应进一步深化国有控股商业银行的改革，完善其公司治理结构，健全其内控机制，进一步提高其国际竞争力。一是我们应通过混合所有制改革，引入民营资本，优化其股权结构，形成有效的股权治理机制；二是在打破现在市场垄断的前提下，通过建立股权激励和利润分成，形成有效的激励机制，留住并吸引更多优秀的、综合性人才，并充分调动其工作积极性；三是通过限薪等方式，实现银行工作人员工资的合理化，全面实现银行内部和社会层面的公平、公正；四是建立完善的内控机制和外部监督体系，特别是形成良好的信息披露制度，提高其经营的透明度，从而提高银行员工和社会公众的监督能力；五是应加大国有银行利润上缴的比例，体现国有股权的正常收益权，并对所上缴的红利实行民生化支出。

其次，加快推进其他国有商业银行、邮政储蓄银行等金融机构的改革，不断优化其公司治理结构，引导其发展成为上市企业或形成其他更优形式的股权治理结构。

再次，稳步发展多种所有制金融企业，鼓励社会资金参与中小金融机构的设立、重组与改造。通过引入竞争，真正打破国有金融机构，特别是国有控股商业银行的垄断地位，从而形成有效的资金配置体系。

最后，应认真研究影子银行、互联网金融和各种众筹基金的运行规律，既要充分发挥其有利因素，又要注重规避其可能带来的金融风险，并尽快完成相关法律、法规的制定工作。应将这类新的“银行”纳入银行体系，加强对其运营工作的监督管理，避免从原来的“不允许”的不公平走向“无监管”“零成本”的另一极端的不公平。

另外，应进一步规范金融机构市场退出机制，进一步完善和落实银行存款保险制度，建立完善的金融监管体系等。

3. 规范和发展我国债券市场。

经过多年的快速发展，中国债券市场已然形成了以银行间债券市场为主，交易所债券市场为辅的债券市场结构。中国债券市场现已发展到目前世界第三的水平，尤其是公司信用债的发行规模排名世界第二。随着中国债券市场规模的扩大，其在宏观调控、降低社会融资成本、优化社会融资结构以及金融改革等方面发挥了越来越重要的作用。根据央行发布的 2017 年 1 月金融市场运行情况显示，1 月，债券市场共发行各类债券 1.69 万亿元，余额 64.43 万亿元。其中，国债发行 1360 亿元，余额 22.64 万亿元；金融债券发行 13316 亿元，余额 23.91 万亿元；公司信用类债券发行 2206 亿元，余额 17.83 万亿元。中国债券市场的迅速发展有利于降低社会融资成本，支持实体经济持续稳健发展，我们应继续大力推动其发展。

第一，应进一步优化监管体制，取消不必要的限制。一是把审批制度改为核准制度，充分给予企业发债融资的权利，允许更多的企业通过债券市场融资，其债券的发行效果完全取决于投资者的判断。二是取消企业发行债券的额度限制，允许债券发行人根据市场实际情况调整发行的规模，降低企业的实际融资成本。三是取消对于发行利率的限制，把市场定价的机制引入进来，允许企业根据社会资金供求状况合理确定发行利率。四是放宽企业债券融资用途的限制，国家要给予企业在用途真实合法的前提下自由安排资金投向的权利。五是取消对发债企业产权结构、规模大小、盈利水平、经营年限等方面的限制，允许符合条件的各类企业发行债券，保证各类企业在债券市场资金竞争的平等性与公平性。六是建立完善的企业债券法律法规，实现企业发债运作过程的公开、公平和公正，从而促进企业债券市场的规范化发展。

第二，应建立完善的信用评级制度。大多数投资人一般无法或不愿独立完成对所选股票、债券等进行信用风险的评价和衡量，需要借助债券评级机构的评级结果进行投资决策。因此，评级的变化能够显著影响债券和股票市场，从而加剧金融领域的传导和溢出影响，加剧金融危机和金融风险。[①] 政府要建立一套客观、公正的评价体系，不断提高债券发行人的信用意识，保证企业债券投资人和发行人之间进行有效的信息沟通，为投资者提供有效的参考。政府在建设企业债券评级制度中，需注重债权人的监控作用，并把竞争机制引入进来，实现市场化的信用评级监管制度，以加强评级制度的规范性，有效防范各类风险的发生。此外，评级制度的建立与完善要积极借鉴外国先进经验，培育适合我国国情的信用评级机构，以提高评级机构对企业信用评价的效果。

第三，应优化债券的发行主体。一是应尽快设立财政部门的专门发行国债的机构。长期以来，中国的国债主要是财政部门委托银行系统代为发行，同时支付高昂的代理发行费用，这就增加了不必要的筹资成本。中国的国债市场要走向完善，走世界上各个市场经济国家发展国债市场的共同道路，就必须尽快设立财政部门的专门发行国债的机构，以此作为规范国债发行的基本组织保障。二是企业债券的发债主体要具有多样化的组织形式，如上市公司、行业公司、公用设施、大型基础设施建设等。

第四，应加强做市商制度建设。做市商制度的引入可有效提高企业债券的流动性。做市商制度可以增加市场交易量，活跃交易氛围。做市商的一大作用是在市场中进行报价，引起一定幅度的价格波动，吸引投资者进行交易，带动了市场的活跃度。而且投资者总有固定的做市商来促进成功的交易，有效规避了市场中的风险，增强了企业债券的流动性。

---

① 曹荣湘：《国家风险与主权评级：全球资本市场的评估与准入》，见《经济社会体制比较》2003 年第 5 期，第 91—98 页。

第五，应优化债券市场的投资者结构。长期以来，中国的债券主要是面向居民发行的，而居民个人一般具有较强的投机性特征，造成中国债券市场经常出现不理性的波动，因此应不断扩大机构投资者的数量，从而真正实现债券的投资性功能。

第六，应尽快形成债券的收益率曲线。一是中国企业要积极吸收外国的先进经验，根据我国企业债券的实际情况和发展方向，允许企业对发行期限进行灵活的调整，从而形成合理的利率期限结构。二是实现企业债券利率的多样化，除了现阶段所运用的按年付息和到期付息的一次性付息的固定利率外，还可以增加浮动利率债券、分期付款债券、贴现债券等利率模式。

除此之外，国家和企业要大力促进企业债券的金融衍生品，如债券期货、期权等，确保投资者有多渠道的风险规避、分散工具，并满足不同投资者的个性化需求。

4. 增强股票市场的资金配置效率。

马克思生息资本理论关于股份公司所包含的公有制的性质和股份制推动社会生产力发展积极作用的论述，告诉我们股份制具有新的生产方式性质，是对资本主义生产方式的扬弃，资本主义经济可以用，社会主义经济也可以用。搞股份制符合社会主义经济性质，对新生的股份制、证券市场，我们不应该扼杀，而应该尝试。说到底，这种选择从根本上说还是产生于社会主义市场经济自身发展社会生产力的要求。在中国社会主义市场经济体制的建立过程中，历届党和国家领导人以极大的政治魄力和理论勇气，在构建证券市场上作出了具有划时代意义的科学决策，为中国经济迈向 21 世纪找到了一个不以牺牲消费为代价实现资本高积累的办法。今天，这一科学决策的重大意义不仅已被人们所理解，而且吸引了千家万户，成为最受全国人民关注、投入面最广泛的资本市场。

股票市场是重要的直接融资渠道，具有风险共担和利益共享的特点，服务实体经济尤其是创业创新型企业的能力强。不同类型、不同规模与不同发展阶段的企业具有差异化的风险特征和多样化的融资需求，投资者也有不同的风险偏好和投资需求，因此需要构建多层次股票市场以满足投资者多样化的需求。经过 20 多年的努力，中国股票市场不断发展完善，已经形成了包括沪深主板、中小板、创业板、全国中小企业股份转让系统、区域性股权交易市场、券商柜台市场、股权投资市场等在内的多层次股票市场体系。但中国现有的股票市场存在发行制度等问题，其为实体经济融资的功能尚未能全面体现。我们应推进股票市场的进一步改革，建议各层次市场相互促进、互为补充，优化资源配置效率的股票市场，真正发挥股票市场的投融资功能。

(1) 股票发行制度由核准制向注册制转变。股票发行制度由核准制向注册制转变，就是要建立一种以市场为导向、注重信息披露、强化事后监管的股票发行上市制度，是我们金融市场实现市场化改革的重要步骤。这一发行制度的转变有利于提高中国直接融资在全部融资总额中的占比，有利于提高中国上市公司中创新型企业占比，有利于 VC/PE 等股权投资的退出，有利于提高股票市场服务于实体经济的能力。党的十八届三中全会明确指出，要加快制定从核准制向注册制转变的具体方案。但注册制改革应是一个循序渐进的过程，要分步进行，不能一蹴而就，要适当控制节奏。考虑到中国市场环境和投资者结构特征，我们在推进注册制改革过程中要重点把握以下几个关键环节。一是应在市场预期稳定的基础上，适时适度地增加新股供给，特别是在暂停首次公开募股 (IPO) 后的一段时间内，应缓慢有序地逐步推动 IPO，避免因大量股票集中上市而引起股票市场的剧烈变动，也不能因害怕可能产生的短期波动而因噎废食。二是推行注册制要求证监会将发行的审核权下放，部分转移至交易所。证监会主要负责审核申报文件是否合规、有效、完备，而上市企业的实质性审查交由交易所进行。三是要在推行注册制改革的同时或之前，做好各项准备工作。如要建立完善的信息披露制度，形成一种强有力的事后监管和追责机制，通过立法加大对违法行为的惩戒力度。四是应引导并规范发展股权信用评级机构。在注册制下，监管部门不再审核发行企业的盈利能力和风险水平，主要依靠投资者自主判断股票的投资价值，自担风险。而中国的投资者普遍缺乏这种分析、判断和决策的能力，这就需要一些专业的独立评级机构为其投资决策提供必要的参考信息。

(2) 构建多层次股票市场之间的转板机制。随着多年的发展，中国已形成了多层次的股票市场，各层次市场都有其较明确的定位，但由于缺乏必要的转板制度，形成了股票市场的人为分割。我们有必要构建股票市场间转板机制，使股票市场成为一个有机整体，从而不断提高股票市场整体流动性，不断提高服务实体经济效率。一要充分借鉴海外成熟市场的发展经验和失败教训，建立合理的转板制度，联通并协调各层次市场的有序发展。二要充分发挥企业的自主能力。升级转板在满足条件后由企业自主决定是否升级，同时支持上市公司根据自身战略需求，在保障投资者利益前提下主动降级转板。三是制定各板块的上市条件，对达不到持续上市标准的企业强制降级转板。四是尝试构建低成本、高效率的“绿色转板通道”。可探索新三板企业在符合创业板上市条件后，直接转板至创业板。五是要合理把握转板制度的松紧度，有利于各板市场的共同发展。既不能人为干预太多、制度过严，导致转板效率低下，也不能让低层次市场变成高层次市场的附属板，从而不利于低层次市场自身的可持续发展。对于较低级别的板块，我们可以借鉴美国纳斯达克（NASDAQ）的经验，避免企业盲目追求升板，要帮助企业根据自身的现状、发展趋势和融资需求，合理选择适合的板块；要帮助优秀上市企业通过该板块实现有效的融资需求，并帮助其成长为该板块的领军企业。六是我们应根据市场的发展情况，考虑将一些功能相近的板块合并，同时对一些内部出现较明显分类的板块进行必要的分拆，确保每一板块的上市企业都能获得高效的融资服务。

(3) 形成完善的股票退市制度。退市制度作为股票市场的基础性制度，能够促进股票市场新陈代谢、实现优胜劣汰，通过筛选作用能够提升上市公司质量、增强市场竞争活力，有利于引导理性投资、保护投资者利益。退市制度与注册制相辅相成，成熟的市场不仅能够保证优秀企业及时顺利上市，也能及时将不符合上市条件的企业清除离场。市场“有进有出”，从而形成良性循环。中国股票市场长期缺少有效退市制度，存在退市标准陈旧且单一、退市相关规定不具体、配套制度安排不健全等问题，强制退市执行不力，退市实践效果不佳。长期以来，A股强制退市制度缺乏足量的市场化、多元化、可量化的指标，因此触及强制退市底线的企业有限，退市制度未发挥其功能。据统计，2003—2012年，纳斯达克市场累计退市公司数占上市公司数高达165.2%，伦敦证券交易所和美国证券交易所均为113%左右，东京交易所为80.7%，而中国A股仅为5.1%，累计退市企业不足百家。[①] 中国股票市场企业自主退市制度执行不利，损害了投资者的长期利益。一是市场经常出现对垃圾股票"壳资源"的恶意炒作，并可能出现"劣币驱逐良币"的现象。二是企业无法自主退市，无法在发展关键时期和困难时期集中有限资源于战略制定和发展转型，减少财务支出，无法对投资者利益实行最有效的保护。

为进一步完善中国股票市场的发展，中国证监会颁布了《关于改革完善并严格实施上市公司退市制度的若干意见》，并于2014年11月16日起实施。这一意见的实施，有利于强化退市制度的可操作性，有利于实现上市公司退市的市场化、法治化与常态化，有利于保护投资者利益。我们应在这一意见的指引下，进一步细化各项配套措施。第一，我们应进一步完善的上市企业退市流程、重新上市标准等配套可操作性细则的制定。退市标准和重新上市的标准尽量具体化、明确化，以提高可操作性，减少人为操纵的空间。第二，应给予企业主动退市的权利便利。发达国家上市企业主动退市已经常态化，有利于企业在关键时期和困难时期集中有限资源于战略制定和发展转型，减少财务支出，从而实现企业价值最大化，是市场自由灵活的体现。第三，应严格执行强制退市。监管层要提高监督管理水平，针对触犯重大违法事件或者不满足上市条件的公司必须坚决给予强制退市，确保应退市公司"出现一家、退市一家"。第四，要针对不同板块的股票市场制定差异化的退市安排，妥善运用不同市场之间的转板机制，重视投资者利益保护。多元化的退市标准是成熟退市制度的重要标志，在退市制度设计时要充分考虑不同层次市场企业特点、投资者特征，制定能有效满足投资者需求的、科学合理的退市制度。第五，应通过退市制度的完善和严格执行，倒逼注册制改革的加速。退市的完善提升了股票市场的整体质量，有利于优秀企业入市融资，并对监管层提出新要求，有助于股票市场制度建设的完善。

---

① 辜胜阻、庄芹芹、曹誉波：《构建服务实体经济多层次资本市场的路径选择》，见《管理世界》2016年第4期，第1—9页。

5. 提高金融市场服务实体经济的能力。

我们一般用社会融资规模来衡量金融市场对实体经济的贡献程度。所谓社会融资规模，是指一定时期内实体经济从金融体系获得的资金总额，是增量概念。根据国家统计局网站年度数据：2012 年，中国社会融资规模已超过 15 万亿元，2013 年更是达 173168 亿元，此后虽有所回落，但仍高于 15 万亿元，由此我们可以看出金融市场对我国实体经济的增长发挥了重要的作用。但制度的问题使这些资金流入一些大型的国有企业，这些企业的资金使用效率普遍不高，导致我国金融市场的资金配置效率相对较低。

现阶段中国金融市场体系无法有效满足实体经济对资金的需求主要表现在以下两个方面。一是间接融资比例大，融资成本高。我国的直接融资发展不足，实体经济过度依赖银行贷款等间接融资，企业融资结构不合理，社会融资成本较高。中国人民银行统计显示，2015 年末中国非金融企业境内股票余额仅占同期社会融资规模的 3.3%，而人民币贷款余额占比达 67.1%。二是中小微企业的间接融资的能力也很弱。银行贷款等间接融资风险控制严格，对企业的财务状况、经营成果要求较高，量大面广的中小微企业从银行获得融资的难度大、成本高，使得这些企业存在严重的融资难、融资贵等问题。中小微企业是实体经济的重要组成部分。根据国家工商总局统计，至 2013 年底，将个体工商户纳入统计的全国小微型企业总数达到 5500 多万户，占企业总数 94.15%。小微企业完成了 65% 的发明专利，提供新增就业 90% 以上，生产总值占 60% 以上。①

综上所述，我们可以发现，2013 年前，一方面，社会融资规模增长率与名义国内生产总值增长率之间的偏差越来越大，导致中国金融市场的整体风险逐年递增；另一方面，实体经济，特别是中小企业和民营企业，无法通过金融市场获得有效的资金支持，说明中国的金融市场存在严重的结构性矛盾。党的十八大以来，党和国家高度重视金融服务实体

---

① 辜胜阻、庄芹芹、曹誉波：《构建服务实体经济多层次资本市场的路径选择》，见《管理世界》2016 年第 4 期，第 1—9 页。

经济的问题。根据中国的现实国情，我们认为可从以下几个方面增强金融服务实体经济的能力。一是大力发展股票市场和债券市场，特别是积极推进证券市场的注册制改革，从而使更多的中小企业能够通过证券市场进行直接融资，这种融资成本应是最低的。二是适当放宽银行的准入条件，特别是允许民营资本设立银行，特别是小微银行和社区银行，增加中小企业通过银行快速获取信贷资金的能力。三是为进一步拓展小微企业融资渠道，可探索发展股权众筹融资。2014 年 11 月国务院常务会议首次提出要进行股权众筹融资业务试点。四是大力发展创业投资。创业投资又称风险投资，在西方发达国家一直被视为高新技术企业的孵化器，由一些风险偏好较高的投资者对一些未上市的高新技术企业提供融资服务。这就有利于增强中小企业的融资渠道，也有利于中国的产业升级，应给予重点扶持。现阶段，中国的创业投资的宏观环境不甚完善，应充分发挥国家创业投资引导基金的杠杆作用，培育股权投资机构，由政府、民间资本、企业家协同发力助推企业创新发展与产业转型升级。五是允许和鼓励金融机构或企业开展资产证券化业务。所谓资产证券化，是指以资产所产生的现金流为支撑，在资本市场上发行证券进行融资，对资产的收益和风险进行分离与重组的过程。[①] 资产证券化有利于企业低成本获得资金，而且是直接将资金配置于具有优秀项目的企业，有利于提高资金的配置效率。2013 年，中国证监会颁布了《证券公司资产证券化业务管理规定》，开启了企业资产证券化的大门。中国证监会于 2014 年又颁布了《证券公司及基金管理公司子公司资产证券化业务管理规定》及其配套规定，取消了企业资产证券化的核准制，实现了注册制；进一步明确了基础资产的负面清单制度。

6. 完善金融监管体制。

马克思指出："一旦劳动的性质表现为商品的货币存在，从而表现为一个处于现实生产之外的东西，独立的货币危机或作为现实危机尖锐化的货币危机，就是不可避免的。另一方面也很清楚，只要银行的信用没有动摇，银行在这样的情况下通过增加信用货币就会缓和恐慌，但通过

---

① 张伟：《资产证券化的基本理论》，见《北京大学中国经济研究中心学刊》1999 年第 2 期。

收缩信用货币就会加剧恐慌。”[①] 马克思在这里深刻地揭示了货币运动独立存在，即形成了金融市场的市场经济中，货币危机或反映社会经济矛盾的货币危机存在的必然性，同时也深刻地揭示了银行所具有的调节货币危机的功能。马克思的深刻论述，已经为资本主义市场经济的实践所证明。在资本主义市场经济中，货币危机的具体表现形式是通货膨胀、纸币贬值。在资本主义社会，生产资料资本主义占有、资本主义再生产的周期性运动、由于银行的垄断和资本主义信用制度的欺诈和疯狂的投机行为等，使得通货膨胀等金融危机不可避免，并且反过来影响社会经济生活。由美国次贷危机引发的全球金融危机再次验证了马克思生息资本理论的正确性。

在中国社会主义市场经济中，同样存在着产生独立的危机的经济条件。由于种种原因，货币危机的现象，如通货膨胀，也对现实的经济生活带来影响，有时甚至带来严重的冲击。2015 年，中国国内生产总值的增长速度十几年来首次降到 7%以下，为 6.9%。人民币在经历了十几年的升值之后，出现了较大的贬值压力。继 2015 年年中下降 40%的股灾之后，2016 年的第一个月内沪市综指下跌了 30%。[②] 这一次股市的大幅度波动说明中国社会主义市场经济中也可能存在较大的金融风险。而且中国非金融企业的杠杆率从 2008 年的 98%提升到 2014 年的 149.1%，上升特别快。如果做一个国际比较，中国的非金融企业的杠杆率处于世界高水平。一般来说，90%是一个安全线，我们目前已经大大超过这个安全线。[③] 这说明中国现阶段的金融风险从某种意义上已处于较高水平。

面对可能出现的金融危机，根据马克思生息资本理论，借鉴西方发达国家的经验和教训，中国既要发挥金融市场对实体经济的巨大促进作用，积极推动金融市场的市场化改革，如银行利率市场化、银行准备金制度市场化、中央银行公开业务市场化、证券发行市场的注册制改革等。同时，我们也应加强对金融市场的监管。这次金融危机并没有恶化成第

---

① 《马克思恩格斯全集》第 3 卷，人民出版社 1960 年版，第 585 页。

② 辜胜阻、庄芹芹、曹誉波：《构建服务实体经济多层次资本市场的路径选择》，见《管理世界》2016 年第 4 期，第 1—9 页。

③ 李扬：《新常态中最大的风险是杠杆化》，见新浪财经 2016 年 1 月 24 日。

二次大萧条，监管者的努力和监管的成效得到越来越多的研究者的共鸣。[①] 根据中国社会主义金融市场的发展现状，我们可从以下几个方面加强监管。

一是建立金融宏观审慎管理制度。金融监管改革就是要“加强金融宏观审慎管理制度建设，加强统筹协调，改革并完善适应现代金融市场发展的金融监管框架，明确监管职责和风险处置责任，构建货币政策与审慎管理相协调的金融管理体制”[②]。过去，金融监管的主要形式是微观审慎监管，即关注单个金融机构的安全与稳定，是一种独立的、静态的监管。然而，40多年的金融历史，尤其是本次金融危机的发展表明，这种微观审慎监管远远不够，没有考虑到金融体系空间维度上的网络效应和时间维度上的时变敏感性。[③] “十三五”规划纲要明确提出要“统筹监管系统重要性金融机构、金融控股公司和重要金融基础设施，统筹金融综合统计，强化综合监管和功能监管”。

二是建立统一协调的综合监督管理机构。要实现对金融市场的有效监管，首要前提是要明确监管主体，并明确监管的范围及其监管的方式。只有对监管者进行清晰的界定，才可能使监管者不越位、不错位、不缺位，从而真正实现全面、有效的监管。中国现有的“一行三会”的监管体系，虽然在分业经营的历史阶段较好地实现中国金融机构的监管，但在金融机构逐步混业发展的背景下，这种监管体系已明显出现部分无人监管或重复监管的问题。因此要借鉴英美发达国家的经验，强化央行的监管职能，逐步建立统一协调的综合监管体制。

三是要持续完善信息披露制度。信息披露制度是减少金融市场信息不对称的有效途径，对于建设和优化中国社会主义金融市场的信用制度至关重要。在2014年证监会发布的15件会令中，有10件涉及信息披露制度建设和完善。信息披露制度设计要坚持以投资者需求为导向，在把

---

① [美] 本·伯南克：《金融的本质——伯南克四讲美联储》，巴曙松译，中信出版社2014年版，第78页。

② 《中共中央关于制定国民经济和社会发展第十三个五年规划的建议》，人民出版社2016年版。

③ 陈雨露、马勇：《宏观审慎监管：目标、工具与相关制度安排》，见《经济理论与经济管理》2012年第3期，第9页。

握真实性、完整性、准确性的基础上，力求易解性、易得性和公平性等，要明确发行人、中介机构和交易所各自的披露职责。要针对不同层次市场的风险特点、投资者适当性、上市企业类型，作出差异化信息披露制度安排，保护投资者利益。

总之，生息资本及其发展起来的信用制度，使金融在市场经济中的功能得到了充分的发挥。然而，金融市场是把双刃剑，在资本主义市场经济中，一方面，它“加速了生产力的物质上的发展和世界市场的形成”，使这两者作为新生产形式的物质基础发展到一定的高度；另一方面，它“加速了这种矛盾的暴力的爆发，即危机”。[①] 在社会主义市场经济中，金融市场是发展社会主义生产力的不可缺少的积极力量。我们要以马克思恩格斯的深刻论述为指导，进一步完善和发展中国的金融市场体系，充分发挥金融市场的积极功能，减少它可能产生的消极作用，“好风凭借力”，让金融市场为“十三五”规划和国家各项宏观经济目标的实现作出更大的贡献。

① 《资本论》第3卷，人民出版社2004年版，第500页。

第 十二 章

地租理论在社会主义市场经济中的运用和发展

一、马克思的地租理论

马克思的地租理论是在批判地继承古典政治经济学的地租理论的基础上建立和发展起来的。古典学派的创始人威廉·配第，最早看到劳动与土地对使用价值生产的关系，最初提出了级差地租概念，初步论证了级差地租Ⅰ、Ⅱ形式，有创见地确定了土地价格，但他对地租的见解，既过于简单，又不成体系，还存在着许多混乱和错误。亚当·斯密是最先系统地研究地租理论的经济学家，正确地提出了地租概念，把地租看成是土地所有权的结果，但他没有级差地租的概念，只是从总量上观察地租问题，在地租来源上有许多混乱和互相矛盾的解释，把深刻的见解和荒谬的观念奇怪地交错在一起。大卫·李嘉图是古典学派的杰出代表和完成者，他对地租理论的突出贡献是运用劳动价值论的原理来研究地租问题，提出了比前人更加系统更加完整的地租理论；但他不能在劳动价值论的基础上说明绝对地租的存在，导致否认绝对地租，使理论产生严重缺陷，与资本主义现实不相符。马克思在批判地继承古典学派的基础上，创立了科学的劳动价值论和剩余价值论，创立了平均利润和生产价格理论，创立了生息资本和利息理论，然后在上述理论基础上，创建了科学而系统的全新的地租理论。如果不理解马克思的价值理论、剩余价值理论和生产价格理论，就无法理解地租；如果不理解马克思的生息资本和利息理论，就无法理解地价。马克思的地租理论的特点是，明确指出了资本主义地租是剩余价值的转化形式之一，对三种地租形式进行了质和量的科学分析，并指出了资本主义地租的运动规律。可见，马克思的地租理论，是剩余价值理论的一个重要组成部分，也是剩余价值理论的最后完成。研究马克思的地租理论，对于全面而系统地理解马克思的经济理论有着极其重要的意义。就《资本论》而言，马克思的地租理论，可概括为如下几点。

（一）资本主义地租的实质

马克思研究的主要是资本主义地租。他认为，地租是一个历史范畴，和土地所有制以及土地所有权密切相联系。地租的存在以土地所有权存在为前提，地租的性质由土地所有权性质决定，不同的所有权存在着不同性质的地租，如果土地所有制和土地所有权不存在，就不会存在地租。在不同的社会形态中，由于土地所有制的性质不同，地租的性质、内容以及所体现的生产关系也就不同。封建的土地所有权形态决定着封建地租的性质。资本主义的土地私有权决定着资本主义地租的性质。“不论地租的特殊形式是怎样的，它的一切类型有一个共同点：地租的占有是土地所有权借以实现的经济形式”[①]，但是，地租的存在必须以土地所有权与土地使用权相分离为前提。如果自己既是土地所有者又是使用者，就不必要自己向自己交纳地租。由土地使用者向土地所有者交纳地租，从而体现使用者和所有者之间的社会经济关系。资本主义农业中的生产关系是：农业资本家向土地所有者租赁土地，雇佣农业工人耕种，从而向土地所有者交纳地租。所以资本主义地租，是租地农业资本家把农业工人所创造的超过平均利润的那部分剩余价值，交给土地所有者作为使用土地的报酬，体现着土地所有者、农业资本家、农业工人三者之间的经济关系。马克思在《资本论》中研究资本主义地租时，着重研究的是农业地租。虽然在资本主义社会里，地租不仅存在于农业中，但在地租的决定上，农业地租是基础，具有一般性。马克思还指出，必须把地租和

① 《资本论》第3卷，人民出版社2004年版，第714页。

租金严格区别开来，真正意义上的地租是指单纯为使用土地本身而支付的金额。租金是指农业资本家付给土地所有者的全部金额，其中除包括真正意义上的地租外，还包括土地资本利息，以及一部分利润和工资的扣除。马克思还指出，不能把地租和利息相混同，为此，就要把土地和土地资本区别开来。马克思把投入土地、固定在土地上和土地合并的资本称为土地资本，这种土地资本，有的在短期内即可收回，如施肥、化学性质的改良等等；有的长期才能收回，如修水渠、建造经营建筑物等等；投入土地的这部分资本，不仅要按期收回，还要取得利息，因此，要把真正的地租和土地资本的利息区别开来。

（二）级差地租

级差地租是由经营较优土地获得的、转归土地所有者占有的一部分超额利润，由个别生产价格低于社会生产价格部分的差额形成。在农业中，用于耕种的土地，由于肥沃程度不同和位置不同，客观上存在着优劣不同的等级差异。租种较优土地的农业资本家，在较优土地上耕种可取得较高的劳动生产率，因而产量高，个别生产价格低于社会生产价格，能获得超额利润；相反，在较差的土地上耕种，产量低，个别生产价格较高，在商品经济条件下，同样农产品在市场上总是按同一价格销售，因而耕种较优土地的农业资本家可取得超额利润。在工业中少数先进企业也可取得超额利润，但只是暂时的、不稳定的。在农业中，由于土地面积有限，如仅把优、中等地投入耕种，不能满足社会对农产品的需求，必须把劣等地投入生产，因而社会生产价格就由劣等地的个别生产价格决定。优、中等地的个别生产价格低于劣等地的个别生产价格，在销售时以劣等地的个别生产价格作为市场价格进行交换，则优、中等地的个别生产价格低于劣等地个别生产价格的部分，形成超额利润。这部分超额利润为什么会转化为级差地租呢？这是由土地所有权所决定的。因为，农业耕种的土地不仅数量有限，而且质量优劣，又是客观存在着的，谁租种较优土地，谁就获得这种土地的经营垄断权。对土地经营权垄断，使经营较优土地的农业资本家，能够长期保持生产上的优势，稳定地收回超额利润。这是在较优的不同土地上取得的超额利润，土地所有者因此要求农业资本家支付不同等级的地租。这时，农业资本家如果得不到平均利润，他就不会从事农业生产；如果超过平均利润以上的超额利润部分，不作为级差地租交给土地所有者，就不能取得土地使用权。资本主义级差地租的产生原因，是由于土地有限而产生的资本主义经营垄断。而使超额利润转化为地租的原因则是资本主义的土地所有权。所以马克思说，资本主义土地所有权与超额利润的创造“没有任何关系”，“它不是使这个超额利润创造出来的原因，而是使它转化为地租形式的原因”。①

根据级差地租形成的条件不同，又可分为级差地租第一形态（级差地租Ⅰ）和级差地租第二形态（级差地租Ⅱ）。

级差地租Ⅰ是由于土地的肥沃程度不同和位置不同，用等量资本投在等量面积的不同条件的土地上所产生的超额利润转化而成的。下表以肥沃程度不同的三块土地为例。

土地级别	投入资本（元）	平均利润（元）	产量（千克）	个别生产价格		社会生产价格		级差地租Ⅰ（元）
				全部产品	每百千克（元）	每百千克（元）	全部产品（元）	
劣等地	100	20	400	120	30	30	120	0
中等地	100	20	500	120	24	30	150	30
优等地	100	20	600	120	20	30	180	60

上述三块土地的投资都是100元，其产量分别是400、500、600千克，假定平均利润率是20%，则劣等地全部产品的个别生产价格120元，每100千克农产品的个别生产价格是30元，又假定农产品的社会生产价格是劣等地决定的，假定农产品市场价格按社会生产价格出售，则劣等地的收入为120元，扣除投入资本100元，平均利润20元，没有超额利润，也没有级差地租。而中等地和优等地的收入分别为150元和180元，扣除120元（资本100元+平均利润20元）后，可有30元或60元的超额利润，这部分超额利润可转化成级差地租Ⅰ。

因投资在位置不同的土地上而产生的级差地租Ⅰ，和上述原理相同。

① 《资本论》第3卷，人民出版社2004年版，第729页。

假定经营的土地肥沃程度相同，由于位置不同，离市场或远或近，就会因此付出不同的运输费用，就会由此产生不同的个别生产价格。假定农产品的社会生产价格是由离市场最远的个别生产价格决定，最远的经营者只能取得平均利润，较近的经营者就可获得超额利润，这部分超额利润则可决定社会生产价格转化为级差地租Ⅰ。

如果将上表的土地级别改为土地位置，区分为远、近、中三种情况，就会得到同样的结果。

级差地租Ⅱ是在同一块土地上连续投入同量资本，具有不同的生产率所产生的超额利润转化而成的地租。

例如：农业资本家在某块土地上连续投资，第一次投资100元，生产农产品400千克，平均利润20元，每100千克的个别生产价格为30元，假定这种个别生产价格决定生产价格，全部农产品的社会生产价格为120元，只有平均利润，没有超额利润，没有级差地租。如果第二次在该土地上追加投资100元，可取得500千克的农产品，在上述社会生产价格不变的情况下，这500千克的农产品价格共150元，扣除投资100元，平均利润20元，则超额利润是30元，这30元可转化为级差地租Ⅱ。

由此可见，级差地租Ⅰ是由于等量资本投在面积相等的各级不同的土地上，具有不同的生产率所产生的超额利润而转化成为地租。级差地租Ⅱ是在同一块土地上连续投入同量资本，具有不同的生产率所产生的超额利润而转化成的地租。不管级差地租Ⅰ还是级差地租Ⅱ，都是等量资本投在土地上具有不同生产率的结果，作为级差地租实体的超额利润，都是来源于个别生产价格和社会生产价格之间的差额，它们的差别在于：(1) 级差地租Ⅰ是等量资本投在不同土地上产生不同生产率的结果，与农业的粗放型经营相联系，级差地租Ⅱ是等量资本追加投资在同一块土地上产生不同生产率的结果，与农业的集约型经营相联系。(2) 在缔结租约时，级差地租Ⅰ即已为土地所有者占有；形成级差地租Ⅱ的超额利润，在租期内则为土地经营者所得；只有到租约期满后，方转入土地所有者手中。从农业生产发展的历史看，一般是由粗放型耕作然后发展到集约型的。因此，级差地租Ⅱ是在级差地租Ⅰ的基础上产生并发展起来的。但级差地租Ⅱ又必须以级差地租Ⅰ为基础，因为追加投资能否取得级差地租Ⅱ，取决于追加投资的生产率和劣等地投资生产率之间的差别，还要以劣等地的个别生产价格所决定的社会生产价格为基础才能确定。马克思指出："级差地租Ⅱ的基础和出发点，不仅从历史上来说，而且就级差地租Ⅱ在任何一个一定时期内的运动来说，都是级差地租Ⅰ。"①

（三）绝　对　地　租

马克思在分析级差地租时，以优、中等地与劣等地比，说明优、中等地可提供级差地租，劣等地不提供级差地租。但现实生活不是这样，租种劣等地也要交纳地租。由于土地所有权的存在，不管租种何种土地，都要交纳地租，这种地租称为绝对地租。马克思说："土地所有权的恰当表现，是绝对地租。"② 它是由农产品的价值高于社会生产价格的差额形成的超额利润转化而来的。

为什么农产品价值会高于社会生产价格呢？关键在于农业中的资本有机构成低于工业部门所形成的社会平均资本有机构成。假定工业中平均资本有机构成是80c∶20v，剩余价值率100％，每100元资本可带来剩余价值20元，平均利润率也是20％，则商品价值和社会生产价格都是120元。由于农业技术落后于工业，农业资本有机构成比工业低，农业资本有机构成是60c∶40v，剩余价值率也是100％，每100元资本可带来剩余价值40元，农产品价值即为140元，农业资本家只能和工业资本家取得相同的平均利润（即20％的平均利润率），即平均利润20元，因此农产品的社会生产价格只是120元。如果农产品按价值出卖，即以140元的价值出卖，除去可得20元的平均利润以外，还可得20元的超额利润，作为绝对地租的价值实体，就是这20元的超额利润部分。

为什么这部分超额利润会转化成为绝对地租呢？关键在于资本主义土地私有权的垄断。在工业中，虽然不同生产部门的资本有机构成不同，生产的剩余价值各不相等，但由于部门之间的竞争和资本的自由转移，

① 《资本论》第3卷，人民出版社2004年版，第761页。

② 《马克思恩格斯全集》第34卷，人民出版社2008年版，第371页。

使利润率平均化，各部门的工业资本家都能取得平均利润。在农业中，由于资本主义土地私有权的垄断，阻碍着资本向农业部门的自由转移，阻碍着利润率的平均化。任何资本家想把资本投到农业，必须向土地所有者租赁土地，必须交纳地租，否则就无法进行投资。如果农产品的市场价格按照120元的社会生产价格出售，这20元如作为平均利润为农业资本家所得，他就无法交纳绝对地租，土地所有者不会白白地把土地租给他耕种，农业生产经营活动就不能进行。如果这20元作为地租交给土地所有者，农业资本家就得不到平均利润；如果农业资本家把20元的一半即10元交纳地租，自己只取得10元利润，也只是平均利润的一半，对他来说，是不合算的行为，他当然也不会从事这种农业生产经营。只有农产品市场价格按140元的价格出售，农业资本家既可取得20元的平均利润，土地所有者也可取得20元的地租，土地所有者才会把土地租给农业资本家去耕种，农业资本家也因此能取得平均利润才去从事农业生产经营。可见农产品的市场价格能按高于社会生产价格的价值售卖，并把这部分超额利润转化为绝对地租，关键在于资本主义对土地私有权的垄断。当然，这种价值高于社会生产价格部分，是全部实现还是部分实现，不只是取决于土地所有权，而且“取决于供求状况和新种的土地面积”[①]。这就要研究绝对地租量的运动规律。

绝对地租理论是马克思地租理论中的一个重要组成部分。马克思在写给恩格斯的信中说：“我必须从理论上证明的唯一的一点，是绝对地租在不违反价值规律的情况下的可能性。这是从重农学派起到现在的理论论战的中心点。李嘉图否认这种可能性；我断定有这种可能性。”[②] 近百年来，马克思的绝对地租理论虽然受到形形色色的挑战，但是即使在现代资本主义的新情况下，仍然没有过时。

（四）垄　断　地　租

马克思把级差地租、绝对地租称为地租的基本形式，把垄断地租称

---

① 《资本论》第3卷，人民出版社2004年版，第862页。

② 《马克思恩格斯〈资本论〉书信集》，人民出版社1976年版，第167页。

为地租的特殊形式。垄断地租是由真正的垄断价格带来垄断超额利润转化而成的地租。由于某些地块具有某种特别优越的自然条件，能生产出某种名贵的或稀有的产品，这种产品，可按照高于社会生产价格和高于价值的垄断价格出售。这种垄断价格，既不以生产价格为基础，也不以价值为基础，而是“只决定于购买者的购买欲和支付能力”[①]。这种垄断价格是超过价值的部分，构成垄断超额利润，即垄断地租的实体。土地所有权的存在，决定了这种垄断超额利润最终会转化为垄断地租归土地所有者占有。“在这里，是垄断价格造成地租。”[②] 但这不是对一般土地所有权的垄断，而是对特殊条件的土地所有权垄断的结果。

总地租包括级差地租、绝对地租以及垄断地租之和，等于垄断市场价格与个别生产价格之间的差额。其中包括：个别生产价格与社会生产价格之间的差额形成级差地租；社会生产价格和价值之间的差额形成绝对地租；价值和垄断价格之间的差额形成垄断地租。

总之，地租是土地所有权在经济上的实现，是对土地进行垄断的结果。由土地所有权的垄断带来绝对地租，由土地经营权的垄断带来级差地租，由于特殊自然条件的土地的所有权垄断带来垄断地租。马克思说，从某种意义上说，“农产品总是按垄断价格出售”[③]。归根结底，垄断价格来自对土地的垄断。

（五）建筑地段地租

在资本主义社会里，除农业地租外，还存在着其他形式的地租，如矿山地租、建筑地段地租等等。“真正的矿山地租的决定方法，和农业地租是完全一样的。”[④] 建筑地段地租是资本家为了建住宅、工厂、商店、银行、仓库或其他建筑物向土地所有者租赁土地而支付的地租。这种地租的基础，和一切非农业土地的地租的基础一样，是由真正的农业地租

① 《资本论》第3卷，人民出版社2004年版，第876页。
② 《资本论》第3卷，人民出版社2004年版，第877页。
③ 《资本论》第3卷，人民出版社2004年版，第862页。
④ 《资本论》第3卷，人民出版社2004年版，第876页。

调节的。建筑地段地租，既包含级差地租、绝对地租，又包含垄断地租，这是它同农业地租的相同之处。其不同之处是：位置在这里对级差地租具有决定性影响；垄断地租占有显著优势。建筑地段地租实质上是城市地租。马克思着重研究的是资本主义农业地租，对城市地租很少涉及，这就为后人留下了待研究的广阔领域。

（六）土 地 价 格

“土地不是劳动的产品，从而没有任何价值。”① 但在资本主义条件下，土地成为商品，和其他任何商品一样，能出卖，有价格。一般商品的价格是价值的货币表现。土地价格不是价值的货币表现，而是地租的资本化。“实际上，这个购买价格不是土地的购买价格，而是土地所提供的地租的购买价格。”② 它是由地租量的大小和利息率的水平所决定的。例如：某块土地，可取得地租 5 元，这时利息率为 5%，存入银行 100 元，可取得 5 元利息，因而这块土地的价格即为 100 元。如利息率下降为 4%，则该土地价值即涨至 125 元。如利息率上涨，该块地价也会随之下降。这是因为，在资本主义条件下，生息资本的发展，任何定期收入都可以被看作是一个想象的资本的利息。以此类推，土地价格即相当于取得这笔地租收入的货币资本。因此，土地价格就等于地租量除以当时的银行利息率，用公式表示：土地价格＝地租量/利息率。土地价格与地租量成正比，与利息率成反比。地租不过是表现为购买土地的那个资本的利息，地价就是地租的资本化的比率。马克思还指出，“地租资本化的另一种表现”③，是一年限的年地租的乘积。“在英国，土地的购买价格是按年收益的若干倍来计算的。”④ 地价就是这个地租资本化的年限。无论是“资本化的比率”，还是“资本化的年限”，地价总是以地租的存在为前提，由一定的地租量计算出该块土地的价格。随着资本主义发展，土

① 《资本论》第 3 卷，人民出版社 2004 年版，第 702—703 页。

② 《资本论》第 3 卷，人民出版社 2004 年版，第 703 页。

③ 《资本论》第 3 卷，人民出版社 2004 年版，第 703 页。

④ 《资本论》第 3 卷，人民出版社 2004 年版，第 703 页。

地价格有不断上涨的趋势。

二、地租理论和土地使用制度的改革

关于社会主义社会的地租问题，长期以来，国内外学术界进行了争论。这是马克思经济理论中的一个重要问题，也是社会主义经济建设中的一个重要实际问题。随着改革开放和社会主义市场经济的发展，迫切需要从理论与实际的结合上给予明确的回答。

马克思在《资本论》中研究资本主义地租的同时，对未来的更高级社会是否存在地租进行了科学的预示。马克思指出："从一个较高级的经济的社会形态的角度来看，个别人对土地的私有权，和一个人对另一个人的私有权一样，是十分荒谬的。甚至整个社会，一个民族，以至一切同时存在的社会加在一起，都不是土地的所有者。他们只是土地的占有者，土地的受益者，并且他们应当作为好家长把经过改良的土地传给后代。"[①] 按照马克思的上述设想，在共产主义社会，地租不复存在。马克思在 1862 年给恩格斯的信中说："凡是**土地私有制**（事实上或法律上）**不存在**的地方，就不支付绝对地租。"[②] 在《剩余价值理论》中，他说："诚然，即使绝对地租消失了，仅仅由土地自然肥力不同而引起的差别仍会存在。但是……这种级差地租是同市场价格的调节作用联系在一起的，因而会随着价格和资本主义生产一起消失。"[③] 这就是说，在未来的社会里，不仅消灭了土地私有制，而且消灭了土地所有权，在不存在商品、价值、价格、货币等情况下，绝对地租和级差地租都将消失。长期以来，国内外学术界的一些人，根据马克思的上述论述，认为社会主义社会既没有绝对地租，也没有级差地租。

但是，马克思也曾指出，在从资本主义到社会主义的"过渡阶段"，还有保存土地所有权（公有权）的必要，从而地租也有存在的必要性。

① 《资本论》第 3 卷，人民出版社 2004 年版，第 878 页。
② 《马克思恩格斯全集》第 30 卷，人民出版社 1974 年版，第 270 页。
③ 《马克思恩格斯全集》第 34 卷，人民出版社 2008 年版，第 114 页。

在《共产党宣言》中，马克思、恩格斯为无产阶级拟定的10项措施中，第一条就提出“剥夺地产，把地租用于国家支出”[①]。恩格斯在19世纪70年代写的《论住宅问题》一文中指出：“消灭地产并不是消灭地租，而是把地租——虽然形式发生变化——转交给社会。所以，由劳动人民实际占有全部劳动工具，决不排除保存租赁关系。”[②] 列宁在《社会民主党在1905—1907年俄国第一次革命中的土地纲领》中也说：“土地国有化就是全部土地收归国家所有。所谓归国家所有，就是说国家政权机关有权获得地租，有权规定全国共同的土地占有和土地使用的规则。”[③] 这就说明，在无产阶级革命取得胜利、掌握国家政权、进行社会主义建设的过程中，虽然消灭土地私有制，实行了土地国有化，但仍要交纳地租。只不过这种地租，不像资本主义地租那样交给土地所有者个人，而是交给国家，归国家所有。

马克思、恩格斯、列宁对未来社会的预示，仍需由社会发展的历史所检验。十月革命后的苏俄实行军事共产主义政策，不存在商品经济以及地租等问题。1921年改为实行新经济政策，用商品交换代替产品交换，开始了对商品、货币以及地租理论的探讨。虽然也有人认为，过渡时期还存在级差地租和绝对地租，但否认地租的观点在当时占主导地位。这时研究的主要是过渡时期有没有地租问题。到了20世纪40年代，开始有人承认在社会主义条件下存在级差地租。50年代，苏联的部分学者承认社会主义级差地租，但也有些人认为只是级差收入，不是级差地租范畴。至于绝对地租，由于在20年代初期，斯大林在全苏第一次马克思主义土地问题专家代表会议上，宣布苏联废除了土地私有制，实现了土地国有化，消灭了绝对地租，因此，在苏联，社会主义不存在绝对地租的观点一直占据统治地位。

在中国，长期采取了苏联所实行的计划经济和产品经济模式，理论上也长期受苏联《政治经济学教科书》的影响，对于社会主义的地租问题，经历了和苏联基本相同的历程。中华人民共和国成立初期，学术界

---

① 《马克思恩格斯选集》第1卷，人民出版社1995年版，第293页。
② 《马克思恩格斯选集》第3卷，人民出版社1995年版，第217页。
③ 《列宁全集》第16卷，人民出版社1988年版，第302页。

几乎普遍否定社会主义地租的存在；以后着重讨论级差地租，虽然有些人承认社会主义有级差收益，但却否定级差地租范畴，把它改称为“级差纯收入”。60年代初，不少人肯定了级差地租的存在，直到70年代末到80年代初，即党的十一届三中全会实行改革开放政策以后，社会主义级差地租范畴才普遍为人们所接受。至于绝对地租，学术界普遍认为：由于中国土地私有制的废除，建立了城市土地国有、农村土地集体所有的制度，产生绝对地租的条件已经消失，已不存在社会主义绝对地租。随着改革开放的发展，特别是经济特区的建立，对外资企业、中外合资企业使用土地要不要交纳地租已提入议事日程。从80年代开始，学术界逐渐开始了社会主义有无绝对地租的争论。时至今日，虽然仍有个别人否认社会主义绝对地租的存在；但大多数人认为，在中国社会主义初级阶段，存在着产生绝对地租的原因和条件，仍然存在绝对地租。

关于社会主义地租的争论，和社会主义是否存在商品经济，以及是否实现改革开放，是密切联系着的。马克思关于资本主义地租理论，是建立在劳动价值论和平均利润、生产价格论的理论基础上，是剩余价值理论的重要组成部分。只有理解马克思的价值理论和生产价格理论，才能理解地租；只有理解生息资本和利息理论，才能理解地价。过去学术界把社会主义经济理解为产品经济、半商品经济，与商品经济相联系的经济范畴得不到普遍承认。只有在承认社会主义是有计划商品经济的前提下，对社会主义地租才能进行实事求是的研究；只有在改革开放深入发展，特别是确立了社会主义市场经济体制的条件下，对地租理论才能在深入研究的基础上，为建立和发展土地市场服务，并在土地市场上得到实际的运用。可见，关于社会主义地租的争论，不仅是马克思主义中的一个重要理论问题，而且是社会主义市场经济建设中的一个重要实际问题。

地租理论和土地使用制度又是密切联系着的。中华人民共和国成立初期，城市土地在全面实行国有化之前，存在着私有土地使用制和国有土地使用制两种所有制形式。1950年4月3日，政务院公布的《契税暂行条例》第8条指出：“各机关与人民相互间有土地房屋之买卖、典当、赠与或交换行为者，均应交纳契税。”1956年，城市私有土地基本上可以买卖、出租、入股、典当、赠与或交换等。1956 年 1 月 18 日，中共中央书记处第二办公室《关于目前城市私有房产基本情况及社会主义改造的意见》中规定：“一切私人占有的城市空地、街基地等地产，经过适当办法，一律收归国家。”[①] 实现了城市土地的全面国有化。至于城市国有土地的使用，则“由当地政府无偿拨给使用，均不必再交租金”[②]。至于农村土地，各地实行土地改革以后，大部分土地归集体所有。个体农户则通过合作化运动，逐步纳入集体所有的渠道。这就形成了城市土地国有、农村土地集体所有的土地公有制度。1982 年制定的《中华人民共和国宪法》第 10 条明确规定：“任何组织和个人不得侵占、买卖、出租或者以其他形式非法转让土地。”这就形成了在计划经济体制下的无偿使用土地制度。土地无偿使用制度产生了许多弊端：有些土地使用不合理，浪费现象严重，不能提高土地的利用效率，不能充分利用土地资源、实现土地优化配置；不利于城市建设基金的良性循环，阻碍着城市基础建设的发展；不利于农村土地的耕作效益，有些地方甚至常年抛荒而不顾；等等。随着改革开放的发展，必须改变土地使用制度，即由无偿使用改为有偿使用。1988 年 4 月 11 日，七届全国人大一次会议通过了宪法修正案，删去了宪法第十条第四款中不准出租土地的规定，改为“土地使用权可以依照法律的规定转让”。1988 年 12 月 29 日第七届全国人大常委会第五次会议对土地管理法也作了相应的修改，提出了“国家依法实行土地有偿使用制度”。1990 年 5 月 19 日，国务院发布《中华人民共和国城镇国有土地使用权出让和转让暂行条例》，对土地使用权的出让、转让、出租、抵押、终止以及划拨土地使用权等问题都作了明确的具体规定。至此，土地有偿使用制度才在法律上给予肯定，在实践中逐步实行。特别是党的十四大确立了社会主义市场经济体制的目标模式，逐步建立和发展社会主义市场经济，这就需要发展市场体系，发展要素市场，因而土地市场必须随之发展并日益完善。土地是自然物质，它的数量有限，不可再生，不可替代，是一切资源中最宝贵的资源。如果没有土地生长

① 转引自毕宝德编著：《中国地产市场研究》，中国人民大学出版社 1994 年版，第 27 页。

② 转引自毕宝德编著：《中国地产市场研究》，中国人民大学出版社 1994 年版，第 27 页。

植物，人们就取不到粮食和食物，人类就无法生存；如果没有土地作为工作场所和居住场所，就不可能建工厂、开商店、盖办公楼、建住宅，人们就无法进行经济生活和家庭生活。在社会上进行交换的所有商品成本中，都包含着土地租金的要素，农产品价值和价格中都包含着农业地租的要素，即使工业品的价格中也必须把土地报酬纳入成本。土地市场上运行交换的是土地，土地的价格基本上是由地租确定的，即资本化的地租。不研究地租即无法确定土地价格，不确定土地价格，土地就无法在土地市场上进行买卖，也就无法建立土地市场。地租理论是土地市场的深层次的理论基础，是社会主义市场经济理论中的一个重要的有机组成部分。随着土地有偿使用制度的建立，土地市场的建立和发展，必须加强对社会主义地租理论的研究。

三、社会主义城市地租

当前，中国农村集体土地如何实现有偿使用并逐渐走向市场，正在开始探索。农村土地市场还未普遍建立和发展。在城市，由于对外开放和市场经济的迅速发展，大量的城市土地批租，促使城市房地产业以前所未有速度向前推进。随着城市地产市场的建立和发展，对社会主义城市地租的研究成为当前迫切而重要的理论问题和实际问题。

马克思在《资本论》中主要研究资本主义农业地租，对城市地租很少涉及，更不可能对社会主义城市地租进行研究。城市地租和农业地租相比较，有其共同性也有其特殊性，这就需要以马克思地租理论为指导，研究社会主义城市地租所出现的新情况、新问题，总结新经验，运用和发展马克思的地租理论。这就是要研究马克思地租理论在社会主义市场经济中的运用和发展。

（一）城市地租的特征

就农业地租与城市地租的共同性而言，地租是土地所有权借以实现的经济形式，只要有土地所有权，有土地所有权和使用权的分离，在商品经济条件下，土地所有权的经济实现形式必然表现为地租。级差地租和绝对地租是地租的基本形式，垄断地租是地租的特殊形式，地租运动规律是价值规律在土地经济运动过程中迂回表现的具体形式。不仅资本主义有农业地租和城市地租，社会主义也有农业地租和城市地租，这是地租的共性，或称之为一般性。但一般寓于特殊之中，共性寓于特性之中，离开了共性就无所谓个性，离开了一般也无所谓特殊。以城市地租和农业地租相比，城市地租的特殊性表现为以下几点。

首先，在农业中，“土地本身是作为生产工具起作用的。”[①] 各种农作物首先要在土地上播种，通过土地的自然作用，然后发芽生根，开花结实，生长出各种农产品，这些农产品，马克思称之为“土地产品”。在商品经济条件下，这些土地产品具有使用价值和价值。不管是级差地租还是绝对地租，都直接包含在土地产品的价值之中，和土地、土地产品密切不可分。

城市则不同，土地是“作为地基，作为场地，作为操作的空间基地发生作用”[②]。工厂利用土地建厂房，商店利用土地建营业大楼，机关单位利用土地建办公场所，居民利用土地营建住宅，马克思称之为“经营建筑物”，它们虽然扎根在土地中，建立在土地上，但这些建筑物毕竟不是由土地生长出来的，无须利用土地的自然肥力。这些土地上的建筑物，不能称之为土地产品，不能简单地说城市地租包含在这些建筑物中。不同行业对土地的利用不同，经营的内容和范围不同，因而不同行业形成不同地租的来源渠道。这就构成城市地租和农业地租相差别的特殊性之一。

其次，在农业中，对土地的利用，主要依赖于自然条件。虽然天然的荒地必须经过开发，投入劳动，才能进行种植，但土地的自然肥力，对农作物的生长和农产品的数量和质量起着决定作用。在农业中虽也可投入“土地资本”，进行所谓“永久性改良”[③]，但这只是改变农作物的生

① 《资本论》第3卷，人民出版社2004年版，第882—883页。

② 《资本论》第3卷，人民出版社2004年版，第883页。

③ 《资本论》第3卷，人民出版社2004年版，第843页。

长条件，而大量的农作物生长仍须依赖于土地的“自然物质”本身。城市则不同，城市使用的土地，主要依赖于社会条件，即依赖于土地资本的投入。作为政治经济文化中心的城市，是人们在一定土地面积上进行建设、加工改造的结果。对土地进行城市利用的第一次开发，即变荒地或农业用地为城市土地，就要兴建道路、桥梁、涵洞、供电供水管理，平整土地，建立排污、排渍、交通等基础设施，这就要投入大量的土地资本，改变原有土地的状态，使其适合于城市建设的需要。这完全依赖于对土地的投资，使土地资本与土地物质相结合并融为一体，成为土地的改良物，这种城市土地，虽仍作为地而起作用，但并不是作为一般的地，而是作为城市功能的地而起作用。这是人们对土地进行改造的结果，是由社会条件形成的。马克思指出：“位置在这里，对级差地租具有决定性影响。”[①] 和农业地租主要依赖于自然条件的差异不同，城市地租主要是由社会条件引起的。这就又成为城市地租的特殊性之一。

再次，马克思在价值规律的基础上说明农业绝对地租的来源，是由于农业有机构成低于工业有机构成，农产品价值高于生产价格，所以农业绝对地租是农产品价值高于社会生产价格的部分。城市则不同，在工业中，虽然有机构成不同，有的企业可取得超额利润，但平均利润率规律发生作用，这种超额利润不会转化为绝对地租。是否由此就可否定工业绝对地租，乃至城市绝对地租的存在呢？不是。马克思曾明确指出，一切非农业用地都要交纳绝对地租。“不论什么地方，都要为使用地皮（工厂建筑物、作坊所占的地皮）付地租。”[②] “土地所有权的恰当表现，是绝对地租。”[③] 工业如此，城市其他产业也都如此。可见，马克思肯定了城市绝对地租的存在，可惜并未对此作系统而具体的分析。但城市不同行业的地租，其来源则有所不同。与农业绝对地租的形成完全不一样，这也是城市地租因城市的特殊条件而形成的特性之一。

最后，在农业中，土地作为生产手段起作用，在进行买卖租赁时主要是土地本身。城市则不同，土地的作用是，“它给劳动者提供立足之

---

① 《资本论》第 3 卷，人民出版社 2004 年版，第 874 页。

② 《马克思恩格斯全集》第 34 卷，人民出版社 2008 年版，第 34 页。

③ 《马克思恩格斯全集》第 34 卷，人民出版社 2008 年版，第 371 页。

地，给他的劳动过程提供活动场所”[①]。必须在土地上建造房屋，才能对土地进行利用。土地是房屋的载体，房屋是土地上的建筑物。虽然土地可以直接进行买卖，但城市地产往往与房产结合在一起，地价与房价往往结合在一起，地租与房租往往结合在一起，具有不可分割的特点。人们在进行房屋买卖、出租和抵押等房产交易活动时，必须相应地对土地所有权或使用权进行转让、出租和抵押。一方面，地租、地价的变动，会影响到房价与房租；另一方面，房价、房租的变动也会影响到地价与地租。在这里，地租和房租相结合并往往包含在房租中，高额房租往往掩盖着高额地租，伴随着房地产开发，人们往往进行土地投机，这又构成城市地租不同于农业地租的又一特点。

（二）社会主义城市绝对地租

有没有社会主义城市绝对地租，是国内外学术界长期争论悬而不决的问题。一种意见认为：只有城市级差地租，没有城市绝对地租。另一种意见认为，由于社会主义城市还存在着土地所有制，就还有绝对地租。其实，地租是土地所有权在经济上的实现，地租以土地所有权存在为前提，地租的性质由土地所有权的性质决定。不了解土地所有权就不了解地租。马克思说：“地租的占有是土地所有权借以实现的经济形式。”[②]“土地所有权本身已经产生地租。”[③] “土地所有权的恰当表现是绝对地租。”[④] 但是土地所有权产生绝对地租还必须具备一定的条件。首先，土地所有权在经济上的表现形式，可以表现为地租，也可表现为其他形式。要使土地所有权表现为地租，必须以土地所有权与使用权相分离为前提。但土地所有权与使用权分离有两种情况。一种是，土地所有者在一定时期内把土地使用权无偿地借与或转让给他人，土地所有权在经济上无所体现，就不可能产生地租。中国曾经有过一段时期实行土地无偿使用制

① 《资本论》第1卷，人民出版社2004年版，第211页。

② 《资本论》第3卷，人民出版社2004年版，第714页。

③ 《资本论》第3卷，人民出版社2004年版，第854页。

④ 《马克思恩格斯全集》第34卷，人民出版社2008年版，第371页。

度就是属于这种情况。另一种是，土地所有者在一定时期内把土地使用权有偿地出租给承租人，向承租人收取一定的报酬，在这种情况下，土地所有权在经济上得以实现，就会产生地租。可见，土地租赁关系是产生地租的客观基础，地租则是土地租赁关系在经济上的实现。其次，在商品经济的社会里，商品经济是土地所有权产生地租的客观经济条件。资本主义社会是这样，社会主义社会也是这样。马克思说："只有在商品生产的基础上，确切地说，只有在资本主义生产的基础上，地租才能作为货币地租发展起来，并且按照农业生产变为商品生产的程度而发展起来"。[①] 这就是说，只有在商品经济发展的基础上，资本主义地租才得以发展；只有在资本主义农业中商品生产发展到一定程度，资本主义农业地租也才相应地发展到一定程度。资本主义地租是与发达商品经济相联系的经济范畴，商品经济是资本主义地租产生的必要经济条件。由此可见，城市绝对地租的产生，必须以土地所有权存在为前提；土地所有权必须与使用权相分离，并通过有偿的租赁关系实现；必须以商品经济的充分发展为条件。过去，在实行城市土地无偿使用的情况下，就不可能存在绝对地租。随着改革开放的发展，城市土地有偿使用，土地市场不断发展和完善，上述三项条件都已具备，客观上已存在城市绝对地租。

有人引征马克思的话："凡是土地私有制（事实上或法律上）不存在的地方，就不支付绝对地租。"[②] 认为我国宪法规定"城市的土地属于国家所有"，不应存在城市绝对地租。必须注意，马克思讲这句话时，是以资本主义作为研究对象，这里所说的私有制，是特指资本主义的土地所有制；这里所说的"土地私有制不存在"是指资本主义土地所有制不存在。马克思把地租界定为土地所有权在经济上的实现，这种所有权，既包括私有制，也包括公有制。恩格斯说："消灭地产并不是消灭地租，而是把地租——虽然形式发生变化——转交给社会。"[③] 如果社会废除了土地所有权，所有地租都会消失。如果是仅仅废除了土地私有制，还存在着公有制的土地所有权，绝对地租仍然存在。如果说城市土地只有级差

① 《资本论》第3卷，人民出版社2004年版，第718页。

② 《马克思恩格斯〈资本论〉书信集》，人民出版社1976年版，第166页。

③ 《马克思恩格斯选集》第3卷，人民出版社1995年版，第217页。

地租没有绝对地租，那就意味着城市土地所有权的废除。如果城市土地所有权废除，城市地租已不存在，为何还会存在级差地租呢？有的人把绝对地租和剥削混为一谈。其实，绝对地租和剥削并没有不可分割的联系。资本主义地租是在私有制条件下，土地所有者剥削剩余价值的一部分。社会主义实现了土地公有制，消灭了土地所有者阶级，消灭了剥削，绝对地租所体现的并不是剥削关系，而是体现国家、集体或企业、劳动者之间的合作关系。这种地租交给国家，由代表国家的政府统一用于发展社会主义事业的支出，纳入国民收入再分配的轨道。这是劳动者对社会所作的贡献，这是由社会主义地租的本质所决定的。

社会主义城市绝对地租的来源和农业绝对地租不同，有其独自的特点，不能机械地把资本主义农业绝对地租的来源硬套到社会主义城市绝对地租上，必须具体问题具体分析。

马克思认为，资本主义农业绝对地租是农产品价值超过生产价格的余额，是由农业有机构成低于工业平均有机构成的条件而产生的。马克思又指出，一旦农业有机构成与社会平均有机构成相等，上述意义上的绝对地租就会消失，但绝对地租依然存在，它是来自农产品的"市场价格超过价值和生产价格的余额"①，即来自农产品的垄断价格。如果把上述两种意义上的绝对地租套到城市中来，不符合城市的实际情况。研究城市绝对地租的来源，必须注意城市地租的特点。在农业中，土地是农产品的直接生产要素，地租包含在农产品的价值中。城市中的土地并不作为生产的直接要素，主要是利用空间作为城市经济活动和生产活动的基本场所，是城市人民赖以工作、生活和生存的物质条件，不可能直接通过土地产品而实现其价值。城市用地存在多种形式，它们在使用中所起的作用不同，因而绝对地租的来源也不同。大体说来，城市用地可分为四类：一为工业生产用地；二为商业、服务业生产用地；三为非营业单位用地；四为居民住宅用地。这四类用地的绝对地租之和，构成城市绝对地租总额。

城市工业用地绝对地租的来源。工业包括采掘工业和加工工业。采

---

① 《资本论》第3卷，人民出版社2004年版，第865页。

掘工业地租即矿山地租。“真正的矿山地租的决定方法，和农业地租是完全一样的。”[①] 这种绝对地租的来源，应是价值超过生产价格的余额。对加工工业的绝对地租，应在有机构成正常条件下进行分析。如果在利润平均化以后提取一部分利润作为地租，就会导致工业平均利润低于农业平均利润，使得无人愿意经营工业，也违背了平均利润和生产价格理论。因此，可采取先扣除后平均的办法，即在工业产品的剩余产品价值（m）中，先把绝对地租作为一项扣除固定下来，然后再参加利润的平均化。这样，工业产品的价值应由生产资料（c）、工资（v）、地租（r）、平均利润（p）四个部分组成。这和利润分割为利息和企业主收入一样，是把剩余产品价值分割为企业利润与地租。在这里，加工工业的绝对地租，是由该工业工人新创造的剩余产品价值的一部分转化而来的。

城市商业用地绝对地租的来源。商业企业从事经营活动所使用的建筑地段的地皮，必须支付绝对地租。但商业不生产产品，只是在流通中实现商品形态的变化，进行商品买卖活动，由此支出的费用属于商业流通费用。商业流通费用和商业利润，都是由产业部门创造的剩余产品价值的一部分来补偿，因此，为商业经营活动提供条件而必须支付的商业绝对地租，必须从商业利润中扣除。其具体过程是：商业企业以低于生产价格的批发价格从产业部门购进商品，加上各项商业流通费用，再加上商业地租（包括绝对地租和级差地租）和商业平均利润，形成现实生产价格，然后在市场上按现实生产价格出售。可见，商业绝对地租仍然来源于剩余产品价值的一部分。

城市服务业用地绝对地租的来源。城市服务业范围很广泛，如饭店、宾馆、旅社、浴室、缝纫、理发、照相、各种维修服务等，其中有些行业属物质生产部门，如饮食、缝纫；有些是物质生产的前部门、后部门，如各种维修服务；有些是非物质生产部门，其“产品”是无形的，如浴室等。这些行业绝对地租的来源应视具体行业而定。属于物质生产部门的应采取先扣除后平均的办法，从剩余产品价值中分割出一部分作为绝对地租；属于非物质生产部门的应与商业绝对地租来源相同，从商业利

① 《资本论》第3卷，人民出版社2004年版，第876页。

润中扣除。

居民住宅用地绝对地租的来源。住宅地租是房租的一部分。住宅属于个人消费品，是“劳动力价值”的必要支出部分。住宅地租由消费者从个人收入中支付，是职工工资的扣除，属于必要劳动部分所创造的价值。

此外，城市还有政府机关、部队、学校、文化团体等占用一定面积的土地，从理论上说也应交绝对地租。但这些单位是非生产部门，都是由国家财政拨款，如要交地租，必须相应地增加拨款。由于长期以来土地无偿使用，为简化手续，现暂不征收地租。如果征收地租，无非是来自社会总剩余产品价值的一部分，属于国民收入的再分配。

上述各方面绝对地租的总和，构成城市绝对地租总额。从具体行业看，虽然绝对地租的来源形式各不相同，但从总的方面看，大都是来源于社会总剩余产品价值的一部分，即由 m 分解的企业利润和地租，只有住宅地租才是工资的部分扣除。

社会主义城市绝对地租量有其独特的运动规律。在农业中，由劣等地支付的地租确定为基本的绝对地租量。社会主义城市绝对地租量也是要由城市劣等地确定，但城市劣等地与农业劣等地有所不同。农业劣等地主要指土地贫瘠且又是边远交通不便的高寒地区和山区，它生产的农产品产量甚低。城市中的劣等地则是距离市中心繁华地段较远、交通条件较差、处于城市边缘的城乡接壤地带。城市可分为四个地段，即市中心区、次中心区、中间地区、边缘地区，城市绝对地租量是由边缘地区的地租量决定的。一般说来，劣等地总是最后投入使用的，所以绝对地租量等于劣等地的边际收益。城市土地使用者都必须支付绝对地租，而绝对地租量又是由劣等地的地租量确定。土地所有者出租土地，取得的绝对地租量总是与出租土地面积大小成正比。如果出租的土地等级各异，就要对劣等地以上等级的土地加收不同的级差地租，可见，城市中的劣等地，是计算城市绝对地租和级差地租的起点和基础。

不同行业对所有土地的优劣有不同的评价标准，因而城市劣等地具有相对性。例如，交通运输条件是否便利，是判别工业用地优劣的重要标准；地区是否繁华，人口密集程度，是判断商业和服务业用地优劣的重要标准；周围环境是否安静卫生，阳光是否充足，风景是否优美，空气是否新鲜，则是判断居民住宅用地优劣的重要标准。正是由于不同行业有不同的要求，因而有不同的判别标准，从而产生土地位置优劣的不同含义，劣等地就具有相对性。其次，城市劣等地不是绝对不变的，而是随着城市的发展不断变化的。如果某一城市起初只在一个中心区，之后出现城市中心的多元化，产生具有不同特色的中心区，如商业中心、金融中心、工业中心、文化中心等，这就使得原来作为中间地段的土地发展为中心地段，相应地边缘地区不断扩大，原来作为农业土地的近郊区，现在则划入城市作为边缘地区的土地。随着城市土地面积的扩大，所谓城市劣等地也发生了变化。再次，以邻近农村的城市边缘地段的土地作为城市劣等地，确定城市绝对地租量，这种土地上的绝对地租量，应与邻近的农村土地的全部地租量相等。因为这些土地是从农村土地转化而来，对农业来说，土地较肥沃，位置较优越，原是农村中最好的土地，在这种土地上，既包括农业绝对地租，也包括农业级差地租。因此，可以把城市土地的绝对地租量确定为郊区农村土地所支付的地租量，它是该土地支付的农业绝对地租与级差地租的总和。当然，这只是就城市绝对地租的量而言，但不能因此错误地认为城市绝对地租量等于农村的绝对地租量加级差地租量。

研究城市绝对地租量的运动规律，不能把资本主义农业绝对地租量的上限与下限的原理套到社会主义城市绝对地租中来，马克思指出："地租究竟是等于价值和生产价格之间的全部差额，还是仅仅等于这个差额的一个或大或小的部分，这完全取决于供求状况和新耕种的土地面积。"① 这就是说，农产品价值是农业绝对地租量的上限，农产品生产价格是农业绝对地租量的下限。农业绝对地租究竟是多少，由供求状况和新耕种土地面积的状况决定，在这个上限与下限之间的差额中波动。社会主义城市绝对地租不是价值与生产价格之间的差额，因而与上述上限与下限不相适应，不能机械地套用。社会主义城市绝对地租量的下限是：不能小于郊区同等面积土地上支付的农业地租量。城市边缘地区土地对城市

① 《资本论》第 3 卷，人民出版社 2004 年版，第 862 页。

中心来说是劣等的，但邻近的农业土地对农业来说则是优等的，城市边缘土地又是从这种农业土地转化而来的，因此，城市绝对地租量不能低于这种农业的地租量，加之城市边缘土地开设第二、第三产业，在单位面积土地上创造的价值和利润远远大于农业，完全有条件提供一定量的绝对地租，这是城市绝对地租量的最低界限。城市绝对地租量的上限是：不能大于使用该土地企业的全部超额利润，也就是要使该企业能获得平均利润。如果大于超额利润，企业不能获得平均利润，就会影响企业的经济利益，这是城市绝对地租量的最高界限。在上限和下限之间，存在一定的弹性，可以多些，也可以少些，这就是由供求状况来调节。如果土地供应量不足，需求者却很多，绝对地租量就会向最高限上涨，反之即下降。这是从理论上分析的城市绝对地租量的运动规律。但实际经济生活中，特别是随着改革开放的迅速发展，对土地的需求日益增多，城市绝对地租量有逐步上升的趋势，突破最高限的情况也有可能发生。

（三）城市级差地租

社会主义有没有城市级差地租？这是学术界长期争论的问题。有人认为，实行社会主义土地公有制以后只存在土地级差收益，不存在级差地租。这种观点在城市土地无偿使用情况下确有其客观基础。但是随着社会主义商品经济的发展和市场经济目标模式的确立，土地市场成为市场体系中的一个有机组成部分，已很少有人再否定级差地租的客观存在了。但分析社会主义城市级差地租存在的原因和条件，从理论上说还是完全必要的。城市级差地租的产生有其物质条件和社会经济条件。马克思研究农业级差地租时指出，土地的自然肥力、地理位置和追加投资所形成的不同生产率，是产生级差地租的物质条件。在城市，土地的自然肥力不起作用，“位置在这里对级差地租具有决定性影响”[①]。在不同位置的地段追加投资会有不同的生产率，从而取得不同的级差收益。从经济条件看，社会主义还实行市场经济，不仅消费品和生产资料是商品，而

① 《资本论》第3卷，人民出版社2004年版，第874页。

且生产要素也都要以商品的形式进入市场，利用价值、价格、货币等经济范畴进行交易活动。也正是随着商品经济的发展和社会主义市场经济体制的建立，土地才有可能作为特殊商品进入市场，从而才具备了产生级差地租的客观经济条件。从社会条件看，虽然社会主义实现了城市土地公有制，但还要将土地分别交付不同企业或单位、居民使用，形成土地所有权和使用权的分离，而企业又都是独立核算、自负盈亏的经济实体。既然代表全民所有制的国家拥有对城市土地的所有权，就不应允许任何经济实体无偿使用土地、独占由土地使用而带来的全部收益；而是要求城市土地使用者，无论是国有企业还是非国有企业，在使用城市土地时，将土地收益交给土地所有者，使各企业具有均等的土地使用条件，从而体现平等竞争原则。一方面，由于对土地经营权的垄断，经营较好级别的土地可取得超额利润；另一方面，由于城市土地为国家所有，必须把一部分超额利润交给国家支配，转化为城市级差地租。可见，由于对城市土地经营权的垄断，取得级差收益；又由于对土地所有权的垄断，才使级差收益转化为级差地租。体现社会主义城市土地公有制经济实现形式的级差地租范畴，调节着城市土地所有者与使用者、使用者与使用者之间的经济利益关系，调节着城市土地经济关系中的各方面的矛盾。同私有制条件下依靠土地所有权和经营权的垄断、无偿占有他人劳动的土地经济关系不同，由国家将土地使用者利用土地自然条件而带来的财富通过收入分配集中起来，然后再用于全社会，为全社会谋福利，这是社会主义城市级差地租的实质所在。

城市级差地租既然是土地使用过程中所形成的超额利润转化形式，就仍然表现为商品的社会生产价格超过个别生产价格的余额。从城市工业看，由占有较好土地进行生产而获得的级差收益，必然体现为较高的生产率，使所生产商品中的个别劳动低于社会必要劳动，个别价值低于社会价值；从城市商业看，占有较好地段的企业能够实现较多的营业额，企业的纯粹流通费用就会低于普遍的平均水平，因而销售成本低于平均成本，个别成本低于社会成本，市场价格之间就会出现差额，这也是个别劳动生产率高于社会劳动生产率平均水平的表现。由个别生产价格低于社会生产价格之间的差额所形成的超额利润转化为城市级差地租，是价值规律在城市土地经济领域中的特殊表现形式，这也就是城市级差地租规律。由于城市和农业的具体条件还有差异，因而城市级差地租规律还有其独特的表现形式，例如，城市土地级差不依赖于土地自然肥力而是位置起着决定作用；城市土地级差主要不是由土地的自然因素形成，而是由对土地投资、进行土地开发人为地形成。随着城市经济的发展，土地级差也在不断发生变化，这些特殊性说明城市级差地租规律的运动反映着城市土地经济关系的特点。正确认识和利用城市级差地租规律，有利于合理配置城市土地资源，提高城市土地利用的经济效益，促使城市土地社会效益、经济效益和环境效益的统一，也有利于发展并完善城市土地市场。

马克思把资本主义农业级差地租区分为级差地租Ⅰ、级差地租Ⅱ两种形式，城市级差地租也存在着上述两种形式，并具有城市的特点。

先看级差地租Ⅰ。产生农业级差地租Ⅰ的因素有二：一是土地肥力，二是土地位置。由于农业主要是生产土地产品，自然肥力对级差地租Ⅰ的形成起着决定作用。城市则不同，不是利用土地生产土地产品，而是利用其空间位置，在其上经营建筑物。土地肥力对地面上的建筑物不会发生任何作用，这是城市级差地租和农业级差地租的差别之一。至于土地位置，对农业级差地租Ⅰ的形成有一定作用；在城市，位置对于级差地租Ⅰ的形成具有决定作用。如果把同量资金投于商业，在市中心经营和在较差地段经营，商品销售的营业额就不同，它们的经济效益也就大不相同，城市土地位置的相对差别是产生城市土地使用过程中经济差别的自然基础。由土地位置远近差别引起运输费用差别可产生级差地租Ⅰ，由土地位置差异引起资金流动速度加快也可产生级差地租Ⅰ[①]，这都说明土地位置对产生级差地租Ⅰ具有决定性影响。

再看级差地租Ⅱ。有没有城市级差地租Ⅱ，中国学术界至今仍有不同意见。有人认为："社会主义城市地租的唯一形式是级差地租Ⅰ，严格意义上的级差地租Ⅱ在城市中是不存在的。"我们认为，社会主义城市级

① 由土地位置差别引起运动费用和资金流动速度加快而产生级差地租的具体情况，详见《社会主义城市级差地租》，载于《中国社会科学》1995年第1期。

差地租Ⅱ是客观存在，可从两方面来说明。一方面，从微观上看，从点上考虑，在城市一定面积土地上连续追加投资，就可取得更多的超额利润，在一定条件下，转化为级差地租Ⅱ，这主要是通过高层建筑而体现的。追加投资在同一块土地上进行高层建筑的情况，称为容积率。在一定地块上追加投资建立高层建筑物，除应得平均利润外，还会取得超额利润，这种超额利润，是由土地的容积率不同而产生的[①]，在租约期间为投资者直接占有；租约期满后转化为级差地租Ⅱ，归土地所有者所有，使得下一租期的地租就会因此增多。可见，对城市土地追加投资进行高层建筑而取得级差地租Ⅱ和农业中追加投资增加土地产生而取得级差地租Ⅱ相比，在同一土地上追加投资是相同的，故都可称为级差地租Ⅱ；但在具体形式上是不同的，正说明了城市级差地租Ⅱ有其独特的具体形式和特点。另一方面，从宏观上看，从面上考虑，城市级差地租Ⅱ又有其不同于农业级差地租Ⅱ之处。农业级差地租Ⅱ虽然也受土地资本的影响，但土地资本对城市级差地租Ⅱ的形成则起着决定性作用。作为政治、经济、文化等活动中心的城市，是人们对一定面积土地加工改造的结果。由对土地投资形成城市土地，包括第一次开发和第二次开发。第一次开发就是把荒地或农地变成城市用地，其内容包括清除土地上的杂物、异物，排除积水，平整地面，夯实土地等；然后再进行基础设施建设，如兴建道路、桥梁、涵洞、供水供电供热供气管道，以及排污、排渍和通信设施等，所谓“四通一平”“九通一平”概属此类。正是由于这些资本投入土地而与土地合并以后，改变了原有土地的状况，使之适合于城市建设的需要，并有助于城市功能的形式与发挥，从而使土地具有整体功能。这种含有土地资本的土地和作为自然物质的土地在形式上并没两样，但这些基础设施的建设完成以后，土地才能作为城市土地来使用。如果在已有城市土地的基础上，进一步追加投资，发展通信设施，增加交通运输能力，改善宏观环境等，还可进一步改变原地段的级差等级，产生新的级差。当然这种对全市土地的总体投资关系到每块土地的建筑物，

---

① 由容积率引起超额利润转化为级差地租Ⅱ的具体情况，请参阅《社会主义城市级差地租》，载于《中国社会科学》1995年第1期。

不应只要求某一建筑物补偿，而应分别摊派到不同地段土地的不同建筑物身上，表现为土地开发费用，即土地资本的折旧与利息。这种折旧与利息起初只能纳入租金的范围，不是“真正的地租”，但它对城市土地的形成以及对土地级差的形成起着决定性作用。一旦基础设施建筑完成，城市土地级差出现以后，被改良了的土地就已经不是原来的土地，而是具有城市功能和一定级差的土地，好像这些土地天生就具有这种特殊的优越性一样。只要土地所有者占有这些土地，“一旦投入的资本分期偿还，这种化为利息的地租也就会变成纯粹的级差地租”[①]。

可见，经过改造的城市土地必然含有土地资本，城市土地级差主要表现在位置方面，而位置级差又不是由土地的自然肥力形成，而是投入土地资本进行全面改造的结果。这种由宏观投资最终形成的级差地租Ⅱ和微观投资建立高层建筑而产生的级差地租Ⅱ是密切联系着的。如果没有宏观的追加投资，微观高层建筑的级差地租Ⅱ就不可能产生；如果没有微观高层建筑，宏观投资也不会呈现出城市整体功能的经济效益。

城市级差地租量的运动规律，是研究城市级差地租的重要的内容之一。而城市土地分等定级，则是测算级差地租量的前提条件。只有合理地确定土地等级，才能进一步分析各级土地上的级差地租量。将城市土地划分为不同等级是依据城市土地的自然地理位置、交通地理位置、经济地理位置在空间上有机组合的具体情况而进行的。自然地理位置是指城市中某一地块与其周围环境中的自然地理事物之间的空间关系；经济地理位置是指城市土地在人类历史过程中经过人们的经济活动创造的地理关系；交通条件是城市内部和外部各功能区互相联系的桥梁和纽带，因而交通地理位置又是前两种地理位置的综合反映和集中体现。这三者之间，有机联系，相辅相成，共同作用于城市土地空间，使城市土地的不同地段有不同的使用价值，据此将不同地段划分为不同等级。同时还要参照中华人民共和国成立前后的地价水平，根据现在城市土地的开发程度和经济繁荣程度，以及城市规模和科技、文化发展状况，即根据历史的现实的经验数据来确定。土地分等定级，是计算城市级差地租的基

① 《资本论》第 3 卷，人民出版社 2004 年版，第 844 页。

础，也是确定土地价值的基础，必须认真进行，使级差的确定比较科学、合理。

不同级差地段区分后，就要进一步确定各地段的级差幅度。确定级差幅度应以不同地段的超额利润为根据，因为超额利润是级差地租的实体。但不同企业的超额利润各不相同。一般说来，以商品利润作为分析的根据较好。因为商业用地的单位面积赢利高，使用效益也高。“以上海为例，1983 年工业用地每平方米平均利润 430 元，商业用地每平方米 636 元，比工业用地高 48%。”① “以日本为例，用于第一产业、第二产业、第三产业土地单位面积的产值之比，为 1∶100∶1000。”② 以商业用地来测量土地的级差收益，可充分体现发挥土地最大使用效益的原则。在商业利润中减去平均利润后余下的超额利润，不可能都转化为级差地租。因为这种超额利润来源包含三个方面，即资本的物质技术构成、企业经营管理水平和土地的级差收益（绝对地租暂时撇开不论）。只有在剔除上述前二因素后作为土地级差收益的部分，在一定条件下才转化为级差地租。

城市级差地租量的运动规律，是围绕着它的最高限和最低限不断运动而表现出来的。城市级差地租量的最低限应高于城市绝对地租的量，其最高限应低于使用最优城市土地的最好企业实际所获得的表现为超额利润那一部分的级差收益量。因为级差地租是由这部分超额利润转化而来的，如果超过这一部分，不是侵占了由资本构成或经营管理而带来的超额利润部分，就是侵占了平均利润部分。这种情况，从实际上看在个别企业中是可能存在的，但从理论上讲是不应该的。但是这种上限和下限的级差地租量，在各个城市不会完全一样。因为城市规模有大、中、小之分，每个城市单位的用地收益有高有低，大城市每平方米的土地收益量比中等城市高，中等城市又比小城市高，相应地大城市的级差地租量的最高限和最低限都应高于中等城市，中等城市的级差地租量的高低限也应高于小城市。在这上限和下限之间，级差地租随供求状况的变化

---

① 赵怀顺、黄荣武主编：《城市土地制度改革研究》，四川人民出版社 1990 年版，第 125 页。

② 张跃庆、张连城：《城市土地经济问题》，光明日报出版社 1990 年版，第 152 页。

而变动。

从理论上说，计算城市级差地租量的关键在于确定级差地租率。如已知级差地租率，以各个等级不同的土地投资量乘以级差地租率，即可得出该地段的级差地租量。马克思在《资本论》第三卷第六篇第三十八章提出级差地租率这个概念，可惜未作具体解释，但他在有些地方使用“地租率”时，实际含义就是指级差地租率，即该地受土地级差带来的超额利润和该地段预付资本的比率。问题是必须先求出级差地租量才能得出级差地租率，然后再在已知级差地租率的情况下，用以普遍计算各地段的级差地租量。从概念上说，从总利润量中减去平均利润量，再减去因其他因素而获得的超额利润量，剩下来的就是由土地级差所产生的超额利润量在一定条件下转化为级差地租量。但这种级差地租量如何具体计算出来，现在国内学术界和实际部门在进行探讨，并分别进行试点。相信在不久的将来，会创造出科学的计算方法。[①]

（四）社会主义城市垄断地租

有没有社会主义城市垄断地租，中国学术界也有不同看法，这是需要运用马克思的地租理论，研究中国城市地租的实际，创造性地回答的新问题。

马克思在研究农业地租时指出：在特殊自然条件下（如特殊稀有的土地上）生产了稀有产品，这些产品的供给又不能满足社会需求，致使这些产品价格形成了垄断价格，产生超额利润，转化为垄断地租。从城市的情况看，这种特殊形式的垄断地租也是客观存在着的。首先产生级差地租和绝对地租所必须具备的一般条件，垄断地租也同样必须具备。如在社会主义条件下，还存在着土地所有权，存在着土地所有权和使用权的分离，存在着出租者和承租者之间的土地租赁关系，存在着商品经济和土地市场等等，这些形成级差地租和绝对地租的社会经济条件，同

---

① 目前对这一问题，已有多种计算公式，详见《社会主义城市级差地租》，《中国社会科学》1995 年第 1 期，第 49—50 页。

样也是形成垄断地租的经济条件。其次，城市垄断地租是由于在城市特别好的地段上经营，带来特别高的超额利润、产生特别高的经济效益的结果。像北京的王府井大街、上海的南京路，是大城市中的商业黄金地段，其地理位置特别优越，交通方便，公共设施齐全，每天都吸引着大量的顾客。在这里经营商业，商品的销售额高，商品流转快，资金周转速度也很快，所以利润率高，尽管这些商品是按正常价格出售，还可取得特别高的超额利润。这种大大超过其他地段的营业额所形成的经济效益，致使这种地段上的建筑物取得了垄断价格形态，或表现为高价出售房屋，或表现为高价房租，这种高价房或高价房租中，除去对建筑物本身的投资外，就包含着高额垄断地租。

社会主义城市垄断地租的特点：（1）农业中的垄断地租包含在由特殊土地条件生产的特殊产品的垄断价格中。城市垄断地租则是由土地的特殊地理位置可因此取得特别高的超额利润转化而来。不管这种特别高的超额利润是来源于特殊土地的自然条件还是来源于特殊地理位置，只要在土地所有权存在的条件下，都可转化为垄断地租。（2）农业垄断地租来源于农产品可按高于价值的垄断价格出售而产生的差额。在城市，在占据特殊地理位置的土地上进行经营可取得特别高的超额利润，是其他地段的经营者无法取得的，这就出现两种情况：一是这种土地上的建筑物本身可以垄断价格出售，由垄断价格产生垄断地租；二是利用这种建筑物进行经营活动，可以取得特别高的超额利润，虽然这些企业的商品不以垄断价格出卖，仍然按正常的市场价格销售，但由于营业额大、资金周转快、成本低等因素，可取得特别高的超额利润，以其一部分支付高额房租，房租中的一部分，即可转化为垄断地租。前一种情况是，由建筑物的垄断价格产生城市垄断地租。后一种情况是，由特殊地段经营可取得特别高的超额利润用以支付高价房租，由此转化为城市垄断地租。（3）在城市特殊位置的土地上建筑房层，房屋与土地密不可分，因而地价往往和房价结合在一起，地租往往和房租结合在一起，垄断地租往往包含在高额房租中，高额房租掩盖着垄断地租。由此可见，农业垄断地租的特点是，由特殊条件的土地，生产特殊的土地产品，以垄断价格出售而产生的垄断地租。城市垄断地租的特点是，在特殊优越地段建筑房屋，从事经营活动，取得特别高的超额利润，这种房屋，或者以垄断价格出售，或者以特别高的房价出租，从而产生城市垄断地租。城市垄断地租，可能因房屋的垄断价格产生，也可能不因垄断价格但可取得特别高的超额利润而产生。因此，城市垄断地租的来源，可能是垄断价格超过价值或社会生产价格的余额，也可能是个别生产价格低于社会生产价格的部分。如果把农业垄断地租的原理机械地搬用到城市中来，认为只有垄断价格才能产生垄断地租，那就不完全适合城市的实际情况了。

城市垄断地租的量，"应该等于在城市黄金地段上单位用地平均承担的商业利润与非黄金地段上单位用地平均承担的商业利润之间的差额"[①]。但不能因此认为，城市垄断地租的量是由某种特定的量决定的。实际情况是，垄断地租以在这块土地建筑物上经营取得的特别高的超额利润为前提，由土地使用者的需要和实际支付能力来决定。如果因利用这块土地不能取得特别高的超额利润，土地使用者就无力支付垄断地租。如果土地使用者对使用该地不感兴趣，当然也不会因此付出高价。这表面上表现为土地使用者的主观意志，客观上却是由使用该地取得多少超额利润所决定，它是一个受客观所制约并由主观所决定的量。有人说，"它不是一个固定的有规律的量"，是有一定道理的。但它虽不是一个固定的量，也是有一定限度的量，即这种城市垄断地租量，限制在因使用该地而取得特别高的超额利润的范围之内，超过这种一定量，使用者就不愿支付了。

有人认为，级差地租向上的延伸便是垄断地租。垄断地租实质上也是一种级差地租。因为级差地租是个别生产价格和社会生产价格之间的差额，绝对地租是价值和社会生产价格之间的差额，垄断地租是垄断价格高于价值的部分。这种情况对于农业垄断地租来说是符合的，但对于城市垄断地租就不完全符合了。因为城市垄断地租可能来自特别地段建筑物的垄断价格，也可能来自特殊地段上经营所得的特高超额利润，其中一部分是由商品的个别生产价格低于社会生产价格转化而来的，这种

---

① 郝寿义：《试论社会主义城市土地有偿使用费的理论形成》，见《天津社会科学》1986年第6期。

情况不能说是级差地租向上延伸，这正反映了城市垄断地租不同于农业垄断地租的特殊性。

不管是级差地租，还是绝对地租和垄断地租，其实质都是土地所有权在经济上的实现形式。由土地所有权的垄断产生绝对地租，由土地经营权的垄断带来级差地租，由对城市特殊位置的地段的垄断带来城市垄断地租。前二者是地租的正常形式，后者是地租的特殊形式。总之，地租来源于垄断，三种不同形式的垄断，产生三种不同形式的地租。

（五）地租、地价和地产市场

房地产市场是社会主义市场体系的有机组成部分。房地产市场包括房产市场和地产市场。地产市场是房产市场的基础。地产市场经营的商品主要是土地，土地是地产市场的客体，地产市场的主体是参与地产市场交易的当事人。城市土地是城市地产市场交易对象，是城市地产市场存在的基础。作为城市地产市场客体的城市土地，并不是作为一般物质的土地，而是既包含土地物质又包含土地资本作为地产的土地。所谓城市地产，就是由土地物质和投入的土地资本相结合而形成的固定资产所构成的有机统一体。所谓城市地产市场，就是指城市土地这种特殊商品在流通中经过交易而发生的经济关系的总和，体现着土地供求双方为确定土地交换价格而进行的一切活动。在地产市场进行交换的土地必须具有价格，即土地价格。一般商品的价格是价值的货币表现。而城市土地这种特殊商品的价格包含两方面内容，一是土地资源价格，二是土地资本价格。作为未经人类加工而天然存在的“土地物质”，不是劳动产品，不具有价值；但在土地所有权存在的情况下，可以出卖或出租。马克思指出：土地价格不是土地价值的货币表现，而是地租的资本化。实际上，这种土地价格，并不是购置土地的价格，而是对由土地所提供的地租的购买价格，它是由地租量的大小和利息率的水平决定的，这部分可称为土地资源价格。现实城市土地价格的另一部分是土地资本价格，即对土地进行城市开发，需要投入一定的资本，以形成城市土地功能，这种在开发过程中投入一定量的物化劳动和活劳动，凝结在土地中，形成土地的价值，当其随同土地物质进行让渡时，这部分价值取得价值形态，理应取得补偿，这就形成土地资本价格。土地资本价格是由投入土地的活劳动和物化劳动形成的，它的决定方法和一般商品是一样的。土地资源价格和土地资本价格这两部分之和，构成城市地产市场上的现实土地价格。城市地产市场的现实土地价格包含土地资源价格和土地资本价格这两个方面，是由地产作为土地物质和土地资本的综合体所决定的。地产的这两个方面，是由土地既作为自然物质又凝结了人类社会劳动这两个方面所决定的。只有认识土地这两个方面的特殊性质，才能认识地产所包含的这两个方面的特殊性质，才能理解地价所包含的不同于一般商品价格的这种二重特殊性质。由土地的特质构成地产的物质再形成地价的这种特点，在城市地产市场上表现得十分明显。

后　　记

马克思的《资本论》是自由资本主义时期自由市场经济的经验总结，它的一般原理和经济规律，对于现代市场经济和社会主义市场经济都是适用的。党的十四大确立了我国建立社会主义市场经济体制的目标模式后，逐步实现由计划经济向中国特色社会主义市场经济过渡，迫切需要以马克思《资本论》的立场、观点、方法为指导，研究社会主义市场经济中一系列新问题。党的十五大、十六大、十七大、十八大对中国特色社会主义理论增添了不少新内容、新经验，其中不少实际上是《资本论》有关原理在社会主义市场经济条件下新的运用和发展。为此目的，我们编写了《〈资本论〉与当代中国经济》一书，试图运用《资本论》中有关原理，分析研究我国社会主义市场经济中的问题，从理论到实际进行初步的探索。

本书第一版名为《〈资本论〉在社会主义市场经济中的运用与发展》，于 1998 年由福建教育出版社出版，2000 年荣获福建省第四届社科优秀成果一等奖。2008 年重新修订后更名为《〈资本论〉与当代中国经济》，由社会科学文献出版社出版。近 10 年来，特别是党的十八大以来，中国社会主义市场经济取得了新的发展，当代中国马克思主义政治经济学也取得很大发展。中国经济步入新常态，要求我们必须按照创新、协调、绿色、开放、共享“五大发展理念”，适应和引领经济发展新常态，以供给侧结构性改革为主线，推动“十三五”期间乃至今后中国经济的健康发展。新的形势和新的任务要求我们运用《资本论》的方法和原理，更加深入系统地研究我国经济发展中出现的新问题，总结新经验，更好地宣传和贯彻党的十八大以来的一系列方针和政策，按照习近平同志指出的

“要立足我国国情和我国发展实践，揭示新特点新规律，提炼和总结我国经济发展实践的规律性成果，把实践经验上升为系统化的经济学说，不断开拓当代中国马克思主义政治经济学新境界”，这正是本书再次修订的缘由，也是我们对《资本论》第一卷出版150周年的纪念。十分感谢福建人民出版社对本书再次修订和出版所给予的大力支持。

限于作者的学术水平，加之社会主义市场经济体制还处于进一步完善过程中，许多问题尚有待于实践和发展，本书难免有不妥之处，敬请读者批评指正。

本书由陈征、李建平、李建建、郭铁民主编。各章编写分工如下：绪论、第一章、第十二章，陈征执笔；第二章，李郁芳执笔；第三章，陈少晖执笔；第四章、第五章，郭铁民执笔；第六章，李建建、魏国江执笔；第七章，李建建、何荣天执笔；第八章，蔡秀玲执笔；第九章、第十章，李建平、黄茂兴、李碧珍执笔；第十一章，吴有根、陈少晖执笔。本书此次修订再版，主编之一李建建做了大量的工作。

编　者

2017年5月